Soldaat van de vrede

Jitschak Rabin: de biografie
Soldaat van de vrede

door The Jerusalem Report

onder redactie van David Horovitz

Vassallucci Amsterdam 1996

ah · isa
945.6

Oorspronkelijke titel: *Unfinished Mission: The Life and Legacy of Yitzhak Rabin*
© The Jerusalem Report, 1996
© Nederlandse uitgave: Vassallucci Amsterdam, 1996
Vertaling uit het Engels: Sophie Brinkman, Lidwien Biekmann, 1996
Redactie: TextCase, Groningen
Vormgeving en typografie: René Abbühl, Amsterdam
Foto voorzijde: Sjlomo Arad, Contrast Press, 1992/ABC Press
Fotokatern: *The Jerusalem Report*/ABC Press
Foto achterzijde: Esteban Alterman

Voor Nederland:
ISBN 90 5000 029 0
NUGI 642/633

Voor België:
Uitgeverij Van Halewyck, Leuven
ISBN 90 5617 071 6
D/1996/7104/6

Inhoud

Dankbetuiging

Deze biografie is het gezamenlijke product van de schrijvers en redacteuren van *The Jerusalem Report*, Israels belangrijkste Engelstalige opinieblad. De tekst werd geschreven door Kalev Ben-David, Gersjom Gorenberg, David B. Green, Peter Hirschberg, Avi Hoffmann, Isabel Kersjner, Margo Lipschitz-Sugarman, Tom Sawicki, Stuart Schoffman, Chanan Sjer, Eric Silver, Leslie Susser en ondergetekende. Het nawoord werd geschreven in de eerste dagen volgend op de moord op Jitschak Rabin, door Hirsh Goodman, hoofdredacteur van *The Jerusalem Report*, wiens ideeën ook invloed hebben gehad op de rest van dit boek. Ronnie Hope heeft samen met Gersjom Gorenberg geredigeerd en de inhoud aangescherpt. Sjaron Ashley is verantwoordelijk voor de continuïteit van het geheel. Hilary Cemel heeft zich door de proefdrukken heengewerkt. Esteban Alterman heeft een aantal van de foto's gemaakt en de overige bezorgd. Karen Finklestone, Freda Covitz, Daniel Grynberg, Gregory Lewis, Joeval Lion en Janine Zacharia hebben zich beziggehouden met de onmisbare research. Anderen die bijzonder waardevolle bijdragen hebben geleverd, zijn Michael Elkins, Jossi Klein Halevi, Ze'ev Schiff, Natan Sjaranski en Ehoed Ja'ari. Teodor Welt heeft de computers draaiende gehouden.

Voor het zo royaal ter beschikking stellen van hun tijd en kennis willen de schrijvers ook hun dank uitspreken aan Jehoeda Avner, Mordechai Bar-On, Avi Becker, Oded Ben-Ami, Gad Ben-Ari, Ohad Ben-Efrat, Jehoeda Ben-Meir, Paul Berger, Lenny Davis, Uri Dromi, Rafi Edri, Amos Eiran, Joeval Elitsoer, Leonard Fein, Max Fisher, Ilan Flatto, Jacob Frenkel, Jean Frydman, Jesjajahoe Gavisj, Kalman Gajer, Mordechai Gazit, Micha Goldman, Dov Goldstein, Eitan Haber, Eljakim Haetsni, Israel Harel, Micha Harisj, Amir Hajek, Roechama Hermon, Avital Inbar, Avi Katzman, Niva Lanir, Dov Lautman, Orna Lebel, Mosje Levi, Ja'akov Levi, Amram Mitsna, Abi Moses, Alfred Moses, Uzi Narkiss, Jossi Nitsani, Sari Noesseibee, Dan Pattir, Abe Pollin, Dan Propper, Rachel Rabin, Aviezer Ravitski, Seymour Reich, Louis Schoffman, Nachman Sjai, Neal Sher, Sjimon Sjeves, Avraham

Sjochat, Dan Sjomron, Joseph Sisco, Ehoed Sprinzak, Israel Tal, Sjabtai Tevet, Harry Wall, Rafi Weiner, Chaim Jisraeli en andere bronnen die anoniem willen blijven. De Israelische kranten zijn van bijzonder veel nut geweest en de medewerkers van de archieven van *Ma'ariev* hebben onmisbare hulp geboden.

En speciale dank, natuurlijk, aan Deborah Harris en Beth Elon, die met het voorstel kwamen dit boek te schrijven.

David Horovitz, Jeruzalem, januari 1996

1 Van triomf tot tragedie

Jitschak Rabin was nooit echt enthousiast over het idee van die laatste, noodlottige demonstratieve bijeenkomst – de laatste avond van triomf, die in een ramp veranderde. Toen het idee van een vredesdemonstratie voor het eerst opkwam, begin oktober 1995, reageerde hij in eerste instantie pessimistisch. Dit weerspiegelde zijn gevoel van isolement, veroorzaakt door de steeds venijniger protesten die georganiseerd werden door de Israelische rechtervleugel. Aan de journaliste Niva Lanir, al heel lang zijn vertrouwelinge en vriendin, vertrouwde hij zijn diepste vrees toe: 'Stel dat de mensen niet komen,' zei hij. Tegen de organisatoren van de demonstratie, de voormalige burgemeester van Tel Aviv Sjlomo (Chich) Lahat en Jean Frydman, een rijke Franse industrieel en vriend van Sjimon Peres, kwam hij met een wat diplomatieker bezwaar. 'Hij zei dat 4 november niet uitkwam,' vertelt Frydman. 'Hij had wat afspraken, een diner dat hij niet wilde uitstellen.'

Door een schijnbaar klein incident op 10 oktober veranderde hij van gedachten. Terwijl Rabin tussen de menigte liep, op een markt die in het sportinstituut van Wingate, net buiten het kustplaatsje Netania, georganiseerd was voor Israeli's uit Engelstalige landen, haalde een bebaarde figuur in een wit shirt naar hem uit. De man, die er blijkbaar op uit was de premier aan te vallen, was langs alle lijfwachten gekomen, behalve de laatste, voor hij werd tegengehouden en weggevoerd. Hij bleek Natan Ofir te zijn, rabbijn van de Hebreeuwse Universiteit en inwoner van de nederzetting Ma'alee Adoemiem op de Westelijke Jordaanoever. Kort daarna werd Rabin, toen hij de 15 000 aanwezigen wilde toespreken, begroet door een koor van boegeroep en gefluit. Deze ordeverstoring duurde meer dan 10 minuten; zelfs nadat de premier ten slotte aan zijn toespraak was begonnen, werd hij regelmatig onderbroken. 'Jullie moeten je schamen,' riep hij met een rood hoofd en behoorlijk van streek. De ordeverstoorders reageerden met: 'Rabin, treed af!'

Dit protest was geen op zichzelf staand incident, geen eenmalige uitbarsting van gewelddadige oppositie tegen de vredesakkoorden van zijn regering met de Palestijnen. Er waren al meer dan twee jaar demonstraties geweest, waarvan sommige bijzonder krachtdadig, maar in de maanden die aan het protest op de Hebreeuwse Universiteit vooraf gingen, hadden de zaken een bijzonder dreigende keer genomen.

Tijdens een demonstratie werden posters verspreid waarop Rabin in nazi-uniform werd afgebeeld; er waren aanplakbiljetten waarop het gezicht van Rabin te zien was met het kruis van een vizier erover heen – een duidelijke oproep tot moord; een kolonist van de Westelijke Jordaanoever had geprobeerd de auto van de linkse minister van Milieu, Jossi Sarid, van de snelweg tussen Jeruzalem en Tel Aviv te rijden; minister van Politiezaken Mosje Sjahal en stafchef Amnon Lipkin-Sjanak waren na een Palestijnse aanslag op een bus ternauwernood aan de woedende menigte ontsnapt en op 5 oktober, de avond waarop de Knesset met een krappe meerderheid het Oslo II-akkoord goedkeurde, waardoor de Palestijnen meer macht kregen op de Westelijke Jordaanoever, had een woedende menigte de auto van Binjamin Ben-Eliëzer, minister van Huisvesting, vernield en geprobeerd de minister zelf aan te vallen.

Eerder had Rabin opgemerkt dat de demonstraties van de rechtervleugel de zaak van de oppositie meer slecht dan goed deden en dat het dom zou zijn als de voorstanders van de regeringspolitiek zich zouden laten verleiden tot een reeks tegenprotesten. Hij had de neiging de meeste uitingen van opruiend gedrag als 'niet ernstig' naast zich neer te leggen, bijvoorbeeld dat van Gil Sjaron. Op 31 oktober 1994 toonde minister Ora Namir van Sociale Zaken op een vergadering van het Israelische kabinet een bumpersticker waarop de tekst stond: 'Rabin moet dood'. Ze had de sticker van iemand gekregen tijdens een bezoek aan de stad Or Akiva. Het hoofd van politie, die deelnam aan de kabinetsvergadering, bood aan uit te zoeken waar de sticker vandaan kwam. Binnen enkele uren was Sjaron, een extreemrechtse activist en aspirant plaatselijk politicus, gearresteerd. Nadat hij toegegeven had de stickers te hebben gemaakt, werd hij veroordeeld tot drie maanden maatschappelijke dienstverlening en een kleine boete. In de zomer van 1995 bracht Rabin zelf een bezoek aan Or Akiva. Gil Sjaron kwam naar hem toe, stelde zich voor en bood zijn verontschuldigingen aan. Rabin aarzelde geen moment en schudde hem de hand. 'Je vergeven?' zei de premier met een glimlach. 'Het is al vergeten. Er zijn zoveel Arabieren geweest die geprobeerd hebben mij te doden, dat wat jij deed niets voorstelt.'

Na Wingate ging Rabin echter aarzelend akkoord met het idee van een grootse bijeenkomst in Tel Aviv. Het oorspronkelijke idee was een vredesdemonstratie, maar het thema was uitgebreid tot een demonstratie voor vrede en tegen geweld. Juist door dat laatste aspect veranderde Rabin van gedachten. Hij besloot dat het onderwerp van zijn toespraak voor die avond zou zijn de noodzaak de hysterische toon van het politieke debat in Israel te matigen.

Toen de noodlottige dag naderde, begonnen de organisatoren zelf Rabins vrees te delen: dat de gebeurtenis een mislukking zou worden en dat het nooit zou lukken de 50 000 mensen te trekken die nodig waren om het Plein van de Koningen van Israel vol te krijgen. Publiciteit bleek moeilijk te zijn. Jean Frydman denkt dat de staatstelevisie en -radio opdracht van de opperste regionen hebben gekregen om geen medewerking te verlenen aan een gebeurtenis die als steun voor het regeringsbeleid was bedoeld. 'We kregen ook niet veel steun van de commerciële zender Kanaal Twee,' vertelt hij. 'De billboards waren slecht. Alleen in de kranten werd er aandacht aan besteed.'

Maar ze dachten dat ze nog één troef hadden: Barbra Streisand. In het vroege stadium van de planning had Mosje Te'oemiem, een vooraanstaande reclameman die dienst deed als pr-adviseur voor de organisatoren, gezegd dat een spectaculaire ster als Streisand de sleutel voor succes zou kunnen zijn. Zorg dat jullie Barbra krijgen, zei hij, en je krijgt het plein vol. Zonder haar zitten jullie in de problemen. Dus kreeg Rabin, toen hij eind oktober naar New York ging voor de viering van de 50e verjaardag van de Verenigde Naties, opdracht contact op te nemen met de zangeres. Het is natuurlijk niet verbazingwekkend dat Rabin in de hectische drukte van een vierdaagse reis die gevuld was met ontmoetingen met staatshoofden en andere hoogwaardigheidsbekleders, soms zestien op een dag, het telefoontje met Streisand vergat. Dus werd, nauwelijks tien dagen voor de demonstratie, Peres gevraagd contact met haar op te nemen. Twee dagen later rapporteerde hij aan Lahat en Frydman dat Barbra niet kon komen.

Samen met een aantal reserve-generaals, die deelgenomen hadden aan eerdere demonstraties voor het regeringsbeleid, hielden Lahat en Frydman een crisisvergadering in het huis van Lahat in de buitenwijk Afekah van Tel Aviv. Ze dachten er zelfs over de hele demonstratie af te gelasten. 'Ik zei: Zijn jullie gek?' vertelt Frydman. 'Denken jullie dat Barbra Streisand de enige persoon is die de vrede kan redden? Dat we zonder Barbra Streisand verloren zijn? Dat we tien dagen voor een demonstratie waar het hele land van op de hoogte is de zaak afgelasten omdat we het niet meer aandurven omdat Barbra Streisand niet komt?' De organisatoren waren teleurgesteld, maar werkten vastbesloten verder.

Streisand was niet de enige artiest die hen in de steek liet. Ook verschillende Israelische artiesten, blijkbaar bang dat een optreden daar hun populariteit zou verminderen bij rechtse platenkopers, wilden niet komen. Maar de laatste paar dagen begon de crisisstemming op de een of andere manier te verdwijnen. Deze verandering werd grotendeels direct in gang gezet door Rabin, die een nieuw soort innerlijke rust leek te hebben gevonden en wiens vertrouwen in de haalbaarheid van het Palestijnse autonomieproces nieuwe hoogten leek te hebben bereikt. De laatste voorbereidingen voor het terugtrekken van de militairen uit Jenin, de noordelijkste Palestijnse stad op de Westelijke Jordaanoever en de eerste die onder Oslo II zou worden overgedragen aan de Palestijnen, verliepen soepel. Het werk aan het netwerk van rondwegen, die aangelegd werden om de kolonisten in staat te stellen hun huis te bereiken zonder door Palestijnen gecontroleerd gebied te betreden, vorderde snel. En, het belangrijkst voor zijn eigen en de nationale stemming: er waren al meer dan twee maanden verstreken sinds de laatste zelfmoordactie van islamitische extremisten.

Op zondag 29 oktober werd Rabin hartelijk ontvangen op de economische top van de landen van het Midden-Oosten in Amman, een conferentie waaraan werd deelgenomen door afgevaardigden uit de hele Arabische wereld, inclusief de Golfstaten, die Israels bloeiende relatie met voorheen vijandige buurstaten onderstreepte. Die dinsdag viel Rabin een tumultueus welkom ten deel toen hij in het Mann Auditorium in Tel Aviv arriveerde voor de Israelische 'Oscar-ceremonie'. Het publiek gaf hem een staande ovatie en Rabin stond op, glimlachte zijn karakteristieke, half-verlegen glimlach en vroeg het publiek weer te gaan zitten. Later die avond hield hij een toespraak en verontschuldigde zich voor het feit dat hij het evenement vroeg moest verlaten. 'Ik heb een afspraak met een of andere Amerikaan,' zei hij luchtig, verwijzend naar Dennis Ross, de Amerikaanse coördinator van de vredesonderhandelingen die die dag gearriveerd was voor besprekingen over het opnieuw starten van de onderhandelingen met Syrië.

De volgende dag, tijdens een live interview door drie top-journalisten in het vooraanstaande programma 'Moked' van de Israelische televisie, was Rabin vrolijk en ontspannen. Hij belichtte Israels verbeterde internationale imago, sprak trots over de successen van het vredesproces en wees suggesties dat hij te oud zou zijn om een nieuwe regeringsperiode te overwegen, vriendelijk van de hand. Op een somberder toon beschuldigde hij echter de leider van de oppositie, Benjamin (Bibi) Netanjahoe van de Likoed, omdat deze partij geen standpunt innam tegen het rechtse extremisme en zei dat hij niet in zou gaan op een uitnodiging van Netanjahoe voor een discussie over de toenemende spanningen in het land omdat hij vond dat Netanjahoe 'hypocriet' was. Hij zei op bedroefde toon dat hij meer 'opruiing, verbaal en daadwerkelijk geweld' in de straten verwachtte. In een interview in een Frans tijdschrift die week herhaalde hij deze zorg. Maar ondanks alle dreigingen van politiek geweld, bleef hij bij zijn standpunt: 'Ik geloof niet dat de ene jood een andere zal doden.'

Toen het weekend kwam, was hij nog hoopvoller gestemd. Op 26 oktober werd Fathi Sjkaki, oprichter en hoofd van de fanatieke islamitisch Jihad-beweging, bij een hotel op Malta vermoord door twee mannen die vervolgens verdwenen zonder een spoor achter te laten. Israel nam niet eens de moeite om de verantwoordelijkheid voor de moord te ontkennen. Men deed niet meer dan de hysterische dreigementen met wraakacties van de aanhangers van Sjkaki registreren en zichzelf voorbereiden op het ergste. Op 2 november mislukten twee pogingen tot het opblazen van schoolbussen tussen nederzettingen in de Gazastrook. De enige slachtoffers waren de twee bommenleggers zelf. In de kranten van de volgende dagen voorspelden militaire analisten in Israel alleen dat er waarschijnlijk nieuwe aanslagen zouden komen. Maar de eerste poging tot wraak was in elk geval mislukt. Daardoor was het, ondanks de aanwezigheid voor zijn appartement van enkele tientallen rechtse demonstranten die leuzen schreeuwden als 'Rabin is een verrader' en 'Rabin moet aftreden', een opgewekte, vrolijke premier Rabin die die vrijdagmiddag voor het weekend afscheid nam van Jeheskel Sjarabi, zijn trouwe chauffeur.

Op vrijdagavond gebruikten Lea en hij meestal de maaltijd met hun dochter Dalia Pelossof en haar gezin, maar die vrijdag waren ze met z'n tweeën. Ze brachten een ontspannen avond door in hun appartement, keken televisie en lazen de kranten van vrijdag en de supplementen. De volgende dag, de laatste dag, reden Lea en hij naar de Ramat Aviv Country Club voor hun vaste partijtje tennis op zaterdagochtend. Rabin speelde met Ziona Lesjem, een architect uit Tel Aviv, en Lea met Rafi Weiner, algemeen manager van het Sjeraton Plaza Hotel in Jeruzalem. Rabin was in een vrolijke stemming en vastbesloten om te spelen, ondanks zijn tenniselleboog. Toen ze uitgespeeld waren, herinnerde hij Weiner eraan zijn racket mee te brengen naar Boston, de volgende week, waar ze allebei naartoe zouden gaan voor de jaarlijkse algemene vergadering van de Council of Jewish Federations.

Toen hij na het tennissen thuiskwam, pakte Rabin de telefoon om Niva Lanir te bellen. 'Wat doen we als er vanavond niemand komt?' zei hij, maar zijn toon was opgewekter dan de laatste keer dat hij dat gevraagd had. 'Ik zei: "Jitschak, het plein zal vol mensen zijn"' vertelt Lanir. 'Zorg jij maar voor de vrede, dan zorgen wij voor de mensen. Iedereen die ik ken, gaat erheen. In elk geval,' had ze hem vrolijk gerustgesteld, 'als het heel erg is en iedereen wegblijft, kondigen we gewoon aan dat de premier een zere keel heeft en niet kan spreken.'

Rond lunchtijd reden de Rabins naar het weelderige Hertslia Pitoeach, waar ze de 50e verjaardag van een vriend vierden met een lunch op het gazon. Rabin, die op zijn gewicht lette, at weinig met de opmerking: 'Ik heb hard moeten werken om vijf kilo kwijt te raken en ik wil zo blijven.' Ook dr. Efraim Sneh, die midden jaren tachtig hoofd was geweest van het burgerlijk bestuur van het Israelische leger op de Westelijke Jordaanoever, was daar aanwezig. 'Vanavond spreek ik hoofdzakelijk over het uitroeien van het geweld,' zei de premier tegen hem, weer een mini-aanval lancerend op Netanjahoe. 'Hoe durft de leider van de Likoed zich te distantiëren van de fanatiekelingen die gewelddadige anti-Rabin leuzen schreeuwen tijdens rechtse demonstraties,' blies de premier. 'De mensen die voor mijn huis staan en tegen Lea schreeuwen: "Volgend jaar knopen we je op" zijn mensen van de Likoed. Activisten van de Likoed.'

In een ander gesprek, met burgemeester Eli Landau van Hertslia, een oude rivaal en vriend die bij de volgende verkiezingen een Likoed-zetel in de Knesset wilde veroveren, kwam Rabin terug op dit onderwerp. 'Dit verbale geweld is ook tegen Lea gericht,' zei hij tegen Landau. 'Ik ben verbaasd over de intensiteit van de haat.' Aan het eind van het gesprek was hij echter opgewekt genoeg om de Likoed-kandidaat in het oor te fluisteren: 'We gaan je verslaan.'

Rond 14.30 uur gingen de Rabins naar huis voor een zaterdagse siësta. Toen het donker werd, kwam Chaim Ramon, leider van de arbeidersfederatie Histradoet en een stevige politieke bondgenoot, op bezoek. Rabin, op pantoffels, voelde zich duidelijk op zijn gemak en praatte over van alles, van familiezaken tot Ramons werk voor de Histradoet, zijn mogelijke terugkeer in het kabinet en de vooruitzichten op vrede met Syrië. Voor ze het wisten, was het 19.30 uur. Het was tijd om te gaan.

Rabins tweede chauffeur, Menachem Damti, stond buiten te wachten. Toen ze naar de demonstratie reden, kwam er een waarschuwing door van de veiligheidsdienst: er leek een echte dreiging te zijn, want het verhaal ging dat activisten van de islamitische Jihad de gelegenheid zouden aangrijpen voor een zelfmoordactie of een ander soort aanval als wraak voor de moord op hun leider.

In Hertslia, op korte afstand van de plaats waar Rabin zijn lunch had genoten, maar in een duidelijk minder welvarende buurt, had ook Jigal Amir, een 25-jarige rechtenstudent aan de Bar-Ilan Universiteit in Tel Aviv, van een ontspannen sjabbat genoten. Het weekend was voor Amir vaak een hectische tijd omdat hij dan worstelde met de organisatorische problemen van het transporteren van tientallen – soms honderden – medestudenten naar een van de nederzettingen op de Westelijke Jordaanoever, die daarheen gingen om een authentieke joodse sjabbat te vieren op de authentieke joodse grond die nu door de zondige Rabin aan Jasser Arafat overhandigd zou worden. Deze sjabbatvieringen in de nederzettingen betekenden hard werken voor Amir en zijn kleine groep medestanders. Maar het was de moeite waard: door zoveel mensen kennis te laten maken met de pioniersgeest van de toegewijde kolonisten van het historische Hebron op de Westelijke Jordaanoever of het kleine, geïsoleerde Netsariem in de Gazastrook, wist hij mensen over te halen om zich te verzetten tegen de vredespolitiek van Rabin.

Dit weekend had Amir zichzelf echter vrij gegeven. Hij had andere plannen: een veel dramatischer scenario om een eind te maken aan de goddeloze landoverdracht van het duo Rabin-Peres. 's Morgens liep hij met zijn vader Sjlomo en zijn broer Chagai naar de plaatselijke Jemenitische synagoge, Tiferet Tse'ieriem, waar hij luisterde naar de lezing uit de Tora: 'Lech lecha', het deel waarin God zijn dienaar Abraham opdracht geeft zijn geloof te bewijzen door zijn geliefde zoon Isaäk – Jitschak – op te offeren, maar deze vervolgens spaart. Amir at een middagmaaltijd met de familie en ging terug naar de synagoge voor het avondgebed. Toen het donker was geworden, trok hij rond 20.30 uur de witte voordeur van de Borochovstraat 56 achter zich dicht, liep de 10 minuten naar het plaatselijke busstation en stapte in bus nr. 274 van de Egged-lijn naar het centrum van Tel Aviv.

Er zijn mensen die zeggen dat ze hem met vrienden hebben gezien en dat hij in een zijstraat van het Plein van de Koningen van Israel een kleine, maar lawaaiige rechtse tegendemonstratie leidde. Anderen zeggen dat ze gezien hebben hoe hij, voordat Rabin gearriveerd was, een poging deed op het hoofdpodium van de demonstratieve bijeenkomst te komen, maar teruggeduwd werd door veiligheidsmensen. Maar wat Amir ook mag hebben gedaan toen hij op het plein arriveerde, hij heeft al snel zijn weg gevonden naar een slecht verlichte parkeerplaats, die bereikbaar was via een trap aan de achterkant van het podium, waar de auto van Rabin stond te wachten om Lea en hem na de demonstratie weg te brengen.

Men had Amir de toegang natuurlijk moeten weigeren, maar hij zag er zo onschuldig uit. Klein, slank, met krullend haar, gekleed in een onopvallend blauw shirt en een beige broek. Duidelijk een Israeli, geen Arabier. Hij had zijn zwarte keppeltje in zijn zak gestopt om te voorkomen dat iemand hem aan zou zien voor een kolonist of een aanhanger van rechts en hem zou uitdagen. Op een gegeven moment leunde Amir tegen een zwarte auto aan, die eigendom was van de Israelische televisie; hij zat op een betonnen bloembak; hij maakte zelfs een praatje met een paar jonge politieagenten, die haastig door hun chefs waren opgetrommeld om de veiligheid op de parkeerplaats te waarborgen. 'Hij was er al toen ik daar kwam,' zei een politieman, Motti Serchi, later. 'Ik werd naast de trap, bij de telefooncellen geplaatst, om te voorkomen dat mensen daarlangs zouden lopen.' Toen de artiest van die avond, het tieneridool Aviv Geffen met zijn wilde haardos, in zijn auto arriveerde, merkte Amir afkeurend tegen de jonge politieman op: 'Hoe kunnen ze zo iemand hierheen halen!' 'Je hebt gelijk,' had Serchi geantwoord.

Op het podium boven hen bleek alle vrees van Rabin ongegrond te zijn geweest. Hij was rond 20.00 uur gearriveerd en Frydman had hem onmiddellijk naar de voorkant van het podium gebracht. Toen Rabin uitkeek over de enorme mensenmassa – naar schatting 250 000 of meer – die het plein vulde en zo ver als hij kon zien uitstroomde in de zijstraten, hield hij volgens Frydman van verbazing zijn adem in. Hij wendde zich tot Frydman en zei: 'Je hebt gelijk gekregen.' 'Toen zagen de mensen hem,' vertelt Frydman verder, 'en begonnen te roepen: "Rabin, Rabin, Rabin!" '. Hij vond het geweldig. Hij had nog nooit zo'n mensenmassa gezien.' Later ving Rabin de blik op van Niva Lanir. 'Hij zag me en stak zijn duimen omhoog. Er was echt een last van zijn schouders gevallen.'

Toen sprak Rabin. Een krachtige, emotionele toespraak voor een menigte mensen van wie hij wist dat ze zijn politiek steunden en zijn leiderschap waardeerden. Na zoveel maanden van venijn, waarin hij gezien had hoe zijn portret verbrand werd tijdens rechtse demonstraties, waarin hij leuzen had horen scanderen als 'Rabin is een moordenaar', donderde zijn generaalsstem nu over honderdduizenden opgeheven gezichten van mensen die achter hem stonden. Zoals hij beloofd had, sprak hij over de noodzaak iets te doen aan de escalerende onderstroom van geweld. Maar hij zei nog veel meer: hij verklaarde zijn toewijding aan het vredesproces, zijn hartstochtelijke overtuiging dat dit de enige manier was om de veiligheid van Israel in de toekomst te garanderen. Maar in de eerste plaats sprak hij zijn dank uit. Hij bedankte al die mensen van wie hij getwijfeld had aan hun toewijding en die hem nu geruststelden door hun aanwezigheid. 'Sta mij toe u te vertellen dat ook ik ontroerd ben,' zo begon hij. 'Ik wil iedereen bedanken die hier gekomen is om stelling te nemen tegen geweld en voor vrede.'

'Ik ben 27 jaar soldaat geweest,' vervolgde hij. 'Ik heb gevochten zolang er geen uitzicht was op vrede. Ik geloof dat er nu een kans op vrede is. Een grote kans. Die kans moet benut worden.' Met zijn linkerhand op het podium en zijn rechterhand door de warme lucht van Tel Aviv maaiend om zijn woorden kracht bij te zetten, vervolgde hij met zijn thema. 'Geweld ondermijnt de fundamenten van de Israelische democratie,' riep hij. 'Het moet afgewezen en veroordeeld worden en het moet aan banden worden gelegd. Het is niet de manier van de staat Israel. Onze manier is de democratie. We kunnen verschillen van mening hebben, maar die zullen worden opgelost via democratische verkiezingen, zoals we die in 1992 hebben gehad, toen we een mandaat kregen om te doen wat we doen en zullen blijven doen.'

Hij sprak over zijn genoegen bij het zien van diplomatieke vertegenwoordigers van Egypte, Jordanië en Marokko op de eerste rij stoelen voor hem – 'vertegenwoordigers van landen waarmee we in vrede leven'. Hij prees de PLO – 'een vredespartner onder de Palestijnen..., die een vijand was en terreur nu heeft afgezworen'. En hij wees op de mogelijke obstakels op de weg die voor hen lag. 'Voor Israel is er geen pijnloze weg vooruit,' zei hij, 'maar de weg van de vrede is beter dan de weg van oorlog. En ik spreek als militair, als minister van Defensie, die de pijn ziet van de families van de soldaten van het Israelische leger. In hun belang, in het belang van onze kinderen en kleinkinderen wil ik dat deze regering elke mogelijkheid aangrijpt om een duurzame vrede te bereiken.' 'Deze demomstratie,' zo besloot hij, 'moet de boodschap doorgeven aan het Israelische publiek, aan de joden over de hele wereld, aan de Arabische landen en aan de rest van de wereld, dat het volk van Israel vrede wil en vrede steunt. Hiervoor dank ik u.'

De reactie was buitengewoon – geen geschreeuw, geen geduw, alleen een overweldigende, zich verplaatsende golf van applaus en gejuich, een applaus dat Rabin leek te verenigen met zijn publiek en een bijna tastbare band gaf tussen de premier en zijn kiezers. Rabin was zo ontroerd, zo euforisch, dat hij, de kortaangebonden ex-generaal die in het openbaar nooit zijn emoties liet zien, minister van Buitenlandse Zaken Peres omhelsde, op het podium, ten overstaan van de juichende menigte. Het was de bezegeling van een partnerschap dat, in een gezamelijk streven naar vrede, lange jaren van rivaliteit en zelfs van wederzijdse minachting, had overwonnen. Toen een verslagggever zijn verbazing hierover uitsprak, wendde Rabin onverschilligheid voor. 'Dat hebben we wel eerder gedaan,' zei hij. Maar dat was niet zo. Niet op deze manier.

En toen deed Rabin iets wat op zijn minst net zo uitzonderlijk was. De zangeres Miri Aloni was op het podium gekomen om het 'Lied voor de Vrede' te zingen, een lied dat toen het eind jaren zestig voor het eerst klonk als defaitistisch werd beschouwd, maar sindsdien het lied van de vredesbeweging is geworden. Tegenzin voorwendend, accepteerde Rabin een vel papier met de tekst erop van Frydman en stemde erin toe om links van de zangeres te gaan staan en, met Peres aan haar rechterzijde, mee te zingen. Rabin had geen enkele illusie over zijn melodische kwaliteiten en leek steeds de microfoon te willen ontwijken wanneer Aloni deze onder zijn neus duwde. Maar hij hield vol en worstelde dapper om de woorden te volgen: 'Laat de zon opgaan en de ochtend verlichten/Het zuiverste gebed zal hem niet terugbrengen/wiens licht werd gedoofd.../Dus zing een lied voor de vrede alleen/Fluister geen gebed/Zing liever een lied voor de vrede/Uit volle borst!'

Toen het lied gezongen was, vouwde Rabin op zijn precieze, methodische manier zorgvuldig het vel papier in vieren en stopte het in de binnenzak van zijn jasje. Nu kwam Aviv Geffen naar voren om 'To Cry for You' te zingen, een lied dat hij opdroeg 'aan alle mensen die niet het geluk hebben de vrede te zien dagen'. 'I'm going to cry for you,' zo ging de tekst. 'Be strong up there.' Aloni, die aan de kant stond te luisteren, wendde zich tot Lea Rabin en zei: 'Lea, pas goed op hem.' De vrouw van de premier glimlachte en zei: 'Ik doe mijn best.' Toen de laatste, pijnlijke tonen langzaam waren verdwenen, liep Geffen, die Rabin ooit in een lied een dronkaard had genoemd en duidelijk blij was dat hij om medische redenen uit de militaire dienst was ontslagen, met uitgestrekte armen op de premier af. Rabin sloeg zijn armen om de zanger heen en zei: 'Je lied was prachtig.'

Frydman, die bijzonder gelukkig was met het succes van die avond, had een afwijking van het van tevoren vastgestelde script voorgesteld: een wandeling van Rabin en Peres door de menigte. Gaby Last, hoofd van de politie van Tel Aviv, had bezwaar gemaakt omdat hij bang was voor hun veiligheid, maar gaf toen toe. Maar aan het eind, nadat het volkslied 'Hatikva' (De hoop) de bijeenkomst formeel had afgesloten, begonnen Rabin en Peres naar de trap te lopen om naar de parkeerplaats te gaan waar hun chauffeurs stonden te wachten. Ze stopten even voor een praatje met Gidi Gov, een sympathieke rockzanger en nu presentator van een talk-show, en zijn vrouw en kinderen. 'Ik zei "sjalom" tegen Peres, tegen Rabin. Ik vertelde Rabin dat we hem bewonderden en hem steunden,' zei Gov, 'en dat hij door moest gaan met het vredesproces. Hij heeft samen met mijn vader aan de Landbouwschool van Kadoerie gestudeerd. Ze waren vrienden en Rabin praatte een beetje over mijn vader. Hij was heel gelukkig en heel ontroerd door de bijeenkomst. Hij zei dat het hem een goed gevoel gaf. Toen zei hij "sjalom" en liep door.'

Rabin en Peres daalden de eerste paar treden naar de parkeerplaats af en stopten toen. Rabin liep terug omdat hij Lahat en Frydman wilde bedanken. 'Hij sloeg zijn armen om me heen,' zei Lahat. 'Hij vertelde me dat het de gelukkigste dag van zijn leven was.' Toen herinnerden Rabin en Lea zich dat ze nog naar een feestje moesten, dat gegeven werd in het huis van Ido Dissentsjik, voormalig redacteur van de krant *Ma'ariev*, ter ere van de nieuwe ambassadeur voor Frankrijk, Avi Pazner. Ze groetten nog een laatste keer.

Peres en zijn lijfwachten waren zonder Rabin doorgelopen. In de schaduw aan de linkerkant van de trap zag Jigal Amir, met zijn handen in zijn zakken en half verborgen in het zwakke licht, de minister van Buitenlandse Zaken vlak voor zich langs lopen. Rabins chauffeur, Damti, stond bij de auto van de premier te wachten. 'Ineens zag ik de minister van Buitenlandse Zaken op me af komen,' vertelde hij later. 'Hij vroeg me wanneer de premier naar beneden zou komen. Ik zei dat ik via de walkie-talkie had gehoord dat hij elk moment kon komen. Eerst zei Peres dat hij even zou wachten, maar toen zei hij dat hij toch maar ging.'

Boven feliciteerden Last, het plaatselijke hoofd van de politie, en een van de hoofden van de veiligheidsdienst Sjien Bet elkaar omdat een moeilijke operatie met succes was voltooid. Ze waren opgelucht dat de islamistische radicalen niet hadden toegeslagen.

'Het is gelukt,' zei de man van de geheime dienst, terwijl ze elkaar de hand schudden.

De groep van Rabin was nu weer bij de trap aangekomen. Bovenaan de trap keek Rabin naar rechts, in de richting van de Ibn Gvirolstraat, waar honderden mensen, vooral tieners, 'Vrede, vrede' stonden te roepen en: 'Wij staan achter Rabin'. Rabin zwaaide en liep de 26 treden af. Hij was omringd door vier lijfwachten en er liep er nog een voor hem uit. Achter zijn rechterschouder keek Jigal Roebin, hoofd van de groep lijfwachten, bezorgd naar de enorme menigte. Een paar passen achter hem liep Lea iets langzamer de trap af. Toen Rabin de laatste paar stappen naar de geopende deur van zijn auto liep, stond Amir links van hem, op een afstand van niet meer dan drie passen. Rabin was nu bij de auto, klaar om in te stappen. Amir sprong op zijn onbeschermde rug af, haalde een pistool uit zijn broek en schoot één, twee, drie keer van vlak achter hem. Volgens Damti en een paar van de politiemannen die vlakbij waren, riep Amir daarbij: 'Niets aan de hand. Het zijn geen echte kogels. Het zijn losse flodders. Het is niet echt.' De moordenaar zelf ontkende dit later. Hij zei dat iemand anders dat had geroepen. Rabin draaide zich half om naar zijn aanvaller en viel toen voorover op zijn rechterzij. Lijfwacht Roebin, die zelf bloedde, wist de premier in de Cadillac te krijgen en sprong er zelf ook in. Damti klauterde achter het stuur en stoof weg, een geur van schroeiend rubber achterlatend. Achter de auto werd Amir op de grond gedrukt en vervolgens door een groep politiemannen tegen een muur gezet. Een politieman had zijn linkerarm stevig rond de hals van Amir geslagen. In de kranten van de volgende dag was tussen de uitdrukkingen van verbijstering en paniek die vastgelegd waren door de fotografen één gezicht te zien dat volkomen onaangedaan leek, het gezicht van Jigal Amir.

Damti vertelde dat hij de kreet die hij had gehoord, wilde geloven, dat de kogels losse flodders waren en dat Rabin ongedeerd was. Eenmaal van de parkeerplaats af, riep hij tegen zijn passagier: 'Premier Rabin, bent u gewond?' Rabin kreunde en mompelde: 'Ja, ja.' 'Waar hebt u pijn?' vroeg de chauffeur, toen hij zich met afschuw realiseerde wat Rabins antwoord kon betekenen. 'In mijn rug,' kreunde Rabin. 'Het is niet zo erg.' Dat waren zijn laatste woorden. De premier verloor het bewustzijn en zijn hoofd zakte naar voren. Terwijl lijfwacht Roebin eerste hulp aan de stervende premier probeerde te geven, ging Damti die, in strijd met de standaardprocedure, niet was ingelicht over de beste ontsnappingsroute, op weg naar het dicht bijzijnde Ichilov-ziekenhuis. Door de menigte die de demonstratie verliet, kon hij de snelste route – van zo'n 700 meter – niet nemen en moest hij een omweg maken van ongeveer 1,7 kilometer, waar hij, naar zijn zeggen, 90 seconden over deed. Toen hij de laatste bocht naar rechts naar het ziekenhuis wilde nemen, werd hij tot staan gebracht door een wegafzetting van de politie. Wanhopig schreeuwde hij tegen een politieman dat hij moest instappen om te zorgen dat ze door konden rijden. Het ziekenhuis was niet gewaarschuwd. Toen Damti voorreed, was er maar één man te zien, een bewaker. 'Ik riep tegen hem dat hij een brancard moest halen en snel.' Toen de bewaker terug was gekomen, tilden Roebin en Damti met zijn hulp Rabin uit de auto op de brancard en droegen hem het ziekenhuis binnen. Er was nog steeds geen medisch personeel te zien. 'De premier is gewond,' riep Damti wanhopig. 'Hij heeft hulp nodig.' Pas toen kamen er artsen aan rennen.

Op het plein heerste totale verwarring. Niemand wist of Rabin echt geraakt was. Sommige politiemannen zeiden dat de kogels losse flodders waren geweest, maar één politieman, die de hulzen had opgeraapt en bekeken, zei dat het om echte kogels ging. Tegen haar wil was Lea snel naar een gebouw van de Sjien Bet in Ramat Aviv gebracht en ook de auto van Peres had, volgens de veiligheidsprocedure, opdracht gekregen daarheen te gaan. Tijdens de rit bleef Lea naar het achter hen rijdende verkeer kijken. Ze vroeg zich af waarom de auto van haar man hen niet volgde. 'Ze vertelden me dat het niet echt was,' zei Lea later. Iemand had het over een speelgoedpistool. 'Ze duwden me in een andere auto en reden met gillende sirenes en rode zwaailichten naar het hoofdkwartier van de Sjien Bet. En ik bleef maar zeggen: "Waar is Jitschak? Als het niet echt was, waar is Jitschak dan?" En ze zeiden: "Dat weten we niet. Zodra we het weten, zullen we het vertellen." Zo bleef het een hele tijd. Ik zat daar alleen in een kamer. Dus belde ik mijn dochter en zei tegen haar: "Er is op papa geschoten." Ik begon te beseffen dat het wel echt was. Ik begon me te realiseren dat er iets verschrikkelijks was gebeurd. Maar hoe verschrikkelijk het was, wist ik nog niet.'

Amir was door de politie meegenomen voor een eerste ondervraging. Onderweg bekende hij formeel – en volkomen onaangedaan –

dat hij inderdaad de trekker had overgehaald. 'Ik heb het gedaan om de staat te redden,' zei hij. 'Hij die het joodse volk in gevaar brengt, zal sterven. Hij verdiende het te sterven en ik heb die taak op me genomen in het belang van het joodse volk.' Amir voegde eraan toe dat hij niet verwacht had de aanslag te overleven. 'Toen ik erheen ging, was ik me er volledig van bewust dat ik mijn leven zou moeten geven voor het succes van de heilige missie,' zei hij, 'Ik had geen ontsnappingsplannen.'

Aliza Goren, woordvoerster van Rabin, probeerde verwoed elk contactnummer voor Rabin op haar draadloze telefoon, maar er werd nergens opgenomen. De meeste mensen hadden het plein nu verlaten, bij de flarden dansmuziek die over de luidsprekers kwamen. Ze wisten nog niet dat er iets mis was.

Voor het Ichilov-ziekenhuis begonnen zich mensen te verzamelen toen radio en televisie het nieuws begonnen te verspreiden. Een handjevol Kach-leden, die tot de gewelddadigste tegenstanders van de regering behoren, stond op een weerzinwekkend juichende manier 'Rabin is dood!' te schreeuwen.

Eitan Haber, Rabins chef de bureau, schrijver van zijn toespraken en zijn rechterhand, was samen met Chaim Ramon bij de demonstratie geweest en had deze voor het einde verlaten omdat hij naar hetzelfde feestje moest als Rabin. 'Ik was nog niet eens gaan zitten,' vertelde hij, 'toen de telefoon ging.' Het was professor Gabi Barabasj, directeur van het Ichilov-ziekenhuis, met de mededeling dat Rabin was neergeschoten. 'Ik reed als een gek, dwars door rode stoplichten. Een paar minuten later was ik in het ziekenhuis en rende naar de operatiekamer. Onderweg zag ik dingen van hem liggen die doorweekt waren met bloed.' Haber had ze huilend opgeraapt.

Lea en Peres, eindelijk door de Sjien Bet vrijgelaten uit hun beschermende gevangenschap, arriveerden in het ziekenhuis. Ook de meeste ministers kwamen daarheen, president Ezer Weizman, de stafchef van het leger en andere hoogwaardigheidsbekleders. De Amerikaanse ambassadeur, Martin Indyk, was als een van de eersten gearriveerd, nadat hij gebeld was door Haber.

'Toen ik daar aankwam,' zei Lea, 'wist ik nog steeds niets. Maar aan de gezichten kon ik zien dat het ernstig was. Ze zeiden tegen mij dat hij zwaar gewond was, maar dat er hoop was.' Die hoop vervloog heel snel. 'Er ging drie kwartier voorbij en in die drie kwartier realiseerden we ons dat het leven langzaam uit hem weggleed', vertelde Haber. 'We kregen weer hoop toen een dokter ons vertelde dat zijn bloeddruk weer gestegen was tot negentig. We hoopten dat het goed zou komen, maar diep van binnen wist ik dat er geen enkele kans was.'

Bij de ingang van het ziekenhuis vochten verslaggevers om het laatste nieuws over de toestand van de premier. Elke plaatselijke televisie- en radiozender had weer een ander verhaal: de premier was zwaargewond, maar niet dodelijk; de toestand van de premier was stabiel; de toestand van de premier was kritisch geweest, maar had zich nu gestabiliseerd. Binnen vochten de artsen voor het leven van Rabin, het leven van een man wiens beide longen doorboord waren met dumdumkogels, ontworpen om maximale schade toe te brengen. Op de eerste hulp brachten dr. Motti Gutman en zijn team een buis aan in Rabins luchtpijp om hem te beademen. Ze brachten een drain in zijn borst en gaven hem verschillende medicijnen. Even was er weer een zwakke hartslag te horen. Rabin werd snel naar de operatiekamer gebracht, maar de harstlag stierf weer weg.

'Bij andere gevallen van trauma,' zei dokter Joram Kugler, hoofd van het traumateam later, 'kijk ik naar het slachtoffer en denk bij mezelf: wat zal er met de familie gebeuren als hij op de operatietafel sterft? Deze keer keek ik naar de operatietafel en zag de leider die ik al zo lang bewonderde en dacht: wat zal er met de staat, met het volk van Israel gebeuren als hij sterft? Toen zette ik die gedachten uit mijn hoofd en luisterde naar de mededelingen over zijn toestand.'

'Rabin was dodelijk gewond', zei Kugler. 'Ik wist meteen dat de kans dat we hem konden redden heel klein was. Desondanks hebben we hem 50 minuten lang hartmassage gegeven en hem tegelijkertijd 22 zakjes bloed toegediend en andere behandelingen gegeven. Het waren 50 lange minuten. We hadden de last van de staat op onze schouders.'

Maar, zoals Gabi Barabasj later zei, het hart had al lucht in plaats van bloed naar de hersenen gepompt, waardoor hersenbeschadiging ontstond. Hoewel het team alles heeft gedaan om hem te reanimeren, was Rabin feitelijk al negen minuten na aankomst overleden.

Om 23.10 uur verliet Barabasj de operatiekamer en ging de kamer daarnaast binnen waar Lea en de familie zaten te wachten. Hij vertelde het haar en ze begon vreselijk te huilen. 'Ik vroeg of ik hem mocht zien,' zei Lea de volgende dag. 'En ze zeiden dat het niet gemakkelijk zou zijn, maar dat ze het voor me zouden doen. En hoewel het niet gemakkelijk was, ben ik dankbaar omdat ik hem nog één keer kon aanraken en hem een kus kon geven.' Ook Peres ging met de familie naar binnen, kuste Rabin teder op het voorhoofd en probeerde Lea te troosten.

Intussen waren buiten de geruchten op gang gekomen. Haber kwam het ziekenhuis uit, met in zijn rechterhand een mededeling die hij snel had neergekrabbeld, en werd opgeslokt door de menigte. Minutenlang riep hij om stilte en probeerde tevergeefs een eind te maken aan het geduw en getrek van de verslaggevers om hem heen. Ten slotte, de woorden met een soort opstandige wanhoop uitschreeuwend, bevestigde hij de afschuwelijke, onherroepelijke waarheid, het nieuws dat Jitschak Rabin, de soldaat die verantwoordelijk was geweest voor de beroemdste overwinningen van Israel, de vredestichter die het land op de rand van een duurzame vrede had gebracht, door een van zijn eigen landgenoten was doodgeschoten. 'Met afschuw, pijn en diep verdriet,' zei Haber, 'moet de regering van Israel de dood melden van premier en minister van Defensie Jitschak Rabin, gevallen door de hand van een moordenaar.' Rondom Haber en uit het hele land klonk een schreeuw van wanhoop op.

Jitschak Rabin werd in 1922 in Jeruzalem geboren in de linkse, zionistische aristocratie – geen aristocratie van rijkdom of bezit, maar een pionierende elite van dienstbaarheid en opoffering.

In de jaren twintig en dertig, toen hij in Tel Aviv opgroeide, was zijn moeder, Rosa, een activiste die in de zionistische hiërarchie boven Golda Meir stond, en niet alleen daar. Rabin vertelde eens aan Meir dat zijn moeder in de vroege jaren als kassière had gewerkt bij een bouwbedrijf dat eigendom was van de vakbondsfederatie Histadroet. 'Nee,' verbeterde de enige vrouwelijke premier van Israel hem, 'ik was de kassière, jouw moeder was de boekhoudster.'

Zijn vader, Nehemia, was wat minder actief in publieke zaken, maar net zo toegewijd aan de zaak als Rosa. David Ben-Goerion vertelde Rabin eens: 'Ik heb je vader gerekruteerd voor de Joodse Liga. Daardoor ben jij in Palestina geboren.' Het Legioen van de Eerste Wereldoorlog mobiliseerde joodse soldaten uit Groot-Brittannië en de Verenigde Staten om de Turken uit het Midden-Oosten te verdrijven. Nehemia was een van de Amerikaanse legionairs die in Palestina bleven en een professioneel karakter gaven aan de opkomende joodse verdedigingsinspanningen.

Nehemia Roebitzov werd in 1886 geboren in Smidovich, bij Kiev, in de Oekraïne. Zijn vader stierf toen hij nog een kind was en Nehemia ging toen hij tien jaar oud was in een graanmolen werken om zijn moeder te helpen het gezin te onderhouden. Acht jaar later ging hij naar de Verenigde Staten. Hij vestigde zich in Chicago, waar hij werk als kleermaker vond, zich aansloot bij de beweging Poalé Zion (Werkers van Zion) en avondcursussen volgde aan de Universiteit van Chicago.

'Ik ben grootgebracht met mijn vaders verhalen over de Verenigde Staten,' vertelde Jitschak Rabin aan Robert Slater, schrijver van een biografie uit 1977. 'Hij zei altijd dat dat het land was waar hij de betekenis van vrijheid had geleerd, waar hij geleerd had hoe belangrijk opleiding was en waar organisaties bestonden die opkwamen voor de rechten van de arbeiders.' Ook Jitschak, die nadat hij in 1968 het leger had verlaten vijf jaar lang ambassadeur was in Washington, kreeg steeds meer bewondering voor de VS. Nehemia verbleef twaalf jaar in de Verenigde Staten, maar toen hij in 1917 naar Palestina ging, was hij vastbesloten zijn leven in het Beloofde Land op te bouwen. In 1917 veranderde hij zijn naam in Rabin, nadat zijn eerste aanmelding bij de Joodse Liga op medische gronden geweigerd was. Hij werd onder zijn nieuwe naam door een ander aanmeldingsbureau geaccepteerd.

Nehemia's toekomstige vrouw was in 1890 in Rusland als Rosa Cohen geboren. Haar vader was een rabbijn, manager van een houtvesterij en anti-zionist. Rosa, die tot haar dood in 1937 haar meisjesnaam bleef gebruiken, deelde in het begin zijn afkeer van de voor haar nieuwe religie. Maar haar opleiding op een christelijke middelbare school opende voor haar een wereld buiten het getto en ze raakte al snel betrokken bij de sociale beweging die voorafging aan de Russische Revolutie van 1917 – ze verpleegde joodse slachtoffers van een pogrom in Homel en preekte een betere toekomst voor Russische arbeiders. Toen de revolutie kwam, was Rosa te individualistisch om zich te onderwerpen aan wat werd opgelegd en ze kwam al snel in botsing met de communisten. In 1919 besloot ze weg te gaan en vluchtte naar Odessa, waarbij ze de geheime politie één stap voor bleef.

De keuze voor Zion was bijna toevallig. Het enige schip in de haven had Palestina als bestemming en ze sloot zich aan bij een groep aspirant-pioniers. Aangestoken door hun enthousiasme ging ze met hen mee om moerassen droog te leggen voor een nederzetting aan de oever van het Meer van Kinneret, maar na een aanval van malaria volgde ze het advies van een arts op en ging naar Jeruzalem, waar ze bij Mordechai Ben-Hillel Hacohen ging wonen, een zionistische oom in goede doen, die zakenman en schrijver was.

De ouders van Jitschak Rabin ontmoetten elkaar onder minder gunstige omstandigheden in de oude stad van Jeruzalem, tijdens een opstand van Arabische nationalisten in de lente van 1920. Ze waren allebei vermomd, Nehemia als hospitaalsoldaat en Rosa als verpleegster, om de Britse avondklok te omzeilen. Volgens het verhaal in de familie werd ze gezien door Nehemia, die in het geheim lid was van de joodse defensiecommissie terwijl hij dienst deed als Brits soldaat. Hij wilde weten wat een joods meisje dacht dat ze daar in haar eentje aan het doen was. 'Wat heb jij daarmee te maken,' snauwde ze terug en ze begonnen in het Jiddisch tegen elkaar tekeer te gaan. Ze probeerde zijn geweer te pakken en hij verzette zich. Uiteindelijk werden de vechtenden door Britse soldaten uit elkaar gehaald.

Het jaar daarna kwamen ze elkaar in Haifa tegen, waar Rosa aan haar baan als boekhoudster bij het bouwbedrijf was begonnen en Nehemia, inmiddels niet meer in uniform, zich aangesloten had bij een collectieve groep joodse werkers die nieuwe telefoonlijnen installeerde voor de Britten, die nu onder het mandaat van de Volkenbond het bestuur hadden over Palestina. Een paar maanden later trouwden ze. Toen hun eerste kind moest komen, keerde Rosa terug naar het huis van haar oom in Jeruzalem, waar Jitschak op 1 maart 1922 in het ziekenhuis Sja'are Zedek werd geboren. Hoewel hij altijd trots was op het feit dat hij in Jeruzalem was geboren, heeft het tot 1974 geduurd, toen hij voor het eerst premier werd, voordat hij er, in de officiële ambtswoning van de minster-president, ging wonen, maar zelfs toen bleef het familiehuis in Tel Aviv gevestigd.

Rosa ging met de baby terug naar Haifa, waar ze benoemd werd tot hoofd van de verdedigingseenheid van de Hagana, die belast was met de verdediging van de joodse gemeenschap in de havenstad. Nehemia kreeg een baan bij de Palestijnse Electriciteits Corporatie, een zionistische onderneming die een Britse concessie had gekregen voor de bouw van een waterkrachtcentrale bij Naharajiem aan de Jordaan. In 1923 werd hij overgeplaatst en werd arbeider bij een nieuwe elektrische centrale in Tel Aviv, en het gezin verhuisde naar de levendige, jonge, joodse stad. Rosa vond werk bij een bank. Het tweede en laatste kind van de Rabins, Rachel, werd in 1925 geboren.

Ook al hadden ze een volledige baan, beide ouders waren als vrijwilligers actief in joodse verdedigings- en arbeidersorganisaties. In 1929 kreeg Rosa een nog steeds onbetaalde functie in het nationale hoofdkwartier van de Hagana. Later werd ze in de gemeenteraad van Tel Aviv gekozen. Nehemia, een vriendelijke pijproker, weigerde op basis van zijn socialistische principes elk aanbod om promotie te maken of kantoorwerk te gaan doen. 'Hij wilde een joodse arbeider zijn,' legt Rachel, nu gepensioneerd onderwijzeres, uit in haar huis in Menara, een afgelegen kibboets hoog boven de Choelavallei bij de turbulente Libanese grens, die ze in 1943 heeft helpen stichten. Haar vader weigerde ook banen als fulltime werkverdeler. 'Hij wilde onafhankelijk blijven,' zegt Rachel.

In plaats daarvan werd Nehemia onbezoldigd leider van zijn plaatselijke vakbondsafdeling. De commissie vergaderde in de drie kamers van het gezin Rabin in een appartement dat ze deelden met een ander gezin in de Hamagiedstraat, een rustige zijstraat van de Rothschild Boulevard. Ook de vergaderingen van Rosa's politieke en verdedigingscommissies vonden daar plaats. 'Er was geen privé-leven en geen openbaar leven,' herinnert Sjabtai Tevet zich, een schrijver en journalist die met Jitschak naar de lagere school ging. 'Er was geen thuis en geen kantoor.'

Ondanks het feit dat ze weinig thuis was en het altijd druk had met haar werk en haar publieke activiteiten heeft Rosa de grootste invloed gehad op de karaktervorming van haar kinderen. In 1979 schreef Rabin in zijn memoires: 'Ik lijk mijn karakter van haar te hebben geërfd.' Ergens anders heeft hij haar beschreven als 'een bijzonder streng en extreem persoon, die vasthield aan datgene waar ze in geloofde.' Rachel noemt haar 'autoritair'. 'Er was weinig plezier om haar heen,' zegt Tevet. 'Ze had geen humor. Ze was bijzonder geëngageerd, 24 uur per dag. Ze was geen goede moeder in conventionele zin, maar wie was dat in die tijd wel? Mijn ouders gingen om half zes 's ochtends naar hun werk. Ik moest voor mezelf zorgen en dat gold ook voor Jitschak.'

Rachel wijst op het sterke karakter van beide ouders. 'Mijn vader was warm en zacht, maar ook heel dapper,' zegt ze. 'In 1968 kwam hij bij ons in Menara wonen. Toen er katjoesja-raketten vielen, wilde hij niet naar de schuilkelder. Wat andere mensen dachten, was niet belangrijk. Toen hij alleen woonde, in Tel Aviv, was het een gevecht om een telefoon bij hem in huis te krijgen. Hij zei: "Voor mijn werk heb ik dat niet nodig." Hij zei altijd wat volgens hem juist was en deed wat volgens hem juist was. Dat was ook kenmerkend voor Jitschak.'

Rabin erfde ook Nehemia's terughoudendheid. 'Net als mijn vader,' vertelt Rachel, 'leek het vaak alsof Jitschak ver verwijderd was van andere mensen of niet geïnteresseerd was. Dat was voor het grootste deel verlegenheid. Jitschak was bescheiden. Hij wilde mensen niet lastigvallen. Hij vond dat mensen hun eigen problemen moeten oplossen. Dat ze niet te afhankelijk van anderen moeten zijn. Daarom bewaarden veel mensen afstand. Ze wisten niet hoe hij zou reageren. Maar als het om zijn kinderen en kleinkinderen, familie en vrienden ging, kon hij heel warm zijn. Hij besteedde veel tijd aan het bezoeken van families die zoons of echtgenoten in de oorlogen hadden verloren.'

Zijn zuster herinnnert zich het appartement in de Hamagiedstraat, waar ze woonden tot Rosa stierf, in november 1937, als 'erg puriteins', met weinig meubelen en geen kleden. 'We kwamen nooit iets tekort, maar onze ouders hebben nooit om materiële zaken gegeven. Je persoonlijke prestatie was veel belangrijker. Mijn vader had respect voor mensen die werkten. Hij respecteerde mensen als mensen, of ze nu rijk of arm, wijs of dom waren.' Voor de kinderen had het Spartaanse appartement zijn voordelen. 'Onze deur stond altijd open,' zegt Rachel. 'Daarom kwamen onze vriendjes en vriendinnetjes daar spelen. Er was niemand die ze vertelde waar ze wel en niet mochten komen.'

Toen in de jaren dertig, na de komst van Hitler, joodse vluchtelingen uit Duitsland naar Palestina begonnen te komen, stonden de Rabins één kamer aan nieuwe immigranten af en moesten het zelf met twee doen. Ook deelden ze de keuken met hen. Nadat Rosa overleden was, hield het gezin Rabin maar één kamer voor zichzelf. Maar toen was Jitschak het huis al uitgegaan naar de school van Kadoerie, dicht bij de bijbelse berg Tabor in Galilea.

Rabins eerste school, Bet Chinoech, was er net als Kadoerie op gericht de stedelijke joden liefde voor de grond bij te brengen en landbouwers te kweken voor de collectieve en coöperatieve joodse nederzettingen. Bet Chinoech (letterlijk Opleidingshuis) was in 1924 gesticht door arbeidersorganisaties in Tel Aviv en stond aan de Tsjernichowskistraat, naast een park waar de leerlingen groenten konden verbouwen. Een extra aantrekkelijk aspect was dat de school tussen de middag warme maaltijden bood voor kinderen van werkende ouders. Rabin ging daar in 1928 heen, toen hij zes was, en bleef daar zeven intensief beleefde jaren waarin hij een passie voor tafeltennis en voetbal ontwikkelde. Volgens zijn zuster speelde hij daar als keeper. Toen hij naar Kadoerie ging, speelde hij als middenvelder en was hij aanvoerder van het schoolteam.

'Ik weet nu zeker,' schreef Rabin in 1965 in de krant *Ha'arets*, 'dat ik in die kinderjaren het gevoel heb ontwikkeld voor verantwoordelijkheid voor een taak, mijn liefde voor het landschap en de aarde en een gevoel voor kameraadschap.'

Sjabtai Tevet, vier jaar jonger dan Rabin, vult de details in: 'We leerden niet zoveel op Bet Chinoech. Voor we naar de middelbare school konden, moesten we de hoogste klas een keer overdoen. Het primaire doel was niet wetenschappelijk. Wat belangrijk was, was verantwoordelijkheid, toewijding, elkaar helpen en handwerk. We hadden groentetuinen en plantten bomen. We moesten allemaal twee dagen per week in de keuken werken. De oudere leerlingen moesten veel met de jongere doen. Het werd "chevrat hajeladiem" genoemd, de "gemeenschap van kinderen". Alles moest samen worden gedaan en taken werden gelijkelijk verdeeld.'

Rabin was verantwoordelijk voor de schoolezel. 'Hij zorgde bijzonder goed voor haar. Ze was altijd goed gevoed en heel schoon.' Rabin zette de ezel een keer voor de ezelkar en ging met een jongen van zijn eigen leeftijd en Tevet naar de markt om inkopen te doen. 'Alles werd op de kar geladen,' vertelt Tevet. 'De twee grotere jongens zaten voorop en hielden de teugels vast. Ik zat achterop tussen de groenten en blikken te hobbelen. Jitschak keek achterom en zei tegen de andere jongen dat hij met mij van plaats moest wisselen. Hij liet mij de teugels vasthouden. Er zijn mensen die zeggen dat Rabin koud was. Ik weet wel beter. Hij had een warm hart, maar liet het nooit zien. Hij was het onhandigst wanneer hij bedankt werd.'

'Toen Rosa stierf, op de leeftijd van 47 jaar aan een combinatie van hartproblemen en kanker, zat Rabin al op de Kadoerie-school. Hij werd naar huis geroepen en trof zijn moeder daar in coma aan. Ze kon niet meer reageren toen hij probeerde afscheid te nemen. Later schreef hij dat hij nog nooit in zijn leven zo veel had gehuild. In het openbaar liet hij zijn verdriet echter niet zien. Rosa kreeg een officiële begrafenis die meer dan duizend mensen bijwoonden. Tevet liep achter haar kist met een rij leerlingen van Bet Chinoech, waar Rachel nog op school zat. "Toen we langs Rachel en Jitschak en hun vader liepen," vertelde hij, "huilde Rachel". Jitschaks ogen waren volledig droog. Het leek alsof er niets was gebeurd. Het was niet zozeer zelfbeheersing. Hij sloot zijn emoties op.'

Terwijl de vroegste invloeden op de persoonlijkheid van Rabin thuis en de school waren, werd het proces voltooid door de Palmach. Ondanks de betrokkenheid van zijn ouders bij de defensie-inspanningen, had hij niet de ambitie om in het leger te gaan. Onder vreedzamer omstandigheden had hij dezelfde kibboetsroute als zijn zuster kunnen nemen, hoewel hij een hekel had aan de beperkingen van het gemeenschapsleven. Op Kadoerie, een school die de doelstellingen van Bet Chinoech deelde, maar gedisciplineerder en wetenschappelijker was, blonk hij uit in de natuurwetenschappen. Hij hoopte waterbouw te kunnen studeren. De universiteit van Californië in Berkeley bood hem een beurs aan. Maar in de schaduw van de berg Tabor werd Rabin een soldaat, of hij nu wilde of niet. Eind jaren dertig was Kadoerie omringd door vijandige Arabische dorpen die de school voortdurend lastigvielen. De school moest voor haar eigen verdediging zorgen, waardoor Rabins opleiding onderbroken werd door training en wachtdiensten.

Zijn instructeur was Jigal Allon. Hij was vier jaar ouder dan Rabin, afgestuurd op Kadoerie en een zoon van Galilea. Meer dan een halve eeeuw later was Allons portret een van de weinige dingen die aan de muur hingen in het eerste kantoor dat Rabin als minister had. Allon, die commmandant van de Palmach zou worden en later minister van Buitenlandse Zaken in de eerste regering Rabin, beweerde altijd dat hij de gaven – analytisch vermogen, besluitvorming en uitvoering – van de jonge Rabin als leider had ontdekt. Toen de Engelsen Kadoerie in 1938 gedurende zes maanden sloten wegens de Arabische opstanden, nodigde Allon zijn beste leerling uit voor een intensieve training in de kibboets Ginossar, aan de oever van het Meer van Kinneret. Hoewel Rabin terugkeerde naar Kadoerie, begonnen de eisen van de Hagana zijn studie te verstoren. In Europa brak een wereldoorlog uit die zich snel naar het Midden-Oosten verspreidde. Berkeley trok zijn uitnodiging terug.

In 1941, met de dreiging van een Duitse invasie in Palestina, richtte de Hagana de Palmach op, de kern van een professioneel joods leger. De commandant was Jitschak Sadee, met Jigal Allon en Mosje Dajan als zijn assistenten en beschermelingen. Rabin had intussen Kadoerie verlaten en zich bij een groep gevoegd die een nieuwe kibboets wilde opzetten. De groep trainde in de kibboets Ramat Jochanan, net ten oosten van Haifa. Op een avond werd Rabin in de eetzaal door een plaatselijke commandant van de Hagana gevraagd bij de Palmach te komen. 'Ik heb geen moment geaarzeld,' schreef Rabin in zijn memoires. 'Ik zal nooit weten waarom hij mij benaderde, maar de uitnodiging om bij de Palmach te komen heeft de loop van mijn leven veranderd.'

Dajan rekruteerde Rabin al snel voor zijn eerste oorlogservaring, een verkenningsmissie voor de Australische bondgenoten van Engeland over de Libanese grens. Libanon werd gecontroleerd door Hitlers Franse Vichy-marionetten en was vijandelijk gebied. De Engelsen planden een invasie om te voorkomen dat de Duitsers Syrië en Libanon als springplank zouden gebruiken voor een aanval op Palestina. Rabin en zijn kameraden werden gewaarschuwd dat ze, omdat ze geen reguliere soldaten waren, niet onder de Conventie van Genève ten aanzien van krijgsgevangenen zouden vallen. Maar hun inlichtingenofficier zei geruststellend dat ze zich daarover geen zorgen hoefden te maken omdat de sector bemand werd door Franse koloniale troepen uit Senegal, die toch geen gevangenen maakten.

Rabins sectie heeft de vijand nooit ontmoet. De groep glipte onder dekking van de duisternis de grens over, marcheerde de 45 kilometer naar het doel, waar Rabin, als de jongste soldaat, in een paar telefoonpalen klom en de telefoondraden doorknipte om te voorkomen dat het garnizoen om versterking zou bellen. Missie voltooid. 'Het verhaal over de deelname van de Hagana aan de invasie in Syrië,' zei Rabin later, 'was misschien al lang vergeten geweest als Mosje Dajan diezelfde nacht niet, in een gevecht met de Franse strijdkrachten, een oog had verloren.'

Toen de Tweede Wereldoorlog voorbij was en duidelijk werd dat Groot-Brittannië geen joodse staat zou leveren, ging de Hagana van samenwerking op verzet over. Rabin klom geleidelijk via de rangen van de Palmach op, van pelotons- tot bataljons- en uiteindelijk tot brigadecommandant. Tijdens Israels Onafhankelijkheidsoorlog van 1948, die gevochten werd tegen ongeregelde Palestijnse troepen en vijf Arabische legers, was Rabin plaatsvervangend hoofd van de Palmach, onder zijn oude mentor Jigal Allon.

Als lagere officier leidde Rabin in oktober 1945 een aanvalsgroep die ongeveer 200 'illegale' immigranten, joodse overlevenden van de holocaust, uit een Brits gevangenenkamp redde bij Atliet aan de kust van de Middellandse Zee. Zijn volgende doelwit, in juni 1946, was een Brits politiebureau in Jenin, maar daar is hij nooit gekomen. Tijdens een verkenningstocht op een motorfiets kwam hij in botsing met een vrachtwagen. Zijn been was op twee plaatsen gebroken. Voor Rabin hersteld was, sloegen de Britten terug – voor de spectaculaire vernietiging door de Palmach van tien bruggen die Palestina met de rest van het Midden-Oosten verbonden – door op 29 juni 1946 vrijwel alle joodse leiders op te pakken. Rabin – en zijn vader – behoorden tot de gearresteerden. Jitschak werd vijf maanden gevangen gehouden en was daardoor dubbel immobiel. Nehemia, die waarschijnlijk alleen maar werd opgepakt omdat hij aanwezig was, werd twee weken vastgehouden. Nehemia, een toen zestig jaar oude weduwnaar, had maar één klacht, zoals Rabin in zijn memoires vertelt: de Britse soldaten hadden hem geen tijd gegeven om zijn gebit in te doen voor ze hem meenamen.

Vanaf november 1947, toen de Verenigde Naties voor de verdeling van Palestina tussen joden en Arabieren stemden, tot juli van het volgend jaar, was Rabin betrokken bij de slag om Jeruzalem – eerst de hoofdweg, de levensader naar Tel Aviv en de kust, en toen de heilige stad zelf, met haar 90 000 belegerde joodse inwoners. Op 15 april, precies een maand voordat de Engelsen zich terugtrokken, werd hij tot commandant benoemd van de nieuwe Harel-brigade van de Palmach, die ingezet werd op het Jeruzalem-front.

Het was een fluctuerende en frustrerende oorlog, die Rabin niet alleen in conflict bracht met de Arabische vijand, maar vaak ook met zijn eigen politieke meesters en het reguliere Hagana-commando in de stad. Jeruzalem was te belangrijk om aan de generaals te worden overgelaten, maar Rabin verzette zich tegen wat hij beschouwde als ondoordachte en misleide orders. De drie belangrijkste plaatsen langs de weg naar Jeruzalem – Latroen op de vlakte, Bab al-Wad (Sja'ar Chagai), de beboste engte aan het begin van de eerste hoogte, en het Castel, de ruïne van het oude Romeinse fort op het hoogste punt van de weg – werden ingenomen, verloren en weer ingenomen, zelden op hetzelfde moment. Soms kwamen de bevoorradingskonvooien erdoor, soms niet.

Op een bepaald moment was het gebrek aan manschappen zo groot dat Rabin een peloton Gadna-kadetten, scholieren van 15 en 16 jaar, naar de slag om Latroen moest sturen. 'We moesten nu de bloedige prijs betalen van jaren van verwaarlozing,' schreef hij dertig jaar later, nog steeds woedend. 'Ik wist toen zeker dat mijn beoordeling voorafgaande aan de Onafhankelijkheidsoorlog juist was geweest: de leiders van de Jisjoev (de joodse gemeenschap in Palestina) beschikten niet over voldoende wapens van de vereiste kwaliteit en de gevechtstroepen waren onvoldoende getraind. Geen ander volk heeft ooit zo weinig, slecht bewapende mannen op pad gestuurd om zijn onafhankelijkheid te winnen en te behouden.' Na zijn dood noemde zijn vertrouwelinge Niva Lamir Rabins ervaringen op de weg naar Jeruzalem 'de beslissendste ervaring van zijn leven' en ook hijzelf had dit gezegd. Meer dan tweehonderd soldaten van de Harel verloren het leven en meer dan zeshonderd raakten gewond. 'Hij is 26 jaar oud en heeft de verantwoordelijkheid voor de weg naar Jeruzalem en het creëren van een staat.'

Rabin was ook ontstemd over de plaatselijke Hagana-commandant David Sjaltiel, die het commando voerde over het Jeruzalem-front. Rabin en Sjaltiel presenteerden ieder hun eigen plan voor de verovering van de Oude Stad. Uiteindelijk gaf de Palmach-commandant toe. Ook dit zat hem drie decennia later nog steeds dwars. 'Sjaltiel,' zo schreef Rabin, 'wees mijn voorstel af en stond erop dat het zijne werd uitgevoerd. Ik was razend op hem en vertelde hem recht in zijn gezicht dat zijn plan belachelijk was en gedoemd was te mislukken. Maar Jeruzalem was me veel te dierbaar om welke poging dan ook te weigeren.'

Het resultaat was dat de Israeli's er niet in slaagden de Oude Stad in te nemen. Een Palmach-eenheid veroverde de berg Zion, buiten de muren, maar had te weinig mensen en materieel om de joodse wijk binnen de Zion-poort in te nemen en in handen te houden voordat de hongerende en angstige bewoners zich overgaven aan het Jordaans-Arabische leger. Rabin had meer succes in de nieuwe stad, waar zijn troepen de wijk Katamon veroverden en de joodse controle over West-Jeruzalem verzekerden. Maar er waren veel slachtoffers en Rabin werd op een gegeven moment bedreigd met een verlies aan moreel en vertrouwen van zijn mannen. Aan het eind van de oorlog was de hoofdweg veilig. Maar het was met een gevoel van uiteindelijke rechtvaardigheid dat Rabin negentien jaar en twee oorlogen later de Oude Stad binnenmarcheerde nadat Oost-Jeruzalem was veroverd.

Net als zijn ouders vóór hem had Jitschak Rabin weinig tijd voor zijn privé-leven, maar hij maakte gebruik van de tweede van twee wapenstilstanden in 1948 om Lea Schlossberg te trouwen, de donkerharige dochter van ontwikkelde Duitse immigranten die hij in het geheim het hof had gemaakt sinds 1944, toen ze een 15-jarig schoolmeisje was. 'Het begon met een toevallige ontmoeting in de Tel Aviv-straat,' schreef Rabin in zijn memoires. 'Een blik, een woord, een gevoel van binnen en een volgende ontmoeting...'

Een romantisch schrijver had het niet beter kunnen vertellen. Maar Sjabtai Tevet, die Rabin van school kende en Lea van de linkse jeugd-beweging Hasjomer Hatsa'ier, herinnert het zich anders. 'Lea,' zegt hij, 'werd beschouwd als een van de schoonheden van Hasjomer Hat-sa'ier. Ik herinner me hoe Jitschak haar het hof maakte. Hij volgde haar overal zonder een woord te zeggen. Hij hield haar in de gaten en zorgde dat hij opviel. Hij woonde niet ver van haar huis, maar het is onmogelijk dat ze elkaar kenden. Zij kwam uit een gegoede Duitstali-ge familie, die een bourgeois-leven in Tel Aviv leidde. Alles was an-ders. Hij volgde haar alleen maar, stap voor stap, tot hij genoeg moed had verzameld om zich aan haar voor te stellen. Maar intussen wist ze al wie hij was. Het was een unieke manier van veroveren en typisch voor Jitschak. Aan de ene kant hield hij vol, was hij een doorzetter. Aan de andere kant was hij ontzettend verlegen. Ik denk dat Lea het eerste meisje is geweest waarmee hij ooit is uitgegaan.'

Rabin was, met zijn verweerde gezicht en roodachtig bruine haar, een knappe jongeman. Met het heroïsche aura van de Palmach daar-aan toegevoegd, had Lea niet veel overreding nodig, maar hij droeg een uniform en had zelden verlof. 'In 1945 kregen we een nauwere band,' schreef hij, 'doordat Lea bij de Palmach kwam en in het batal-jon diende waarvan ik plaatsvervangend commandant was – een van de zeldzame gelegenheden in ons leven samen waarbij *zij* onder *mijn* bevel stond.'

Rabin had de bruiloft het liefst in kleine kring gevierd, maar dat zou niet gebeuren. Ze trouwden op 23 augustus 1948 in Tel Aviv, in aanwezigheid van de leiding van de Palmach en de 'beau monde' van Tel Aviv. De rabbijn kwam een half uur te laat. Rabin was niet op zijn gemak tijdens de plechtigheid. Dit was niets voor hem. Plotseling hoorden de gasten een bekende basstem iets tegen de bruid zegen dat niet in het draaiboek thuishoorde: 'Dit is de laatste keer dat ik trouw.'

Eerder die zomer was Rabin betrokken bij een van de pijnlijkste, meest controversiële gebeurtenissen uit de Onafhankelijkheidsoorlog: het tot zinken brengen van de Altalena, een schip dat wapens uit Frankrijk vervoerde voor de dissidente Irgoen Tsvai Le'oemi, geleid door Menachem Begin. Begin juni had Begin erin toegestemd zijn strijders te laten opgaan in het nieuwe nationale leger. De staat, uitgeroepen op de avond van 14 mei, stond nog in de kinderschoenen. Begin verzette zich tegen Ben-Goerions aanvaarding van de opdeling van Palestina. Terecht of ten onrechte, de minister-president vreesde een staatsgreep van nationalistisch rechts. Zijn vrees werd versterkt toen Begin op 20 juni weigerde de kostbare lading van de Altalena over te geven aan het leger. Het schip ging eerst voor anker bij Kfar Vitkin, ten noorden van Netania, maar voer na een vuurgevecht met het nieuw opgerichte Israelische leger, de Israel Defense Forces (IDF), langs de kust naar Tel Aviv omdat Begin hoopte dat het leger het daar niet zou durven aanvallen.

De Palmach opereerde onder het commando van de IDF en Ben-Goerion gaf Jigal Allon opdracht de Atlalena in te nemen, desnoods met geweld. Rabin was voor een vergadering naar het hoofdkwartier van de Palmach gekomen, in het aan zee gelegen Ritz Hotel. Hij arriveerde vroeg om Lea te zien, die daar werkte. Hij wist niets van de achtergrond, maar kreeg onmiddellijk bevel het commando op het strand op zich te nemen. De Altalena werd beschoten met machinegeweren en artillerievuur en ten slotte lekgeslagen door een granaat. Na ostentatief verzet gaf de Irgoen zich over en hield op een onafhankelijke gevechtseenheid te zijn, maar toen hadden veertien van Begins strijders en één van Rabins mannen het conflict al met hun leven betaald.

Tijdens de opnamen voor een televisiedocumentaire over de Altalena-zaak, die in 1994 werd gemaakt, vertelde Rabin aan de regisseur, Ilana Tsoer, in vertrouwen dat het een van de moeilijkste momenten van zijn leven was geweest. Maar hij stond achter de beslissing van de premier. 'Wee de staat Israel,' zei hij, 'als Ben-Goerion niet gedaan had wat hij deed. Er is slechts één leger, de Israel Defense Forces.'

Een andere gebeurtenis waar Rabin nog jaren last van had, was de verdrijving van 50 000 Arabische burgers uit de tweelingsteden Lydda (nu Lod) en Ramla, ten zuidoosten van Tel Aviv. Volgens de Israelische mythologie zijn de inwoners rustig en uit eigen wil vertrokken. Dertig jaar later doorbrak Rabin het taboe en gaf in zijn memoires toe dat ze onder bedreiging met vuurwapens waren verdreven. Een kabinetscommissie, die de memoires van ministers onderzoekt op aspecten die met de veiligheid te maken hebben, gaf opdracht dat die passage verwijderd moest worden. Volgens Rabins ghostwriter, Dov Goldstein, moest Rabin bij het hoofd van de commissie verschijnen en werd hem gezegd: 'Het verhaal is inderdaad waar, maar het kan niet uit de mond komen van een van onze helden, van iemand die er persoonlijk bij betrokken is geweest, iemand die premier van Israel is geweest, want het is vernietigend voor onze bewering dat we menselijk hebben gehandeld.' Rabin was woedend, maar stemde erin toe dit deel eruit te halen en gaf zijn Engelse vertaler, die al in het bezit was van het manuscript, bevel hetzelfde te doen. Maar vlak voor de publicatie gaf de vertaler – volgens Goldstein iemand met politieke ideeën die de Communistische Partij rechts laten lijken – het verhaal door aan de *New York Times*.

Volgens Rabins onthulling was de verdrijving in opdracht van Ben-Goerion geweest en uitgevoerd door Allon en Rabin. 'We konden de vijandige en gewapende bevolking van Lod niet in onze rug hebben omdat ze de bevoorradingsroute naar de Jifta (een andere brigade), die naar het oosten optrok, in gevaar konden brengen,' zo stelde Rabin. Ben-Goerion wilde dat de Palmach de bevolking zou verdrijven in de richting van de Arabische linies bij Latroen.

' "Verdrijving" klinkt hard,' schreef Rabin. 'In psychologisch opzicht is dit een van de moeilijkste acties geweest die we ondernomen hebben. De inwoners van Lod vertrokken niet uit eigen beweging. We konden niet anders doen dan onze geweren gebruiken en waarschuwingsschoten lossen om de inwoners de 15 tot 25 kilometer te laten lopen naar het punt waar ze de Arabische linies bereikten. De inwoners van Ramla keken toe en leerden hun les. Hun leiders stemden erin toe vrijwillig te vertrekken.'

Volgens Larry Collins en Dominique Lapierre, in hun boek *O Jerusalem!*, zijn veel oudere mensen en kinderen tijdens de gedwongen mars omgekomen door gebrek aan water. In zijn verslag noemt Rabin dit niet, maar hij zegt wel dat de verdrijving een groot trauma is geweest voor veel van de betrokken soldaten. Ook Rabin kwam er niet zonder beschadiging af. Als journalist heeft Sjabtai Tevet hierover een interview met Rabin gehad. 'Hij vertelde me,' zegt Tevet, 'dat het iets verschrikkelijks was. 'Het was een ontzettend hete dag. Ze moesten lopen en hun kinderen en bezittingen met zich meedragen', zei hij. Rabin wist wat lijden was, maar hij droeg het als een soldaat. Hij begreep waarom de verdrijving nodig was. Maar hij zag het lijden en heeft het nooit vergeten.'

In de laatste fase van de Onafhankelijkheidsoorlog, na de wapenstilstanden in de zomer, diende Rabin als legerchef aan het zuidelijk front. Hij verdreef de binnendringende Egyptische troepen uit de Negev en wist de route te beveiligen naar wat de Rode-Zeehaven en vakantieplaats Eilat zou worden. Eind december ging een legereenheid de internationale grens over naar het noorden van de Sinaï, waar het strategische dorp Aboe Ageila werd ingenomen. Toen trok de eenheid zonder toestemming verder naar de regionale hoofdstad El Arisj. 'Als El Arisj in onze handen was gevallen,' schreef Rabin, 'was het Egyptische leger in de Gazastrook afgesneden geweest. Het grootste deel van de Sinaï zou van ons zijn geweest en de militaire geschiedenis van Israel zou een heel andere loop hebben gehad.' Maar het zou niet zo zijn. Ben-Goerion, die onder sterke druk stond van Groot-Brittannië en de Verenigde Staten, ging niet in op de smeekbeden van Allon en Rabin en riep de troepen terug.

Eén Egyptische eenheid, die al omsingeld was, hield koppig vol bij de kruising van Faluja, ten zuidoosten van Asjdod. In gezelschap van Rabin en andere hogere officieren onderhandelde Allon over hun overgave. Een jonge Egyptische officier, Gamel Abd al-Nasser, vroeg Rabin hoe de Israeli's de Engelsen, die nog steeds een imperialistische schaduw over Egypte wierpen, zover hadden gekregen dat ze Palestina verlieten. Rabin legde het geduldig uit. 'Weet je,' zei de toekomstige revolutionaire president nadenkend, 'we vechten op de verkeerde plaats en op het verkeerde moment tegen de verkeerde vijand.'

De Onafhankelijkheidsoorlog bevestigde Rabins status van soldaat met eigen ideeën, een commandant die moeilijke beslissingen kon nemen en uitvoeren. Maar in de sociale wereld van de Palmach, een soort legerkibboets, met zijn kameraadschap, zijn eigen liedjes en volksdansen en zijn eigen dichters, bleef Rabin een eenling. Jigal Allon was het prototype van de joviale Palmach-held. Rabin was dat nooit of wilde het niet zijn.

'Jigal Allon,' zegt de gepensioneerde generaal Uzi Narkiss, die onder beiden heeft gediend, 'was een leider, een vriend op wie je tot het eind kon vertrouwen. Hij werd door ons allemaal bewonderd. Hij stond zichzelf toe al zijn gevoelens te verwoorden. In de eerste plaats omhelsde hij je. Jitschak Rabin omhelsde je nooit. Als hij je een klap op je neus wilde verkopen, deed hij dat zonder je eerst te omhelzen of zich te verontschudigen. Allon was geliefd bij zijn mannen, Rabin werd gerespecteerd. Rabin was niet op zijn best rond het kampvuur. Hij wist niet hoe hij moest zingen. Allon zei altijd: "Mijn enige bezit in het leven zijn mijn vrienden." Ik denk niet dat Rabin hetzelfde had kunnen zeggen.'

'Allon wist hoe hij moest manoeuvreren, om de dingen heen moest praten. Hij zei dat hij dat geleerd had van de Arabieren in Galilea. Rabin hield zich nooit met dat soort dingen bezig. In de politiek moet je weten hoe je mensen moet manipuleren. Rabin heeft dat nooit beheerst. Zelfs in de Palmach-dagen was hij hard en ging recht op zijn doel af. Als hij een besluit had genomen, voerde hij het koppig en vasthoudend uit. Hij was direct, heel bot tegen mensen. Mensen waardeerden hem om zijn denken. Dat was zijn belangrijkste kwaliteit. Hij was analytisch. Hij hield zich graag met details bezig. Hij had een fantastisch geheugen. Hij legde de nadruk op opleiding. Hij wilde dat elke korporaal als een officier dacht en het hele beeld zou zien. Maar Rabin vertrouwde minder op improvisatie dan andere Israelische commandanten, zoals Mosje Dajan, die het als ons belangrijkste wapen zag. Rabin zei: "Ja, maar alleen na een grondige planning. We vertrouwen alleen op improvisatie als het plan niet uitwerkt zoals we willen."'

Een van de belangrijkste lessen die Rabin van 1948 heeft geleerd, is volgens Narkiss dat de grote beslissingen op politiek niveau moeten worden genomen. 'Het was Rabin die ons er op een lange, koude discussie-avond van overtuigde dat we de orders moesten gehoorzamen en ons terug moesten trekken uit Aboe Ageila. "De regering moet beslissen," zei hij. Tijdens de vredesonderhandelingen met de Palestijnen zei Rabin als premier hetzelfde: "De politiek beslist, het leger voert uit."'

Het primaat van de politiek was voor Rabin gemakkelijker te aanvaarden wanneer hij als politicus functioneerde dan wanneer hij in uniform was. In januari 1949 stuurde Allon Rabin als vertegenwoordiger van het zuidelijke front naar besprekingen over de wapenstilstand met Egypte, die op het Griekse eiland Rhodos werden gehouden. Hij was als een vis op het droge en verschilde zo bitter van mening met zijn politieke collega's dat hij eerder vertrok, zonder de overeenkomst te tekenen. 'Ik heb genoeg van diplomatie en politiek,' klaagde hij tegen Allon.

De conferentie op Rhodos markeerde de eerste tijd waarin Rabin een stropdas moest dragen. Een wat wereldser Palmach-kameraad knoopte er een voor hem voor hij Israel verliet. Rabin hield hem los geknoopt, zodat hij hem over zijn hoofd kon afdoen, maar een bediende in het Hotel des Roses haalde de knoop eruit en perste de stropdas voor hem. Jigael Jadin, hoofd van de Israelische delegatie, trof Rabin woedend in zijn kamer aan en knoopte de das weer voor hem. Bill Clinton gebruikte dit verhaal tijdens de begrafenis van Rabin in november 1995. 'De laatste keer dat ik hem ontmoette,' zei de president tegen de rouwenden op Mount Herzl, 'verscheen hij op tijd voor een bijeenkomst in avondkleding, maar zonder een das. Dus leende hij een das en had ik de eer deze voor hem te mogen strikken.' Eens een Palmachnik, altijd een Palmachnik.

3   De weg naar de overwinning

Hij is terecht bekend als de stafchef die Israels grootste militaire overwinning plande en leidde – de decimering van de Arabische luchtmacht en de schitterende aanvallen tijdens de Zesdaagse Oorlog van
1967. Maar Jitschak Rabins weg van brigadecommandant van de Palmach in 1949, toen er een einde kwam aan de Onafhankelijkheidsoorlog, tot stafchef van het Israelische leger in 1964, was niet zonder
tegenvallers, en op zijn minst bij twee gelegenheden was Rabin zo
gefrustreerd doordat hem promoties onthouden werden waar hij naar
zijn eigen idee recht op had, dat hij serieus overwoog zijn uniform in
de kast te hangen.

De beslissende rol die Rabin gespeeld heeft in de overwinning van
1967 is pas achteraf volledig erkend. Een groot deel van de eer ging in
die tijd naar Mosje Dajan, die pas enkele dagen voor de oorlog als
minister van Defensie een rol was gaan spelen. Het was echter Rabin
geweest die vorm had gegeven aan de militaire doctrine, de training-
technieken en de gevechtsstrategieën had ontwikkeld, nieuwe wapens
had geïntroduceerd, de beperkte strijdkrachten van het land zo goed
mogelijk had gereorganiseerd en die strijdkrachten had voorbereid op
oorlog.

In 1949 waren Rabins eerste stappen in de jonge IDF bijzonder
ongunstig geweest, hoewel David Ben-Goerion onder de indruk was
van Rabins leiderschap tijdens de oorlog en een belangrijke rol voor
hem zag in het leger. Rabin riep de toorn van de premier over zich uit
door op 4 oktober 1949 deel te nemen aan een bijeenkomst van Pal-
mach-veteranen, die georganiseerd was als een afscheidsbijeenkomst
en als protest tegen Ben-Goerions beslissing de Palmach op te heffen.
Officieren, zoals Rabin, die in het nieuwe Israelische leger dienden,
hadden een verbod gekregen om aan deze bijeenkomst deel te nemen
en Ben-Goerion, die zich bewust was van Rabins dilemma en hem
daar probeerde weg te houden, had hem op de middag van 14 oktober
bij zich thuis uitgenodigd om verslag te doen van een aantal schietin-
cidenten in het zuiden.

Rabin bracht de demonstratieve bijeenkomst ter sprake en vroeg Ben-Goerion zijn beslissing uit te leggen. Ben-Goerion antwoordde kortaf dat het nieuwe leger een eenheid moest zijn en dat er geen ruimte was voor afzonderlijke commandostructuren. Ben-Goerion probeerde op deze manier ook Jigal Allon en andere Palmach-commandanten op een zijspoor te zetten die gelieerd waren met de politieke partij Mapam, die naar het idee van de premier veel te links was. Desondanks besloot Rabin dat militaire discipline in dit geval ondergeschikt was aan trouw aan zijn kameraden. Hij verontschuldigde zich beleefd, haastte zich naar huis om zijn IDF-uniform te verwisselen voor zijn witte Palmach-shirt en ging naar de bijeenkomst.

Rabin, en anderen zoals hij die zich niets aantrokken van het verbod, moesten voor de krijgsraad verschijnen. Terwijl sommigen van hun functie ontheven werden, kwam Rabin er vanaf met een reprimande van de stafchef en een negatieve aantekening in zijn persoonlijke dossier. Maar uiteindelijk kan zijn openlijke ongehoorzaamheid aan Ben-Goerion wel schadelijk zijn geweest voor zijn militaire carrière. Als dat zo is, betekende dit ironisch genoeg dat hij uiteindelijk de hoogste post bereikte in de periode die voorafging aan de Zesdaagse Oorlog en stelde het hem in staat de overwinning te organiseren die later als visitekaartje zou dienen voor zijn politieke leven.

Maar in de herfst van 1949, toen de Negev-brigade van de Palmach, die onder zijn bevel stond, was ontbonden, zat Rabin zonder werk. Veel van zijn kameraden van de Palmach, onder wie zijn mentor Allon, hadden het leger vrijwillig verlaten of waren daartoe gedwongen door Ben-Goerion, die de voorkeur gaf aan veteranen van het Britse leger boven de plaatselijk getrainde officieren van de Palmach. Rabin speelde met het idee terug te gaan naar het burgerleven en waterbouwkunde te gaan studeren.

Maar de onzekere positie van de staat – de Arabieren hadden een economische blokkade ingesteld en begonnen onmiddellijk na de oorlog met terroristische acties – overtuigde hem ervan dat zijn plaats in het leger was. Hij wilde een militaire macht helpen opbouwen die de grenzen van het land zou kunnen verdedigen.

Rabin besloot een cursus te volgen voor bataljonscommandanten die opgezet was door Chaim Laskov, een door de Engelsen getrainde Hagana-veteraan. De cursus vormde een ideale gelegenheid om de ervaringen die de verschillende officieren in de Palmach, de Hagana en het Britse leger hadden opgedaan, samen te smelten tot een nieuwe eenheidsdoctrine. Laskov maakte zich in het begin zorgen over Rabins Palmach-verleden en maakte hem duidelijk dat het niet de bedoeling was met politiek bezig te zijn. Maar Rabin demonstreerde zo duidelijk zowel zijn waarde als zijn onverschilligheid ten opzichte van de politiek, dat Laskov tegen hem zei dat hij net zoveel van zijn Palmach-kameraden mocht meebrengen als hij wilde. Ondanks zijn persoonlijke verbondenheid met Allon en zijn lidmaatschap van de Palmach heeft Rabin zich inderdaad nooit duidelijk geïdentificeerd met de partij van Allon of een andere politieke partij. 'Zijn loyaliteit lag bij zijn vriend Allon en bij de Palmach,' zegt Mordechai Bar-On, die hoofd was van de opleiding in de tijd dat Rabin stafchef was. 'Hij was geïnteresseerd in tactiek en strategie, niet in politiek. Hij wilde een militair commandant zijn.'

Kort na de geboorte van zijn eerste kind Dalia, in maart 1950, werd Rabin, die nu kolonel was, gevraagd de leiding over de cursus van Laskov over te nemen. Hij gebruikte de functie als forum voor het ontwikkelen van strategieën en tactieken en het vormgeven van planningtechnieken en stafprocedures. Binnen enkele maanden werd hij echter gedwongen te vertrekken: stafchef Jigal Jadin benoemde hem tot hoofd van de afdeling operaties van de IDF – zijn eerste functie in de generale staf.

Rabin, nu verantwoordelijk voor de operationele planning en de reservisten, werkte twintig uur per dag aan het verbeteren van de kwaliteit van de gevechtseenheden en een efficiëntere organisatie van de reservisten. Begin jaren vijftig was het leger echter belast met meer dan alleen militaire activiteiten. Uit Noord-Afrika stroomden tienduizenden immigranten het land binnen. Ze werden ondergebracht in overvolle tentenkampen waar sanitaire voorzieningen vaak ontbraken. Het leger was de enige nationale organisatie die groot genoeg was om met die massale immigratie te kunnen omgaan, en Rabin kreeg de verantwoordelijkheid.

Het leger werkte aan een verbetering van de omstandigheden in de kampen. De geneeskundige afdeling van het leger zorgde voor gezondheidsvoorzieningen en soldaten werkten als onderwijzers en sociaal werkers. Het was een periode waarop Rabin met trots terugkeek – hoewel dat minder voor de immigranten geldt. 'Geen enkele andere organisatie in het land had deze uitdaging aangekund,' schreef hij later. 'De slag van de doorgangskampen,' zoals hij het noemde, 'zou de geschiedenis ingaan als een van de grootste overwinningen [van het leger].'

Rabin had zeer veel gevechtservaring voor een man die zo jong was, maar wist weinig van de rest van de wereld. Zijn eerste kans om naar het buitenland te gaan – naast de ontwapeningsconferentie op Rhodos in 1949 – kwam eind 1952, toen hij naar Engeland werd gestuurd om te gaan studeren aan het militaire Royal Staff College in Camberley. Hij ging met Lea en de tweeëneenhalf jaar oude Dalia. In het begin vond hij de cursus saai. 'Het eerste stadium van mijn studie hield veel technisch stafwerk in,' schreef hij. 'Ik moest bijvoorbeeld een tijdschema opstellen voor het transport van een hele divisie. Het was saai en nog bizar ook. Sinds wanneer omvatte de IDF een formatie die zo groot was als een divisie?'

Het is goed mogelijk dat zijn ervaring gekleurd werd door zijn slechte beheersing van het Engels en zijn achtergrond in de Palmach, die de Engelse gevechtsmethoden minachtte. 'We leefden in een andere werkelijkheid,' legt Jesjajahoe (Sjaike) Gavisj uit, een van Rabins Palmach-kameraden die in de oorlog van 1967 de leiding zou hebben over het Zuidelijke Leger. 'We hadden minder soldaten en minder wapens dan onze vijanden en ons gebied was klein. Dat betekende dat we een andere strategie moesten volgen. Frontale aanvallen waren niet geschikt voor ons. We moesten verrassingsaanvallen gebruiken, de vijand overdonderen, 's nachts opereren.'

Het was dan ook niet verrassend dat Rabin bij het afsluiten van de cursus van zijn Engelse instructeurs de aanbeveling kreeg in het korps intendanten te gaan dienen. Gelukkig hadden Rabins mede-officieren in de IDF een iets hogere pet van hem op. Ze zagen hem al als een getalenteerd planner. 'Hij had een hoog voorhoofd,' zegt Uzi Narkiss, een andere Palmach-kameraad, die in 1967 hoofd was van het Centrale Commando, 'en als je naar hem keek, kreeg je het gevoel dat de radertjes daarbinnen voortdurend in beweging waren.'

Een medestudent in Engeland was Faez Maher, die uiteindelijk stafchef van Jordanië zou worden. Toen Rabin voor het eerst een bezoek bracht aan koning Hoessein van Jordanië, tijdens zijn tweede termijn als premier, noemde hij zijn oude collega van Camberley en vroeg de koning wat er van hem geworden was. Binnen een half uur was Maher in het paleis en volgde er een warm weerzien. Toen Rabin in 1995 op Israels Onafhankelijkheidsdag een bezoek bracht aan Petra, was Maher zijn gids. Later dat jaar kreeg Maher een beroerte en Rabin zorgde er persoonlijk voor dat hij opgenomen werd in het Hadassa-ziekenhuis in Jeruzalem.

Na zijn terugkeer uit Camberley werd Rabin door de nieuwe stafchef, Mosje Dajan, benoemd tot hoofd van de afdeling training van het leger. Rabin, inmiddels gepromoveerd tot generaal-majoor, maakte zijn eerste reis naar de Verenigde Staten als gast van het Amerikaanse leger – en kwam terug met veel stof om over na te denken. Een onmiddellijke verandering die hij doorvoerde, was het bevel dat elke gevechtsofficier na het voltooien van de officiersopleiding een parachutisten- of commmandocursus moest volgen. De eersten die zouden gaan springen waren de leden van de generale staf, en Rabin, die niet wilde dat Lea – toen zwanger van hun tweede kind – zich zorgen zou maken, hield dit geheim voor zijn vrouw. Na de geboorte van hun zoon, Joeval, verliet Rabin de afdeling training en ging terug naar het veld. In april 1956 werd hij hoofd van het Noordelijke Leger.

In die tijd waren er problemen met Syrië over de demarcatie van gedemilitariseerde zones, maar de meeste spanningen deden zich voor buiten de jurisdictie van Rabin, bij het Jordaanse en vooral Egyptische front, waar voortdurend terroristische aanvallen plaatsvonden. Rabin, die verantwoordelijk was voor het relatief rustige noorden, werd grotendeels buiten de Sinai-campagne van 1956 gehouden.

Hoewel Israel voortdurend represailles had ondernomen als reactie op pijnlijke, door Egypte gesteunde terroristische acties in het zuiden van het land, vielen er steeds meer gewonden en de regering wilde een eind maken aan de invallen. In het geheim zijn aanval coördinerend met de Engelsen en de Fransen begon Israel op 29 oktober aan zijn schoonmaakoperatie in de Sinai en de Gazastrook, met het beperkte doel de terreur te beteugelen en de Straat van Tiraan te heropenen, aan de ingang van de Golf van Akaba, die in september 1955 gesloten was door de Egyptische president Gamel Abd al-Nasser. Binnen enkele dagen waren de Israelische troepen door de Sinai getrokken en hadden ze het Suezkanaal en de Straat bereikt. Toen Rusland dreigde te interveniëren als Israel zich niet terug zou trekken, dwongen de Verenigde Staten Israel aan deze eis te voldoen. In maart 1957 was Israel weg en was er een vredesmacht van de Verenigde Naties in de Sinai gestationeerd. Maar Israel had zijn doel bereikt: de Straat was open en de zuidgrens rustig.

Ver weg, aan het noordelijke front, bestond Rabins belangrijkste rol in de oorlog uit het sturen van een deel van zijn troepen naar het zuiden en het handhaven van een defensieve krijgsmacht voor het geval er een aanval van Syrië zou komen. Het had hem geërgerd dat hij buiten de actie was gebleven, maar had toen de grote vijandelijkheden eenmaal voorbij waren, zijn eigen kleinschalige conflict om op te lossen. De Syriërs, die zich op de Golanhoogte bevonden, voerden af en toe raketaanvallen uit op Israelische nederzettingen en Israelische vissersboten op het Meer van Kinneret. Als wraakactie ondernamen Israelische marineschepen aanvallen op de oostelijke oever van het meer, waarbij Syrische boten werden vernietigd die in Israelische wateren visten.

Eind 1957 kwam er een eind aan de ambtstermijn van Mosje Dajan als stafchef en was er een ronde van nieuwe benoemingen voor de generale staf te verwachten. Op een dag nodigde Dajan een aantal hogere officieren, onder wie Rabin, uit voor een gesprek. Hij deelde hen mede dat hij Ben-Goerion had voorgesteld om het hoofd van de generale staf, Meir Amit, op zijn post te benoemen en dat Tsvi Tsoer, hoofd van het Centrale Commando, zijn plaatsvervanger zou worden. Hij stelde voor dat Rabin op studieverlof zou gaan. Het is overbodig om te zeggen dat Rabin hier niet bepaald mee ingenomen was. Opnieuw vroeg hij zich af of hij wel in het leger moest blijven. Maar Ben-Goerion legde de aanbevelingen van Dajan naast zich neer: Laskov, niet Amit, werd de opvolger van Dajan en Rabin bleef in het noorden.

Rabins relatie met Dajan was nooit erg vriendschappelijk geweest. Dajan was flamboyant, vernieuwend en impulsief. Rabin was voorzichtig en analytisch en had overmatig aandacht voor details. Volgens Sjimon Peres, toen directeur-generaal van het ministerie van Defensie, had Dajan Rabin alleen maar tot hoofd van het Noordelijke Leger benoemd om hem uit de weg te hebben. In 1949 was al gebleken dat de relatie tussen de twee mannen koel was toen Rabin, als plaatsvervangend hoofd van het Zuidelijke Leger, zijn post aan Dajan had moeten overgeven. In zijn memoires heeft Rabin de sfeer als volgt beschreven: 'Iedereen was stil en hield zich op de vlakte toen hij arriveerde en Dajan voelde zich misschien slecht op zijn gemak in het gezelschap van al die Palmach-mannen. Ik heb de overdracht zonder enig ceremonieel uitgevoerd en het gevoel dat Dajan mij liever kwijt dan rijk was, werd versterkt door ons eerste gesprek. Hij gedroeg zich koud, gereserveerd en laconiek. Daarbij was hij zeer openhartig: "Dank je," zei hij, "ik heb je niet meer nodig."'

In 1959, nadat hij nog twee jaar aan het noordelijk front had gezeten, begon Rabin het gevoel te krijgen dat zijn militaire carrière op een dood punt was gekomen. Met goedkeuring van Laskov vroeg hij toestemming voor het doen van een twee jaar durende cursus aan de Harvard Business School. Maar een bizarre gebeurtenis hield hem in uniform. In april hield de IDF een grote mobilisatie-oefening, maar vergat duidelijk te maken dat het alleen maar een oefening was. Toen de codenamen voor de mobilisatie via de radio werden uitgezonden om de mannen naar hun eenheden te roepen, vroegen de Israeli's en de rest van de wereld zich af of er een oorlog op komst was.

Rabin was een van de belangrijkste mensen die profiteerden van een onderzoek naar het incident, waaruit de aanbeveling voortkwam om twee generaals – Meir Zorea, hoofd van de generale staf, en Jehosjafat Harkabi, hoofd van de militaire inlichtingendienst – te ontslaan. Rabin, die lang bang was geweest dat Ben-Goerion zijn carrière blokkeerde wegens het incident met de afscheidbijeenkomst van de Palmach, was bijzonder verheugd toen hij genoemd werd als vervanger van Zorea.

Binnen enkele maanden merkte Rabin dat Ben-Goerion het Palmach-incident niet helemaal had vergeten. Hoewel Rabin een sterke kandidaat was voor de post van stafchef, als vervanger van Laskov, gaf Ben-Goerion de voorkeur aan Tsoer, de plaatsvervangend stafchef. 'Ik wil je vertellen waarom ik voor Tsoer heb gekozen,' herinnert Rabin zich de verklaring hiervoor van Ben-Goerion. 'Je hebt weliswaar één keer niet volgens je orders gehandeld. En je bent voorzichtig' (ik denk dat hij te voorzichtig bedoelde). 'Maar deze overwegingen hebben geen invloed gehad op mijn beslissing. Tsoer is gewoon hoger dan jij in de militaire hiërarchie.' Als compensatie beloofde Ben-Goerion Rabin dat hij Tsoer zou opvolgen. En op 24 januari 1961 werd Rabin tot plaatsvervanger van Tsoer benoemd.

Rabin was een commandant die elk detail van elke operatie wilde weten. Zijn collega's bewonderden zijn vermogen kleine details te onthouden. 'Hij wist ons altijd te verbazen,' schreef voormalig president Chaim Herzog, die met Rabin deel uitmaakte van de generale staf. 'Ik herinner me hoe hij het aantal uren kon opnoemen dat de tanks in elk bataljon waren ingezet, maar daarbij verloor hij nooit het vermogen het hele beeld te zien.' In de generale staf werd een grap verteld waarin gesuggereerd werd dat ze niet bang hoefden te zijn als de computer het zou begeven, want ze hadden Jitschak Rabin.

Wat Rabin miste, was spontaniteit. Tijdens de jaarlijkse feestjes voor de generale staf stond Rabin altijd aan de zijkant te kijken. 'Zijn taalgebruik was nogal beperkt,' vertelt Mordechai Bar-On. 'Ook met metaforen en verwijzingen. Als je naar hem luisterde, merkte je dat hij heel wat tijd had doorgebracht met het lezen van militaire rapporten en samenvattingen.'

Als hoofd van de generale staf begon Rabin zich hard te maken voor het idee dat Israel zich minder afhankelijk moest maken van Franse wapens – een gevolg van het beleid van Peres als staatssecretaris van Defensie – en over moest gaan op wat hij beschouwde als kwalitatief betere Amerikaanse wapens. Op dit punt, net als op veel andere punten, kwam Rabin hevig in conflict met Peres. Het was het begin van een persoonlijke vijandschap die zou blijven bestaan tot de twee zich onverwacht verzoenden gedurende Rabins laatste jaren. Tijdens Rabins periode als plaatsvervangend stafchef beschuldigde hij Peres er zelfs van dat deze hem weg wilde hebben. 'Ik was een doorn in zijn oog,' schreef Rabin. 'Hij wilde me van die belangrijke post af hebben... Peres beschouwde mijn mening als een bedreiging voor zijn positie en de strijd bleek hard te zijn. Het is nooit in mij opgekomen om overwegingen van persoonlijk prestige in zulke beslissende zaken te betrekken. Naar mijn gevoel stimuleerde Peres persoonlijke conflicten om zijn tegenstanders onder druk te zetten.'

In zijn memoires vertelt Rabin dat Peres zichtbaar verbleekte toen hij hem in maart 1963 vertelde dat Ben-Goerion hem de post van stafchef had beloofd. Peres ontkent dit en zegt dat Ben-Goerion hem dit al eerder had verteld. Peres zei: 'Het nieuws kwam noch als een verrassing, noch als een schok voor mij. Zijn beschrijving van mijn ogenschijnlijke reactie daarop, die zestien jaar later werd geschreven, is het produkt van ongefundeerde veronderstellingen.'

Op 1 januari 1964, op de leeftijd van 41 jaar, werd Jitschak Rabin tot stafchef benoemd. Ben-Goerion was zeven maanden daarvoor afgetreden, maar zijn opvolger, Levi Esjkol, hield zich aan de belofte van zijn voorganger. Bovendien was Rabin de voor de hand liggende keuze. Hij had bijna alle topfuncties bekleed en was de meest gerespecteerde strateeg van het leger. Generaals die buiten Rabins kantoor zaten te wachten, gingen intensief door hun rapporten heen omdat ze wisten dat de stafchef enkele minuten later naar de kleinste details zou vragen – en ze misschien zelf zou kennen. 'Je hoefde van hem geen compliment te verwachten,' zegt Jesjajahoe Gavisj, 'maar je wist wel of hij je waardeerde. Hij was iemand bij wie je altijd terecht kon.'

Toen Rabin op deze post kwam, was er geen oorlogsdreiging. Syrië bleef doorgaan met het beschieten van Israelische nederzettingen, maar Damascus zou niet aan een eenzaam militair avontuur beginnen. En Egypte, Israels grootste vijand, was betrokken bij een conflict in Jemen. Wat Rabin wel zorgen baarde, was het feit dat Egypte bezig was geweest met het aanschaffen van geavanceerde Russische wapens, waarbij begin jaren zestig de tankmacht tot bijna 1200 was uitgebreid en het aantal gevechtsvliegtuigen tot 350.

Rabin realiseerde zich dat Israel het in een toekomstige oorlog zou moeten opnemen tegen Sovjet-getrainde legers, met grote aantallen Sovjet-artillerie, -tanks en -vliegtuigen. De IDF moest beginnen met trainen om de Sovjet-doctrine te kunnen weerstaan. Onder Rabins leiding werden volledige replica's van Russische gefortificeerde posities gebouwd, met loopgraven, hekken, verdedigingslinies en namaakmijnen, en de soldaten moesten oefenen in het aanvallen hiervan.

Rabin kreeg weinig tijd om aan zijn nieuwe taak te wennen. In zijn eerste maand als stafchef begon Israel zijn nationale watersysteem te bouwen, bedoeld om 300 miljoen kubieke meter water per jaar uit het Meer van Kinneret in het noorden via pijpleidingen en kanalen naar het droge zuiden te pompen. Omdat ze bang waren dat het project Israel economisch sterker zou maken, hielden Arabische leiders een serie topontmoetingen in Egypte en kwamen overeen dat ze alles zouden doen, behalve regelrechte oorlog, om dit project te saboteren. Eerst kwam er een opleving van Palestijnse terreuraanvallen, sommige direct gericht op het watersysteem. Toen, tegen het eind van 1964, begonnen de Syriërs op de Golanhoogte te proberen het water van de rivier de Hatsbani – een zijrivier van de Jordaan die in het Meer van Kinneret uitkomt – om te leiden in een poging het hele project te saboteren. Syrië was ook van plan het water van de rivier de Banias, een andere zijrivier van de Jordaan, om te leggen. Het was de bedoeling Israel te dwingen tot een keuze tussen het accepteren van deze stroomomleggingen en oorlog. Hoewel de Arabische landen niet van mening waren dat ze Israel met succes konden aanvallen, dachten ze wel dat ze zich bij een aanval zouden kunnen verdedigen.

Rabin koos echter voor een derde mogelijkheid, namelijk het tegenhouden van de omlegplannen zonder dat dit tot een groot conflict zou leiden. Na een gesprek met premier en minister van Defensie Esjkol, belde Rabin Israel (Talik) Tal, hoofd van de pantsereenheid van de IDF, voor praktische assistentie. Tal vertelde hem dat tanks vanaf de Israelische kant van de grens de Syrische machines voor het verplaatsen van grond konden vernietigen. 'Niemand dacht dat het zou werken,' vertelt Tal. Maar nadat Tal hem een demonstratie had gegeven, wilde Rabin het proberen. Vanuit zijn kantoor, waar hij met Esjkol vergaderde, belde Rabin met Tal. 'Ik probeer Esjkol ervan te overtuigen dat jij het hele omlegplan kunt vernietigen zonder dat er oorlog komt,' zei Rabin tegen Tal, 'maar hij wil weten welke garanties je kunt geven.'

'Zeg maar tegen hem dat ik het schieten zelf voor mijn rekening neem,' was het boude antwoord. En dat deed hij. De volgende dag ging Tal met twee tanks naar Tel Dan, net ten noorden van de kibboets Dan, en vernietigde persoonlijk van een afstand van twee kilometer acht Syrische machines. Deze operaties, en andere die volgden, waren bijzonder succesvol. Steeds nadat Israelische tanks Syrische machines hadden vernietigd, werden de werkzaamheden verplaatst naar een plek die verder van de grens lag. Toen de Syriërs buiten het bereik van de tanks kwamen, ging de IDF gewoon over op artillerievuur. En toen Syrië gedwongen was het werk op een afstand van twintig kilometer van de grens uit te voeren, stuurde Israel vliegtuigen om de machines te vernietigen. Syrië sloeg terug met beschietingen van Israelische nederzettingen waardoor de bewoners hun toevlucht moesten zoeken in schuilkelders. Maar uiteindelijk lieten de Syriërs het omleggingsplan varen. 'Rabin heeft de sceptici verslagen,' zegt Tal, 'doordat hij begreep dat je niet naar de pijpen van de vijand kunt dansen. Hij zocht naar een oplossing die niet gedicteerd werd door de strategie van de vijand.' Maar het was een overwinning op korte termijn. Het voortdurende conflict over water was een belangrijke factor in de escalatie naar de oorlog van 1967.

Ook nu was het in het noorden lang niet rustig. Er waren tientallen incidenten met beschietingen van beide kanten over de Syrische grens en een golf van door Syrië gesteunde infiltraties van Palestijnse terroristische groepen vanuit Libanon. Niet erg diplomatiek vertelde Rabin in 1966 aan een legerkrant dat Israel de Syrische agressie niet alleen kon beantwoorden met acties tegen terroristen, maar ook met acties tegen een regime dat zulke acties steunt. Het was een van de onverwachte uitspraken waarom hij bekend zou worden.

In het algemeen was Rabin echter niet iemand van oorlogszuchtige uitspraken. 'Je hoorde hem nooit zeggen dat we de vijand te pakken zouden nemen,' vertelt Gavisj. 'Dat beschouwde hij als overmoed.' In feite was de stafchef meestal spaarzaam met woorden en velen vonden hem gesloten en terughoudend. Maar er waren tekenen van emotie achter het afstandelijke uiterlijk. Tal bracht zijn 12-jarige zoon een keer mee naar een grote legeroefening, maar de manoeuvre sleepte zich voort tot in de avond. 'Jitschak,' vertelt Tal, 'begreep dat ik niet wist wat ik met mijn zoon moest doen. Hij nam hem mee, spreidde een slaapzak uit en ze vielen naast elkaar in slaap.'

Tal vertelt nog een andere anekdote ter illustratie van Rabins verlegenheid. Toen ze op een dag samen door het militaire hoofdkwartier in Tel Aviv liepen, zagen ze een aantrekkelijke vrouwelijke soldaat. 'Ik keek bewonderend naar haar,' grinnikt Tal, 'maar Rabin keek vanuit een ooghoek. Ik riep: "Jitschak, kijk, geniet, het is niet verboden."'

Begin 1967 namen de schermutselingen langs de noordelijke grens toe. In april haalden Israelische vliegtuigen zes Syrische Migs neer. Maar zelfs begin mei waren de militaire inlichtingendienst èn Rabin nog van mening dat oorlog onwaarschijnlijk was zolang Egypte nog vastzat in Jemen. Op dat moment was Israel nog maar een maand verwijderd van een beslissend militair conflict.

Ergens tussen 11 en 13 mei kwam de Sovjet-Unie met valse rapporten bij Egypte waarin stond dat Israel troepen bijeenbracht langs de noordelijke grens en een volledige aanval plande. Syrië, dat een defensiepact met Egypte had, vroeg Nasser om de uitdaging aan te nemen. Rabin gaf het Noordelijke Leger opdracht onnodige troepenbewegingen te vermijden omdat ze als provocatie konden worden gezien.

Rabin maakte zich eigenlijk weinig zorgen toen hij op 14 mei naar een receptie ter ere van Onafhankelijkheidsdag ging in het huis van Miles Sherover, een rijke Venezolaanse zakenman en filantroop, in Jeruzalem. 's Avonds ontving hij echter een bericht. 'Zijn gezicht werd langer, ernstiger,' vertelt Uzi Narkiss van het Centrale Commando, die erbij aanwezig was. Het bericht kwam van het hoofd van de militaire inlichtingendienst, Aharon Jariv: het Egyptische leger was in staat van paraatheid gebracht. De volgende dag, tijdens een militaire parade die gehouden werd ter gelegenheid van Onafhankelijkheidsdag, kreeg Rabin de mededeling dat het Egyptische leger door de straten van Caïro marcheerde op weg naar het Suezkanaal. Hij gaf de rapporten door aan Esjkol, die dicht bij hem stond; er werden versterkingen gestuurd naar de zuidgrens en enkele reservetroepen in gereedheid gebracht voor mobilisatie.

Op 18 mei gaf de Egyptische president opdracht dat alle VN-troepen zich uit de Sinaï moesten terugtrekken. Secretaris-generaal Oe Thant van de VN ging hier bereidwillig op in. De volgende paar dagen zag Israel hoe Nasser zijn troepen uit Jemen terugtrok en naar de Sinai stuurde. Op 21 mei trok Egypte zeven divisies samen langs de zuidgrens. Israel stond tegenover 80 000 Egyptische soldaten. Op 23 mei sloot Egypte de Straat van Tiraan, tussen de Sinai en Saoedi-Arabië, voor Israelische schepen.

De Israelische politieke leiders aarzelden en hoopten dat de Verenigde Staten zich ermee zouden gaan bemoeien nadat president Lyndon Johnson de mogelijkheid had geopperd een door de VS geleide vloot te sturen om de Straat weer te openen. Esjkol, die geen enkele militaire ervaring had, was volledig afhankelijk van de beoordeling van de stafchef. Rabin zat tussen twee vuren; tussen de politici, die een diplomatieke oplossing wilden, en zijn generaals, die vonden dat Israel onmiddellijk moest reageren om gebruik te maken van het verrassingselement. 'We zeiden tegen de regering,' vertelt Gavisj van het Zuidelijke Leger, 'dat we de Egyptenaren zo de kans gaven zich te organiseren, artillerie op te stellen en mijnen te leggen. En dat alles op vijftig kilometer van Beersjeva.'

In eerste instantie gaf Rabin zelf de voorkeur aan een beperkte militaire operatie – een aanval op El Arisj, op ongeveer een kwart van de afstand langs de kustweg tussen Rafa en Port Saïd aan het Suezkanaal, gevolgd door een poging tot onderhandeling over wederzijdse terugtrekking. Gavisj wilde veel aanvallender optreden. Hij wilde het Egyptische leger vernietigen en doorstoten naar het Suezkanaal – een standpunt waar Rabin langzaamaan achter ging staan. 'Israel werd geconfronteerd met een van de ernstigste situaties die het land ooit had meegemaakt,' schreef Rabin in zijn memoires, 'en ik voelde dat het kabinet in zijn verbijstering niet alleen verwachtte dat ik een analyse van de militaire opties zou presenteren (wat de taak is van de stafchef), maar ook verwachtte dat ik alle twijfel weg zou nemen door te vertellen welke optie we moesten kiezen... Dat maakte me erg eenzaam...'

Terwijl de mogelijkheid van een groot conflict steeds dreigender werd, had het publiek het gevoel dat er een grote vernietiging op handen was. Er werd veel naar de holocaust verwezen. In sommige delen van het land werd grond gewijd voor begraafplaatsen en werden nieuwe graven gegraven als voorbereiding op grote aantallen slachtoffers. Rabin, die zich steeds geïsoleerder voelde, wendde zich tot Ben-Goerion voor steun. Op 22 mei bracht hij een bezoek aan de voormalige minister-president. Maar Ben-Goerion maakte de zaak alleen maar erger door eerst tekeer te gaan tegen het politieke leiderschap en vervolgens Rabin persoonlijk verantwoordelijk te stellen voor de situatie waarin Israel zich bevond. 'Je hebt het land in een ernstige situatie gebracht,' zei Ben-Goerion tegen hem. 'We moeten geen oorlog voeren. We zijn geïsoleerd. Jij bent verantwoordelijk.'

Rabin was geschokt toen hij terugkwam. De nacht daarna stortte hij volledig in en verdween een dag. Rabin zelf denkt dat deze gebeurtenis veroorzaakt werd door een combinatie van factoren, waaronder het feit dat hij erg veel rookte. 'Laat die avond... kwam ik thuis in een toestand van geestelijke en lichamelijke uitputting,' schreef hij in zijn memoires. 'Sinds die tijd heb ik me regelmatig afgevraagd wat er die avond met me gebeurd is... Het had ongetwijfeld te maken met een combinatie van spanning, uitputting en de enorme hoeveelheid nicotine die ik in de laatste paar dagen had geïnhaleerd. Die laatste paar dagen leken eindeloos. Er werd alleen gegeten als de gelegenheid zich voordeed en dan nog haastig. Ik had nauwelijks geslapen en ik rookte als een schoorsteen. Maar het was meer dan nicotine dat me de nekslag gaf. Het sterke schuldgevoel waar ik de laatste tijd last van had gehad, werd op 23 mei ondraaglijk. Ik kon de woorden van Ben-Goerion niet uit mijn hoofd zetten – "*Jij* bent verantwoordelijk." '

Roechama Hermon, toen hoofd van zijn bureau, zegt erover: 'Hij stortte in. Het lijkt me heel menselijk. Hij was alleen. De politici wilden steeds maar uitstellen, maar onder de generaals heerste een gevoel van zelfvertrouwen en vastbeslotenheid. Rabin moest tussen die twee in balanceren. Na dat gesprek met Ben-Goerion was het alsof er een extra last op zijn schouders was gelegd. Zijn schouders leken elke dag wat lager te zakken. Hij stuurde jonge mannen naar de oorlog en wist niet hoeveel er terug zouden komen. Hij was tenslotte een man van vlees en bloed. Het feit dat hij er zo snel weer bovenop kwam, laat zien waar hij van gemaakt was.'

Tijdens zijn persoonlijke crisis vroeg Rabin Ezer Weizman, voormalig commandant van de luchtmacht en nu plaatsvervangend stafchef, naar zijn huis te komen. Er zijn twee versies van wat er gebeurde. Rabin schreef dat hij aan Weizman vroeg: 'Is het mijn schuld? Moet ik mijn functie neerleggen?' Weizman zegt dat Rabin hem vroeg zijn functie over te nemen en dat hij weigerde. 'Ik heb hem dat nooit gevraagd,' zei Rabin, 'en ik had ook niet de bevoegdheid om die functie aan hem of wie dan ook af te staan.'

Ze zijn het er over eens dat het gesprek wel ging over het neerleggen van zijn functie. Er werd een legerarts gebeld, die Rabin een slaapmiddel gaf. Het grootste deel van 24 mei bracht hij slapend door. Weizman nam zijn taak over. Hij zat een vergadering voor van de generale staf en had later een ontmoeting met Esjkol om hem van de laatste ontwikkelingen op de hoogte te stellen. Weizman maakte de toestand van de stafchef niet openbaar, maar kort na de moord op Rabin onthulde Dov Goldstein, zijn ghostwriter, dat Weizman, toen

Rabin in 1968 officieel benoemd was tot ambassadeur in Washington, hem een persoonlijke waarschuwing had gegeven: 'Mocht je ideeën hebben over een politieke carrière wanneer je uit Washington terug bent, vergeet dan niet dat ik hier ben om het verhaal te vertellen.' Toen Rabin voor de verkiezingen van 1974 in een gevecht gewikkeld was met Peres om het leiderschap van de Arbeiderspartij, maakte Weizman, intussen een Likoed-politicus, zijn dreigement waar.

Op 25 mei keerde Rabin terug op zijn post en gaf bevel voor de volledige mobilisatie van alle reservisten – 80 procent van Israels strijdkrachten. Hij wist dat Israel het zich financieel niet kon veroorloven om de reservisten gedurende lange tijd gemobiliseerd te houden. Omdat Israel niet wilde aanvallen als Johnson op het punt stond te interveniëren, drong Rabin erop aan een telegram te sturen naar minister van Buitenlandse Zaken Abba Eban, toen in de Verenigde Staten, met het verzoek na te gaan welke positie de Amerikanen innamen. Rabin dacht dat de regering Esjkol voor oorlog zou stemmen als Washington niets zou doen om een eind aan de blokkade te maken.

Door de steeds grotere kans op oorlog en doordat het publiek het vertrouwen in de politieke leiders kwijtraakte, werd er steeds meer druk op Esjkol uitgeoefend om Mosje Dajan, de held van de Sinaicampagne van 1956, in de regering op te nemen. Op 1 juni werd Dajan benoemd tot minister van Defensie. Ook oppositieleider Menachem Begin werd, als minister zonder portefeuille, opgenomen in wat later een regering van nationale eenheid werd. De oorlog was nog maar een paar dagen verwijderd. Maar toen het antwoord uit Amerika kwam en duidelijk was dat Johnson niet van plan was een internationale vloot te sturen om de blokkade van de Straat te breken, was het een kwestie van een datum prikken voor een preventieve aanval. Onmiddellijk na Dajans benoeming hadden Rabin en Gavisj een beslissende vergadering met hem. Gavisj zegt dat hij voor ze naar binnen gingen, aan Rabin vroeg welk plan hij moest presenteren: het plan voor een beperkte of voor een volledige aanval. Gavisj: 'Rabin zei tegen me: "Jouw plan." Hij was ervan overtuigd geraakt dat er geen alternatief meer was.'

Op 4 juni stemde het kabinet voor oorlog. Israel zag zich geconfronteerd met een enorme troepenmacht. De Egyptische troepen in de Sinaï werden gesteund door 800 tanks en 242 gevechtsvliegtuigen en bommenwerpers, waarvan de helft uit geavanceerde Mig-21s bestond. Geen van deze vliegtuigen zou echter ooit van de grond komen. Een aanvalsplan, opgesteld door Weizman en Mordechai Hod, hoofd van de luchtmacht, trad met instemming van Rabin in werking. Om 7.45 uur in de ochtend van 5 juni, terwijl de Egyptische luchtmacht aan het ontbijt zat, stegen Israelische vliegtuigen op. Ze vlogen over Egyptische vliegvelden en vernietigden landingsbanen, radarstations en gevechts- en transportvliegtuigen die op de grond stonden. Binnen drie uur was de Egyptische luchtmacht vernietigd. Het was een gewaagde aanval. Bijna alle tweehonderd Israelische gevechtsvliegtuigen, waaronder opleidingsvliegtuigen die aangepast waren voor gevechtsfuncties, waren ingezet; er waren er maar twaalf achtergehouden om het eigen luchtruim te beschermen. Maar de gok had goed uitgewerkt en aan het eind van de eerste dag was de oorlog eigenlijk al gewonnen. Toen Syrië en Jordanië later die ochtend aan de vijandelijkheden begonnen deel te nemen, kregen ze eenzelfde behandeling: de Jordaanse en Syrische luchtmacht werden door Israelische piloten verpletterd. In zestien uur waren vierhonderd vijandelijke vliegtuigen vernietigd; Israel had er negentien verloren.

Nu ze superieur waren in de lucht, begon het Israelische leger aan de aanval op de grond in de Sinaï. De troepen van Tal bereikten El Arisj op de avond van de eerste dag. Op de tweede dag viel Sjarm al-Sjeik, het zuidelijkste punt in de Sinaï, zonder dat er een schot was gelost. Intussen waren de para's van Mordechai Goer naar Jeruzalem gegaan om de noordelijke Arabische voorsteden in te nemen, terwijl de Jeruzalem-brigade aan de zuidkant van de stad vocht. Dajan was eerst tegen het innemen van de Oude Stad geweest, met haar Tempelberg, haar moskeeën en de Westelijke Muur – de heiligste plaats van het jodendom – maar veranderde van gedachten. Op de ochtend van 7 juni braken Goers para's door de Leeuwenpoort de Oude Stad binnen. Nadat ze in de moslimwijk met een sterk verzet waren geconfronteerd, bereikten de para's laat in de ochtend de Westelijke Muur, die geëerd wordt als het laatste overblijfsel van de Tweede Tempel. De Oude Stad was in handen van de Israeli's. Voor het eerst in 2000 jaar was Jeruzalem onder joods gezag herenigd.

Zodra het bericht kwam dat Israelische soldaten bij de Muur stonden, vertrokken Dajan en Rabin naar de hoofdstad. Dajan, die een neus had voor historische ogenblikken, arriveerde met een hele batterij fotografen om zijn binnenkomst via de Leeuwenpoort vast te leggen. 'Eerst,' vertelt Uzi Narkiss, hoofd van het Centrale Commando, 'liep Dajan alleen voorop. Toen draaide hij zich om en zei: "Jitschak, jij ook. Uzi, jij ook."' Zo liepen de drie samen de stad binnen.

Later vertelde Rabin hoe overweldigend het was om door de Oude Stad te lopen: 'In 1948 waren we gedwongen Oost-Jeruzalem in handen van de vijand te laten, maar vanaf het moment waarop de oorlog uitbrak, hadden we het gevoel dat we de historische gelegenheid moesten benutten,' schreef hij. 'Terwijl we daar door de straten liepen die ik me uit mijn kindertijd herinnerde, werd ik overweldigd door mijn emoties en mijn herinneringen... Jarenlang had ik er heimelijk van gedroomd dat ik een rol zou spelen, niet alleen in het verwerven van Israels onafhankelijkheid, maar ook in de teruggave van de Westelijke Muur aan het joodse volk... Ik wist dat ik me nooit van mijn leven meer zo trots zou voelen.'

Tegelijkertijd verspreidden Israelische troepen zich over de Westelijke Jordaanoever, waar ze belangrijke steden innamen en honderdduizenden Palestijnen onder Israelische overheersing brachten, een overheersing die bijna drie decennia zou duren. Na de oorlog verklaarde Rabin dat Israel zijn militaire overmacht moest benadrukken, maar ook klaar moest zijn om het nieuw veroverde gebied voor vrede te ruilen. In een poging die cirkel te sluiten door volgens het vredesakkoord met de Palestijnen het Israelische leger terug te trekken van de Westelijke Jordaanoever, werd Rabin 28 jaar later neergeschoten door een Israelische extremist.

Bewoners aan de noordelijke grens drongen nu aan op een aanval op de Golan en zowel Rabin als generaal David (Doedi) Elazar, commandant van het noordelijke front, waren bereid op het verzoek in te gaan. Maar Dajan, die bang was voor Sovjet-interventie als Israel zou aanvallen, weigerde zijn goedkeuring. Onder druk van Rabin en Elazar stemde Dajan ten slotte in met een beperkte aanval – het leger mocht de bergkam veroveren die over Galilea uitkeek, maar niet verder trekken dan drie kilometer van de grens. Rabin verzette zich. Hij vond dat het grote aantal slachtoffers dat hij verwachtte bij een slag om de Golan, niet gerechtwaardigd was als het leger niet de hele Golanhoogte zou innemen.

Op 8 juni sliep Rabin voor het eerst sinds de oorlog begonnen was thuis. Toen hij de volgende ochtend terugkwam in de commandobunker, werd hij begroet met het nieuws dat Dajan van gedachten veranderd was en toestemming had gegeven voor een volledige aanval op de Golanhoogte. Rabin sprong in een helikopter en vloog naar het noorden. Er werd fel gevochten en er vielen veel slachtoffers. Stap voor stap namen de Israelische soldaten de rotsachtige hellingen in, waarbij ze vaak in directe gevechten verwikkeld waren. Rabin ging terug naar de commandobunker in Tel Aviv en gaf Elazar opdracht een flinke troepenmacht naar Khoeneitra te sturen. Dit was de belangrijkste stad op de Golanhoogte, die slechts zestig kilometer van Damascus lag. Dajan liet Rabin echter weten dat alle militaire operaties de volgende ochtend beëindigd moesten zijn om te voldoen aan de eis tot een staakt-het-vuren van de Veiligheidsraad van de Verenigde Naties. Toen Rabin contact kreeg met Elazar, zei de generaal dat de troepen al op weg waren naar Khoeneitra. 'Er was iets in Doedi's stem wat me argwanend maakte,' vertelt Rabin in zijn memoires, 'maar ik heb er niet veel moeite voor gedaan om te proberen mijn twijfels weg te nemen. Pas na de oorlog kwam ik erachter dat de brigade, op het moment dat ik met Doedi praatte, nog kilometers van de Syrische grens op orders wachtte.' Op 10 juni werd Khoeneitra bezet door het Israelische leger. Die avond ging een staakt-het-vuren in. Twee dagen later, op 12 juni, namen Israelische soldaten de strategische buitenpost Mount Hermon in, die door de Syriërs was verlaten.

'We hadden nog meer gebied onder controle kunnen krijgen,'

schreef Rabin later. 'Als we Caïro hadden willen innemen, was er geen Egyptisch leger geweest dat ons leger had kunnen tegenhouden. Hetzelfde gold voor Amman. En op 11 juni had het weinig meer inspanning gekost om Damascus te veroveren. Maar we waren niet gaan vechten om gebied te winnen en de gebieden die we al bezet hadden, vormden een last die al groot genoeg was.'

Toen de oorlog voorbij was, had Israel een strategische positie die het nog nooit eerder had gehad. Met de Golanhoogte, de Westelijke Jordaanoever en Oost-Jeruzalem, de Gazastrook en het schiereiland Sinai in handen, was het land nu drie keer zo groot als het een week daarvoor was geweest en had het de controle over een vijandige bevolking die uit miljoenen mensen bestond. In plaats van de zware verliezen waar de grafdelvers van het leger zich op hadden voorbereid, hadden 777 Israelische soldaten het leven verloren, terwijl dat er in de Onafhankelijkheidsoorlog 6000 waren geweest.

Op 29 juli kreeg Rabin een eredoctoraat van de Hebreeuwse Universiteit van Jeruzalem. Dit werd beschouwd als een eerbetoon aan het Israelische leger, maar ook als een poging om de onrechtvaardigheid goed te maken die volgens velen was ontstaan doordat Dajan, vooral in de internationale media, grotendeels de eer voor de overwinning kreeg. Terwijl de vlotte Dajan, met zijn ooglapje, duidelijk het moreel had weten op te vijzelen in een tijd waarin de Israeli's bang waren voor vernietiging, was het Rabin geweest die het leger had voorbereid op de overwinning. 'Het was te danken aan Rabin,' zegt Mordechai Bar-On. 'Hij heeft ervoor gezorgd dat het leger klaar was. Het leger was zo gespannen als een veer. Zelfs tijdens de oorlog heeft Dajan alleen maar kleine veranderingen aangebracht.'

Het was Bar-On die de toespraak had geschreven die Rabin uitsprak toen hij op de campus van de universiteit, op Mount Scopus, het doctoraat aanvaardde. Hij sprak niet alleen over de overwinning, maar ook over de prijs van de overwinning, over de kameraadschap tussen soldaten en zelfs over het lijden van de vijand. 'De universiteit,' zei Rabin, 'heeft ons deze eretitel toegekend als erkenning voor de superioriteit, de geest en het moreel van ons leger, zoals deze tot uiting komen in de hitte van de strijd. Want we staan op deze plaats dankzij een oorlog die ons weliswaar werd opgedrongen, maar die we omgezet hebben in een overwinning die de hele wereld heeft verbaasd. Oorlog is hard en wreed, bloedig en verdrietig, maar deze speciale oorlog, die we zojuist hebben beëindigd, heeft zeldzame en schitterende momenten van heldendom en moed voortgebracht in combinatie met menselijke blijken van broederschap, kameraadschap en geestelijke grootheid... Onder onze soldaten zien we steeds vaker een vreemd verschijnsel. Hun vreugde is niet volledig en hun festiviteiten worden getemperd door niet weinig verdriet en geschoktheid. En er zijn er die van feestelijkheden afzien. De strijders in de frontlinies hebben met eigen ogen niet alleen de glorie van de overwinning gezien, maar ook de prijs van de overwinning: hun kameraden die naast hen gevallen zijn. En ik weet dat onze mannen ook geraakt zijn door de verschrikkelijke prijs die onze vijanden hebben betaald. Het is mogelijk dat het joodse volk nooit geleerd heeft hoe het de triomf van verovering en overwinning moet voelen, of er nooit aan gewend is geraakt, en daarom nemen we dit eerbetoon met gemengde gevoelens in ontvangst.'

In plaats van met een euforische overwinningstoespraak te komen, sprak Rabin zijn publiek aan op een diep moreel en geestelijk niveau. Zijn toon die dag maakte duidelijk dat de vertrekkende stafchef bestemd was voor een tweede carrière, niet meer in uniform, maar opnieuw cruciaal voor de geschiedenis van zijn land.

'Houd me vast, anders val ik van mijn stoel.' Met die woorden reageerde premier Levi Esjkol toen Rabin zichzelf voorstelde als de volgende ambassadeur voor de Verenigde Staten. Het was maart 1967, drie maanden voor de Zesdaagse Oorlog die Rabin tot een internationale held zou maken, maar hij had al vanaf 1963 een oogje op die functie, sinds hij Lea, tijdens een reis naar de Amerikaanse hoofdstad, verteld had van zijn wens de hoffelijke Abe Harman daar op te volgen als Israelisch gezant.

Toen in mei de oorlog begon te dreigen, was het onderwerp op een laag pitje gezet. Maar zelfs na de oorlog, toen Rabin opnieuw begon te lobbyen voor die positie, leek hij absoluut niet in aanmerking te komen als kandidaat om Israel in de belangrijkste hoofdstad ter wereld te vertegenwoordigen. Hij was tenslotte een beroepssoldaat, die bekend stond om zijn nogal directe uitspraken. Hij was niet geschikt voor en niet geïnteresseerd in praten over koetjes en kalfjes. En bovendien, zoals Jehoeda Avner, de in Engeland geboren diplomaat die onder Rabin een hoge positie op de ambassade bekleedde, zei: 'Hij was niet in staat te liegen.' Het waren allemaal eigenschappen die niet direct bij een diplomaat pasten.

Maar toen Esjkol vraagtekens zette bij Rabins kwalificaties, wees de generaal zijn gebrek aan diplomatieke eigenschappen als onbelangrijk van de hand en hield de premier voor dat Israel zijn banden met de Verenigde Staten moest versterken. Het naoorlogse Franse verbod op wapenleveranties aan Israel lag nog in de toekomst verborgen, maar als topsoldaat van zijn land bereidde Rabin zich al voor op de mogelijkheid dat de belangrijkste bron van wapens snel zou opdrogen. Hij was ervan overtuigd dat Israel in Washington de passende politieke en militaire steun zou kunnen vinden. Rabin zou het leger op 31 december verlaten. Hij zegt dat Esjkol, ondanks zijn eerste bedenkingen, het idee al vrij snel begon te steunen, hoewel hij erop stond dat ook de minister van Buitenlandse Zaken zijn goedkeuring zou geven. In zijn memoires zegt Rabin dat zijn benoeming enkele weken werd opgehouden door de tegenwerking van Abba Eban, maar in zijn boek *Personal Witness* stelt Eban dat *hij* het is geweest die Rabin juist naar Washington wilde sturen. Hoe het ook moge zijn, toen Rabin de functie eindelijk kreeg, verschilden Eban en hij niet alleen van mening over politieke kwesties, maar vochten ze ook om de politieke macht tegenover de minister-president.

Rabin ariveerde in febrari 1968 op zijn nieuwe post, samen met Lea en de 12-jarige Joeval (Dalia bleef in Israel om haar middelbare school af te maken en dan het leger in te gaan). 'Hij werd beschouwd als een ruwe diamant,' vertelt Joseph Sisco, een voormalig staatssecretaris, die nauw samenwerkte met Rabin toen deze ambassadeur was en ook tijdens diens eerste termijn als premier, en die tot Rabins dood een goede vriend van hem is gebleven. 'Toen hij kwam, sprak hij Engels, maar niet zo goed. Hij had echter om twee redenen een speciale voorkeur voor de Verenigde Staten. Ten eerste praatte Jitschak voortdurend over Chicago omdat zijn vader daar ongeveer twaalf jaar had gewoond. Ten tweede ging hij ervan uit, en op dat punt waren we het volledig eens, dat de veiligheid en het bestaan van Israel onontkoombaar verbonden waren met de Verenigde Staten.'

Nachman Sjai heeft Rabin tijdens een aantal reizen naar de Verenigde Staten vergezeld toen hij midden jaren tachtig als media-adviseur onder de toenmalige minister van Defensie werkte. Hij herinnert zich de sterke band die Rabin met het land had en voert die terug op zijn jaren als ambassadeur: 'Het moment waarop Rabin in Amerika arriveerde, werd hij verliefd op het land en heeft hij het bestudeerd. Hij bestudeerde het eerst op het eenvoudigste en oppervlakkigste niveau – sport, politiek en welvarendheid.' (Een Amerikaan die jarenlang nauw met Rabin heeft samengewerkt zei wat minder subtiel: 'Hij hield van rijke mensen.' En inderdaad waren veel van de vrienden met wie hij omging en zijn zaterdagse tennispartijtjes speelde, rijke en invloedrijke joden.)

Sjai noemt nog een aantal kwaliteiten van het Amerikaanse leven die Rabin aantrekkelijk vond: 'Honkbal, de afstanden, de openheid. Hij heeft meerdere malen tegen mij gezegd: "Over Europa vlieg ik heen. Daar land ik niet." Misschien vond hij het ook prettig in Amerika omdat hij niet afhankelijk was van tolken. Hij had een hekel aan de Engelsen en ook aan de Fransen.'

Roechama Hermon, die de generale staf in Tel Aviv verliet en met hem meeging om zijn bureau in de ambassade in Washington te leiden, vertelt over een aantal fouten die de onervaren ambassadeur in het begin heeft gemaakt: 'Op een gegeven moment stond hij in de residentie van de ambassadeur gasten te verwelkomen toen hij ploseling merkte dat hij verschillende schoenen droeg. En toen een vrouwelijke gast om whisky met ijs vroeg, vulde hij haar glas met whisky en soda en dacht pas later weer aan het ijs. Toen ze het glas al in haar hand had, gooide hij er zich verontschuldigend een paar ijsblokjes in, waarbij er wat drank op haar jurk spatte.'

Rabins eigen voorliefde voor whisky, die later in zijn carrière tot de onbewezen beschuldigingen leidde dat hij een drankprobleem had, is waarschijnlijk op die periode terug te voeren. Jaren nadat hij de stad verlaten had, vertelde hij een journalist dat hij in Washington had ontdekt dat een glas whisky hem kon helpen anders soms lastige sociale evenementen te doorstaan.

Hoe onzeker hij ook geweest mag zijn in het feestcircuit en op de dansvloer (Hermon herinnerde zich ook hoe zijn kantoor bedolven werd onder de aanbiedingen van mensen die hem 'de tango wilden leren dansen' nadat de benoeming bekend was geworden), Rabin had al voor hij op weg ging naar de Amerikaanse hoofdstad duidelijke plannen. In een memo dat hij kort voor zijn vertrek schreef voor het ministerie van Buitenlandse Zaken, schetste hij zijn ideeën over de doelstellingen van Israel met betrekking tot de Verenigde Staten. De belangrijkste boodschap had te maken met de eisen op het gebied van de defensie: Israel moest zijn luchtmacht en andere wapensystemen verbeteren, vooral met het oog op de Sovjet-wapens die na de ramp van juni 1967 in grote aantallen de Arabische landen binnenstroomden. Enkele andere punten waren dat Israel zijn politiek ten aanzien van de vredesonderhandelingen zou moeten coördineren met die van de Verenigde Staten; Israel zou bereid moeten zijn zijn positie aan te passen om rekening te houden met Amerikaanse belangen, met name de Amerikaanse zorg over een ononderbroken toestroom van Arabische olie, en de noodzaak om financiële hulp te krijgen van de Amerikanen, in die tijd nog een vergezocht idee. Het briljante van Rabin was dat hij zich uiteindelijk realiseerde dat hij gebruik kon maken van de onvermijdelijke botsingen op grond van de verschillende belangen van de twee landen om concessies van de Amerikanen te krijgen. Amos Eiran, de ambassade-assistent die verantwoordelijk was voor de contacten met Capital Hill in de jaren dat Rabin ambassadeur was, vertelt: 'Rabin was niet automatisch tegen wapenverkopen aan Arabische landen. We wisten dat we zulke verkopen niet altijd konden tegenhouden. In plaats daarvan probeerden we dus compensatie te krijgen.'

Een maand voor Rabins aankomst had premier Esjkol een bezoek gebracht aan de Verenigde Staten en ervoor gezorgd dat president Johnson zijn belofte na zou komen om Israel vijftig F-4 Phantom-straaljagers te verkopen, toen de meest geavanceerde gevechtsvliegtuigen ter wereld. Tussen het moment van de belofte en de levering van de vliegtuigen lagen echter bijna twee jaar. In de Amerikaanse regering waren ook mensen die een voorwaarde wilden stellen aan de transactie met Israel, namelijk de toezegging dat Israel zich in het kader van een vredesverdrag uit de gebieden zou terugtrekken die tijdens de Zesdaagse Oorlog waren bezet, of dat Israel het non-proliferatieverdrag op het gebied van kernwapens zou tekenen.

Een van Rabins eerste aanvaringen met de regering ging over die tweede eis. Maar voor deze kwestie tot grote politieke onenigheid kon leiden, greep Johnson in en gaf zijn regering opdracht de Phantom-transactie niet langer te verbinden aan een of andere Israelische concessie. In oktober, kort voor de presidentsverkiezingen, deelde de president in het openbaar mee achter de verkoop te staan, hoewel het nog een jaar zou duren voor de eerste zestien vliegtuigen werden geleverd.

Ook al hielp de beslissing van Johnson de democratische presidentskandidaat Hubert Humphrey de joodse stemmen te krijgen, het was niet genoeg: in januari 1969 werd Richard Nixon tot president gekozen. Rabin had gelukkig al een relatie met hem opgebouwd. Drie jaar daarvoor had Nixon, die toen als advocaat in New York werkte, maar de fundamenten aan het leggen was voor zijn terugkeer naar de nationale politiek, een reis gemaakt langs belangrijke probleemgebieden in de hele wereld. In Tel Aviv had de Amerikaanse ambassade ter ere van hem een diner georganiseerd, maar de meeste Israelische VIP's beschouwden Nixon blijkbaar als onbelangrijk, waardoor de enige hoge functionaris die bij het diner aanwezig was de toenmalige stafchef Rabin was. (Uitleggend waarom hij was gegaan, schreef Rabin: 'Nixon was voor zijn bezoek aan Israel in Vietnam geweest en ik was natuurlijk geïnteresseerd in zijn beoordeling van de situatie daar.') En dat niet alleen, Rabin bood ook aan hem 'rond te leiden,' zegt Eiran. 'En dat was niet naar een peuterspeelzaal. Hij ontmoette Nixon bij de ingang van zijn hotel en ze vlogen per helikopter langs militaire installaties. Nixon waardeerde dit zeer.'

Sisco legt uit dat Rabin een goed inzicht had in Nixons ideeën over het Midden-Oosten. 'Nixon bekeek het gebied in twee dimensies. Ten eerste in termen van Oost en West (dat wil zeggen de Koude Oorlog), en ten tweede identificeerde Nixon zich psychologisch altijd met de underdog en zo zag hij Israel. Ik hoorde Nixon zeggen: "Allemachtig, die Israeli's zijn niet misselijk; ze kunnen die Arabieren wel aan."'

Er was nog een andere figuur in de Nixon-regering wiens relatie met Rabin van essentiële betekenis zou worden, namelijk Henry Kissinger. Er zijn heel wat speculaties geweest over Kissingers ware gevoelens ten aanzien van Israel en het joodse volk, waarbij gesuggereerd werd dat deze vluchteling uit nazi-Duitsland alle mogelijke moeite deed om zijn joods-zijn onbetekenend te laten lijken en elke partijdigheid voor Israel te ontkennen, om zo in eigen land beschuldigingen van gedeelde loyaliteit te voorkomen. Er is echter weinig bewijs voor de beschuldiging dat Kissinger een jood was die 'zijn joodzijn haatte'. Volgens Max Fisher, een miljonair uit Detroit die bijna een halve eeuw lang een cruciale rol heeft gespeeld in joodse kwesties, zowel op Republikeins als wereldniveau, leggen mensen 'te veel nadruk op het idee dat Kissinger problemen zou hebben gehad met zijn joods-zijn. Ik heb veel met hem te maken gehad en nooit iets van een anti-Israelische houding gemerkt.' Hij voegde er echter wel aan toe dat Kissinger 'een bijzonder gecompliceerde vent' is. Fisher legt uit dat Golda Meir erop stond toen ze, na de plotselinge dood van Levi Esjkol in februari 1968, premier werd, dat Kissinger gezien werd als 'een aardige joodse jongen die alles moest doen wat zij wilde.' Er is natuurlijk geen enkel bewijs dat de Amerikaan dat ook gedaan heeft.

Met Rabin ging de relatie dieper. Kissinger zag, eerst als nationaal veiligheidsadviseur en later, na Nixons herverkiezing in 1972, als staatssecretaris, de wereld vooral door het prisma van de Koude Oorlog. Met de bedoeling Kissinger een compliment te maken, noemde Rabin hem in zijn memoires 'een groot manipulator van gebeurtenissen en mensen.' Het lijkt er echter op dat het vooral door Rabin is geweest dat Kissinger uiteindelijk waardering heeft gekregen voor de staat Israel op zich en het land niet meer alleen zag als cruciaal speler in de wereldwijde strijd tussen de supermachten. Volgens Jehoeda Avner zag Rabin Kissinger als de enige Amerikaanse staatssecretaris 'die het Arabisch-Israelische conflict begreep. De twee voerden een bijzonder intensieve dialoog.' Fisher vertelt hoe Kissinger hem, tijdens de gespannen onderhandelingen over de kwestie van Israels hulp aan Jordanië tijdens de 'zwarte september' in 1970, hem belde en klaagde dat Rabin en Meir hem hard behandelden.

Kissinger en Rabin ontmoetten elkaar voor het eerst in Tel Aviv in 1966, toen Rabin de toenmalige Harvard-professor had uitgenodigd voor een lezing aan Israels College voor de Nationale Defensie. Twee jaar later, voor Rabins vertrek naar de Verenigde Staten, ontmoetten ze elkaar opnieuw in Israel en bespraken uitgebreid hun ideeën over de regionale en wereldpolitiek. Ze hebben hun formele en informele contacten tijdens Rabins verblijf in Washington en tot aan Rabins dood in stand gehouden.

Nachman Sjai noemt Nixon en Kissinger de 'twee goeroes' van Rabin. Tijdens Rabins termijn als minister van Defensie, midden jaren tachtig, was volgens hem 'bij het opstellen van een rooster voor ontmoetingen in de Verenigde Staten altijd duidelijk dat hij hen een bezoek bracht.' Naar zijn mening wilde hij Nixon vooral laten zien 'dat hij het weer gemaakt had'. Dit was na 1977, toen Rabin zijn functie als premier had moeten neerleggen wegens financiële onregelmatigheden op een manier die enigszins overenkwam met Nixons aftreden in 1974.

Maar Sjai schrijft de nauwe relatie tussen de twee toe aan Rabins jaren als ambassadeur. Nixon en Kissinger, zegt hij, waren 'haviken, maar flexibele haviken. Ze waren tot een bepaald punt koppig, maar daarna was er geen keuze meer en wisten ze dat er gepraat moest worden. En Rabin deed precies hetzelfde,' merkt hij op, als verwijzing naar Rabins uiteindelijke instemming met het idee van praten met de PLO.

Twee thema's die Rabins hele termijn in Washington hebben gekleurd, waren het embryonale 'vredesproces' met de Arabieren en de Amerikaanse wapenleveranties aan Israel. Hij was vooruitziend genoeg om de twee, in het belang van Israel, met elkaar te verbinden.

Onmiddellijk na de Zesdaagse Oorlog bevroor president Johnson, als straf voor Israels preventieve aanval, de wapenleveranties aan Israel voor vijf maanden; dit gold ook voor de leveranties die al goedgekeurd waren. Rabin was ervan overtuigd dat de Arabieren hierdoor bleven denken dat een militaire overwinning op Israel mogelijk was en de Russen aanmoedigde om ze van wapens te blijven voorzien om het te blijven proberen. Geholpen door gebeurtenissen als de feitelijke burgeroorlog in Jordanië in 1970, toen koning Hoessein de Israeli's om militaire hulp vroeg, wist de ambassadeur de Amerikanen ervan te overuigen dat het ook in hun belang was dat Israel zich kon verdedigen. Terwijl de Amerikaanse militaire kredieten voor Israel in de belastingjaren 1968, 1969 en 1970 respectievelijk 25, 85 en 30 miljoen dollar waren, sprongen de cijfers in 1971, 1972 en 1973 naar 545, 300 en 307,5 miljoen.

Maar het was een gespannen situatie, wat grotendeels te danken was aan twee grote plannen om 'vrede te brengen' in het Midden-Oosten en het feit dat de VS vastbesloten waren om te voorkomen dat de Sovjet-Unie de macht in het gebied zou krijgen. De ironie wil dat het het Israelische kabinet is geweest dat, slechts een paar dagen na het einde van de Zesdaagse Oorlog, op 19 juni 1967, een resolutie aannam voor terugtrekking naar de internationale grens met Egypte en Syrië in ruil voor vrede en volledige diplomatieke betrekkingen. De Westelijke Jordaanoever en Gaza, en de situatie van de Palestijnse vluchtelingen, zouden bewaard worden voor latere gesprekken. Minister van Buitenlandse Zaken Eban maakte het plan binnen enkele dagen bekend bij de Amerikaanse regering. Twee maanden later paste de Israelische regering dat standpunt echter aan, maar de Verenigde Staten werden niet van die verandering op de hoogte gesteld, en ambassadeur Rabin evenmin, die, toen hij zijn positie innam, niet op de hoogte werd gesteld van de oorspronkelijke resolutie of van de verandering van politiek.

In november 1967 werd in de Veiligheidsraad van de VN Resolutie 242 aangenomen waarin onder andere geëist werd dat Israel zich terug zou trekken uit de bezette gebieden, dat er een eind zou komen aan de staat van oorlog tussen alle landen in het gebied en dat er velige grenzen zouden worden erkend. In zijn boek *Decade of Decisions* zegt Midden-Oosten-analist William Quandt het als volgt: 'Het kwam er zo ongeveer op neer dat de resolutie Israel opdroeg zich uit alle bezette gebieden terug te trekken, en de Arabieren opdroeg tot "een duurzame vrede" met Israel te komen.'

Vanaf dat moment had Israel te maken met de verschillende vredesinspanningen van VN-onderhandelaar Gunnar Jarring, die in 1968 begonnen, en de Amerikaanse staatssecretaris William Rogers, wiens plan uit 1969 uitging van Israelische terugtrekking uit alle bezette gebieden in ruil voor erkenning door de Arabieren en veilige grenzen. Jarrings poging was gebaseerd op de termen van Resolutie 242 die door alle Arabische staten was afgewezen, maar hij leek het toch redelijk te vinden dat Israel zich uit de bezette gebieden terug zou trekken voor er onderhandelingen kwamen met de Arabieren.

Als ambassadeur hield Rabin zich vooral bezig met de rustige poging van de Verenigde Staten om steun te krijgen voor het Plan Rogers. Hij reageerde met een 'pink sheet' waarin hij Nixons staatssecretaris ervan beschuldigde dat hij Israel een regeling wilde opleggen en onderhandelingen tussen Israel en zijn buurlanden overbodig wilde maken. Rogers was woedend dat een buitenlandse diplomaat de vermetelheid had de Amerikaanse regering te bekritiseren en zijn relatie met Israel was voor altijd verslechterd.

Deze 'pink sheets' waren een kanaal dat Rabin gebruikte om zijn ideeën over belangrijke zaken informeel bekend te maken bij de pers en ambtenaren. Hun oorsprong wordt uitgelegd door Jehoeda Avner: 'Op een dag had Rabin een nogal polemische discussie met Kissinger over de levering van vliegtuigen. We dachten dat Kissinger voorwaarden aan de levering wilde verbinden, wat hij later ontkende, en ik stelde voor het verhaal aan de pers te laten uitlekken. Maar toen we terugkwamen bij de ambassade was het al avond en was alles dicht. Mijn secretaris kon alleen maar roze papier vinden, dus hebben we het daarop getypt. Ik belde Hedrick Smith [van de *New York Times*], denk ik, en zei: "Ik heb een interessant verhaal." En dat was de geboorte van de *roze vellen*.'

Abba Eban was woedend over dit verschijnsel – als rechtstreeks communicatiekanaal dat Rabin vestigde met de premier – en vroeg Meir om Rabin opdracht te geven met dit initiatief te stoppen. Dat deed ze, maar de 'pink sheets' bleven verschijnen.

Zowel het plan van Jarring als dat van Rogers was kansloos. De Arabische staten waren nog lang niet toe aan vrede met Israel en Israel dacht er niet over zich terug te trekken van de staakt-het-vuren-linies voordat zijn vijanden op zijn minst de bereidheid tot onderhandelen zouden tonen. Een van de grote uitdagingen voor Rabin, als ambassadeur in Washington, was de Amerikanen zover te krijgen dat ze dit standpunt zouden accepteren, waarvan de meeste Amerikaanse diplomaten zeiden dat ze het irreëel vonden.

In 1970 vonden twee belangrijke gebeurtenissen plaats waar Israel en zijn buren bij betrokken waren, gebeurtenissen die grote invloed zouden hebben op de relatie van Israel met de Verenigde Staten en Rabins positie in Washington. De eerste was de escalatie, gevolgd door een wapenstilstand, in de Uitputtingsoorlog, het slepende conflict met Egypte (waarbij ook een front bestond langs de grens met Jordanië), dat in 1968 begon en toen het twee jaar later eindigde het leven had gekost aan bijna 600 Israelische soldaten. Met zijn grote bevolking en voortdurende wapentoevoer uit de Sovjet-Unie kon Egypte het zich veroorloven om Israel militair onder druk te blijven zetten, vooral door middel van regelmatige artillerie-aanvallen over het Suezkanaal. Voornamelijk dankzij de aansporingen van Rabin, die het kabinet er tijdens een bezoek aan Israel in december 1969 van overtuigde dat de VS zich niet zouden verzetten tegen zulke aanvallen (wat ook bleek te kloppen), begonnen de Israeli's het niveau van hun aanvallen op te voeren met bombardementen op militaire en industriële doelen in Egypte zelf. Het belangrijkste gevolg van de agressievere Israelische houding was een sterk toegenomen betrokkenheid van de Sovjet-Unie, resulterend in de plaatsing van SAM-3 raketten rond grote Egyptische bevolkingscentra en de komst van Sovjet-piloten die de vliegtuigen tegen de Israeli's vlogen.

Toen de Sovjets zover gingen dat ze raketinstallaties in het gebied rond het Suezkanaal plaatsten, lieten de Verenigde Staten een ernstige waarschuwing aan Moskou horen (Nixon waarschuwde de Sovjet-Unie dat de twee supermachten 'bijzonder voorzichtig in hun handelen moesten zijn om een confrontatie te voorkomen die geen van beide willen') en kwamen er pogingen op gang om een eind aan de gevechten te maken. In augustus 1970 werd een wapenstilstand bereikt, die vergezeld ging van Amerikaanse garanties dat Israel van die kant genoeg wapens en materieel zou krijgen om een militair evenwicht in het gebied te handhaven.

De andere belangrijke politiek-militaire gebeurtenis, die de Verenigde Staten en Israel nog dichter bij elkaar bracht, vond in die septembermaand in Jordanië plaats. Palestijnse terroristen, die straffeloos in het koninkrijk hadden kunnen opereren, kaapten vier westerse lijnvliegtuigen en bliezen ze op in de Jordaanse woestijn. Koning Hoessein ging in de aanval en duizenden Palestijnen werden in de vluchtelingenkampen gedood. Toen stuurde Syrië 250 tot 300 tanks naar Jordanië om de Palestijnen te helpen.

Premier Golda Meir was op staatsbezoek in de Verenigde Staten. Ambasssadeur Rabin, die zich bij haar in New York bevond, kreeg een dringend telefoontje van Nixon. Voormalig amabassade-medewerker Amos Eiran vertelt: 'Nixon wilde een gesprek met Rabin. Hij stuurde zelfs een vliegtuig om hem van New York naar Washington te brengen. Met behulp van landkaarten gaf Rabin de Amerikanen een analyse van de situatie. Hij was tenslotte voordat hij stafchef werd, commandant geweest van het Noordelijke Leger.'

Ook gaven de Amerikanen een verzoek van koning Hoessein door, die wilde dat de Israeli's de Syrische troepen in het noorden van Jordanië zouden bombarderen. Er volgden koortsachtige onderhandelingen, die ertoe leidden dat Israel beloofde de Syrische tanks aan te vallen als de VS op hun beurt bescherming garandeerden door de Zesde Vloot, die in de Middellandse Zee gestationeerd was, voor het geval Egypte in actie zou komen. De VS gingen hiermee akkoord. Voor Israel in actie kon komen, lanceerde Hoessein echter zelf een luchtaanval op de Syrische tanks. De Syriërs en hun Sovjet-sponsors wisten van de Amerikaans-Israelische samenwerking en de druk die werd uitgeoefend leidde ertoe dat Syrië zich terugtrok. Israel loste geen schot. Maar in zijn memoires merkt Rabin op: 'Israels bereidheid tot nauwe samenwerking met de Verenigde Staten om de Amerikaanse belangen in het gebied te beschermen, leidde tot een ander beeld van het land bij veel ambtenaren in Washington. We werden als partner beschouwd.'

Een paar dagen daarna belde Kissinger de ambassadeur en vroeg hem aan premier Meir de boodschap over te brengen dat de president van mening was dat 'de Verenigde Staten zich gelukkig prezen een bondgenoot als Israel in het Midden-Oosten te hebben en dat bij toekomstige ontwikkelingen rekening zou worden gehouden met deze gebeurtenissen.'

Terwijl Israels positie bij de Amerikaanse regering een steviger basis kreeg, vond er een subtiele verandering plaats in de relatie tussen de ambassade en de leiders van de Amerikaans-joodse gemeenschap. In de tijd dat Israel zijn meeste wapens uit Frankrijk kreeg en het ministerie van Buitenlandse Zaken onder invloed stond van arabisten, was premier David Ben-Goerion nooit uitgenodigd in het Witte Huis en moest het doen met een ontmoeting met John F. Kennedy in een New Yorks hotel. In die tijd waren Israelische diplomaten blij met elke hulp die rijke joden of joden met goede connecties in Washington konden geven. Zelfs nu nog speelt de AIPAC (de American Israel Public Affairs Committee, de belangrijkste Amerikaanse organisatie die voor Israel lobbyt) een cruciale rol in het vertegenwoordigen van Israels belangen in het Congres. Rabin vond echter altijd dat de relatie met het Witte Huis een andere zaak was en wist door de kracht van zijn persoonlijkheid en de ontwikkeling van Israels status in Washington direct toegang te krijgen tot de president en zijn topadviseurs. In zijn tijd als ambassadeur en later, tijdens zijn twee termijnen als premier van Israel, was Rabin nooit geporteerd van het idee dat zijn regering bij de uitvoerende macht vertegenwoordigd zou worden door tussenpersonen. Nachman Sjai stelt het botweg: 'Hij was wel bereid de drie miljard per jaar te accepteren die via dit systeem werd binnengehaald, maar hij was niet bereid de methoden, de organisaties te accepteren die bij het systeem hoorden.'

In de lastige kwestie van de Russische joden zat Rabin tussen twee vuren. Hij verzette zich tegen pogingen van de regering om een positie in te nemen die tegengesteld was aan die van de Amerikaanse joden, maar vermeed tegelijkertijd dat hij te zeer geïdentificeerd zou worden met hun zaak. Met volledige steun van de Amerikaanse joden steunden senator Henry Jackson en zijn collega in het Congres, Charles Vanik, een amendement, aangenomen in 1975, dat het toewijzen van de status van 'Most Favored Nations' aan de Sovjet-Unie wilde verbinden aan de eis dat het land zijn bijzonder harde beperkingen van de joodse emigratie zou opheffen. Maar hoewel de oprechtheid van Rabins diepe bewondering voor Jackson in zijn memoires onmiskenbaar is (Jehoeda Avner zegt dat Rabin Jackson zag als 'de belichaming van de deugd om de deugd zelf'), stond hij bijzonder ambivalent ten opzichte van het wetsvoorstel dat zijn naam droeg: 'Israel had het amendement van Jackson niet geschreven, maar toen het eenmaal op de agenda van de Amerikanen stond, zou het zich er zeker niet tegen verzetten.'

Rabins probleem was dat de Amerikaanse regering, die toen hevig bezig was met het proces van ontspanning, druk op hem uitoefende om in het Congres *tegen* Jackson-Vanik te lobbyen. Hij zegt dat hij weigerde, maar maakt duidelijk dat hij zich ook niet actief heeft ingezet voor de Russische joden.

Amerikaanse joden hebben traditioneel altijd achter de democratische presidentskandidaat gestaan en zich altijd sterk gemaakt voor de liberale kwesties die aan de orde waren. Velen behoorden tot de leiders van de georganiseerde oppositie tegen de oorlog in Vietnam. Hoewel Richard Nixon in 1968 tijdens de verkiezingsstrijd beloofd had de oorlog in Vietnam te beëindigen, hield zijn tactiek juist een verbreding van de oorlog in. Lang voordat hij in Washington arriveerde, begreep hij al dat het verstandig was om zijn ideeën over de oorlog voor zich te houden. Het was een kwestie die Amerika verdeelde en hij had er geen enkel belang bij om een kant te kiezen. Maar de aanwezigheid van een voormalige stafchef die het leger van zijn land op drie verschillende fronten naar briljante overwinningen had geleid, was een verleiding die voor veel Amerikanen moeilijk te weerstaan was.

In de loop van zijn periode van vijf jaar in Washington werd Rabin regelmatig gevraagd lezingen te geven op Amerikaanse militaire academies en bij andere bijeenkomsten. (Later, toen hij weer in Israël was en meedeed aan de verkiezingen voor de Knesset, werd hij aangevallen omdat hij honoraria had geaccepteerd die volgens journalist Robert Slater in zijn boek *Rabin of Israel*, in totaal 90 000 dollar bedroegen, voor het geven van lezingen in zijn tijd als ambassadeur. Hij nam zelfs geld aan voor het spreken tijdens bar mitswa's.) Hoewel zijn belangrijkste onderwerp altijd het Midden-Oosten was, gingen de vragen uit het publiek vooral over de manier waarop de VS omgingen met de oorlog in Zuidoost-Azië. Tegelijkertijd had Rabin, wat niet eerder was vertoond, toegang tot het Pentagon en allerlei militaire installaties en werd hem bij talrijke gelegenheden door militaire instanties commentaar en advies gevraagd.

In zijn memoires beschrijft Rabin een typerend gesprek dat hij voerde met de Washingtonse expert Joseph Alsop. Hij vertelt dat hij Alsop vroeg of de Amerikanen duidelijke politieke en militaire doelstellingen hadden in Vietnam. Rabin schrijft: 'De uitdrukking op Alsops gezicht was van het type: "Ik dacht dat je dat nooit zou vragen..." Toen donderde hij: "We moeten de strijdmacht van Noord-Vietnam en de Vietcong vernietigen! Er is geen andere oplossing."'

Rabin schrijft dat dat soort ideeën hem herinnerden aan wat hij in 1960 gehoord had van Franse officieren tijdens de oorlog tegen de vrijheidsstrijders van het FLN in Algerije. Hij zei tegen Alsop: 'Als dat jouw concept van winnen is, zul je de oorlog in Vietnam verliezen. Er is geen enkele manier waarop je de gevechtscapaciteit en de strijdlust kunt uitroeien van tientallen miljoenen mensen die toegewijd zijn aan hun zaak.' Dezelfde gedachte moet twee decennia later door Rabins hoofd zijn gegaan, toen hij zich begon te realiseren dat Israel de strijdlust van de Palestijnen niet zou kunnen vernietigen door hun botten te breken.

Desondanks had Rabin moeite met het begrijpen van de revolutionaire geest die in zijn tijd daar een rol speelde in Amerika. Leonard Fein, de oprichter van het tijdschrift *Moment*, beschrijft een vergadering in 1970 van de Algemene Vergadering van Joodse Organisaties waar Rabin geconfronteerd werd met 'een groep jonge liberale joden die in de hal protesteerden tegen de betrokkenheid van Amerika bij de oorlog in Vietnam. Hij liep naar hen toe en begon hen terecht te wijzen. Ik herinner me dat we allemaal schrokken van het feit dat de Israelische ambassadeur zich met die zaak bemoeide en het nodig vond Amerikaanse burgers de les te lezen over hoe ze zich ten aanzien van hun eigen regering moesten gedragen.'

Bij de Amerikaanse verkiezingen van 1972 was voor iedereen die erin geïnteresseerd was duidelijk wie van de presidentskandidaten de steun van Jitschak Rabin had. Een democratische insider in Washington zegt: 'De ambassadeur werkte schaamteloos voor Nixon en tegen George McGovern... McGovern was niet tegen Israel, maar wel tegen de nederzettingen in de bezette gebieden.' (In die tijd werden er door de regering, die geleid werd door de Arbeiderspartij, alleen nederzettingen gesticht op plaatsen die volgens de mentor van Rabin, Jigal Allon, cruciaal waren voor Israels veiligheid.) 'McGovern praatte over vrede met de Palestijnen en omdat hij voor vrede was, ergerde Rabin zich aan hem.'

Paul Berger, een vooraanstaand advocaat in Washington en nu lid van de Jewish Agency, herinnert zich een gesprek dat hij dat jaar op een feestje van de ambassade met Rabin voerde. 'Ik zei dat Nixon volgens mij op langere termijn slecht zou zijn voor Israel.' 'Israel,' antwoordde Rabin, 'leeft op korte termijn.' Berger voegt eraan toe: 'Ik heb op McGovern gestemd, maar als ik terugkijk, zie ik dat hij rampzalig had kunnen zijn voor Israel. Hij begreep de situatie niet en zijn sympathie lag bij de Palestijnen. Ik moet eraan toevoegen dat Rabin nooit aan mij of iemand die ik ken gesuggereerd heeft dat we niet op de Democraten moesten stemmen. Het was heel simpel: hij had het gevoel dat hij op de Republikeinen kon rekenen.'

Berger vertelt over een gebeurtenis die plaatsvond tijdens een diner in zijn huis in Chevy Chase kort voordat Rabin in 1973 uit Washington vertrok: 'Het was een klein gezelschap. Een van de gasten was Bill Douglas (de voormalige, intens liberale rechter die lid was van het Hooggerechtshof). Ze raakten verwikkeld in een heftig meningsverschil over Cambodja', dat door de VS gebombardeerd werd, terwijl Zuidvietnamese troepen van wapens en materieel werden voorzien. 'Rabin zei tegen Douglas: 'Die liberale denkbeelden van je zijn heel aardig, maar als de VS zich terugtrekken, zullen miljoenen Cambodjanen sterven.' De twee gingen zo heftig tekeer dat ze de volgende dag allebei belden om zich te verontschuldigen voor hun gedrag.' Een paar jaar later, nadat de buitenlandse troepen zich uit Cambodja hadden teruggetrokken, werden door het regime van de Rode Khmer naar schatting vier miljoen landgenoten vermoord.

In juni 1972 gaf Rabin tijdens een bezoek aan Israel een interview voor Radio Israel met betrekking tot de komende Amerikaanse presidentsverkiezingen en zei: 'Hoewel we waardering hebben voor de steun in de vorm van woorden die we van het ene kamp krijgen, moeten we de voorkeur geven aan de steun in de vorm van daden die we van het andere krijgen.' Nixon was natuurlijk nog niet genomineerd voor een tweede termijn en McGovern nog niet door de Democraten, maar duidelijk was dat de Israelische ambassadeur zich achter de zittende president opstelde. Joeval Elitsoer, correspondent in Jeruzalem voor de *Washington Post*, hoorde het interview en vond het de moeite waard om aan zijn krant door te geven. Het leidde tot een behoorlijke ruzie in Washington. De Israelische ambassade stelde dat Rabin niet correct geciteerd was en kwam met een andere versie van zijn opmerkingen. Elitsoer vertelt dat de uitgever van de krant, Katherine Graham, 'zei dat ze een transcriptie van het interview wilde zien. Als ik fout zat, kon ik naar een andere baan uitkijken. Als ik goed zat, zou de krant er een hoofdartikel aan wijden.' Er kwam een hoofdartikel, getiteld 'Israels ondiplomatieke diplomaat'.

Het verhaal kreeg nog een staartje. Elitsoer vertelt dat hij een paar weken daarna in Washington was en een bezoek bracht aan de ambassade. Medewerkers waarschuwden hem dat hij maar beter weg kon blijven van de eerste verdieping, waar Rabin werkte, omdat de ambassadeur woedend op hem was. 'Ik dacht,' zo vertelt hij, 'als hij me niet wil zien, ga ik niet naar boven. Maar kort daarna nam ik het vliegtuig naar New York en wie zit er in hetzelfde vleigtuig als ik – Jitschak Rabin. Toen hij langs me naar de eerste klas liep, knikte hij en groette me kortaf.' Na de reis liep Elitsoer voor de aankomsthal van La Guardia langs de limousine van de ambassadeur. Rabins chauffeur stopte en vroeg hem in de auto te stappen omdat de ambassadeur hem wilde spreken. 'Ik kwam bij de deur en Rabin zei op zijn effen toon: "Elitsoer, ga je naar Manhattan? Dan geef ik je een lift." Dat was het. Ik stapte in en we hebben de hele rit gepraat. Hij heeft geen woord over het incident gezegd en daarna was onze relatie weer net zo goed als voor het radio-interview.'

Aan Jitschak Rabins termijn in Washington kwam in maart 1973 een einde. Een paar maanden daarvoor was hij samen met Sovjet-gezant Anatoly Dobrynin door *Newsweek* uitgeroepen tot 'Ambassadeur van het jaar'. Maar in die tijd kreeg een collega in Jeruzalem een brief van hem waarin hij schreef dat het niet uitmaakte wat *Newsweek* van je dacht als je eigen regering achter je rug om werkte. Hij beklaagde zich over het feit dat minister van Buitenlandse Zaken Abba Eban al twee jaar een lastercampagne tegen hem voerde. Van zijn kant schreef Eban over Rabin dat hij 'tijdens zijn dienst in Washington [liet zien] niet te begrijpen wat de rol van ambassadeur inhield... Een onderzoek van zijn telegrammen naar Jeruzalem laat perioden van bedachtzaamheid en gematigdheid zien die onderbroken werden door plotselinge uit-barstingen van agressiviteit.'

Ondanks Ebans mening, was Rabins tijd in de Verenigde Staten duidelijk een succes, zowel voor hem persoonlijk als voor Israel in het algemeen. Kort voordat hij het land verliet, kwam Golda Meir weer voor een officieel bezoek. Haar laatste ontmoeting met Nixon in het Witte Huis was ook Rabins afscheidsbezoek aan de president. Nixon zei tegen de premier dat Rabin de capabelste ambassadeur in Washin-ton was en vroeg haar welke positie ze hem dacht te geven wanneer hij terug zou zijn in Israel. 'Dat hangt van zijn gedrag af,' hoorde Rabin haar zeggen, wat verschrikkelijk genant voor hem was. Iets meer dan een jaar daarna leidden de omstandigheden ertoe dat hij de eerste *sabra* (in Israel geboren) premier werd.

Toen hij de Verenigde Staten verliet, was de relatie tussen de twee landen van geheel andere aard dan bij zijn komst en dat was zeker voor een deel aan hem te danken. De dagen dat Israel een of andere invloedrijke Amerikaanse jood met goede contacten in Washington nodig had om uit zijn naam te spreken, waren – in elk geval tot de bit-tere jaren waarin Jitschak Sjamir en George Bush tegenstanders waren – voorbij. De deuren van het Witte Huis en het ministerie van Buiten-landse Zaken stonden open voor de Israelische ambassadeur en het kleine land kon zijn zaken nu zelf verdedigen. Ook de tijd waarin Isra-el de Amerikanen moest smeken om wapens en materieel behoorde tot het verleden. Israel werd door de Amerikaanse supermacht nu beschouwd als een strategische bondgenoot in het Midden-Oosten.

5 Plotseling premier

Toen hij op 3 juni 1974 de eed aflegde als minister-president, was Jitschak Rabin een politieke nieuweling. Hij had nog geen zes maanden in de Knesset gezeten en was pas drie maanden minister geweest in een regering die achtervolgd werd door de catastrofe van de Jom Kippoer-oorlog en weinig anders deed dan haar eigen aftreden uitstellen. Hij was plotseling leider geworden van een partij die zich in een ernstige crisis bevond, waarvan de voorgaande leider de verkiezingen had gewonnen, maar kort daarna gedwongen werd zich terug te trekken wegens de mislukkingen van Jom Kippoer. En hij had grote moeite gehad met de samenstelling van een coalitie-regering, die een krappe meerderheid van 61 stemmen in de 120 leden tellende Knesset had.

In het voorjaar van 1973 was Rabin uit de Verenigde Staten teruggekomen met het vooruitzicht mogelijk kandidaat te zijn voor de opvolging van Golda Meir, de zittende premier van de Arbeiderspartij. In september werd hij als twintigste gekozen op de lijst van zijn partij voor de 120 Knesset-leden. De verkiezingen zouden op 31 oktober plaatsvinden en hij werd tijdens de verkiezingscampagne geïntroduceerd als toekomstig lid van het kabinet. Maar de Jom Kippoer-oorlog veranderde alles. Israel was erin geslaagd het gezamenlijke offensief dat Syrië en Egypte op de heiligste dag van het joodse jaar lanceerden af te slaan, maar dat had wel 2200 doden en 5500 gewonden gekost. De kosten van de oorlog konden ook in geld worden uitgedrukt – meer dan negen miljard dollar – en in het verlies aan vertrouwen van het volk in de politieke en militaire leiders, die niet bedacht waren geweest op de verrassingsaanval.

Door de nasleep van de oorlog werden de verkiezingen uitgesteld tot 31 december. De Arbeiderspartij won, maar het percentage stemmen zakte van 47 naar minder dan 40. Het kostte Meir een aantal maanden om een regering te vormen. Toen deze begin maart eindelijk vorm begon te krijgen, bleek Rabin, die genoemd was als kandidaat voor het ministerie van Defensie, benoemd te zijn als minister van Arbeid. 'Ik heb mijn hele leven al ex-en verzameld,' vertelde hij aan een verslaggever. 'Ik ben ex-stafchef, ex-ambassadeur voor de Verenigde Staten en nu ex-kandidaat voor de post van minister van Defensie.'

Een maand later kwam de regeringscommissie die een onderzoek deed naar de verwikkelingen rond de Jom Kippoer-oorlog, met een voorlopig rapport waaarin Meir en minister van Defensie Mosje Dajan van alle blaam werden gezuiverd en de schuld bij stafchef David Elazar werd gelegd. Het rapport werd begroet met een golf van publieke woede en Meir trad af. Er was geen duidelijke opvolger. Rabin, wiens rol in de oorlog beperkt was gebleven tot officieus adviseur van Defensie, was vrijwel de enige hoge figuur van de Arbeiderspartij die in de ogen van het publiek niet besmet was. Met steun van Pinchas Sapir, Golda Meirs minister van Financiën en een man met invloed, versloeg hij Sjimon Peres tijdens een bijeenkomst van het centraal comité met 298 tegen 254 stemmen. Zo werd hij de kandidaat van de Arbeiderspartij voor de hoogste post, het premierschap.

'Rabin werd tot de functie van premier gedwongen voordat hij er rijp voor was,' zegt Dan Pattir, voormalig journalist en Rabins media-adviseur tijdens zijn eerste periode als premier. 'Hij had vrijwel geen politieke ervaring; als hij voordat hij premier werd bijvoorbeeld een paar jaar minister van Defensie was geweest, was alles heel anders gelopen.'

De regering Rabin vertegenwoordigde een nieuwe bezem voor de Arbeiderspartij, maar dit betekende ook dat de topmensen uit de partij, de ervaren leiders uit eerdere regeringen, ontbraken. Er was geen Golda Meir, geen Sapir op Financiën, geen Abba Eban op Buitenlandse Zaken, waar Rabin zijn oude Palmach-mentor Jigal Allon op had gezet. En er was geen Mosje Dajan op Defensie. In zijn plaats was Sjimon Peres gekomen.

Rabin was niet gelukkig met de laatste benoeming. 'Ik vond Peres niet geschikt,' schreef hij later, 'omdat hij nooit in de IDF had gevochten en zijn deskundigheid op het gebied van wapenaankopen geen compensatie was voor dat gebrek aan ervaring.' Maar Peres was de nummer 2 van de Arbeiderspartij en moest een passende positie krijgen. In de jaren die kwamen, zou Rabin deze benoeming bitter – en vaak in het openbaar – betreuren. 'De grote kracht van de premier lag op militair gebied,' zegt Pattir, 'maar hij was geen minister van Defensie. De minister van Defensie was in feite zijn politieke rivaal. En de twee ministers werkten, om het voorzichtig te zeggen, niet in volledige harmonie.'

Sapirs vervanger op het ministerie van Financiën was Jehosjoea Rabinowitz, een kleurloze partijman die burgemeester van Tel Aviv was geweest. Rabinowitz bleek de grote financiële problemen van het land – de Jom Kippoer-oorlog had evenveel gekost als het bruto nationaal produkt van een jaar – goed te kunnen aanpakken, maar miste Sapirs legendarische politieke scherpzinnigheid. Rabinowitz wist geen vertrouwen te wekken en had zelf ook weinig vertrouwen. In privégesprekken gaf de nieuwe minister van Financiën Rabins regering weinig kans om meer dan een maand te overleven. Uiteindelijk bleek hij een vrij succesvolle minister van Financiën te zijn, maar hij was niet populair. Een politieke grap met het woord *ra*, dat 'slecht' betekent, ging als volgt: hoe zeg je 'slecht, slechter, slechtst' in het Hebreeuws en het antwoord was '*Ra*, Rabin, Rabinowitz'.

Ondanks de slechte voorspellingen bleef de regering Rabin drie jaar bestaan. Het waren jaren van grote druk voor Rabin, die het grootste deel van zijn tijd bezig was met het in stand houden van een bijzonder kleine parlementaire meerderheid – wat later, eind 1974, iets beter werd door de samenwerking met de Nationale Religieuze Partij in ruil voor concessies op de religieuze wetgeving – en het beschermen van zijn eigen flanken tegen aanvallen van de oppositie en oudere leden van zijn eigen kabinet. Rabin zelf beschouwde deze eerste ambtstermijn, die gemarkeerd werd door meningsverschillen in zijn eigen kabinet, onrust in de partij en publieke teleurstelling in de regering, als een periode van persoonlijk falen. Hij vond dat hij binnen de regering zijn gezag te weinig had laten gelden. Toen hij in 1992 weer aan de macht kwam, was hij vastbesloten die fout niet te herhalen, waardoor hij zijn kabinet meer leidde als een president dan als eerste van de ministers.

Terugkijkend zijn de gevolgen van zijn eerste ambtstermijn terug te vinden in veel van Rabins gedrag en houding tijdens zijn tweede termijn. Er waren twee bijzonder belangrijke ervaringen: het moeizame uitwerken van het interim-akkoord met Egypte in 1975, waarbij Israel zich terugtrok uit een deel van de Sinai; en zijn eerste rechtstreekse confrontaties met de fanatiekelingen van religieus rechts, die hem zover brachten dat hij joodse nederzettingen op de hele Westelijke Jordaanoever toestond.

Rabin was nog maar twee weken premier toen hij een bezoeker kreeg in Jeruzalem: Richard Nixon, de eerste Amerikaanse president die ooit naar Israel kwam. Nixon probeerde zijn verslechterende positie te verstevigen door de nadruk te leggen op zijn internationale successen, waardoor hij afzonderlijke bezoeken bracht aan China en het Midden-Oosten. Dat bleek tevergeefs te zijn, zoals Rabin bedroefd opmerkte: 'Het lot van een van de meest pro-Israelische presidenten was al bezegeld.'

Aan het eind van de zomer trad Nixon af. Tijdens zijn eerste bezoek als premier aan Washington, in september 1974, had Rabin daarom een ontmoeting met Gerald Ford. In het Witte Huis bespraken de twee leiders de Israelische positie in toekomstige onderhandelingen met de Arabieren en de Israelische verzoeken om wapens en hulp om aan onmiddellijke militaire behoeften te voldoen en voorraden te vervangen die tijdens de Jom Kippoer-oorlog waren verbruikt.

De soldaat Rabin was tijdens deze strategische besprekingen in zijn element, maar niet tijdens het staatsdiner dat volgde. Na het diner, de speeches en een concert werd er gedanst. Ford vroeg Lea Rabin voor de eerste dans en zwierde met haar over de vloer. 'Ik zat in de problemen,' schreef Rabin later. 'Kon ik maar dansen, al was het slecht! Kwam er maar iemand vóór mij die mevrouw Ford zou uitnodigen op de dansvloer. Maar dat soort wonderen vinden in het Witte Huis niet plaats. Ik besloot de tactiek te volgen die ik overal volg. Ik liep naar mevrouw Ford, die bij mijn nadering ging staan, er blijkbaar van overtuigd dat ik haar ten dans zou vragen. Maar nadat ik hard geslikt had, zei ik: "Het spijt me, mevrouw Ford, maar ik weet gewoon niet hoe ik moet dansen en ik zou het niet durven wagen om op uw tenen te gaan staan."

Nu het ergste voorbij was (in elk geval maakte ik dat mezelf wijs), zag ik tot mijn genoegen dat de First Lady mij met een warme glimlach beloonde. Die glimlach had echter een dubbele betekenis. "Toen ik nog jong was, heb ik danslessen gegeven en wist ik mijn tenen te beschermen tegen minder bekwame mannen dan u. Kom mee."' Uiteindelijk heeft Henry Kissinger de premier diplomatiek van de vloer weten te verwijderen, een redding waarvoor Rabin hem, naar eigen zeggen, eeuwig dankbaar zou blijven.

In de maanden die volgden, zou Rabin veel meer met Kissinger te maken krijgen. In maart begon Kissinger aan zijn beroemde pendeldiplomatie om een interim-akkoord te bereiken tussen Israel en Egypte. Kissingers techniek was dat hij heen en weer vloog tussen Rabin in Jeruzalem en Anwar Sadat van Egypte in Caïro, Aswan of Alexandrië. Zo wisselde hij voorstellen uit en probeerde de kloof tussen de twee partijen te versmallen. Soms deed hij iets meer en bepaalde zelf wat hij aan de gesprekspartners doorgaf. Pattir herinnert zich dat Rabin tijdens een bijeenkomst in maart aan Kissinger vertelde dat hij Sadat een niet-aanvalsverdrag aanbood in ruil voor een groot deel van de Sinai, blijkbaar volgens een lijn die van El Arisj aan de noordkust naar Ras Moehammad aan de zuidpunt van het schiereiland liep. Er kwam geen antwoord van Sadat.

Toen bood Rabin Sadat de hele Sinai aan in ruil voor een afzonderlijk en volledig vredesverdrag – ongeveer dezelfde afspraak als Sadat in 1979 had geaccepteerd. Nog steeds geen antwoord. Ten slotte deelde Kissinger Rabin mee dat het geen zin had om over dit soort Israelische concessies te praten, omdat Sadat niet afzonderlijk vrede met Israel kon sluiten. Pattir zegt: 'Ik vraag me af of Kissinger deze voorstellen ooit aan Sadat heeft overgebracht. Hij dacht misschien dat het te vroeg was voor een dergelijke beslissing.' Volgens Pattir is het zelfs mogelijk dat Kissinger niet *wilde* dat Israel en Egypte zo snel tot een overeenkomst zouden komen, omdat dit zijn eigen rol als bemiddelaar zou hebben beëindigd.

De recht-door-zee Rabin en de subtiel manipulatieve Kissinger waren een onmogelijke combinatie, maar de relatie die ontstaan was tijdens Rabins jaren in Washington bleef bestaan toen Rabin terug was in Jeruzalem. Kissinger had bewondering voor Rabins analytische manier van denken en praatte soms ook met hem over kwesties die niets met het Midden-Oosten te maken hadden, zoals de gesprekken met de Sovjet-Unie over vermindering van strategische wapens of het verloop van de oorlog in Vietnam.

Kissinger deed zijn uiterste best om de zaak tijdens de pendeldiplomatie volledig onder controle te houden. Vergaderingen gingen vaak door tot diep in de nacht, en de Israeli's, die de hele dag gewerkt hadden voor ze aan de onderhandelingstafel plaatsnamen, hadden het gevoel dat Kissinger 's middags goed had uitgerust en hen probeerde uit te putten. Daarom planden ze op een gegeven moment een tegenzet. Voor een geplande vergadering met Kissinger ging het hele Israelische team – Rabin, andere ministers en de belangrijke adviseurs – rond het middaguur naar huis om te gaan slapen. De gesprekken sleepten zich die avond maar voort, maar de Israeli's toonden geen enkel teken van vermoeidheid. Kissinger was zichtbaar ontsteld.

Soms leidden de gesprekken tot boze woordenwisselingen en stemverheffing. Een van de ergste vond eind maart 1975 plaats, toen Kissinger, gefrustreerd door de Israelische koppigheid, een eind maakte aan een pendel zonder succes. Middenin een vergadering van het Israelische kabinet ontving Rabin een boze brief van Ford, waarin de president zijn 'diepe teleurstelling' uitdrukte over 'de houding van Israel tijdens de onderhandelingen'. Hij kondigde een 'herbeoordeling' aan van de Amerikaanse politiek met betrekking tot Israel. Geërgerd zei Rabin tegen zijn collega's dat hij ervan overtuigd was dat Kissinger de brief voor Ford had geschreven.

Aan het eind van die mislukte missie bracht Rabin Kissinger naar het vliegveld en probeerde zijn voorzichtigheid te verklaren door hem te vertellen dat hij het gevaar van hernieuwde vijandelijkheden tussen Israel en Egypte als meer zag dan alleen een politiek probleem. 'Ik beschouw elke Israelische soldaat als mijn verantwoordelijkheid – bijna alsof het om mijn zoon zou gaan. Je weet dat mijn eigen zoon commandant is van een tankpeloton aan het front in de Sinai. De man van mijn dochter heeft het commando over een tankbataljon daar. Ik weet wat hun lot kan zijn. Maar Israel kan de huidige voorwaarden van het verdrag niet accepteren en ik kan niets anders doen dan die zware last van de verantwoordelijkheid op me nemen, zowel de nationale als persoonlijke verantwoordelijkheid.' Kissinger luisterde hiernaar. Later zei hij tegen Rabin: 'Die dag op het vliegveld kon ik mezelf niet beheersen. Ik merkte plotseling dat ik moest huilen.'

Rabin was hevig geïnteresseerd in Kissingers beschrijvingen van de Egyptische leiders. Kissinger, schreef hij, 'kende de hoofdfiguren van beide kanten verbazingwekkend goed en onderhield ons met beschrijvingen van de Egyptische, Jordaanse en Syrische leiders die hij had ontmoet. Ik ben er naturlijk ook zeker van,' voegde Rabin eraan toe, 'dat hij de Arabieren net zulke getalenteerde beschrijvingen van ons heeft gegeven.'

Op 1 september 1975 werd door het Israelische kabinet een interim-akkoord tussen Israel en Egypte geratificeerd: het omvatte meer soepelheid ten aanzien van Israels uiteindelijke terugtrekking, in ruil voor het beëindigen van Fords 'herbeoordeling' en de belofte van een royaal hulppakket van Amerikaanse kant. Door de terugtrekking van de Israelische troepen kon Egypte het Suezkanaal weer openen, dat sinds 1967 gesloten was geweest, en zijn olievelden in de Golf van Suez weer operationeel maken. Een begeleidend memorandum over wederzijds begrip tussen de Verenigde Staten en Israel opende de weg voor hervatting van de wapenleveranties, waaronder F-16 gevechtsvliegtuigen, en schriftelijke toezeggingen van Washington over belangrijke politieke kwesties, zoals de belofte de PLO niet te erkennen en er niet mee te onderhandelen zolang deze niet zou afzien van terreur. Amerika heeft zich bijna twee decennia aan deze belofte gehouden, tot de regering Bush begin jaren negentig in contact trad met de PLO.

Rabin, die betrokken was bij de formulering van elk detail van het interim-akkoord met Egypte, stond erop dat het document een clausule zou bevatten die inhield dat het teniet zou worden gedaan door een volledig vredesakkoord. 'Het was,' zegt Amos Eiran, in die tijd directeur-generaal van het bureau van de minister-president, 'de eerste keer dat in een overeenkomst tussen Israel en een Arabische staat de mogelijkheid van vrede werd vermeld.' Rabin was bijzonder blij toen Kissinger uit Alexandrië terugkwam met de mededeling dat Sadat de clausule had aanvaard.

In zijn memoires besteedt Rabin aandacht aan dit punt. 'Het akkoord van 1975 met Egypte,' schreef hij, 'was nooit bedoeld als doel op zich. Zoals de titel al aangeeft, was het bedoeld om de vredeskrachten te versterken en in die zin heeft het aan zijn doel beantwoord, wat in de politieke verhoudingen van het Midden-Oosten geen geringe prestatie was. Ik kan alleen maar hopen dat de volgende prestatie op die weg net zo duurzaam en succesvol zal blijken te zijn.'

Het was mooi dat Rabin dat hoopte, maar in de periode na het tekenen van het interim-akkoord deed hij meer dan alleen hopen. Hij begon in het geheim aan een serie ontmoetingen met Arabische leiders met de bedoeling wegen te openen voor het sluiten van vrede. Een van die wegen leidde naar koning Hoessein van Jordanië, Israels oostelijke buurstaat, met wie ook Rabins voorgangers al ontmoetingen hadden gehad. De sporadische ontmoetingen werden gehouden in de Arabawoestijn, gelegen tussen de zuidpunt van de Dode Zee en de Golf van Akaba. De Israelisch-Jordaanse grens, lange tijd de rustigste van de Israelisch-Arabische grenzen, liep door het midden van de vallei, met niets anders dan braakliggend land tussen de Israelische snelweg naar Eilat en de parallel lopende Jordaanse weg naar Akaba. De gesprekken werden op verschillende plaatsen in de woestijn gehouden, in een speciale caravan-achtige constructie met een eetkamer en een vergaderruimte, of op plaatsen dichter bij Tel Aviv. Eiran vertelt dat Israel meestal een tweede trailer meebracht, waarin zich een team deskundigen bevond die de gesprekken analyseerden, vaak met behulp van een gesloten tv-circuit, en soms voor het eind van een zitting met reacties kwamen.

Op één na vonden alle ontmoetingen plaats aan de Israelische kant van de lijn. Eiran vertelt dat de koning dan met een Jordaanse legerhelikopter net over de grens vloog, soms alleen en soms in gezelschap van een ervaren piloot van de Jordaanse luchtmacht, een man die om zou komen bij een helikopterongeluk in 1977 waarbij ook de derde, in Palestina geboren vrouw van koning Hoessein, koningin Alia, het leven verloor. 'Ik ging dan naar de grens om de koning op te halen,' vertelt Eiran, 'en dan gingen we met een van onze helikopters of per auto naar de ontmoetingsplaats.' Tijdens de maaltijd, die verzorgd werd door een hotel in de buurt, werd er wat over politiek gepraat, maar werd er niet onderhandeld. Daarna begonnen de deelnemers aan de onderhandelingen, die tot laat in de avond duurden. Rabins premierschap eindigde voordat er concrete resultaten waren, maar er was een basis gelegd voor echte vriendschap, die zich snel ontwikkelde in de laatste achttien maanden van Rabins leven, toen de twee elkaar eindelijk in het openbaar konden ontmoeten.

Er waren ook contacten met koning Hassan II van Marokko. Begin 1977 bracht Rabin in het geheim een bezoek van enkele dagen aan Marokko, waarbij hij via Frankrijk reisde en als vermomming een donkere pruik droeg.

Het doel van de ontmoetingen was na te gaan of Hassan als kanaal kon fungeren voor contacten met Egypte. Dat was precies wat er gebeurde toen de volgende regering, van Menachem Begin, de Marokkaanse connectie gebruikte voor de sprong naar vrede met Egypte.

Rabin dacht dat de Marokkaanse koning een alternatief kanaal wilde instellen voor dat van de Amerikanen, van wie de belangen niet altijd overeen kwamen met die van de Arabieren en de Israeli's. Rabin accepteerde de benadering van de koning niet en zei dat hij Hassan niet de indruk wilde geven dat hij de Amerikanen in de steek liet. 'Aan de andere kant wilde ik wel een direct kanaal hebben, zoals de koning had voorgesteld,' vertelde hij later aan Pattir.

Hassan bood ook aan Syrië te benaderen met Israelische voorstellen. Hij wilde een brief van Rabin doorspelen naar president Hafiz-al-Asad, waarin uitgelegd werd waarom Israel klaar was voor een overeenkomst. Rabin schreef een brief, maar er kwam geen antwoord van Asad.

Ook kwam er geen onmiddellijke reactie van de Egyptenaren. Maar tijdens de wisseling, nadat de Arbeiderspartij de verkiezingen van 1977 had verloren, liet Eiran verslagen van de geheime ontmoetingen met Hassan aan Begin zien en aan Eliahoe Ben-Elissar, die Eiran opvolgde als directeur-generaal van het bureau van de minister-president. Eiran gaat ervan uit dat Mosje Dajan, als Begins minister van Buitenlandse Zaken, het Marokkaanse kanaal heeft gebruikt om gesprekken te organiseren met Mohammed Hassan Tohami, assistent en vertrouweling van Sadat, geheime contacten die de weg vrijmaakten voor Sadats historische bezoek aan Jeruzalem in november 1977.

Rabin sprak steeds ten gunste van het principe van een 'territoriaal compromis' in een uiteindelijke vredesovereenkomst met de Arabieren en stond erop dat er geen dialoog moest komen met de PLO, de lijn volgend van de regeringen van de Arbeiderspartij voor hem. Maar hij ging zelden gedetailleerd in op wat hij zag als de vorm van een toekomstige vredesovereenkomst, omdat het in die tijd niet meer was dan een vage droom.

In een gesprek met Sjlomo Averini, directeur-genraal van het ministerie van Buitenlandse Zaken onder Jigal Allon, was hij wat specifieker. In een artikel dat een maand na Rabins dood werd gepubliceerd, vertelt Averini dat hij Rabin in januari 1976 vroeg hoe deze dacht dat de vrede bereikt kon worden. Rabin reageerde met een lezing van een uur waarin hij de voorzichtigheid van zijn eerste termijn uitlegde, maar ook de strategie die hij zou volgen toen hij, na jaren in de politieke wildernis, in 1992 terugkeerde als premier. 'Rabin maakte duidelijk,' vertelde Averini, 'dat een Arabisch-Israelische vredesovereenkomst de terugtrekking zou betekeken uit de meeste gebieden die tijdens de Zesdaagse Oorlog waren veroverd, met als uitzondering Jeruzalem, de Jordaanvallei en bepaalde strategisch belangrijke punten. Gebieden met een grote Arabische bevolking konden niet voor altijd onder ons gezag blijven en om maximale onderhandelingsvrijheid te hebben, moesten we ervan afzien om daar joodse nederzettingen te vestigen.'

Rabin benadrukte dat de tijd niet rijp was voor grote territoriale concessies; dit was niet mogelijk in de schaduw van de Arabische successen in de Jom Kippoer-oorlog. Israels missie was het verbeteren van zijn strategische, diplomatieke en psychologische positie na het trauma van oktober 1973 'en pas daarna – hij dacht aan een periode van vijf jaar – vanuit een positie van Israelische kracht op deze manier naar vredesakkoorden toewerken.'

Rabin legde Avineri uit dat hij het niet als taak van zijn regering zag om vredesakkoorden te bereiken en dat dat een van de redenen was waarom hij geweigerd had een interim-overeenkomst te overwegen die Jericho onder Jordaans bestuur zou brengen. Als zijn rol zag hij het verbeteren van het moreel en de uitrusting van het leger, het politiek en militair versterken van de Amerikaanse steun aan Israel en vooral 'het idee uit de hoofden van de Arabieren krijgen dat een zwak Israel concessies zou doen. Alleen een sterk Israel kan concessies doen.'

Deze positie was tegelijkertijd die van een havik en een duif, in Avineri's interpretatie: genereus wat betreft de concessies die in het kader van een vredesakkoord aan de Arabieren kunnen worden gedaan, maar koppig en vastbesloten ten aanzien van de manier waarop zo'n akkoord bereikt kan worden. Avineri stelt dat dit precies de standpunten zijn die Rabin aanhield tijdens de verkiezingen van 1992: met zijn havikachtige en ontoegeeflijke publieke imago kreeg hij vertrouwen van rechts en wantrouwen van delen van links – en beide kanten begrepen hem verkeerd. Volgens Avineri kon hij zijn echte strategie niet bekend maken zonder de kans deze uit te kunnen voeren in gevaar te brengen.

Weinig mensen begrepen echt waar hij stond, zelfs ministers in zijn kabinet niet, maar Avineri denkt dat het leger wel op de hoogte was. Pas na de akkoorden van Oslo, in september 1993, zouden Rabins ideeën publiekelijk bekend worden.

Tijdens Kissingers tweede pendelmissie, in augustus 1975, organiseerde de regering een galareceptie voor hem in de Knesset. Boze aanhangers van Goesj Emoeniem (het Blok van Gelovigen), een orthodox rechtse organisatie die een jaar oud was en zich hartstochtelijk verzette tegen teruggave van ook maar een vierkante centimeter van de bezette gebieden, probeerden de receptie te verstoren door het gebouw van de Knesset te belegeren en te demonstreren in de straten van Jeruzalem. Het was een tafereel dat twee decennia later herhaald zou worden.

De demonstranten maakten zich vooral kwaad omdat een joodse Amerikaan Israel zou vragen concessies te doen. Ze scholden hem uit voor 'jodenjongen', daarbij een klassieke anti-semitische term gebruikend om hun verachting uit te drukken voor wat zij zagen als kruiperig gedrag. De geestelijke vader van Goesj Emoeniem, rabbijn Tsvi Jehoeda Kook, schold Kissinger uit voor 'de echtgenoot van een niet-jood'.

Rabin was 'geschokt' en zei dat hij de woorden niet kon vinden om zijn gevoel van schaamte tegenover Kissinger uit te drukken. 'Ik betwijfel of ik ooit getuige zal zijn van een betreurenswaardiger en misleidender gedrag van mijn landgenoten,' schreef hij later. 'Als Goesj Emoeniem met iemand een appeltje te schillen had, was het met mij en mijn kabinet en niet met een gast die zich zo inzette voor het bereiken van stabiliteit en vrede in het gebied. Er is geen enkel excuus voor joden om hun toevlucht te nemen tot dergelijk onfatsoenlijk gedrag. Ik mag dan niet in staat zijn Goesj Emoeniem de beginselen van goede manieren bij te brengen, maar ik heb wel iets zeggen als het om rellen op straat gaat. De volgende dag heb ik het hoofd van politie gebeld en hem opdracht gegeven hier een eind aan te maken, desnoods met geweld.'

Maar Rabin probeerde op alle manieren geweld te voorkomen in het optreden tegen de pogingen van Goesj Emoeniem om de nederzettingen uit te breiden tot het gebied van het bijbelse Samaria, de heuvels op de Westelijke Jordaanoever ten zuiden van Jeruzalem. In de jaren na de Zesdaagse Oorlog hadden regeringen van de Arbeiderspartij beperkte joodse kolonisatie van de Westelijke Jordaanoever toegestaan. Deze was beperkt gebleven tot de Jordaanvallei en het Etzion Blok, een gebied tussen Betlehem en Hebron waar al voor de vorming van de staat Israel joodse boerengemeenschappen bestonden, dat in 1948 was veroverd door het Jordaans-Arabische leger. Volgens het plan dat Jigal Allon had gemaakt voor de toekomst van de in 1967 veroverde gebieden, moesten deze beide gebieden om strategische redenen onder Israelische controle blijven, terwijl de delen van de Westelijke Jordaanoever met grote Arabische bevolkingsgroepen, zoals de heuvels van Samaria, onder een toekomstig vredesakkoord teruggegeven zouden worden aan Jordanië. Hoewel Allons plan nooit officieel was aangenomen, was het officieus de politiek van de regering Rabin. En toch had de Arbeiderspartij een nederzetting toegestaan in Kirjat Arba, een joodse buitenwijk van de Arabische stad Hebron.

Kirjat Arba was gesticht nadat een groep orthodoxe joden in 1968 het joodse paasfeest had doorgebracht in een hotel in Hebron dat in Arabisch bezit was en vervolgens weigerde te vertrekken voordat de regering Rabin meer dan achttien maanden later toestemming gaf zich op land te vestigen dat aan Hebron grensde. Dit was de prikkel die leidde tot een golf van nieuwe pogingen tot het stichten van nederzettingen in Samaria, beginnend in de zomer van 1974. Het gebeurde regelmatig dat aspirant-kolonisten en hun aanhangers op een van tevoren afgesproken plaats bijeenkwamen en eisten te mogen blijven. Een van deze vroege 'sit-ins' werd bijgewoond door Ariel Sjaron, toen Likoed-vertegenwoordiger in de Knesset, en verschillende andere leden van het parlement. Rabbijn Kook, toen al in de tachtig, was er ook.

'Er waren vijftig tot zeventig demonstranten en er kwamen soldaten om ons te verwijderen,' vertelt Jehoeda Ben-Meir, voormalig lid van de leiding van de Nationale Religieuze Partij (NRP) die, samen met de huidige NRP-leider Zvoeloen Hammer, in het begin veel politieke steun heeft gegeven aan Goesj Emoeniem. 'Ze verwijderden ons, maar vriendelijk en met respect en raakten rabbijn Kook niet eens aan.' De generaal die aan het hoofd stond van het Centrale Commando, Jona Efrat, die de leiding had over de operatie, zette een grote groep soldaten rond Kook om ervoor te zorgen dat niemand hem aanraakte.

'Deze protesten waren passief verzet,' zegt Ben-Meir, die de steeds harder optredende NRP ongeveer tien jaar later verliet en zich aansloot bij een zachter opererende beweging van orthodoxe joden, de Meimad. 'We scholden niet op de soldaten en probeerden ook niet terug te komen nadat we verwijderd waren. We hielden ons alleen slap, als een zak aardappelen.' Ben-Meir maakt een duidelijk onderscheid tussen deze kolonisten van twee decennia geleden en het vaak gewelddadige optreden van kolonisten tijdens de tweede ambtstermijn van Rabin.

De pogingen tot het stichten van nederzettingen culmineerden toen duizenden Goesj Emoeniem-activisten zich in december 1975 verzamelden in het verlaten treinstation van Sebastia, ten westen van Nabloes; ze waren van plan te blijven tot ze toestemming zouden krijgen tot het stichten van een nederzetting in het gebied van Nabloes. Pattir vertelt dat Rabin het probleem probeerde op te lossen door met de aspirant-kolonisten te gaan praten, maar dat dit mislukte. 'Hij haalde Ariel Sjaron erbij om met de mensen te praten, en Chaim Goeri, de "dichter van de Palmach". Ze gingen afzonderlijk naar Sebastia en kwamen met één conclusie terug. Ze zeiden tegen Rabin: "Peres heeft de kolonisten veel meer aangeboden dan jij ooit kunt doen." Rabin was omsingeld door rechts.' Jehoeda Ben-Meir bevestigt dat Peres, die in die tijd over de kwestie van de nederzettingen veel meer een havik was dan Rabin, het belangrijkste regeringscontact was voor Goesj Emoeniem en zijn politieke sponsors.

Rabin eiste dat de kolonisten zouden vertrekken, maar wilde geen geweld gebruiken. Hij vroeg Mordechai Goer, toen stafchef, hoeveel soldaten er nodig zouden zijn om de kolonisten te verwijderen. Het antwoord van Goer was: 'Een brigade.' Volgens Pattir schrok Rabin. Hij zei: 'Als er 3000 soldaten nodig zijn, hoeft er maar één te zijn die per ongeluk een kogel afvuurt – wat gemakkelijk kan gebeuren als er zoveel geweren zijn – en we zitten met een ramp.' Goer was het daarmee eens. De generaal had steeds gepleit tegen het gebruik van geweld bij deze confrontaties en zou op een bepaald moment zelfs gedreigd hebben met aftreden als Rabin hem opdracht zou geven de kolonisten te verdrijven. 'Goer zei dat het gebruik van geweld terecht zou zijn als de kolonisten de mogelijkheid van de regering om te regeren zouden ondermijnen of als ze zouden proberen het land lam te leggen,' vertelt Ben-Meir. 'Dan zou hij geen moeite hebben met het uitvoeren van het bevel.'

Rabin was niet opgewassen tegen de druk en gaf dertig kolonisten, die met hun gezinnen in caravans woonden, toestemming naar de legerbasis bij het dorp Kaddoem te gaan, enkele kilometers ten oosten van Nabloes. Dit werd gebracht als een tijdelijke maatregel om een eind te maken aan de confrontatie met de kolonisten, maar Rabin heeft nooit geprobeerd hen daar weg te krijgen, misschien omdat het hem ontbrak aan de politieke wil daartoe of omdat hij in dat stadium niet het risico wilde nemen van een confrontatie met de tien NRP-leden in de Knesset die zijn coalitie versterkten. Maar het was geen regeling waar Rabin tevreden over was. 'Hij heeft altijd gezegd dat het zijn grootste fout was dat hij toegegeven had aan de druk, dat hij een compromis had gesloten,' zegt Ben-Meir. 'Rabin vond dat hij gedwongen was tot de Kaddoem-regeling door een minister van Defensie – Peres – die niet met hem samenwerkte, zowel doordat hij in die tijd een hardere lijn volgde als door het feit dat ze politieke rivalen waren.'

De ervaring van Kaddoem, die resulteerde in de nederzetting Elon Moree, waar Menachem Begin van de Likoed op 18 mei 1977, de dag nadat hij de verkiezingen had gewonnen, de toon zette voor de nederzettingenpolitiek van zijn regering door te verklaren dat er 'veel meer Elon Morees' zouden komen, had grote invloed op Rabin. Het wordt door velen gezien als de reden waarom hij er, na het winnen van de verkiezingen van 1992, op stond het ministerie van Defensie voor zichzelf te houden, waarin hij voor het eerst het concept ontwikkelde van 'politieke nederzettingen' en 'veiligheidsnederzettingen', wat een belangrijk onderscheid werd tijdens zijn tweede termijn als premier. 'Het is zeker mogelijk,' zegt Amos Eiran, 'dat die periode bepalend is geweest voor Rabins toekomstige relatie met de kolonisten.'

Naast ideologische confrontaties en politieke intriges werd de eerste regering Rabin ook gekenmerkt door dramatische gebeurtenissen, zoals de schitterende redding op 4 juli 1976 van 104 Israelische en buitenlandse joodse gijzelaars uit de handen van een groep kapers op het vliegvled Entebbe in Oeganda.

Het nieuws dat vlucht 139 van Air France, van Tel Aviv naar Parijs,

gekaapt was na een stop in Athene, kwam tijdens de reguliere vergadering van het kabinet op zondagochtend 27 juni 1976. Rabin kwam al
snel met het idee dat de kaping verband hield met Wadia Haddad,
chef operaties van het Volksfront voor de Bevrijding van Palestina van
George Habasj. Niet lang daarvoor had Haddad een sooortgelijke
groep gestuurd voor een aanval op een vliegtuig van El Al, de nationale luchtvaartmaatschappij van Israel, in Nairobi in Kenia. Agenten van
de Mossad, de spionagedienst, hadden deze poging op het laatste
moment verijdeld en de terroristen naar Israel overgebracht.

De Nairobi-groep, bestaande uit Arabieren en Duitsers, werd aan
de rand van het vliegveld gevangen genomen. 'Ze stonden op het punt
raketten op het vliegtuig af te vuren, waar veel passagiers in zaten en
vooral veel Israeli's,' vertelt Amos Eiran. 'We hadden de groep al een
jaar gevolgd. Onze mensen kwamen op het laatste moment in actie.
De terroristen waren zo dicht bij hun doel dat hun handen al bijna
met bloed bevlekt waren.' Volgens Eiran vond er een verhitte discussie
plaats over wat er met de terroristen moest gebeuren en stelde iemand
voor 'hen onderweg uit de weg te ruimen door hen in zee te gooien,
om internationale complicaties te voorkomen'. Rabin verzette zich
hier met kracht tegen en zei dat ze naar Israel moesten worden
gebracht voor ondervraging en een proces. 'Dat zal niet gemakkelijk
zijn,' zei hij, 'maar we zijn een land van recht en orde en ik zal nooit,
onder welke omstandigheden dan ook, aan zoiets meewerken.'

Deze keer had Rabin goed geraden wie er achter de kaping van het
Air France-toestel zat, want de terroristen bestonden weer uit Arabieren en Duitsers. Het kabinet wist al snel dat 83 van de 230 passagiers
Israeli's waren. Het herinnerde Frankrijk eraan dat alle passagiers
onder de bescherming van Frankrijk vielen en wachtte op actie van
Parijs. Intussen vloog het gekaapte vliegtuig, na een tussenlanding in
Benghazi, Libië, naar het Oegandese vliegveld Entebbe, niet ver van
de hoofdstad Kampala. Na de landing werden de joden van de andere
passagiers gescheiden en mochten de meeste andere passagiers vertrekken. Rabin stelde een crisisteam samen, dat onder anderen bestond uit minister van Buitenlandse Zaken Allon, minister van Defen-

sie Peres en stafchef Goer.

Twee dagen na de kaping kwamen de terroristen met hun eis: meer dan vijftig 'vrijheidsstrijders' moesten vrijgelaten worden, de meesten uit Israel, en naar Entebbe worden gevlogen. In zijn memoires schrijft Rabin dat Peres verbaasd was toen de premier vragen stelde aan Goer over de mogelijkheid van een militaire operatie. Het 'betreurenswaardige feit' deed zich voor dat de minister van Defensie 53 uur na de kaping nog niet met de stafchef had gepraat over het redden van de gijzelaaars. Dat is één kant van het verhaal. In zijn eigen memoires beweert Peres dat het initiatief voor de militaire operatie van hem kwam en dat Rabin aarzelde of hij het goed zou keuren. Ook de hoge officieren die bij de operatie betrokken waren, hebben jarenlang geruzied over wie de eer toekwam; succes heeft vele vaders.

Rabin heeft vanaf het begin twee wegen gevolgd. Aan de ene kant zocht hij naar een manier om te voldoen aan de eis van de terroristen, het vrijlaten van gevangenen, waarvoor hij een lijst samenstelde van mensen 'die geen bloed aan hun handen hadden'. Aan de andere kant onderzocht hij de mogelijkheid van een militaire operatie. 'Hij ging er echter steeds van uit dat ze onze lijst niet zouden accepteren en aan hun eigen lijst zouden vasthouden,' zegt Eiran, 'en dat we niets anders konden doen dan ons in gereedheid brengen voor een militaire operatie.'

De volgende paar dagen spitsten de vergaderingen van het kabinet zich niet toe op de vraag of er een reddingspoging moest worden ondernomen, maar op de vraag in welke vorm dit moest gebeuren. Een van de eerste voorstellen was het droppen van 1000 para's boven het nabijgelegen Victoriameer. Rabin wees dit voorstel af met de opmerking dat het 'hem te veel deed denken aan de Varkensbaai,' vertelt Eiran. Een ander voorstel was een kleine Israelische eenheid naar de landingsbaan van Entebbe te vliegen. Ook dit werd door Rabin afgewezen. 'Wat een rol speelde, was zijn eigen perfectionisme en daarbij zijn kennis en ervaring,' zegt Eiran. 'Hij maakte zich zorgen over de tijd op de grond, bang dat het Oegandese leger, als de operatie te lang zou duren, tijd zou hebben om zich te organiseren. De hele operatie had kunnen mislukken als één raket het eerste Israelische vliegtuig dat landde, zou hebben geraakt.'

Intussen was Israel druk bezig met het verzamelen van inlichtingen. Enkele Israeli's die in Oeganda waren geweest, werden gebeld en ondervraagd, onder wie mensen die ooit Oegandese strijdkrachten hadden getraind en werknemers van het bouwbedrijf Solel Boneh, dat het vliegveld van Entebbe had aangelegd. Rechavam Ze'evi, nu lid van de Knesset en leider van de extreem rechtse Moledet-partij, maar toen Rabins adviseur voor anti-terroristische activiteiten, ging naar Parijs voor een gesprek met de niet-joodse passagiers die vrijgelaten waren. Op de avond van vrijdag 2 juli werd bij Sjarm al-Sjeik, aan de zuidpunt van de Sinai, een oefening gehouden voor een Israelische aanval; deze werd Plan Hercules genoemd omdat het de bedoeling was met Hercules transportvliegtuigen op Entebbe te landen. De volgende dag kwam Nachoem Admoni, hoofd van de Mossad, met zwart-wit foto's die genomen waren vauit een licht vliegtuig dat 24 uur daarvoor over Entebbe was gevlogen.

Toen Goer Rabin liet weten dat de proef succesvol was geweest, gaf Rabin opdracht dat het aanvalscommando met de vlucht van zeven uur van de Sinai naar Entebbe moest vliegen. Hij deed dit zonder overleg met het kabinet omdat de vliegtuigen altijd terug zouden kunnen keren als het kabinet het plan niet zou goedkeuren. Dit was nodig omdat de kapers een deadline hadden gesteld en de tijd drong.

Voor de kabinetsvergadering die gepland was voor 14.00 uur op zondag 4 juli, vroeg Rabin Eiran naar zijn huis te komen. 'Ik zag hoe hij door zijn kleine kantoor ijsbeerde, voortdurend bezig met het afwegen van de beslissing. Hij zei tegen me dat de operatie een mislukking kon worden, zelfs als we de gijzelaars vrij zouden krijgen,' vertelt Eiran, 'en dat hij de verantwoordelijkheid zou nemen als er meer dan 25 slachtoffers zouden vallen.' Later, nadat het kabinet het groene licht had gegeven, ging Rabin met twee of drie van zijn belangrijkste adviseurs naar een kleine kamer naast zijn kantoor. Pattir vertelt: 'Hij zei: "Heren, als deze operatie mislukt, zal er morgen een andere minister-president zijn."'

Maar de operatie mislukte niet. De meeste passagiers werden gered, de terroristen werden gedood en de vliegtuigen keerden veilig terug. Vier mensen vonden de dood – drie passagiers en Jonathan Netania, de commandant van de kleine eenheid die de terroristen had gedood en de gijzelaars had bevrijd (en de oudere broer van de huidige leider van de Likoed, Benjamin Netanjahoe). Maar een complete ramp was maar net voorkomen. Op de Israelische luchthaven waar de vliegtuigen in triomf landden, kwam de piloot van het leidende vliegtuig, een reservist, naar Rabin toe en zei tegen hem: 'God heeft gisteren overgewerkt.' Rabin, die als een militair commandant een 'debriefing' had met het aanvalsteam, begreep daarna wat de piloot had bedoeld. Het leidende vliegtuig was op een paar meter van een sloot geland – iets verder en het had misschien niet meer kunnen opstijgen. Toen de Israelische vliegtuigen landden, had zich op de landingsbaan een Oegandese jeep met geschut aan boord bevonden; om de een of andere reden heeft de bemanning niet geschoten. Twee soldaten die de taak hadden de vliegtuigen op de grond op Entebbe vol te tanken, konden de brandstofkranen niet vinden, waarvan de plaats aangegeven was door het team van Solel Boneh dat het vliegveld had aangelegd. Daarom moesten sommige vliegtuigen van het reddingsteam op de terugweg een ongeplande stop in Kenia maken om brandstof te tanken.

De reddingsvliegtuigen vlogen na hun eerste landing door naar het vliegveld Ben-Goerion voor een tumultueuze publieke ontvangst. Oppositieleider Begin zat op de schouders van een dansende menigte, hoewel hij pas geïnformeerd was over de operatie nadat deze door het kabinet was goedgekeurd. 'Begin kreeg een geweldige publieke bewondering, alsof hij de hele zaak had geleid,' zegt Eiran. 'Intussen was Rabin, die de hele operatie echt had georganiseerd, nog bezig met de afwikkeling, met het onderzoeken van hoe het precies in zijn werk was gegaan. Het publiek heeft hem nauwelijks gezien.'

Entebbe vond plaats in de zomer van 1976. Het jaar daarna zouden er in de herfst nieuwe verkiezingen zijn. Met een geweldig populaire Rabin kon niemand vermoeden dat de Arbeiderspartij in juli van het volgende jaar niet langer aan de regering zou zijn en dat Begin premier zou zijn. Het was een jaar dat gekenmerkt werd door politieke intriges, politie-onderzoek en processen, een schandaal dat zich uitstrekte tot de hoogste niveaus van de regering, en een toenemende publieke woede op de Arbeiderspartij die niets geleerd had van de fouten van Jom Kippoer. Aan het eind was er ook een aanvaarding van persoonlijke verantwoordelijkheid, die zeldzaam was in de Israelische politiek.

In het najaar van 1976 wilde Rabin Asjer Jadlin, een partijman die hoofd was van de gezondheidsorganisatie van de door de Arbeiderspartij gedomineerde vakbondsfederatie Histadroet, tot bestuurder van de Bank van Israel benoemen. Als snel bleek dat er tegen de man die door de regering genomineerd was voor de belangrijkste economische taak een politie-onderzoek liep wegens verdenking van corruptie. De nominatie werd ingetrokken, maar de zaak had een negatieve invloed op het vertrouwen van het publiek en herinnerde iedereen eraan dat de Arbeiderspartij nog steeds dezelfde machine was die de Histadroet leidde, de gezondheidszorg in handen had, gespecialiseerd was in vriendjespolitiek en na het debâcle van 1973 niet veel veranderd was.

In februari 1977 werd Jadlin veroordeeld tot vijf jaar gevangenisstraf, maar nog voor het proces plaatsvond, was de regering Rabin zelf in het schandaal verwikkeld. Minister van Huisvesting Avraham Ofer werd doorgelicht op verdenking van het verduisteren van geld voor de Arbeiderspartij toen hij functionaris was bij het woningbouwproject van de Histadroet. Het onderzoek sleepte zich maanden voort zonder dat er een aanklacht kwam. Op 3 januari 1977 maakte Ofer een eind aan zijn leven. 'Wat mij betreft,' schreef Rabin in zijn memoires, 'is de trekker van zijn vuurwapen overgehaald door een pers en een publiek die zichzelf veroorloofden een man te veroordelen voor hij beschuldigd was van een misdaad. Het was een tragische en ontnuchterende ervaring.'

Tegelijkertijd ging de verkiezingsstrijd met Peres door, vaak via de voorpagina van de kranten. Er waren aanvaringen over het defensiebudget, over de nederzettingenpolitiek (de regering Rabin weigerde nog steeds goedkeuring voor kolonisatie van bezette gebieden met een overwegend Arabische bevolking, terwijl Peres nauwe contacten had met Goesj Emoeniem en voorstander was van de lijn 'nederzettingen overal') en over het uitlekken van informatie uit kabinetsvergaderingen. Rabin suggereerde dat Peres al achter het premierschap aanzat sinds hij in 1974 de strijd om het leiderschap van de partij had verloren en dat hij zich voorbereidde op de volgende confrontatie. 'Niets is zo bedreigend voor het vertrouwen van het publiek als kabinetsruzies die uitgevochten worden op de voorpagina's van de kranten,' merkte hij op. 'Bij verschillende gelegenheden heeft de minister van Defensie zich echter gedragen alsof hij bezig was de autoriteit van de regering te tarten door met zijn meningsverschillen in de openbaarheid te komen.'

De aan de verkiezingen voorafgaande strijd tussen Rabin en Peres over het leiderschap van de Arbeiderspartij had plaats moeten vinden in het voorjaar van 1977, maar werd door gebeurtenissen zoals die alleen in Israel kunnen voorkomen, naar voren geduwd. De Nationale Religieuze Partij, een kleine coalitiepartner, weigerde de regering te steunen bij een motie van wantrouwen in de Knesset op grond van het feit dat een officiële ceremonie voor de aankomst van de eerste F-15 gevechtsvliegtuigen in Israel tot schending van de joodse sjabbat had geleid. Rabin, die de crisis waarschijnlijk organiseerde om vroege verkiezingen mogelijk te maken – wat een grote vergissing was – ontsloeg drie NRP-ministers, diende zijn ontslag in en schreef nieuwe verkiezingen uit, terwijl hij in plaats daarvan had kunnen proberen met een minderheid te regeren. Hij bleef aan als waarnemend premier en de verkiezingen, die in het najaar hadden moeten plaatsvinden, werden verschoven naar 17 mei.

Op 22 februari werd Rabin, en niet Peres, gekozen als kandidaat voor de Arbeiderspartij. Dit gebeurde met de kleine marge van 41 op de 2800 stemmen. Hij begon zich voor te bereiden op de verwachte, sterke oppositie van de Likoed.

Maar in maart, voordat de campagne echt op gang kwam, ging Rabin naar Washington voor een ontmoeting met de nieuwe president

Jimmy Carter. Zijn vrouw Lea maakte gebruik van een rustpauze in hun drukke schema om naar de Dupont Circle-tak van de National Bank te gaan omdat ze twee rekeningen wilde opheffen die de Rabins daar gehad hadden sinds hun ambassadetijd. Er stond in totaal 2000 dollar op de twee rekeningen en mevrouw Rabin wilde dit bedrag meenemen. Onder de strikte valutaregelingen die in die tijd golden, mocht een Israelisch staatsburger geen buitenlandse bankrekening hebben, tenzij hij in het buitenland woonde, en niet meer dan 450 dollar in cash meenemen bij een reis naar het buitenland. Het bestaan van de rekening was een overtreding van de Israelische wet, waar een boete of gevangenisstraf op stond.

Een paar dagen nadat de Rabins waren teruggekeerd in Israel, kreeg media-adviseur Pattir een telefoontje van Dan Margalit, destijds corrrespondent in Washington voor *Ha'arets*, Israels meest prestigieuze krant. Margalit, die het bestaan van de rekening had gecontroleerd door er, voordat Lea Rabin de rekening sloot, 50 dollar op te zetten, vroeg hem of hij wist dat de familie Rabin een illegale bankrekening had in de Verenigde Staten. Pattir zei dat hij de zaak zou onderzoeken. Dat deed hij en Rabin vertelde hem dat hij niet moest reageren en moest zeggen dat hij zich niet bemoeide met privézaken. Het verhaal werd door de *Ha'arets* gepubliceerd en het ministerie van Financiën begon een onderzoek.

Uit het onderzoek bleek dat Lea Rabin regelmatig geld van de rekening had gehaald, wat een duidelijke wetsovertreding was. Procureur-generaal Aharon Barak (nu president van het hooggerechtshof) kon niets anders doen dan de zaak voor de rechter brengen. (Lea Rabin heeft Barak nooit vergeven dat hij een gerechtelijke procedure startte; zelfs in 1995, bij de begrafenis van haar man, weigerde ze hem de hand te schudden.) Er werd ook voorgesteld dat er onderscheid zou worden gemaakt tussen de premier en zijn vrouw, die volgens Rabin de 'minister van Financiën' van het gezin was. Hij zou een boete moeten betalen en zij zou voor het gerecht moeten verschijnen. In 1979 schreef Rabin: 'Tot op de dag van vandaag zie ik geen wettelijke rechtvaardiging voor een dergelijk onderscheid en in die tijd raakte ik er steeds meer van overtuigd dat ik dit aanbod met een duidelijk "nee" zou moeten beantwoorden. Ik wilde al het mogelijke doen om de verantwoordelijkheid volledig met mijn vrouw te delen.'

Hij vervolgde: 'Vrienden probeerden me over te halen geen noodlottige stappen te nemen, maar op zulke momenten is een man in werkelijkheid altijd alleen. En in die eenzaamheid kwamen mijn geweten en ik tot drie onderling verbonden beslissingen: ik zou me terugtrekken als kandidaat voor het premierschap; ik zou de verantwoordelijkheid volledig met Lea delen en ik wilde proberen me terug te trekken uit mijn functie als premier, waardoor de nieuwe kandidaat van de Arbeiderspartij als waarnemend premier kon optreden.'

Op 7 april maakte Rabin zijn beslissing 's avonds bekend. Het aftreden was ongekend in de Israelische politiek, maar volgens Pattir was dit typerend voor Rabin. 'Hij wilde niet luisteren naar advies en bijvoorbeeld zeggen dat het een menselijke fout was.' Pattir voegt eraan toe dat het delen van de schuld met Lea en aan haar zijde blijven staan, hetzelfde was als wat een militair commandant doet: hij laat geen gewonde soldaten op het slagveld achter.

Wettelijk kon Rabin zich niet terugtrekken uit zijn functie van waarnemend premier. In plaats daarvan ging hij met verlof en werd Sjimon Peres 'voorzitter' van het kabinet. Een maand later gingen 1,8 miljoen Israeli's naar de stembus en keerden zich dramatisch af van een door de schandalen zwaargewonde Arbeiderspartij, die uitgedaagd werd door een nieuwe centrumpartij (de Democratische Beweging voor Verandering), die een onbesmette leiding had en geen duidelijke boodschap over de toekomst van de bezette gebieden. De Likoed kreeg 43 van de 120 Knesset-zetels en de Arbeiderspartij 32. President Efraim Katzir vroeg Begin een nieuwe regering te vormen. De arbeidersbeweging, die in de 29-jarige geschiedenis van de staat Israel elke regering had gevormd, had geen macht meer, en Jitschak Rabin werd zo'n marginale figuur die in het parlement op de oppositiebanken zit.

Hoewel hij het toen nog niet wist, was het aftreden van Jitschak Rabin in 1977 de beslissende daad die het begin markeerde van een lange weg terug naar de werkelijke macht. Met de manier waarop hij zich terugtrok – het initiatief nemen, naast zijn vrouw blijven staan, erop staan dat een premier boven alle verdenking verheven moet zijn – won hij veel sympathie onder de bevolking. De meesten beschouwden de misdaad van de Rabins meer als een technische fout dan als een belangrijke overschrijding van wat moreel was toegestaan.

Op de zaterdag na zijn aftreden verscheen Rabin bij een voetbalwedstrijd in het Bloomfield Stadion van Tel Aviv. In plaats van scheldwoorden voor de uit de gratie geraakte leider gaf het publiek hem een staande ovatie. Journaliste en Rabins adviseur Niva Lanir zegt dat dat een cruciaal moment voor haar was. 'Dat was het moment waarop ik begreep dat hij, ondanks wat er gebeurd was, de enige was die de Arbeiderspartij weer aan de macht zou kunnen brengen.' De gevoelens die in het stadion van Tel Aviv werden uitgedrukt, waren blijkbaar wijdverspreid. In de brievenbus van de Rabins arriveerden zo'n 2000 brieven waarin steun werd betuigd en Lea Rabin beantwoordde ze allemaal persoonlijk.

Micha Goldman, een bondgenoot van Rabin en nu staatssecretaris van Onderwijs, is het met Lanir eens. 'Na 1977 kreeg Rabin in het hele land, overal waar hij kwam, steun van de bevolking. Het was een reactie die binnen de partij niet eerder was vertoond. Dat was de reden waarom hij jarenlang gewerkt heeft aan een wijziging van de kieswet. Hij wilde dat de keuze bij het volk lag en niet bij de "regelaars". Hij wilde het Amerikaanse systeem in Israel, met open voorverkiezingen; hij wist dat de rivaliteit binnen de partij hem weinig kans gaf omdat deze bepaald werd door een machine die niet van zijn manier van werken hield.'

Maar het onverwachte vertrek uit het ambt was pijnlijk en beschamend voor de Rabins. Kort na zijn bekendmaking, maar voor hij het verlof nam dat Peres tot waarnemend premier maakte, bezocht Rabin een conferentie over de kibboetsbeweging in de kibboets Ein Gev, aan het Meer van Kinneret. Pas na Rabins dood beschreef zijn vriend en de schrijver van zijn memoires Dov Goldstein aan de krant *Ma'ariev* wat er tijdens de terugreis van die conferentie gebeurde. Op Lea's verzoek hadden Goldstein en zijn vrouw de Rabins vergezeld naar Ein Gev; Jitschak had er tegenop gezien om voor publiek te verschijnen, ook al was het een select publiek dat aan zijn kant stond, en Goldstein ging mee om morele steun te verlenen. Rabin kreeg een lauwe ontvangst en Goldstein herinnert zich dat hij wegging met het gevoel dat 'zijn hoop op een warme ontvangst, op een omhelzing, niet in vervulling was gegaan'. Nadat hun kleine legervliegtuig was opgestegen voor de terugreis naar Tel Aviv, zette de piloot de radio aan. Het belangrijkste nieuws was de beslissing van procureur-generaal Aharon Barak dat een boete niet voldoende was voor Lea Rabin en dat ze dus voor het gerecht zou moeten verschijnen. Goldstein vertelt: 'Lea Rabin stond op en het was alsof ze naar de opening van het vliegtuig wilde lopen, dat zich in de lucht bevond. We wisten niet waar ze heen liep en wat ze wilde doen. We hoorden haar zeggen: "Ik maak er een eind aan. Dit overleef ik niet, vanwege Jitschak." Toen zag ik Jitschak Rabin opstaan. Hij pakte haar bij haar schouders, omarmde haar, trok haar stevig tegen zich aan en zei: "Daar komt niets van in. We zullen samen vechten en samen winnen. Er is geen 'jij en ik', er is alleen maar 'wij'".' Goldstein voegt eraan toe dat Lea's wanhoop weliswaar echt was, maar dat voor iedereen in het vliegtuig duidelijk was dat ze niet echt van plan was te springen.

Hoewel Rabin overwogen had ook zijn zetel in de Knesset op te geven, hadden adviseurs hem ervan overtuigd dit niet te doen, en toen de partij op 17 mei de verkiezingen in ging, stond hij op eigen verzoek op de twintigste plaats van de kandidatenlijst, wat vrijwel de garantie op een zetel was, zelfs als de verkiezingen een ramp zouden worden. En die ramp kwam. De Arbeiderspartij was uit, de Likoed was in. En de nieuwe premier was Menachem Begin, de man die sinds het ontstaan van de staat drie decennnia eerder de eeuwige oppositieleider was geweest.

Ondanks Begins verdiende reputatie als havik wat zijn bereidheid tot territoriale compromissen op de Westelijke Jordaanoever betreft, zal hij de geschiedenis ingaan als de eerste Israelische premier die een vredesakkoord met een Arabisch land heeft getekend, de man die de hele Sinai teruggaf aan Anwar Sadat na het dramatische bezoek aan Jeruzalem van de Egyptische president in november 1977. In zijn memoires, gepubliceerd in maart 1979, kort nadat het verdrag tussen Israel en Egypte getekend was, is Rabins ambivalentie ten aanzien van deze gebeurtenissen heel duidelijk te lezen. Hij verwijt Begin dat deze zich niet gehouden heeft aan de al lang bestaande Israelische politiek van coördinatie met de Verenigde Staten (toen Begin duidelijk werd dat zijn standpunten over de Westelijke Jordaanoever en Gaza niet verenigbaar waren met die van president Jimmy Carter 'verklaarde hij, met wat ongetwijfeld bedoeld was als een geruststellende glimlach, dat Israel en de Verenigde Staten "overeengekomen waren het oneens te zijn" '). En hij neemt Carter kwalijk dat hij deed alsof de Sovjet-Unie grote invloed had op de staten uit de Arabische wereld die een harde lijn voerden en zou kunnen helpen om tot een duurzame vrede tussen Israel en alle Arabische staten te komen. Volgens Rabin overtuigden deze beide ontwikkelingen Sadat ervan dat hij, als hij niet snel zou handelen, zou moeten deelnemen aan een internationale vredesconferentie, waar hij gedwongen mee zou moeten gaan met een Sovjet-Syrië-PLO-lijn. Door zijn intentie om samen met de Sovjet-Unie te werken aan een vredesconferentie, had Jimmy Carter zich volgens Rabin niet gehouden aan de historische lijn van de Amerikaanse politiek. Ironisch concludeert Rabin dat de regering Carter 'feitelijk de eer kan opeisen voor president Sadats historische beslissing om een bezoek aan Jeruzalem te brengen.'

Rabin, nu een gewoon oppositielid van de Knesset, stond in 1977 op het vliegveld Ben-Goerion om Sadat te verwelkomen, en Begin was grootmoedig genoeg om hem uit te nodigen voor de ondertekening van het verdrag dat in maart 1979 plaatsvond in het Witte Huis. Maar al met al kan de periode van 1977 tot 1984 feitelijk beschreven worden als de 'jaren van de wildernis'. Dit geldt vooral voor de jaren tot 1980, toen Jigal Allon, Peres' belangrijkste rivaal voor het leiderschap van de Arbeiderspartij, stierf en zijn weduwe Rabin vroeg zijn fakkel over te nemen (Allon was het officieuze hoofd geweest van het kamp binnen de Arbeiderspartij dat de 'kibboetsiem' vertegenwoordigde, terwijl het kamp van Peres het partij-apparaat controleerde). Micha Goldman zegt dat hij Rabin waar hij maar kon probeerde te helpen, omdat de voormalige premier geen andere steun had. 'Hij had een heel klein kantoor in de Kirja [het complex van regeringskantoren in Tel Aviv] en een secretaresse. Rabin raakte betrokken bij veel openbaar werk. Hij zocht niet naar een functie als voorzitter van een bedrijf of een onderneming,' zoals veel ex-politici en generaals doen wanneer ze snel geld willen verdienen. 'Hij bracht het grootste deeel van zijn tijd door met reizen ten behoeve van de UJA en de Israel Bonds,' wat waarschijnlijk minder goed betaalde. 'En andere organisaties, zoals de Universiteit van Tel Aviv, ziekenhuizen, het Weizman Instituut, vroegen hem te helpen bij het inzamelen van geld.'

Hoewel de kwestie van de dollarrekening Rabin uiteindelijk, op de langere duur, meer goed dan slecht heeft gedaan, omdat hij het imago kreeg van de gewetensvolle politicus, bleef het gedurende een aantal jaren negatieve gevolgen hebben. Omdat de rekening ook op zijn naam stond, moest Jitschak een boete betalen van 1600 dollar, wat administratief werd afgehandeld. Lea kreeg echter te maken met een rechtzaak en had in feite veroordeeld kunnen worden tot drie jaar gevangenisstraf. De rechtbank in Tel Aviv gaf haar de keuze tussen het betalen van een boete van 250 000 Israelische ponden (ongeveer 27 000 dollar) binnen 45 dagen en een jaar gevangenisstraf. Ze koos natuurlijk de eerste mogelijkheid, maar de familie Rabin had dat geld niet zomaar liggen. Ze hebben het geleend, van familie in Israel en van buitenlandse vrienden.

Kort voor de verkiezingen voor het leiderschap van de Arbeiderspartij, in het centraal comité in december 1980, begonnen geruchten die al jaren rouleerden, langzaam aan de oppervlakte te komen. Ze omvatten de beschuldiging dat de boete van Rabin betaald was door een vermoedelijke leider van de georganiseerde misdaad in Israel, Betsalel Mizrachi. Toen ze het verhaal voor het eerst hoorde, had Niva Lanir er met Rabin over gepraat. Hij vertelde haar dat hij op de hoogte was van het gerucht. 'Hier kun je niet onduidelijk over zijn,' had hij tegen haar gezegd. 'Als iemand hierover begint, moet je elke twijfel wegnemen.' Vervolgens legde hij haar uit wat hij had moeten doen om de boete te kunnen betalen. Om het geld dat hij in het buitenland had geleend naar Israel te halen, bijvoorbeeld, had hij toestemming moeten vragen aan de autoriteiten omdat, zoals hij al op de harde manier had geleerd, Israelische burgers geen buitenlands geld mochten hebben.

Nu, bijna vier jaar nadat de boete was betaald, had Rabin aangekondigd dat hij het tegen Peres op wilde nemen om het leiderschap van de partij, en plotseling leek elke journalist in Israel bezig te zijn met het Betsalel Mizrachi-verhaal. In die tijd was Rabin in Zuid-Amerika bezig met het inzamelen van geld voor Israel. 'Ik kreeg een telefoontje van Dan Margalit, die vent die met het verhaal over de dollarrekening was gekomen,' vertelt Lanir. 'Ik zei: "Luister, Margalit, Rabin is in het buitenland en ik ga hem niet eens vragen om een reactie te geven. Ik kan je meteen zeggen dat als *Ha'arets* dat verhaal publiceert, met of zonder reactie van Rabin, jullie het grootste proces wegens smaad aan je broek krijgen dat er ooit is geweest. Ik ga het niet eens ontkennen omdat het absurd is, van begin tot eind bedacht."'

Ha'arets kwam niet met het verhaal en andere kranten in Israel evenmin. Kort daarna kwam Rabin terug van zijn buitenlandse reis en een paar dagen daarna reisde hij met Lanir naar de kleine arbeidersstad Dimona in het zuiden om campagne te voeren. In de auto, tijdens de lange rit vanuit Tel Aviv, vertelde Rabin haar dat hij niet verwachtte niets meer van het verhaal te horen. 'Er zijn te veel mensen die al jaren met dat verhaal bezig zijn,' voorspelde hij somber. 'Ze zullen het niet opgeven. Drie dagen voor de verkiezingen voor de conventie wordt het in het buitenland gepubliceerd.' 'Ik herinner me die situatie,' vertelt Lanir. 'Het was donker in de auto en ik zei: "Allemachtig, wat ze over je zeggen is echt waar. Je bent paranoïde." "Ik hoop dat je gelijk hebt," zei hij. Dat was dinsdag. Op zaterdag kwam *L'Express* met een coverstory: *Israelische mafia betaalt Rabins boete.*'

Rabin spande een proces tegen het Franse weekblad aan en won, maar het was een vernederende ervaring voor hem. Toen het verhaal eenmaal in Frankrijk was verschenen, werd het onmiddellijk doorgegeven door de Israelische radio, en diezelfde avond gaf hij een persconferentie in Tel Aviv om het te ontkennen. Lanir was hierbij aanwezig. 'Ik begreep voor het eerst hoe die dingen werken,' vertelde ze vijftien jaar later. 'Hoewel het zaterdagavond was, was de hele Israelische en buitenlandse pers aanwezig, alsof het om een nieuwe oorlog ging. Het was duidelijk dat ze wisten dat het verhaal zou verschijnen.' Een paar dagen later verscheen Rabin voor een commissie van Israelische krantenuitgevers. Hij had alle papieren bij zich over de manier waarop de boete was gefinancierd. 'Het was voor het eerst dat ik echt de tranen over zijn wangen zag rollen,' vertelt Lanir, 'en zijn stem trilde. Het was zo'n beledigende situatie. Sommige dingen nam hij altijd persoonlijk op. Hij mag in de loop der tijd wat minder naïef zijn geworden, maar hij is nooit cynisch geworden.'

Rabins kennismaking met de smeriger aspecten van de Israelische politiek was vrij laat gekomen. Zijn militaire carrière had bijna drie decennia geduurd. Daaarna had het nog geen drie maanden geduurd voor hij als ambassadeur naar Washington vertrok. Maanden na zijn terugkeer diende hij al als minister in de regering en vervolgens kwam hij door de omstandigheden op de post van premier terecht. Toen hij viel, viel hij diep en snel. Plotseling maakte hij deel uit van het kamp dat de Arbeiderspartij niet meer controleerde. De krachten die aan de macht waren, deden nu niet bepaald hun best om Rabins positie gemakkelijker te maken. Toen Rabin in 1981 om het voorzitterschap van de partij streed, mocht hij bijvoorbeeld niet eens de lijst van geregistreerde partijleden zien.

En dan was er die keer, kort nadat Rabins memoires in Israel waren gepubliceerd, dat op de redactie van de meeste nationale kranten bijna identieke brieven opdoken, waarvan sommige gedrukt werden. In de brieven stond een citaat uit de dagboeken van voormalig premier Mosje Sjaret, waarin hij minachtend over Rabin schreef.

Lanir, die toen voor de door de Arbeiderspartij gesponsorde krant *Davar* werkte, traceerde de oorsprong van de brieven en ontdekte dat ze allemaal afkomstig waren van een bepaald reclamebureau, dat in dienst was bij de Arbeiderspartij. De brieven waren ondertekend door verschillende lagere medewerkers van het bureau en het citaat van Sjaret was een vervalsing. De minachtende opmerking stond wel in de dagboeken van Sjaret, maar ging over Ariel Sjaron en niet over Rabin.

Lanir vertelt dat het voor Rabin altijd duidelijk was 'dat Peres achter de smerige trucs zat; hij heeft Peres nooit bij naam genoemd. Hij begreep dat Peres zo zijn helpers had. De avond nadat het artikel in *L'Express* was verschenen, belde Peres geschokt om zijn ongeloof tot uiting te brengen en hij zei: "Ik had nooit gedacht dat zoiets mogelijk was." Toen Rabin de telefoon op de haak had gelegd, zei hij: "Dat betwijfel ik." Maar hij zei niet: Leugenaar, schoft. Hij voelde geen haat, maar wel vijandigheid.'

Wat de precieze aard ook was van de vijandschap die Rabin voor Peres voelde, hij kon hier uiting aan geven toen hij kort nadat hij zijn ambt had neergelegd, aan zijn memoires begon. Als ghostwriter koos hij Goldstein, schrijver en redacteur bij de *Ma'ariev*, met wie hij al jarenlang wekelijks politieke gesprekken voerde. Tijdens de twee jaar dat ze aan het boek werkten, kwamen ze drie keer per week bij elkaar voor gesprekken van zeven of acht uur. Het resultaat was een tekst van zo'n 1,25 miljoen woorden, ofwel zo'n 1500 pagina's. Goldstein bewerkte dit tot een Hebreeuwse uitgave in twee delen van 550 pagina's, die in 1979 verscheen. Later datzelfde jaar verscheen het boek in de verkorte Engelse versie, getiteld *The Rabin Memoirs*.

Het was Goldstein die met de beroemdste frase van het boek kwam (die niet in de Engelse versie staat), waarin Rabin Peres beschrijft als een 'verstokte intrigant'. Goldstein vertelde later dat Rabin, toen hij de uitdrukking zag, 'buiten zichzelf was van plezier. Hij omhelsde me en zei: "Dat is precies wat ik bedoelde. Ik wist alleen niet hoe ik het moest zeggen."'

Hoewel het schrijven van zijn memoires voor Rabin louterend kan hebben gewerkt, werd het boek warmer in de regerende Likoed dan in zijn eigen partij ontvangen. Niemand kan hem ervan beschuldigen dat hij zich heeft ingehouden. Hoewel de lezer in het boek kennis kan maken met Rabins gevoel voor humor (hij werd er ten onrechte van beschuldigd deze kwaliteit te missen), laat hij ook een verrassende mate van arrogantie en kleingeestigheid zien. Niet alleen Peres kreeg ervan langs. Rabin beschuldigde ook de voormalige premier en partijleider Ben-Goerion van een gebrek aan inzicht tijdens de Onafhankelijkheidsoorlog en van een algemene neiging tot manipulatie. Ook kwam hij met kritiek op Abba Eban, minister van Buitenlandse Zaken tijdens de Zesdaagse Oorlog en Rabins periode als ambassadeur in Washington. (Rabin beschrijft zijn voorstel, nadat hij tot premier was benoemd, om Eban, een man die buiten Israel algemeen gezien werd als een van de briljantste diplomaten van het land, over te plaatsen van het ministerie van Buitenlandse Zaken naar de minder belangrijke functie van minister van Informatie: 'Tijdens zijn vele jaren als minister van Buitenlandse Zaken had hij zijn politiek feitelijk gebaseerd op ideeën van anderen en geen eigen politiek denken ontwikkeld.' Eban weigerde het aanbod en maakte geen deel uit van Rabins kabinet.)

Rabin heeft nooit gezegd dat hij spijt had van het boek en ook nooit iets teruggenomen van de dingen die hij daarin zegt. Tijdens de algemene verkiezingen van 1981 verzette hij zich ook tegen druk uit de partij om Peres te steunen, die hem een nederlaag had toegebracht tijdens de verkiezingen in het centraal comité voor het leiderschap van de partij.

In 1981 verloor de Arbeiderspartij, met Peres als vaandeldrager, weer van de Likoed. In 1984 was de partij, ondanks een kleine voorsprong in Knesset-zetels (44 tegen 41) niet in staat een eigen coalitie te vormen. Na een maandenlange patstelling begonnen de twee blokken aan een 'regering van nationale eenheid'. Volgens de afspraken in de coalitie zou het premierschap gedeeld worden door Peres en Likoedleider Jitschak Sjamir (eerst Peres twee jaar en dan Sjamir) en Rabin zou gedurende de hele periode minister van Defensie zijn.

Dat de Arbeiderspartij er niet in slaagde het noodzakelijke aantal Knesset-leden te vinden om een eigen regering te vormen, was voldoende bewijs voor de problemen die Peres altijd met verkiezingen had. Hij was drie keer lijsttrekker voor de Arbeiderspartij geweest (1977, 1981 en 1984) en was er drie keer niet in geslaagd een door de Arbeiderspartij geleide regering te vormen.

In 1984 was Israel een verdeeld land. Twee jaar daarvoor, onder het leiderschap van Begin, was het Israelische leger Libanon binnengedrongen in het kader van wat aangekondigd was als een operatie om de PLO in het zuiden van het land uit te schakelen en een veilige grens te verzekeren voor de nederzettingen in het noorden van Israel. In plaats daarvan trok het Israelische leger ver naar het noorden op, zo ver als Beiroet, en de architect van de oorlog, minister van Defensie Ariel Sjaron, werd ervan beschuldigd zelfs de premier te hebben misleid over zijn ware bedoelingen. De bevolking was verdeeld in haar steun voor de oorlog en die verdeeldheid weerspiegelde grotendeels de etnische splitsing tussen asjkenazi- en sefardi-joden, waarbij de laatste groep een groot deel vormde van de steun voor de in Polen geboren premier. Er heerste een boze en gefrustreerde sfeer.

In september 1982 gingen, terwijl Israelische troepen hun greep hielden op de Libanese hoofdstad, christelijke milities, die zich aangesloten hadden bij Israel, twee Palestijnse vluchtelingenkampen binnen, Sabra en Sjatilla, en vermoordden daar, volgens Israelische schattingen, ongeveer 800 mensen. (Andere schattingen lopen in de duizenden.)

Hoewel het geen Israeli's waren geweest die de trekker hadden overgehaald, had de slachtpartij onder hun toezicht plaatsgevonden en dat leidde zowel in Israel als internationaal tot geschokte en woedende reacties. Onder grote druk beloofde Begin met tegenzin een commissie in te stellen die de slachtpartij zou onderzoeken. Toen in februari 1983 de resultaten werden gepubliceerd, was Sjaron gedwongen af te treden als minister van Defensie, hoewel hij wel in het kabinet bleef. Ruim een half jaar later trad Begin zelf af en begon aan een soort permanente winterslaap, waar hij tot aan zijn dood, in maart 1992, niet meer uit ontwaakt is.

Een paradoxale poging tot het opleggen van vrede aan de Libanezen was mislukt en toen de eenheidsregering ten slotte in september 1984 aantrad, had ze te maken met een leger dat met een steeds vijandiger Libanese bevolking geconfronteerd werd en vastzat in een land zonder duidelijk uitzicht op vertrek. Ook economisch was het slecht met Israel gesteld, met een inflatie die op zijn hoogtepunt bijna 500 procent per jaar was. In die tijd ging er een grap rond dat het goedkoper was om een taxi dan een bus te nemen: voor een taxi betaal je aan het eind van de rit, wanneer je geld toch minder waard is dan aan het begin.

Hoewel de kabinetsleden van de Arbeiderspartij, met name Peres en Rabin, vonden dat ze een mandaat hadden om Israel uit Libanon terug te trekken, moest Rabin zich nog rehabiliteren voor zijn gedrag tijdens het eerste stadium van de oorlog dat sterk had geleken op steun voor de campagne. Toen Israel aan het eind van de zomer van 1982 Beiroet belegerde, had Rabin in gezelschap van Sjaron een aantal bezoeken aan de stad gebracht en de toenmalige minister van Defensie ook geadviseerd over het verscherpen van de belegering om Jasser Arafat en de PLO te kunnen verdrijven. (Tegen het eind van zijn leven bracht Rabin links in verwarring door een goede relatie te handhaven met Sjaron, die hij regelmatig ontmoette om over politieke kwesties te praten. Niva Lanir verklaart dit gedeeltelijk als de levenslange band tussen twee soldaten die samen in de generale staf hadden gezeten, en deels als politieke berekening van de kant van Rabin: 'Gezien worden met Sjaron maakte hem meer tot een centrumfiguur in de Arbeiderspartij. Maar het was geen vriendschap. Ik kan me niet herinneren dat Sjaron ooit bij de Rabins thuis is geweest.') In januari van het jaar daarna noemde Rabin de oorlog echter al een vergissing.

Volgens Nachman Sjai, Rabins media-adviseur aan het begin van zijn termijn als minister van Defensie, vond Rabin 'de oorlog een ramp'. Chaim Jisraeli, assistent van iedere minister van Defensie sinds Ben-Goerion, heeft uitgelegd dat de publieke perceptie van Rabin door de jaren heen als 'havik' onjuist was: 'Hij was een veiligheidsman.' Hij kon de regering Begin advies geven over de beste tactiek om de gehate PLO in Beiroet te verslaan (en het aantal Israelische slachtoffers zo laag mogelijk te houden), maar toen hij begreep dat er veel verder reikende strategische doelen voor de oorlog waren die er feitelijk op neerkwamen dat Israël zijn visie over een politieke regeling aan Libanon moest opleggen, realiseerde hij zich dat het een verloren strijd was en dat Israel daar weg moest.

Nadat stafchef Rafael Etan, Sjarons partner in het concept en verloop van de oorlog, weg was, begonnen de hoge heren in het leger zijn ideeën te delen. Mosje Levi, die deze hoge legerfunctie in april 1983 overnam, legt uit dat het leger al voor de verkiezingen van 1984, toen de regering nog een door de Likoed geleide coalitie was, met plannen was gekomen voor een gedeeltelijke terugtrekking (die door het kabinet waren afgewezen). Zelfs toen de Likoed samen met de Arbeiderspartij een eenheidsregering vormde, was voor de ministers van de Arbeiderspartij duidelijk dat ze ervoor moesten zorgen minstens één Likoed-minister aan hun kant te krijgen die voor terugtrekking zou stemmen.

Niva Lanir werkte met Rabin gedurende zijn eerste jaar als minister van Defensie. Ze beschrijft hoe Rabin geleidelijk regeringssteun opbouwde voor het idee van terugtrekking: 'Het was geen toeval dat Rabin regelmatig hoge legerofficieren uitnodigde bij de vergaderingen van de ministerraad. Ik wil niet zeggen dat het leger betrokken raakte bij de politiek, maar ik denk dat David Levi [Likoed-minister van Huisvesting] uiteindelijk voor terugtrekking stemde doordat hij gehoord had wat de hogere officieren te zeggen hadden. Er waren officieren die voor [terugtrekking] en officieren die tegen waren, en ze legden allemaal uit waarom. Volgens mij discussieerde het kabinet wekelijks over de kwestie Libanon.'

Mosje Levi bevestigt het verhaal over Rabins manier van werken. Binnen het leger heersten verschillende meningen en pas na uitgebreide en open discussie besloot de generale staf met het voorstel waar ook Levi achter stond, naar het kabinet te gaan: 'We zeiden tegen hen dat er verschillende standpunten waren, en we lieten die verschillende standpunten door de vertolkers ervan uitleggen. Daarbij vonden er ook persoonlijke gesprekken plaats met sleutelfiguren, met name

David Levi, die de persoonlijke en politieke moed had om zijn eigen standpunt te bepalen, ook al ging dit in tegen het standpunt van zijn partij, de Likoed.' Het plan dat uiteindelijk werd aangenomen, hield een gefaseerde terugtrekking uit Libanon in (die in januari 1985 begon en doorging tot juni), waarbij een kleine troepenmacht zou worden gehandhaafd in een veiligheidszone iets ten noorden van de Israelische grens, met de bedoeling die grens rustig te houden. De controle over de veiligheidszone zou in handen komen van het Zuidlibanese leger, een door Israel gecontroleerde christelijke militie.

Rabin had nog de leiding over een ander proces op het ministerie van Defensie, dat op het oog misschien minder dramatisch was dan de terugtrekking uit Libanon, maar waarvan de gevolgen waarschijnlijk net zo riskant en verreikend konden zijn. Als onderdeel van een uitgebreid economisch plan dat door de regering was ontworpen om de overheidsuitgaven te verlagen en de inflatie terug te brengen tot getallen van twee cijfers, deed Rabin een beroep op het ministerie van Defensie om zo'n 20 procent op de begroting te besparen. Mosje Levi beschrijft Rabins bereidheid hiertoe als een voorbeeld van zijn kwaliteiten als staatsman, niet alleen in de bereidheid de nationale belangen boven de interne belangen van zijn ministerie te plaatsen, maar ook in de manier waarop hij op dit punt samenwerkte met premier Peres. 'Mensen zeggen dat de spanningen tussen Rabin en Peres pas de laatste jaren verminderd zijn [tijdens het vredesproces], maar ik moet zeggen dat hun samenwerking zowel op economisch als veiligheidsgebied compleet was.' Niva Lanir herhaalt Levi's woorden bijna: 'Blijkbaar was de verantwoordelijkheid voor het leiden van een ministerie belangrijker dan alle partijspelletjes. Rabin en Peres spraken voortdurend met elkaar en werkten samen. Het ging goed. Ik realiseerde me dat ze, als ze die rivaliteit achter zich konden laten, grote dingen zouden kunnen bereiken.'

Na een oorlog vraagt en krijgt het leger meestal een hoger budget. De lessen van de oorlog zijn geanalyseerd en de vereiste veranderingen en verbeteringen vragen altijd om een behoorlijke investering. In dit geval was het leger echter bezig met het beëindigen van een oorlog en de uitvoering van de kostbare terugtrekking uit Libanon en voerde tegelijkertijd vrijwillig grote besparingen door. 'We hebben zo'n 7000 soldaten ontslagen,' vertelt Levi, 'en duizenden mensen van het burgerpersoneel. Het was een pijnlijk proces, vooral voor Rabin, als veiligheidsman. Het pijnlijkste onderdeel kwam toen hij mensen moest ontslaan.'

De bezuinigingen hadden ook een riskant aspect. Zoals Levi opmerkt: 'Dit was geen marginale verlaging van het budget. En het uitgangspunt voor de bezuinigingen was niet de veiligheid. Het punt was dat we er economisch bijzonder slecht voor stonden.' Zelfs de mensen die verantwoordelijk waren voor de veiligheid begrepen dat. 'Uiteindelijk vonden we een formule die voor het juiste evenwicht zorgde, maar ik weet zeker dat de bezuinigingen onmogelijk waren geweest als Jitschak Rabin niet mee had willen doen en de hele generale staf en ik er niet achter gestaan hadden. Ik denk niet dat de regering zulke forse bezuinigingen aan de minister van Defensie had kunnen opleggen. Als je vraagt of we Israel in gevaar hebben gebracht, denk ik dat het antwoord "nee" is, maar we balanceerden op de rand in een afweging van de belangen van een land in het algemeen en de basisvoorwaarden voor de veiligheid.'

Zelfs na zijn dood is de kwestie van Rabins persoonlijke gevoeligheid nog steeds een onderwerp van levendige discussie. Er is geen twijfel aan dat hij in staat was moeilijke beslissingen te nemen, beslissingen die op de meest fundamentele manier invloed konden hebben op het leven van de mensen. Hij had al sinds hij in de twintig was jonge mensen de oorlog in gestuurd. Maar hoe hard en nors hij in de ogen van het publiek ook mag zijn geweest, zijn collega's zeggen dat hij altijd rekening is blijven houden met de gevoelens van de families van gevallen soldaten en altijd toegankelijk bleef voor degenen wier zoons werden vermist of gevangen waren genomen. Lanir herinnert zich dat Rabin, kort nadat hij minister van Defensie was geworden, een vergadering had met de parlementaire Commissie voor Buitenlandse Zaken en Defensie. 'Hij kreeg een vel papier in handen gedrukt waarop hem werd medegedeeld dat er een helikopterongeluk had plaatsgevonden. Ik geloof dat er drie mensen bij waren omgekomen. Hij keek er even naar en bleef praten. Toen herhaalde zich dat. Hij kreeg weer een vel papier waarop stond dat er drie soldaten in Libanon waren gedood. Hij vouwde het papier op en zei tegen de commissie: "Goed, dat is te veel voor me. Ik moet deze vergadering beëindigen." '

Nachman Sjai zegt: 'Ik denk dat Rabin in de loop der jaren gevoeliger is geworden voor het feit dat er slachtoffers vielen. Hoeveel kun je hebben? De eerste keer, in de eerste oorlog, zijn het je vrienden. De tweede keer zijn het de zoons van je vrienden, zoals bij Jom Kippoer. De derde keer zijn het de kleinkinderen – het is Rabins kleinzoon die in het leger zit, bij de para's, en zijn kleinzoon kan bij Bet Lid zijn wanneer de bom afgaat. Het zijn al drie generaties waarvan hij het bloed voor zijn ogen heeft zien vergieten.'

Op 20 mei 1985 liet Israel 1150 Palestijnen vrij die in Israelische gevangenissen zaten wegens terroristische activiteiten in Israel; dit werd de Jibril-uitwisseling genoemd, naar Achmad Jibril, hoofd van het generale commando van het Volksfront voor de Bevrijding van Palestina. Hoewel de stafchef van het leger de uitwisseling had afgeraden, die leidde tot de vrijlating van drie Israelische soldaten die in Libanon gevangen werden gehouden door Jibrils groep, stemden op één na alle leden van een beperkte kring van kabinetsleden, die zich met cruciale politieke zaken bezigheid, voor de uitwisseling. De minister van Defensie rechtvaardigde de uitwisseling met de opmerking: 'Wanneer er geen militaire optie is... en nadat alle mogelijkheden grondig zijn onderzocht, is er geen alternatief behalve onderhandelen en een prijs betalen.'

Achteraf wordt de uitwisseling door de meeste waarnemers als rampzalig beschouwd. Bij eerdere uitwisselingen waren nog grotere aantallen 'terroristen' vrijgelaten, zoals de vrijlating in Libanon van meer dan 4000. Maar, zoals Mosje Levi vertelt: 'Dat waren geen terroristen die aanvallen in Israel hadden uitgevoerd en daar werden vrijgelaten. Het waren mensen die in Libanon actief waren geweest en daar ook bleven. Ik denk dat de mensen die de beslissing moesten nemen, een beetje in de war waren door die grote aantallen, toen het tijd was voor de stemming over de Jibril-uitwisseling.'

Daar kwam bij dat de terroristen die in mei 1985 werden vrijgelaten, teruggingen naar hun huizen op de Westelijke Jordaanoever en Gaza en voor een groot deel onmiddellijk weer de wapens opnamen tegen Israel. Er waren talrijke aanvallen op Israelische doelen – zowel burger- als militaire doelen – voor de opstand bekend als de intifada anderhalf jaar later uitbrak in het vluchtelingenkamp Jabalja in de Gazastrook.

'Breek hun botten.' Of minister van Defensie Jitschak Rabin deze drie beruchte woorden inderdaad heeft uitgesproken toen hij tijdens de eerste weken van de Palestijnse opstand soldaten op pad stuurde, zal wel altijd een vraag blijven. Deze opmerking, die begin 1988 toegeschreven werd aan de minister van Defensie – later ontkende hij dit te hebben gezegd – maakte Rabin berucht tot in de verste uithoeken van de wereld. Het volledige verhaal is waarschijnlijk met hem in het graf verdwenen.

Dan Sjomron, in die tijd stafchef van het Israelische leger, zegt dat hij Rabin die woorden nooit heeft horen gebruiken. 'Misschien heeft hij het wel gezegd, maar dat was dan alleen bij wijze van spreken. Wat hij bedoelde was dat ze krachtig moesten optreden. "De botten breken" was alleen maar een uitdrukking. Doedi (stafchef David Elazar) gebruikte die uitdrukking ook tijdens de Jom Kippoer-oorlog.'

Ook Amram Mitsna, toen hoofd van het Centrale Commando, waar ook de Westelijke Jordaanoever onder viel, heeft Rabin deze ongeloofwaardige order nooit horen geven. 'Ik heb hem wel horen zeggen dat opstanden met lichamelijk geweld moesten worden neergeslagen,' voegt hij eraan toe, 'en sommige soldaten hebben dit verkeerd begrepen.'

Anderen houden vol dat dit precies was wat Rabin bedoelde, ook al heeft hij niet expliciet tegen soldaten gezegd dat ze op pad moesten gaan om botten te breken. Hoe het ook moge zijn, de woorden zelf werden al snel onbelangrijk. In het eerste jaar van de intifada vielen er zover bekend door afranseling twaalf doden in de Gazastrook en was er daar en op de Westelijke Jordaanoever sprake van heel wat meer gebroken armen en benen. Er waren ook 260 doden door schietpartijen, maar op de een of andere manier leidde het zien van Israelische soldaten die Palestijnse burgers in elkaar sloegen tot heel wat meer afkeer en woede, zowel onder liberale Israeli's als in het buitenland, dan alle schietpartijen met metalen en rubber kogels bij elkaar.

En iedereen kon het zien. In een van de gedenkwaardigste taferelen van de intifada maakte een cameraman van CBS een opname van vier Israelische soldaten die op een kale heuvel bij Nabloes met hun geweerkolven en stenen op de hoofden, armen en benen van twee Palestijnse stenengooiers stonden te beuken die ze tijdens een opstand gevangen hadden genomen. De film is in februari 1988 op alle tv-schermen in de hele wereld verschenen en leidde tot geweldige protesten, hoewel later bleek dat geen van de Arabieren iets gebroken had. Tijdens een later uitgevoerd onderzoek verklaarden soldaten en officieren die Palestijnen gebroken botten hadden bezorgd dat ze de instructies van de minister van Defensie hadden gevolgd. Rabin verklaarde daarop tegenover de Knesset dat hij zover hij zich kon herinneren nooit onwettige orders had gegeven of iemand opgedragen had botten te gaan breken. Maar als er één beeld van de minister van Defensie van de intifada is blijven hangen, is het dat van 'Rabin de bottenbreker'.

De eerste uren, weken en maanden van de intifada kunnen moeilijk tot Rabins beste tijd worden gerekend. Het was een periode van verwarring, van misrekening en, tot op zekere hoogte, van vallen en opstaan. De controverse over het breken van botten was slechts een van de onverkwikkelijke gebeurtenissen. Een andere was het levend begraven van vier andere onruststokers in het noorden van de Westelijke Jordaanoever. Soldaten hadden de vier bevolen op een open plek te gaan liggen en een bulldozer had hen bedekt met aarde. Ze werden kort daarna gered, maar het afschuwelijke beeld bleef hangen. Het leek alsof de Israeli's hun verstand verloren hadden.

En toch had zelfs deze ervaring nog waarde voor Rabin. Het leek alsof alles wat er gebeurd was, had moeten gebeuren om uiteindelijk tot een oplossing te komen voor de strijd tussen Israel en de Palestijnen. 'De intifada was Rabins school,' merkt Ze'ev Schiff op, een vooraanstaand Israelisch defensie-analist en met Ehoed Ja'ari schrijver van het boek *Intifada* uit 1989. In de eerste plaats beweert Schiff dat 'Rabin geloofde dat de Jordaniërs de Palestijnen naar de onderhandelingstafel zouden brengen. De intifada bracht hem tot het inzicht dat het tegenovergestelde waar was.' Met andere woorden, het was een leerzame ervaring die Rabin afbracht van zijn vroegere vage en passieve idee dat Jordanië de sleutel voor het oplossen van het Palestijnse probleem zou zijn, en hem actief deed zoeken naar Palestijnse partners met wie Israel om de tafel kon gaan zitten. Het was een zoektocht die uiteindelijk naar de voordeur van de PLO zou leiden.

Tot december 1987 was de status quo op de Westelijke Jordaanoever en in de Gazastrook zo ongeveer het laatste waar de Israelische defensiespecialisten aan dachten. De maanden daarvoor waren verre van rustig geweest, maar de sterke toename van incidenten als stenen gooien, brandbommen, stakingen, demonstraties en opstanden hadden er niet toe geleid dat er alarmbellen begonnen te rinkelen. Het leger, vertelt Dan Sjomron, was bezig met andere, 'actuelere' dingen: moeilijkheden langs de noordgrens met Libanon, een opleving van terroristische infiltraties vanuit Jordanië in het oosten, de groeiende dreiging van de kant van Irak en de opbouw van het leger – training en voorbereiding op oorlog. Het was tenslotte maar twee jaar later dat Saddam verklaarde dat hij de helft van Israel met chemische wapens zou vernietigen en de Jordaanse koning Hoessein was zijn beste vriend.

Voor Rabin bleven de gebieden die hij in 1967 had veroverd enigszins vreemd. Hij had weinig geduld met de joodse kolonisten, maakte zich kwaad op de waakzame elementen onder hen en had weinig belangstelling voor het bijbelse verleden van het gebied. Aan de bijna 2 miljoen Palestijnen die er woonden, besteedde hij nauwelijks aandacht en hij bracht zo weinig mogelijk tijd met hen door. Het enige materiaal dat hij over de Palestijnen las, waren rapporten van de veiligheidsdienst, die deze mensen meestal op hun slechtst afschilderden. Hoewel hij ervan overtuigd was dat deze gebieden in militair opzicht hun waarde hadden, heeft hij volgens Schiff nooit verwacht de bezette gebieden te kunnen behouden. Hij vergat nooit dat het bewoonde gebieden waren en probeerde de bezetting altijd zo goedaardig mogelijk te laten zijn. In 1985 benoemde hij daarom Efraim Sneh, een brigadier die bekend stond om zijn liberale standpunten, tot hoofd van het Israelische bestuur op de Westelijke Jordaanoever.

Maar tot de intifada stond Rabin achter de 'Jordanië-optie' van de Arbeiderspartij als de sleutel voor het omgaan met de toekomst van de bezette gebieden, met, volgens het Plan Allon, een voorziening voor gecontinueerde Israelische kolonisatie in de Jordaanvallei als de beste garantie voor Israels veiligheid. Minister van Buitenlandse Zaken Sjimon Peres had de taak op zich genomen om tot een geheim Londens akkoord te komen met koning Hoessein van Jordanië, in april 1987, met het doel tot een internationale conferentie over het conflict in het Midden-Oosten te komen. Rabin was echter nooit voldoende geïnteresseerd om naar de details te kijken van wat een politieke oplossing die geregeld was door Jordanië precies zou inhouden.

Dus toen op de avond van dinsdag 8 december 1987 de Palestijnse massa in het vluchtelingenkamp Jabalja in Gaza het opnam tegen een stel onwetende Israelische reservisten, in ongekende aantallen en gedreven door een gevoel van durf en verzet dat zelfs naar hun eigen maatstaven buitengewoon was, was het niet verwonderlijk dat Rabin, die altijd op zoek was naar de details, de situatie verkeerd begreep of er liever gezegd geen belangstelling voor had. De dag was gewoon begonnen. Er was zeker geen reden om aan te nemen dat er een massaal oproer in de lucht hing – de interne veiligheidsdienst van de Sjien Bet, belast met het toezicht op de dagelijkse situatie in de bezette gebieden, had zoiets absoluut niet verwacht. De enige 'ongewone' gebeurtenis was een verkeersongeluk in de middag geweest, waarbij een Israelische vrachtwagenchauffeur zich in een auto had geboord waarin Palestijnse arbeiders zaten die na hun werk terugkeerden naar de Gazastrook. Hierbij waren vier doden gevallen.

Achteraf gezien is duidelijk dat de intifada elk moment kon beginnen en dat het auto-ongeluk alles was wat ervoor nodig was. Vanaf de plaats van het ongeluk begon het wilde gerucht door Gaza te gaan dat het 'ongeluk' in feite een bewuste wraakactie was geweest, uitgevoerd door een neef van een Israeli die een aantal dagen daarvoor in Gaza was doodgestoken. De Israeli's waren in de ogen van de bezette Palestijnen zulke duivels dat ze tot bijna alles in staat werden geacht. Toen de bewoners van Jabalja die avond terugkwamen van de begrafenis van de slachtoffers van het ongeluk, was de wraaktheorie inmiddels als onweerlegbaar feit geaccepteerd. Eerst begon zich een menigte te verzamelen bij de Israelische buitenpost, een gehaat symbool van de bezetting in het hart van het kamp, waar ze begonnen te schelden en met stenen te gooien. Al snel was het hele kamp in opstand. De legerpatrouilles die zich in de straten waagden, werden bekogeld met stenen en brandbommen. De rellen gingen uren door en laaiden de volgende ochtend weer op.

De opstand verspreidde zich snel naar het vluchtelingenkamp Rafa, bij de Egyptische grens, en vandaar naar andere delen van de Gazastrook. Een aantal van de kleine legereenheden die de pech hadden dienst te hebben, hadden het gevoel dat ze de zaak niet meer onder controle hadden. Maar nog steeds beseften de verantwoordelijken van het militaire apparaat en defensie – en de Palestijnse leiders, die net zozeer verrast waren door de spontane uitbarsting van geweld – niet dat er iets fundamenteel nieuws aan de hand was. Verzoeken uit het veld om troepenversterkingen, om de vlammen te doven en te voorkomen dat ze zich zouden verspreiden, werden afgewezen.

Rabin was zo optimistisch dat hij op 10 december het land verliet; na enige aarzeling had hij toch besloten een al lang geplande reis naar de Verenigde Staten te maken. In zijn afwezigheid sloeg de intifada over naar de Westelijke Jordaanoever. 'Als die dag de juiste maatregelen waren genomen, was het misschien nog mogelijk geweest de verspreiding van het geweld van de Gazastrook naar de Westelijke Jordaanoever te voorkomen,' schreven Schiff en Ja'ari. 'Maar het droeve feit is dat Rabin en zijn adviseurs zo gericht waren op Washington dat ze niet zagen wat er voor hun neus gebeurde.' Mitsna vertelt over twee of drie internationale telefoongesprekken met de minister van Defensie, die volledig op de hoogte gehouden wilde worden van de gebeurtenissen. Desondanks getuigden Rabins eerste commentaren, nadat hij op 21 december was teruggekeerd in Israel, van zijn onwetendheid over wat er gaande was. Hij beschuldigde Syrië en Iran categorisch van het stoken van onrust, beschuldigingen die 'nergens op gebaseerd waren,' zegt Schiff.

De waarheid is dat de Israeli's noch de Palestijnen onmiddellijk na 8 december in de positie waren om de betekenis van de gebeurtenissen echt te begrijpen. Het patroon van het Palestijnse protest was ingrijpend veranderd, maar dat begon maar heel langzaam door te dringen tot de Israelische veiligheids- en politieke top – en de PLO. Volgens Sjomron was de opstand zich al het hele voorgaande jaar aan het ontwikkelen geweest en was 8 december een 'willekeurige' datum geweest voor de officiële start. Mitsna denkt dat het hem, Rabin en alle andere betrokkenen enkele weken heeft gekost om in te zien dat het niet gewoon weer een nieuwe uitbarsting van protest was die snel en spontaan zou doven.

Misschien hebben Rabin en de andere hoge heren van Defensie de Palestijnen gewoon onderschat. 'We hadden niet verwacht dat het lang zou duren, omdat we dachten dat ze het niet lang vol konden houden,' vertelt Sjomron. 'Ze hadden bepaald geen grote voorraden of zo. Maar tijdens zo'n opstand lijken mensen bereid te zijn te lijden.' In het verleden waren er wel uitbarstingen van geweld geweest, maar die waren binnen enkele dagen weer verdwenen. Deze keer bleef het. Er was nog een ander essentieel verschil. Wat de intifada onderscheidde van de voorgaande soorten onrust was de aard van de vijand. Het Israelische leger stond niet meer tegenover gewapende terroristen, politieke agitatoren of studenten-activisten, maar moest het nu opnemen tegen hele families. Oudere mannen, vrouwen en kinderen vulden de rijen van de stenengooiers aan. Israel werd geconfronteerd met een echte, ongewapende burgerlijke rebellie.

Toen eenmaal was vastgesteld dat Israel met een nieuw probleem zat, probeerden Sjomron en Mitsna onmiddellijk duidelijk te maken dat militaire middelen alleen niet voldoende waren om een eind aan het oproer te maken, omdat de intifada geworteld was in de Palestijnse armoede, de haat en de woede over de bezetting. Ze bleven erop wijzen dat een politieke strategie essentieel was. Rabin was het daar wel mee eens, maar had ook prioriteiten, en de eerste was het heroveren van iets wat op orde leek. 'De boodschap was meer geweld gebruiken,' vertelt Mitsna. In die tijd beschikte het militaire apparaat nauwelijks over middelen die bedoeld waren om opstanden neer te slaan. Er was een kleine voorraad rubberkogels en de kleine voorraad traangas had al jaren stof staan verzamelen. Soldaten die tegenover de woedende menigten stonden, gebruikten wat ze hadden, en dat waren geweren, hoewel ze volgens de richtlijnen alleen in levensbedreigende situaties mochten vuren. Het kon niet anders dan aan de soldaat overgelaten worden om te beslissen wanneer een steen, een blok beton of een Molotov-cocktail levensbedreigend was. De frontlinie was overal, de straten waren een chaos en het aantal slachtoffers, vooral aan Palestijnse kant, steeg. 'We beschikten niet over de materiële middelen om met de intifada om te gaan,' vertelt Mitsna, 'en we hadden evenmin duidelijke procedurele richtlijnen. Wie was bijvoorbeeld de vijand en wie niet? Waren alle Palestijnen vijanden? Konden ze alleen gestraft worden via het rechtssysteem? Het was een voortdurende strijd.'

Ondanks het feit dat hij eerst niet geloofde dat de Palestijnen in staat waren tot een volksoorlog, begon Rabin de uitdaging wel aan te nemen. Kort na zijn terugkeer uit de Verenigde Staten nam de minister van Defensie de intifada als zijn persoonlijke uitdaging aan; de Palestijnen hadden een tegenstander gevonden. Elke donderdag organiseerde Rabin een speciale vergadering, waaraan werd deelgenomen door de stafchef, de commandanten van de gebieden, de militair secretaris van premier Jitschak Sjamir en vertegenwoordigers van alle andere functies die met de bezette gebieden te maken hadden. Mitsna vertelt dat het elke week op dezelfde manier ging. Rabin ging eerst de tafel rond om van alle aanwezigen informatie te krijgen. Hij wilde gegevens over elke demonstratie: waar deze precies had plaatsgevonden, hoeveel mensen erbij betrokken waren en hoe er een eind aan was gekomen. Op basis van al die gegevens bouwde hij een beeld op. Daarna zou hij beslissen wat er gedaan moest worden.

Hij vertrouwde ook niet alleen op zijn stafchef voor rapportage over de staat van het leger. In plaats daarvan ging hij bijna elke week het veld in om gesprekken te voeren met soldaten die intifada-dienst hadden. Eerst bekeek hij de omgeving en ondervroeg de soldaten dan over hun gevoelens, hun dagelijkse routines en hoe ze omgingen met de situaties waarmee ze geconfronteerd werden. Ook luisterde hij naar hun bittere klachten: hoe ze vernederd werden door kinderen met stenen, hoe irritant het was om hun dagen door te brengen met het spelen van kat en muis in de smalle straten en hoe erg het was dat ze over geen enkel middel beschikten om terug te vechten.

Het was zowel als reactie op de snelle stijging van het aantal gedode Palestijnen (eind december waren het er 22) als op de alarmerende verslechtering van het moreel onder de soldaten dat er wapenstokken werden uitgedeeld. Op 20 januari 1988 vertelde Rabin de Knesset dat de intifada bevochten zou worden met 'macht, kracht en afstraffing'. Het idee was, volgens Mitsna, dat soldaten een opstand of demonstratie actief moesten neerslaan. Als een overtreder zich eenmaal had overgegeven, mocht de wapenstok niet meer gebruikt worden. Tot grote schrik van Defensie bleek een verrassend groot aantal soldaten echter een voorliefde te hebben voor het toedienen van potentieel dodelijke slagen lang nadat een rel feitelijk al afgelopen was. Rabin en zijn commandanten haastten zich vervolgens naar het strijdtoneel om het verschil te gaan uitleggen.

Jitschak Rabin volgde een koers die beladen was met obstakels. Daar waren de Palestijnse vrouwen en kinderen, de gefrustreerde soldaten, de Israeli's die in de bezette gebieden door Palestijnen werden gedood (twee soldaten en vijf burgers in het eerste jaar van de intifada), en een Israelisch publiek dat met afkeuring reageerde op excessen van het leger, maar drastisch handelen eiste wanneer er joden waren gedood. En dan waren er nog de Likoed-ministers in de eenheidsregering, de mensen van de harde lijn, zoals Ariel Sjaron, nu minister van Handel en Industrie, die het leger en later Rabin zelf voortdurend van een te zacht optreden beschuldigden. Ze zagen Rabins ijzeren vuist als een zachte handschoen. Ze wilden dat de opstand gebroken werd, wat daar ook voor nodig zou zijn. Rabin kon moeilijk een liberaal worden genoemd als het om veiligheidszaken ging, maar het kwam toch niet in zijn hoofd op om tanks in te zetten tegen ongewapende burgers of Palestijnse vluchtelingenkampen vanuit de lucht te beschieten, zoals sommige leden van de oppositie voorstelden.

Kort na het uitbreken van de intifada werden Rabin en Sjomron uitgenodigd voor een wetenschappelijk forum op de Universiteit van Tel Aviv over de historische precedenten voor het omgaan met opstanden van burgers. Sjomron herinnert zich een bijzonder indrukwekkende analyse van professor Sjimon Sjamir, een Midden-Oostenspecialist die Israelisch ambassadeur in Egypte en Jordanië is geweest. De wetenschappers waren het erover eens dat de geschiedenis leerde dat een bezettingsmacht die met harde hand optrad, dit later altijd moest betreuren. Niet doordat het handelen niet effectief was, maar doordat er gezworen vijanden waren gemaakt van de broers, neven en ouders van elk slachtoffer. Zoals de Franse ervaring in Algerije had aangetoond, was de status quo van voor die tijd nooit meer te herstellen. Kortom, excessieve machtsuitoefening was zelden goed.

Rabin luisterde meer dan hij sprak, maar hij was het eens met de conclusie van de wetenschappers. 'We vergaderden en besloten bijzonder voorzichtig op te treden en geen stappen en acties te ondernemen waar we later spijt van zouden krijgen,' vertelt Sjomron. 'Terwijl we aan de ene kant met sterke hand optraden, zorgden we er aan de andere kant voor dat het leven in de bezette gebieden door kon gaan. We zorgden dat scholen en instellingen zoveel mogelijk open konden blijven en dat Palestijnen in Israel konden blijven werken. Dit beleid hebben we tijdens de hele intifada volgehouden.'

Rabin maakte zich ook zorgen over de internationale reacties, hoewel een aantal van zijn pr-blunders misschien de indruk hebben gewekt dat hij zich daar niets van aantrok. Maar waar hij het meest door geplaagd werd, was zijn eigen geweten. Zijn doel is altijd geweest de opstand zo effectief mogelijk bestrijden en het aantal slachtoffers daarbij zo laag mogelijk houden. In het voorjaar van 1988 realiseerde hij zich dat de intifada niet met militaire middelen kon worden beëindigd en begon hij te vechten voor het beheersen ervan. Een aantal van de maatregelen die Rabin voor dit gevecht gebruikte, zaten op de rand van wat volgens het Israelische rechtssysteem mogelijk was – of waren een overtreding daarvan, zoals zijn critici zeiden. Hij gebruikte de maatregelen van de noodtoestand uit 1945, die sinds de periode van het Britse Mandaat in de statuten waren blijven staan, met plezier. Deze omvatten niet-gerechtelijke straffen, zoals het vernietigen van de huizen van verdachten, de deportatie van intifada-leiders en massale opsluiting zonder proces.

Hoewel Rabin altijd juridisch advies vroeg en binnen het rechtssysteem bleef, moest hij meer dan eens door de rechterlijke macht teruggefloten worden. In juli 1989, bijvoorbeeld, sprak het Hooggerechtshof zich uit ten gunste van een verzoek van de Israelische Beweging voor Burgerrechten en tegen Defensie dat huiseigenaren in beroep moeten kunnen gaan tegen afbraakorders van plaatselijke commandanten voordat deze worden uitgevoerd. Het aantal afgebroken huizen daalde sterk, niet doordat veel orders werden afgewezen door de rechtbank, maar doordat het leger minder van deze maatregel gebruik maakte omdat het wist dat het afschrikwekkende effect ervan verminderd was. Mitsna, bijvoorbeeld, voelde weinig voor het uitdelen van collectieve straffen. In het algemeen was hij een commandant die meer twijfels had dan de meeste anderen. De kans op conflicten met Rabin, die eigenlijk alleen maar wilde dat de taak werd uitgevoerd, moet groot zijn geweest.

Twee avonden voor de Israelische verkiezingen van november 1988 reed een bus van Tiberias naar Jeruzalem. In de buitenwijken van Jericho werd de inktzwarte duisternis doorboord door een lichtflits. Het was een Molotov-cocktail die naar de bus werd gegooid. De bus vloog in brand. Een moeder en haar twee kinderen werden gedood; een soldaat die geprobeerd had hen te redden, stierf later. Een woedende Rabin voegde zich al snel bij Mitsna op de plaats van de aanslag. 'We kregen verschil van mening,' vertelt Mitsna. 'Rabin wilde maatregelen nemen. Hij wilde dat er iets zou gebeuren.' Mitsna wilde liever geen overhaaste actie, zoals een avondklok voor heel Jericho en alle mannen oppakken. Uiteindelijk was het niet nodig. 'We hadden het geluk dat we de drie daders binnen 24 uur te pakken hadden. Het bleken drie Afrikanen te zijn, leden van een kleine Afrikaanse moslimgemeenschap uit Jericho. Ze waren door niemand gestuurd. Ze hadden gewoon het initiatief genomen om met een Molotov-cocktail in een hinderlaag te gaan liggen. Toen begreep Rabin het. Je kunt niet iedereen straffen; als goed en slecht dezelfde behandeling krijgen, heeft het geen zin meer om goed te zijn.'

Zelfs in de moeilijkste tijd van de intifada boekte Jitschak Rabin nog een opvallend succes. Hij slaagde erin het leger, een van de werkelijk essentiële organen van Israel, binnen de publieke consensus te houden. 'Er waren dagen waarop ik vooral bang was dat mensen dienst zouden weigeren,' zegt Dan Sjomron. Maar hoewel tientallen reservisten en een aantal dienstplichtigen bezwaar maakten tegen dienst in de bezette gebieden, was er, zegt Sjomron, 'zelfs een toename van mensen die zich vrijwillig aanboden voor de gevechtseenheden. Rabin volgde een lijn waar het leger mee kon leven. De extremisten kregen geen kans.'

En daar bleef het niet bij. Rabin was altijd van mening geweest dat de Palestijnse kwestie uiteindelijk een politieke oplossing vereiste, maar hij bleef in het openbaar verklaren dat hij alleen bereid was tot onderhandelingen als de rust in de gebieden hersteld zou zijn. Tijdens de intifada begon hij echter steeds meer over het onderwerp te leren. In het begin waren zijn contacten met de plaatselijke Palestijnse leiders, die hij voor het eerst leek op te merken, voornamelijk bedoeld om informatie te verzamelen, maar geleidelijk begonnen ze meer politiek getint te raken.

Sari Noesseibee, een Palestijnse academicus uit Aboe Dis, bij Jeruzalem, was een vooraanstaand lid van het 'lokale leiderschap'. Hij was een bekend politiek activist en denker en een telg uit een aristocratische familie met een lange politieke geschiedenis. De Israeli's namen aan dat hij betrokken was bij het bepalen van de richting van de intifada, dat hij de toon zette en als schakel diende tussen de 'inside' – het zogenoemde Palestijnse 'Verenigde Commando' dat de protesten in de bezette gebieden organiseerde – en het PLO-hoofdkwartier in Tunis. Tot op de dag van vandaag is Noesseibee voorzichtig met uitspraken over die periode die ook maar enigszins bezwarend zouden kunnen zijn. Zittend in het kantoor van zijn Palestijnse onderzoeksbureau aan de Saladin-straat in Oost-Jeruzalem – de ruimte die in 1989 voor twee jaar door de Israeli's werd gesloten wegens het vermoeden dat er geheime activiteiten zouden plaatsvinden – spreekt hij in een dubbelzinnige code over de manier waarop de intifada werd geleid.

Wetenschappelijke discussiegroepen, die toevallig vertegenwoordigers omvatten van de verschillende Palestijnse groepen, produceerden documenten waarvan de ideeën hun weg vonden naar folders die gedrukt en verspreid werden door plaatselijke kaders van het Verenigde Commando in de Palestijnse steden, dorpen en kampen. De folders, waarin werd opgeroepen tot stakingen en demonstraties en waarin per week de middelen werden vastgesteld voor de strijd tegen de bezetters, waren het manna, het voedsel voor de opstand. Hoewel de schrijvers van de folders meestal bij hun derde of vierde publicatie werden opgepakt, zorgde de losse commandoketen, gebaseerd op een systeem van dissociatie en mogelijkheid van ontkenning, dat er altijd materiaal was.

Noesseibee was het type persoon waar Rabin volgens de mensen om hem heen contact mee had. Hoewel Rabin volgens Israelische bronnen in de loop der jaren contacten heeft gehad met een aantal plaatselijke leiders, zegt Noesseibee dat Rabin zover hij weet nooit een persoonlijke ontmoeting met iemand heeft gehad. Wat hij wel deed was namens zichzelf militaire vertegenwoordigers naar de gevangenissen sturen om gesprekken te voeren met de activisten, de schrijvers van de folders. Een advocaat die contact had met de gevangenen hield Noesseibee, die buiten de gevangenis wist te blijven, op de hoogte.

Eind jaren tachtig was de PLO voor Rabin een open boek. Er was een groot netwerk van informanten in de organisatie geplant en de informatie werd onmiddellijk doorgegeven aan Jeruzalem. Ook de PLO-bazen in Tunis werden bepaald niet als geschikte onderhandelingspartners beschouwd. Zelfs nadat koning Hoessein van Jordanië in juli 1988 zijn bestuurlijke en wettelijke banden met de Westelijke Jordaanoever had verbroken, waarbij hij elke aanspraak op soevereiniteit opgaf en de weg openliet voor de PLO, veranderde Rabin niet van mening. Het grootste deel van het Israelische volk haatte de PLO, die ook de Palestijnse diaspora vertegenwoordigde, een bijzonder netelige kwestie waar de rechten van vluchtelingen een rol in speelden en die Rabin niet van plan was aan te snijden.

Maar hij was een realist. Hij wist dat de plaatselijke Palestijnen de kracht noch de geloofwaardigheid hadden om zonder steun te opereren, of in elk geval steun van Tunis. De militaire vertegenwoordigers die gesprekken in de gevangenissen voerden, moedigden de activisten daarom aan hun connecties te gebruiken om hun ideeën over te brengen aan de PLO-bazen in het buitenland. En Rafi Edri, een Knesset-lid van de Arbeiderspartij, erkent nu dat hij rond die tijd in het geheim besprekingen heeft gevoerd met PLO-leiders in Marokko, blijkbaar met instemming van Rabin.

Na de verkiezingen van november 1988 werd weer een regering van nationale eenheid gevormd en Rabin bleef op Defensie zitten. In januari 1989 verschenen de eerste meldingen over het vredesplan van Rabin in de media. Het concept was een overeenkomst met de plaatselijke Palestijnen, gebaseerd op verkiezingen en uitgebreide autonomie voor een tussenperiode, in ruil voor beëindiging van de intifada. Het werd goedgekeurd door premier Jitschak Sjamir en was rond het midden van het jaar feitelijk het plan Sjamir geworden.

'Ik was verbaasd toen het plan Sjamir openbaar werd,' vertelt Noesseibee. Verschillende elementen ervan – concepten als verkiezingen, de gefaseerde doorvoering van zelfbestuur en terugtrekking uit de Palestijnse bevolkingscentra – kwamen sterk overeen met ideeën die voortgekomen waren uit de besprekingen in de gevangenissen. Maar er waren ook fundamentele verschillen en het plan was vanaf het begin gedoemd te mislukken. Sjamir stond duidelijk niet te popelen om het door te voeren en werd geholpen door het feit dat het door de PLO werd afgewezen. In maart 1990 viel de eenheidsregering, nadat Sjamir niet was ingegaan op de eis van de Arbeiderspartij om tot uitvoering te besluiten van de eerste fase van het vredesplan – een op het oog onschadelijke bespreking tussen Israël, Egypte en de Verenigde Staten.

De intifada was inmiddels voorbij zijn hoogtepunt. De aard ervan was veranderd. De massale uitbarsting van woede van de eerste twee jaar had plaatsgemaakt voor een activistenstrijd – kleine groepen die de Israeli's aanvielen met vuurwapens en bommen. De plaatselijke leiders waren verspreid. Sommige leiders, zoals Faisal Hoesseini uit Jeruzalem, hadden de eerste twee jaar bijna voortdurend in de gevangenis gezeten, tientallen waren gedeporteerd, en anderen, zoals Noesseibee, hadden genoeg verhulde waarschuwingen van de Sjien Bet gekregen om voldoende geïntimideerd te zijn om een wat ambivalenter rol te gaan spelen. De PLO had zich volledig gehandhaafd en de plaatselijke kracht die de opstand had gevoed, was verdwenen. De activisten zagen overal collaborateurs met de Israelische overheid en waren al aan een grote jacht begonnen. De strijd van het volk degenereerde tot een interne groepenstrijd, onderling wantrouwen en bloedvergieten. Voor Rabin had de intifada zijn doel echter gediend en het Palestijnse volk tot een echte vijand gemaakt. In die hoedanigheid hadden de Palestijnen in Rabins ogen het recht verdiend op een echte vrede.

Begin 1990 besloot Sjimon Peres, leider van de Arbeiderspartij en minister van Buitenlandse Zaken, de nationale eenheidscoalitie tussen de Arbeiderspartij en de Likoed op te breken. Peres was ervan overtuigd dat er geen ontwikkeling naar vrede zou komen zolang Jitschak Sjamir premier was. In 1987 had Sjamir Peres' Londen-akkoord met koning Hoessein voor een internationale vredesconferentie getorpedeerd. Nu blokkeerde hij de ontwikkelingen met de Palestijnen. De premier en de minister van Buitenlandse Zaken spraken nauwelijks meer met elkaar. Peres dacht dat hij halverwege de regeringstermijn een afspraak zou kunnen maken met de ultra-orthodoxe Sjas-partij, waardoor hij premier zou kunnen worden en Sjamir in de oppositiebanken terecht zou komen.

Minster van Defensie Rabin werd plotseling met een dilemma geconfronteerd. Het was waar dat Sjamir het vredesproces niet vooruit hielp, maar het idee dat zijn eeuwige partijrivaal premier zou worden, beviel hem ook niet. Hij nam afstand van de machinaties van Peres en probeerde de hopeloos verdeelde eenheidsregering in stand te houden.

Seculaire leiders van de Arbeiderspartij begonnen met keppeltjes op namens Peres geheime, nachtelijke bezoeken te brengen aan invloedrijke rabbijnen van de Sjas. Chaim Ramon, een beschermeling van Peres, en de jonge Sjas-leider Arjee Deri bereikten een akkoord over politieke samenwerking en stelden een tijdschema op om in actie te komen. Begin maart kwam de geestelijk leider van de Sjas, rabbijn Ovadia Josef, in actie. In een dramatische tv-uitzending hekelde hij de oorlogbelusten in de regering, verklaarde dat vrede belangrijker was dan territorium en herhaalde zijn bekende uitspraak dat het redden van levens belangrijker was dan de integriteit van Groter Israel.

Rabin realiseerde zich waar dit naartoe ging en was onaangenaam verrast. 'Er zijn krachten in de Arbeiderspartij die grote haast lijken te hebben om de regering te laten vallen,' donderde hij tijdens een partijbijeenkomst, 'en het is niet het vredesproces waar ze in de eerste

plaats aan denken.' Tegen zijn assistenten zei hij dat Peres geobsedeerd werd door het idee premier te worden en dat hij niet mee zou
spelen. Maar er gebeurden twee dingen waardoor hij van mening veranderde: Sjamir liet zien hoe weinig hij geïnteresseerd was in vrede en
Peres verzekerde Rabin dat hij een alternatieve, door de Arbeiderspartij geleide vredesregering kon samenstellen.

Tijdens een stormachtige kabinetsvergadering op 11 mei wees Sjamir, die tegen elke onderhandeling met de 'terroristische PLO' was,
woedend een compromis van de hand voor Palestijnse vertegenwoor-
diging bij de vredesbesprekingen met Israel. Rabin, de architect van
het Israelische vredesinitiatief van 1989, had persoonlijk hard gewerkt
aan een formulering waarvan hij dacht dat Sjamir die zou kunnen
accepteren en was diep teleurgesteld over de onverzettelijke koppigheid van de premier. Na de vergadering zei hij: 'We hebben al het
mogelijke gedaan om een formulering te vinden, maar Sjamir wilde
niet luisteren.'

Om Sjamir onder druk te zetten, had Peres voor de volgende dag
een vergadering uitgeschreven van het centraal comité van de Arbeiderspartij. Tijdens deze vergadering stond Rabin voor het eerst achter
Peres in zijn voornemen de eenheidsregering te laten vallen. Op 15
maart stemde de Knesset met een meerderheid van vijf stemmen, terwijl vijf Knesset-leden van de Sjas tijdens de stemming afwezig waren,
voor een door de Arbeiderspartij ingediende motie van wantrouwen
tegen de regering Sjamir. Peres' pad naar macht en vrede leek
gebaand te zijn.

Maar de leider van de Arbeiderspartij werd verslagen door een van
de meest bizarre gebeurtenissen uit de politieke geschiedenis van Israel. Ten eerste werd hij verraden door de Sjas. Vier dagen nadat de
regering Sjamir was gevallen, kwam deze ultra-orthodoxe partij met
een totale ommezwaai en informeerde president Chaim Herzog, die
gesprekken hield met de partijen om te beslissen wie hij zou vragen de
volgende coalitie te vormen, dat de Sjas de Likoed-leider en niet Peres
zou steunen. De ommezwaai had te maken met het primaat van de
asjkenazi- (Oosteuropese) over de sefardische (uit Noord-Afrika en

het Midden-Oosten afkomstige) rabbijnen. Voor haar religieuze legitimiteit was de Sjas afhankelijk van de goedkeuring van een wijze Asjkenazi van in de negentig, Eliëzer Menachem Schach. Een hoewel Schach in het verleden uitspraken voor vrede had gedaan, sprak hij nu zijn veto uit over de Arbeiderspartij. In een venijnige toespraak voor een ultra-orthodox publiek in een basketbalstadion in Tel Aviv beschuldigde de rabbijn de Arbeiderspartij ervan elk spoor van judaïsme te missen en de kibboetsiem van het opleiden van 'varkens en konijnen'. Een vernederde rabbijn Josef – de sefardische leider – durfde het niet aan zijn machtiger asjkenazi-tegenstander uit te dagen.

Peres slaagde erin een coalitie zonder de Sjas samen te stellen, met behulp van een Likoed-overloper (de voormalige minister Avraham Sjarir) en een andere ultra-orthodoxe partij, de Agoedat Jisrael. Maar op de ochtend van 12 april, toen de nieuwe regering door de Knesset had moeten worden aanvaard, bleken twee van de Agoeda-leden, Eliëzer Mizrachi en Avraham Verdiger, niet aanwezig te zijn. Met vertrokken gezicht moest Peres toegeven dat hij geen politieke meerderheid had. Uiteindelijk kwam er een Likoed-regering met een bijzonder smalle basis. Sjamir wist de Likoed-overloper gemakkelijk terug te lokken en een dissident van de Arbeiderspartij voor zich te winnen en vormde, gesteund door de Sjas, een nieuwe regering, Peres en de Arbeiderspartij gekastijd, in verwarring en in eerloos isolement achterlatend. De weg was open voor Sjamir om elk vredesvoorstel te blijven afwijzen. Achttien maanden later, na acht vermoeiende reizen naar het Midden-Oosten, lukte het de Amerikaanse minister James Baker ten slotte een regionale vredesconferentie in Madrid te organiseren. De conferentie werd in oktober 1991 met veel ophef geopend, maar er werd geen enkele vooruitgang geboekt op een van de vier sporen naar vrede – met Syrië, Libanon, Jordanië of de Palestijnen. In een openhartig interview, gegeven nadat hij in juni 1992 was weggestemd, gaf Sjamir toe dat hij de vredesbesprekingen nog tien jaar had willen rekken.

Peres' politieke misrekening had Rabin zijn geliefde ministerie van Defensie gekost. Maar er was niet alleen slecht nieuws. Integendeel, de kans waarop hij dertien jaar had gewacht, was gekomen en hij greep hem met beide handen. Niemand kon zeggen dat hij Peres geen eerlijke kans had gegeven. Hij had zelfs in het belang van Peres een bezoek aan de rabbijnen gebracht, één keer aan Schach, die, zoals hem verteld was, blind, doof, dom en seniel zou zijn. Rabin had gemerkt dat die informatie niet klopte. Volgens Rabin was de man scherp en wist hij wat hij wilde. En wat hij niet wilde was de Arbeiderspartij.

Rabin vond dat Peres alle mogelijke fouten had gemaakt. Door zijn tomeloze persoonlijke ambitie had hij de partij vernederd en had hij een voetval gemaakt voor de orthodoxen en een klinkende klap in het gezicht gekregen. Rabin, die overtuigd seculier was, haatte het gesjoemel, en vooral het gekruip voor de rabbijnen. Hij besloot niet langer onderdaan nummer 2 te zijn voor een man die zulke ernstige fouten had gemaakt en, naast andere tekortkomingen, ook nog minder stemmen zou trekken dan hij.

Rabin noemde Peres falen de 'stinkende manoeuvre'. De term bleef hangen en versterkte het beeld bij het publiek van een Peres die slimmer was dan goed voor hem was. Peres merkte op dat Rabin van het begin af aan had meegedaan aan de 'stinkende manoeuvre' en met plezier minister van Defensie zou zijn gebleven als deze geslaagd was. Alleen omdat de manoeuvre mislukt was, opende hij nu oude politieke wonden.

Rabin was niet onder de indruk. Twee weken na de vernedering van Peres in de Knesset ging hij naar het 150 leden tellende partijbureau en daagde Peres formeel uit voor de strijd om het leiderschap van de Arbeiderspartij. 'Mijn fout was,' zei hij, 'dat ik de partijharmonie boven andere belangrijke kwesties had geplaatst.' De ongemakkelijke wapenstilstand, overeengekomen tijdens het hoogtepunt van de verkiezingscampagne van 1984, was voorbij. Rabin eiste een confrontatie in het centraal comité, het 1200 leden tellende hoogste partijlichaam dat de leider kiest, en Peres was er klaar voor. 'Ik heb niet gevraagd om een gevecht met Rabin,' zei hij, 'maar als hij een gevecht wil, kan hij het krijgen.'

Politieke waarnemers schreven Peres onmiddellijk af. Behalve de leider van de Arbeiderspartij zelf dacht niemand dat hij het van Rabin zou kunnen winnen. Veel van Peres' politieke aanhangers raadden hem aan de eer aan zichzelf te houden en af te treden. Toen hij weigerde, liepen sommigen, zoals de voormalige secretaris-generaal van de partij, Uzi Baram, en Efraim Sneh, die na het leger bij de Arbeiderspartij was gekomen, over naar het Rabin-kamp. Zelfs Chaim Ramon, de trouwe Peres-volgeling die geholpen had de regeling met de Sjas in elkaar te zetten, kondigde aan dat hij niet bij de stemming van het centraal comité aanwezig zou zijn en in plaats daarvan naar het strand zou gaan.

Het enige wat de partij verder bezig hield, leek de vraag te zijn of de 70-jarige Rabin de leiding over moest nemen of dat het misschien tijd werd dat zowel hij als Peres opzij zouden stappen voor een jongere generatie. Velen waren het eens met het ervaren partijlid Ora Namir, die stelde dat die twee de 'partij uit elkaar scheurden' en vond dat iemand anders een kans moest krijgen. Avraham Burg, een andere jonge Peres-aanhanger, zei het duidelijk: 'Vijftig procent wil Peres, vijftig procent wil Rabin en honderd procent wil geen van beiden.' Maar Rabin en Peres stonden als twee onverzettelijke reuzen in de politiek van de Arbeiderspartij. 'Zolang die twee er zijn, heeft niemand anders een kans,' zei Ramon spottend. Met zijn rug tegen de muur lobbyde Peres bij de leden van het centraal comité, allemaal ervaren politici, zoals alleen hij dat kon. Hij had zijn hele politieke carrière geleerd hoe hij het apparaat moest manipuleren – om de partijfunctionarissen die zelden door het publiek werden gezien voor zijn karretje te spannen – en Rabin, die nooit van de achterkamertjespolitiek had gehouden, werd hopeloos in het nauw gedreven. Toen het centraal comité op 22 juli tot stemming kwam, won Peres met 582 tegen 504 stemmen.

Peres was echter niet onoverwinnelijk. Er waren grotere krachten in beweging gezet en de leider van de Arbeiderspartij had de dag van de afrekening alleen maar uitgesteld. In het kielzog van de 'stinkende manoeuvre' en de politieke koehandel door beide partijen begon van onderaf een politieke hervormingsbeweging te ontstaan. Een half miljoen Israeli's tekenden een petitie gericht aan president Herzog voor het instellen van rechtstreekse verkiezing van de premier. Ze geloofden dat dit de politiek zou opschonen en een eind zou maken aan situaties waarbij een regering halverwege ten val werd gebracht met behulp van overlopers. De nationale stemming stimuleerde eerdere aarzelende pogingen tot democratisering binnen de Arbeiderspartij. Micha Harisj, algemeen partijsecretaris, had al langer gepleit voor een campagne voor het winnen van nieuwe leden en voor verkiezingen waaraan alle leden van de partij konden deelnemen. Peres was daar niet happig op. Hij zag de voorgestelde hervormingen als nauwelijks verhulde pogingen om hem van zijn post te verdrijven. Maar de nationale stemming was zo, dat juist hij het zich niet kon veroorloven zich tegen de trend te verzetten. Rabin was voor de veranderingen. Peres kon het centraal comité dan misschien beïnvloeden, maar hij kon nooit alle partijleden manipuleren. De ledencampagne, met vuur geleid door Binjamin Ben-Eliëzer, een trouwe aanhanger van Rabin, was een geweldig succes. Tegen de tijd dat de volgende slag om het leiderschap van de partij zou plaatsvinden, in februari 1992, voorafgaand aan de verkiezingen die dat jaar zouden plaatsvinden, waren er 150.000 nieuwe leden en daarmee nieuwe stemmers.

Rabin-getrouwen waren ervan overtuigd dat hoe groter de opkomst was, hoe beter het zou zijn. Ze spraken van een nieuw elan in de partij, het groeiende geloof dat de partij zich terug kon vechten naar de macht. Volgens hen gaf Rabin de leden iets wat ze langere tijd niet hadden gehad, namelijk hoop. 'Mensen zijn ervan overtuigd dat we met Rabin aan het roer een winnend lot hebben,' verklaarde zijn campagneleider Avraham Sjochat.

Rabin streed op basis van de simpele leus dat hij de enige kandidaat was die de Likoed bij de nationale verkiezingen zou kunnen verslaan. Peres voerde zijn campagne op basis van zijn langdurige diensten aan de partij en zijn onbetwistbare politieke talent. Niemand gaf de twee andere kandidaten, Jisrael Kessar, baas van de vakbond Histadroet, en Knesset-lid Ora Namir, een kans. Hun betekenis lag alleen in het aantal stemmen dat ze van ieder van de twee rivalen weg zouden nemen, en of ze Rabin en Peres zouden dwingen tot een tweede ronde doordat geen van beiden in de eerste ronde 40 procent van de stemmen zou halen.

Toen de verkiezingsdag naderde, groeide de spanning tussen Rabin en Peres. Tijdens een bijeenkomst van de kamerfractie van de Arbeiderspartij, in januari, klaagde Peres over een aanslag op zijn goede naam – de aanhangers van Rabin hadden hem gebrandmerkt als een verliezer, als een man die geobsedeerd wordt door zijn eigen politieke aspiraties. Rabin reageerde scherp met de opmerking dat 'het spelen van de slachtofferrol geen vervanging is voor leiderschap'.

Intussen had Rabin met zijn campagneboodschap de meeste partijleden voor zich gewonnen. Rabin mocht dan misschien niet de betere man zijn, merkte Uzi Baram op, maar hij was zeker een betere kandidaat. Met zijn briljante militaire staat van dienst en zijn directe manier van praten, was hij sterk waar Peres het zwakst was: in de geloofwaardigheid voor de kiezers. Hij had bij de verkiezingen meer kans van de Likoed te winnen en omdat hij een grotere havik was dan Peres, was hij daarna beter in staat de vredesstrategie van de Arbeiderspartij aan een sceptisch publiek te verkopen. Dat was de reden waarom voorstanders van de zachte lijn als Baram en de linkse veteraan Arjee Eliav hem steunden.

Op de avond van de verkiezing van de leider, op 19 februari, bruiste het hoofdkantoor van de Arbeiderspartij, in de Ha-Jarkon-straat in Tel Aviv, van gespannen verwachting. Cameraploegen uit de hele wereld hadden zich op de tweede verdieping geïnstalleerd, waar computerschermen klaar stonden om de resultaten van 700 stembureaus uit het hele land door te geven. Knesset-leden liepen nerveus heen en weer en mengden zich informeel onder de journalisten.

Rabin sloot zichzelf, kettingrokend, met familie en vrienden op in zijn huis in de wijk Nevee Aviviem in Tel Aviv. Iedereen was gespannen. Toen zijn trouwe assistent Sjimon Sjeves ontdekte dat iemand het in zijn hoofd had gehaald een fles champagne in de koelkast te zetten, gooide hij die uit het raam. 'Dat kan ongeluk brengen,' zei hij.

Zodra de eerste resultaten binnenkwamen, was duidelijk dat Rabin zou gaan winnen. De enige vraag was nog of hij de 40 procent zou halen. Als dat niet zou lukken, zou Peres de tweede ronde kunnen winnen door de meeste Histadroet-stemmen naar zich toe te trekken die in de eerste ronde naar Kessar gingen. Urenlang, terwijl de stemmen geteld werden, zweefde Rabins aandeel tussen de 39 en 40 procent. Op een gegeven moment was het 39,99 procent. In de vroege uren van de ochtend werd duidelijk dat hij het net had gered. Van de 108 000 stemmen kreeg Rabin 40,6 procent, Peres 34,8 procent, Kessar iets minder dan 19 procent en Namir ongeveer 5,5 procent.

Na vijftien jaar had Rabin het leiderschap teruggewonnen, ook al was het op het nippertje. Om 3.00 uur 's nachts belde Peres om hem te feliciteren. Het telefoontje was voorgesteld door radioverslaggevers die de gebeurtenis versloegen en werd live uitgezonden. Het gesprek verliep stijf en gespannen, maar de volgende dag schudden de twee rivalen elkaar de hand en beloofden met elkaar samen te werken.

Twee weken voor Rabins verkiezing tot leider van de Arbeiderspartij had de Knesset via een stemming besloten zichzelf op te heffen, nadat drie kleine, rechtse groeperingen uit de Likoed-coalitie waren gestapt, en voor juni vervroegde verkiezingen uit te schrijven. In april was Rabins verkiezingscampagne in volle gang. De campagne werd met militaire precisie geleid door de altijd trouwe Sjeves, die al sinds het begin van de jaren tachtig Rabins rechterhand was. De campagneleus was 'Israel wacht op Rabin', een variant op een bekend liedje over de Zesdaagse Oorlog, 'Nasser wacht op Rabin', een verwijzing naar Rabins rol als de militaire redder.

Met zijn mobilofoon steeds in de aanslag orkestreerde Sjeves de hectische aanval op de macht, door het regelen van meer dan een half dozijn optredens per dag. Rabin werd geobsedeerd door de overwinning. Hij leek een eindeloze reserve aan energie te hebben. Hij was zeventig jaar en liep zijn staf, van wie velen twee keer zo jong waren als hij, van de sokken. Kettingrokend, vaak met alleen een glas bier als lunch, brandend van verlangen om te winnen, trok hij verschillende keren het hele land door. Hij wilde de mislukkingen van zijn eerste termijn als premier uit de herinnering wegvagen en het land en zichzelf bewijzen dat hij de juiste man was voor die toppositie. Zijn diepe verlangen naar een tweede kans veranderde deze verlegen, introverte man in een formidabele campagnevoerder.

Rabin was geen politicus van de onderonsjes, maar hij was wel een scherp politiek analist. Hij ging ervan uit dat de Arbeiderspartij niet meer op enige steun van de religieuze partijen kon rekenen. De 'stinkende manoeuvre' leek zijn standpunt te bevestigen. 'Als ze de kans krijgen,' zei hij, 'zullen ze altijd met de Likoed in zee gaan.' De enige manier waarop de Arbeiderspartij kon winnen, was door meer stemmen uit het midden te halen, uit het politieke gebied tussen links en rechts, tussen de Arbeiderspartij en de Likoed. Rabins doel was een meerderheid van 61 te krijgen in de 120 leden tellende Knesset, alleen bestaande uit de Arbeiderspartij en partijen aan de linkerkant. Dat zou voorkomen dat de Likoed een coalitie kon vormen en de religieuze partijen kon dwingen met de Arbeiderspartij samen te werken of in de oppositie te gaan. Om deze strategie te laten slagen, moest Rabin niet minder dan vijf zetels van rechts winnen – 150 000 twijfelende Israeli's van de rechtervleugel. Peres spotte hiermee en zei: 'Ik betwijfel of er 150 zijn.'

Rabin had echter het harde militaire imago dat aantrekkelijk was voor het op veiligheid gerichte midden. Verder had hij een grote geloofwaardigheid en een overtuigend alternatief programma. Hij realiseerde zich al vroeg in de campagne dat de Likoed veel van haar traditionele aanhangers in de steek liet. De meeste Israeli's wilden een beter leven, meer veiligheid en betere economische vooruitzichten. Velen realiseerden zich dat de belangrijkste voorwaarde hiervoor vrede was en gingen niet meer mee met de Likoed-obsessie van Groter Israel. Op 1 maart vertelde hij het centraal comité van de Arbeiderspartij dat mensen het gevoel hadden dat de Likoed kansen liet liggen en dat zou blijven doen. Bovendien waren de sociaal-economische prioriteiten van die partij verkeerd. Kortom, de Likoed en haar leider liepen niet in de pas met de veranderingen. De Golfoorlog van 1991, stelde Rabin, bood een kans op vrede in het Midden-Oosten. Maar die kans zou niet altijd blijven. De Arbeiderspartij moest alles doen om die kans aan te grijpen; de Likoed zou die kans vrijwel zeker verknallen.

De andere grote fout van de Likoed was volgens Rabin haar grote uitgaven aan de nederzettingen. Dit was niet alleen een complicerende factor voor het vredesproces en beschadigend voor Israels positie in de wereld, maar de miljarden die daaraan verspild werden, konden beter worden gebruikt binnen soeverein Israel. Dit argument maakte grote indruk op de traditionele aanhangers van de Likoed in de stadswijken en verwaarloosde stadjes die bevolkt werden door immigranten uit de jaren veertig en vijftig.

Terwijl de campagne warm liep, bracht Rabin zijn boodschap met verve naar deze Likoed-bolwerken door het hele land. Dit was ondenkbaar geweest tijdens de andere verkiezingscampagnes van na de politieke revolutie van 1977, die de Likoed voor het eerst aan de macht had gebracht. Nu werd hij echter met open armen ontvangen. En de gescandeerde kreten 'Ra-bin, Ra-bin' waarmee hij werd begroet, deden denken aan het 'Be-gin, Be-gin' van een decennium daarvoor – kreten van enthousiasme waarvan de stugge Sjamir zelfs niet kon hopen ze ooit aan het volk te ontlokken.

De mensen hielden van Rabins directe manier van spreken, van zijn oprechtheid en van zijn toewijding aan wat hij geloofde dat het beste was voor Israel. 'De Likoed heeft jullie geld genomen, het geld dat jullie via de belasting hebben betaald en het weggegooid in de bezette gebieden,' riep Rabin tegen een arbeidersbevolking in Beersjeva. 'Ze hebben niets gedaan voor soeverein Israel. In vijftien jaar tijd hebben ze niet één fabriek gebouwd in Beersjeva!' Toen Sjamir naar Beersjeva kwam, werd door een groep voormalige Likoed-leden een spandoek omhoog gehouden met de tekst: 'Sjamir haat Marokkanen. Wij zijn allemaal Marokkanen'. Sjamir werd woedend en noemde de hekelaars terroristen. Iets ergers had hij niet kunnen doen en hij raakte de sefardi-stemmen kwijt. Tijdens een bijeenkomst van Rabin, in Tel Aviv, sprak Nachman Mizrachi, een voormalige para in het leger en een typische gewone Likoed-aanhanger – nu van middelbare leeftijd, met krullend grijs haar tot op zijn schouders, een gouden ketting rond zijn hals en een donkere zonnebril – voor velen toen hij zei: 'Wij, de sefardim, hebben de Likoed in 1977 aan de macht gebracht en nu zullen we degenen zijn die haar die macht ontnemen.'

Voor de twijfelaars kwam Rabin met precies de goede boodschap: hij zou een veilige vrede brengen en de nationale prioriteiten veranderen. In plaats van geld in de nederzettingen te pompen, zou hij het investeren in de infrastructuur, onderwijs, werkgelegenheid en immigranten, en om uit het leger ontslagen soldaten een betere start te geven. De Likoed zou de status quo handhaven, de Arbeiderspartij zou voor grote veranderingen zorgen. 'De kiezers,' verklaarde Rabin, 'moeten kiezen tussen stagnatie en hoop.'

In de strijd om het politieke midden deed Rabin een aantal harde uitspraken. Hij verklaarde bijvoorbeeld dat hij in de vredesbesprekingen met Syrië de Golanhoogte niet zou teruggeven. 'Iedereen die van de Golan omlaag komt, is een bedreiging voor Israels veiligheid,' bulderde hij. Het was een uitspraak die hem later zou achtervolgen, toen de oppositie tegen de vredesinspanningen van zijn regering groeide. Het was echter vooral een verkeerd begrepen verklaring. Rabin heeft nooit gezegd dat hij *elk* compromis voor de Golan afwees. Zijn campagneboodschap was bewust vaag. Toen hij onder druk werd gezet, zei hij dat hij klaar was voor terugtrekking 'op de Golan' maar niet 'uit de Golan'. Waar het op neer kwam, was dat hij, hoewel veiligheid bij hem voorop stond, bereid was vergaande territoriale concessies te doen. 'Ik ben niet bereid ook maar een centimeter veiligheid op te geven,' zei hij, 'maar ik ben wel bereid heel wat centimeters gebied op te geven.'

Behalve ontevreden Likoed-stemmers richtte Rabin zich nog op twee andere belangrijke, potentieel rechts stemmende groepen: de 400 000 Russen, die met een nieuwe immigratiegolf uit de uiteenvallende Sovjet-Unie waren gekomen, en jonge mensen die voor het eerst gingen stemmen. Bij beide groepen wist de Arbeiderspartij de politieke waarnemers te verrassen en de Likoed te verslaan. Uit analyses na de verkiezingen bleek dat Rabin onder de immigranten een dramatische, en mogelijk beslissende 47 procent had gehaald; de Likoed, die tenslotte aan de regering was geweest toen de meeste immmigranten hun vrijheid kregen en naar Israel kwamen, kreeg net 18 procent van de Russische stemmen.

In de verkiezingsstrategie van de Arbeiderspartij was Rabin de troef en die troef werd zo goed mogelijk uitgespeeld. De campagne was de meest leider-georiënteerde uit de Israelische geschiedenis. Het leek alsof de wet voor de directe verkiezing van de premier al van kracht was. De formele naam van de partijlijst voor Knesset-kandidaten was zelfs veranderd van 'De Arbeiderspartij' in 'De Arbeiderspartij geleid door Rabin'. Zo werd ervoor gezorgd dat de naam van Rabin op de stembiljetten stond en werd gebroken met de Israelische traditie van het stemmen op een partij en niet op een persoon. Van de muren van gebouwen overal in het land keek het ernstige gelaat van de leider vanaf grote foto's op de mensen neer. Politieke bijeenkomsten, met prachtige verlichting, muziek, vlaggetjes en ballonnen, weerspiegelden de nieuwe energie van de herstelde partij en presenteerden de onhandige en verlegen Rabin bijna als een popster.

In tegenstelling daarmee deed de Likoed haar best Sjamir te verbergen en vooral de jonge leiders om hem heen naar voren te schuiven. Het was geen winnende strategie en dat wist de partij. Lastercampagnes tegen Rabin waren een laatste wanhopige gooi met de politieke dobbelsteen. Er kwamen verwijzingen naar zijn 24 uur durende crisis als stafchef tijdens de voorbereiding op de Zesdaagse Oorlog en er waren grove insinuaties over een drankprobleem. Maar het was geen eenvoudige taak om de bejubelde oorlogsheld te portretteren als een stiekeme drinker met lemen voeten. 'De moddercampagne spreekt misschien de echte Likoed-kringen wel aan,' zei Uzi Baram, 'maar niet het grote publiek.' De campagneleiders van de Likoed wisten dat ze zich op glad ijs bevonden. Rabin, klaagden ze, was niet alleen 'Meneer Veiligheid', maar ook nog 'Meneer Teflon'.

Rabin gebruikte deze aanvallen om zijn troef uit te spelen – en dat was zijn geloofwaardigheid. In een uitgebreid interview met de massaal verspreide *Jediot Acharonot* gaf hij toe dat hij die ene dag voor het uitbreken van de Zesdaagse Oorlog 'gedeprimeerd' was geweest, maar dat hij de volgende dag weer terug was geweeest om de beslissende overwinning te plannen. Wat zijn drinken betreft, vertelde hij een journalist dat hij 'net als iedereen' wel eens een slok nam, maar dat dat hem nog niet tot een dronkaard maakte.

Terwijl Rabin het ene sterke punt na het andere scoorde, gingen de zaken voor de Likoed steeds slechter. Eind april, terwijl de campagne in volle gang was, kwam de staatsthesaurier met een vernietigend rapport over het management van de Likoed-regering en met name over het ministerie van Huisvesting van Ariel Sjaron. Sjamirs beperkte aantrekkingskracht als kandidaat werd ook niet groter door de onophoudelijke gevechten onder zijn aspirant-opvolgers als partijleider. Bovendien leek de partij geen enkele feeling meer te hebben met het volk toen ze terugkwam op eerdere beloften om de electorale hervorming te steunen. Verder leek de partij niet direct op vrede uit te zijn, waardoor de relatie met de Verenigde Staten onder druk stond. Sjamirs politiek van het continu bouwen in de bezette gebieden had ertoe geleid dat de regering 10 miljard aan leninggaranties voor de immigranten had achtergehouden. De werkloosheid was tot meer dan 11 procent gestegen, wat nog meer stemmen kostte. Minister van Financiën Jitschak Moda'i maakte de zaak alleen maar erger toen hij verklaarde dat Israel, zelfs als de werkloosheid de 16 procent zou bereiken, niet zou buigen en zou bezuinigen voor de leninggaranties. Na vijftien jaar van Likoed-regeringen vonden steeds meer Israeli's dat het tijd was voor een verandering.

Op 23 juni 1992 gingen 2 657 327 mensen naar de stembus. Het resultaat was een indrukwekkende overwinning voor de Arbeiderspartij en Jitschak Rabin. Niet alleen boekte de Arbeiderspartij een record-overwinning van 906 126 stemmen, wat 44 Knesset-zetels betekende tegenover 32 voor de Likoed, maar Rabin kreeg ook de meerderheid waarop zijn strategie gericht was geweest. Met 44 zetels voor de Arbeiderspartij, 12 voor de meer 'duifachtige' Merets en 5 voor twee kleine linkse partijen waarop voornamelijk door Arabieren was gestemd, was hij ervan verzekerd dat minstens 61 van de 120 leden elke poging van de Likoed tot het vormen van een coalitie zouden tegenhouden.

Rabin was thuis met zijn familie toen de eerste uitslagen bekend werden. Lea Rabin barstte in tranen uit toen tv-presentator Chaim Javin zei dat er sprake was van een nieuwe *mahapach*, een term die hijzelf had geïntroduceerd als beschrijving voor de politieke omwenteling die plaatsvond toen de Likoed voor het eerst de Arbeiderspartij had verdreven. Nu gebruikte hij de term voor de terugkeer van de Arbeiderspartij naar de regering. Op zijn voorzichtige manier waarschuwde Rabin dat het alleen maar de eerste uitslagen waren. Maar al snel was er geen twijfel meer over het resultaat. De cirkel was gesloten. Rabin was de premier geweest die de macht had moeten afstaan aan Menachem Begin van de Likoed. Nu had hij het premierschap, dat niet door zijn fout verloren was gegaan, teruggewonnen van de Likoed. Hij zou het Israelische volk laten zien dat hij, nu hij een tweede kans had gekregen, een groot leider zou zijn. Hij zou laten zien dat hij strategische doelen kon stellen en de politieke bekwaamheden had deze ook te bereiken. Hij was de eerste keer misschien nog wat onervaren geweest, maar nu was hij politiek volwassen en klaar voor de grote taak die voor hem lag.

In het campagnecentrum van de Arbeiderspartij, in het Dan Hotel, was het een tumult van jewelste. Het waren de eerste verkiezingen in twee decennia die de Arbeiderspartij volledig had gewonnen. De champagnekurken knalden, er werd gedanst en gezongen en mensen omhelsden elkaar. De uitzinnige partijmedewerkers riepen 'Rabin, Rabin'. Iemand zette de opgenomen leus aan en de luidsprekers brulden: 'Rabin is de juiste man. Israel wacht op Rabin.'

Om 23.20 uur arriveerde Peres in een juichende stemming. 'Het is het beste wat Israel had kunnen overkomen,' zei hij, met een rode bloem in zijn hand. Partijmedewerkers verzamelden zich om de overwinning te vieren. Maar Rabins assistenten interpreteerden het tafereel verkeerd. Toen Rabin om 1.00 uur, nadat alle stemmen geteld waren, arriveerde, fluisterde iemand hem toe dat Peres zijn kamp binnen de partij nieuw leven had ingeblazen. Rabin glimlachte, schudde overal handen en leek van de feeststemming te genieten, maar hij was woedend over het valse nieuws over de Peres-groep en vastbesloten te laten zien wie de baas was. '*Ik* zal de onderhandelingen over de coalitie leiden,' verklaarde hij, met een rood hoofd, de aderen in zijn hals gezwollen, in zijn overwinningstoespraak. 'En *ik* benoem de ministers.' Peres stond alleen, met een bedroef gezicht en een bloem die in zijn hand verslapte.

Rabin wilde een evenwichtige coalitie, met de Arbeiderspartij als middelpunt tussen rechts en links, tussen seculier en religieus. Hij wilde voor zijn meerderheid niet afhankelijk zijn van de vijf Arabische stemmen. En hij wilde zijn belangrijkste natuurlijke coalitiepartner, de linkse, seculiere Merets, onder controle houden. Hij vond het vervelend dat de Merets had opgeschept dat ze, eenmaal in een coalitie met de Arbeiderspartij, de toon zou zetten. Hij hoopte dat de rechtse Tsomet een compensatie zou vormen voor het duifachtige karakter van de Merets en de ultra-orthodoxe Sjas hetzelfde zou doen voor het seculiere aspect. Door een brede regering met politieke tegenstanders te vormen, hoopte hij ze tegen elkaar te kunnen uitspelen en zijn handelingsvrijheid te vergroten. Dit lukte niet helemaal. Door de benoeming van Merets-leider Sjoelamiet Aloni tot minister van Onderwijs wilde de Tsomet niet meedoen, waarvan de leider, Rafael Eitan, een voormalige stafchef, die post zelf had willen bekleden, en dit hield ook bijna de Sjas buiten de deur wegens Aloni's uitgesproken seculiere standpunten. Maar de geestelijk leider van de Sjas, rabbijn Ovadia Josef, zorgde voor de redding door een nooit eerder vertoonde stap te zetten: hij verliet zijn huis om een ondergeschikte op zijn terrein te ontmoeten. Hij ging naar het ministerie van Binnenlandse Zaken en gaf de twijfelende partijleider Arjee Deri, de vertrekkende minister, opdracht de coalitie-overeenkomst te tekenen. Het resultaat was een bijzonder tevreden premier, die aan het hoofd stond van de sterkst vredes-georiënteerde regering in de geschiedenis van Israel, zonder rechtse ballast, maar met het seculier-orthodoxe evenwicht dat hij had gezocht.

Wat Rabin echter vooral wilde, was een regering zonder Peres. Hij hoopte dat geruchten, verspreid door zijn eigen mensen, dat Peres' naam genoemd werd werd voor de post van 'minister van Joodse

Zaken' hem tot terugtrekken zou bewegen. Maar Peres weigerde te buigen. Hij wist dat hij genoeg invloed binnen de partij had om Rabin te dwingen met hem in zee te gaan. Rabin weigerde Peres op Defensie te zetten. Vanaf die post had Peres volgens hem 'onvermoeibaar tegen hem samengespannen' tijdens zijn eerste ambtstermijn. Dus bereikten ze het compromis van Binnenlandse Zaken. Maar Peres werd van het begin af aan door Rabin gekortwiekt. De belangrijke bilaterale vredes-besprekingen tussen Israel en de Arabische buurstaten en tussen Israel en de Palestijnen zouden onder de verantwoordelijkheid van de pre-mier vallen. Peres moest het doen met de onduidelijker multilaterale onderhandelingen over de toekomst van het Midden-Oosten na het bereiken van vrede.

Toen de nieuwe regering aan het werk ging, waren de verhoudin-gen tussen de twee net zo gespannen als vroeger. Maar tot ieders ver-bazing werkten ze al snel nauw samen aan het vredesproces; eerst op basis van een evenwicht van afschrikking, maar al snel vanuit een onwillig wederzijds respect. Hun wekelijkse besprekingen waren ont-spannen bijeenkomsten en assistenten zeiden dat ze het paar dikwijls luid hoorden lachen achter de gesloten deuren. In maart 1993 begon Rabin echter bang te worden dat Peres weer tegen hem samenspande. Sjeves waarschuwde hem op zijn hoede te zijn. Rabin regaeerde met de opmerking dat hij wel wist wat er gaande was. 'Ik ben geen kind meer,' zei hij. Peres was weer begonnen aan de vrijdagse vergaderin-gen met leden van zijn groep. Met betrekking tot de posities in de partij hadden ze Rabin buitenspel gezet. Hoewel Rabin het kabinet had bevolkt met aanhangers, was Peres erin geslaagd zijn mensen op belangrijke partijposten te krijgen: Eli Dajan als fractieleider in de Knesset, Nissim Zvili als partijsecretaris en Ezer Weizman als partij-kandidaat voor de vooral ceremoniële functie van voorzitter.

Peres stond er echter op dat de toekomstige relatie met Rabin maar naar één maatstaf mocht worden gemeten – het vredesproces. Peres beloofde volledig loyaal te zijn zolang Rabin daar zijn best voor bleef doen. Maar als er sprake zou zijn van vertraging, waarschuwde hij, 'zal ik niet aarzelen de vlag van de rebellie te hijsen.'

De antipathie tussen de twee was niet alleen het gevolg van een machtsstrijd. Er was een duidelijke en blijvende botsing van karakters. Kalman Gajer, een politiek adviseur van Rabin die beiden goed heeft gekend, zegt: 'Een analist probeert de dingen te ontrafelen en als hij ze eenmaal begrijpt een manier te vinden om ze weer in elkaar te zetten. Dat is Rabin. Een integratief iemand kan met vaagheid omgaan. Als hij een obstakel ziet, probeert hij het te vermijden, probeert hij uit de buurt te blijven van de details en verder te gaan. Dat is Peres. Die twee benaderingen moeten wel botsen. In het geval van Rabin en Peres ontstond hierdoor een bijzonder grote rivaliteit.'

De grote strijd tussen hen was in feite gestreden. Rabin was 70 en Peres 69; ze waren op een leeftijd gekomen waarop prestaties belangrijker zijn dan onderlinge strijd. Peres was al premier geweest. Hij had niet het idee dat hij nog iets moest bewijzen en berustte in zijn positie als de nummer twee achter Rabin. Belangrijker was dat zowel Rabin als Peres geobsedeerd werden door hetzelfde grote idee: het bereiken van vrede. De botsing tussen hun karakters, die hen in het verleden gescheiden had, werd een voordeel. Israels onwaarschijnlijkste duo begon elkaar aan te vullen toen het serieuze werk van de vredesbesprekingen begon.

Kort nadat zijn nieuwe coalitieregering op 13 juli 1992 was beëdigd, voorspelde Rabin dat er binnen negen maanden een overeenkomst met de Palestijnen zou zijn. Hij geloofde dat de intifada geleid had tot een verschuiving in het machtsevenwicht onder de Palestijnen, weg van Jasser Arafats PLO in Tunis, bekend als de 'outside', naar het plaatselijke leiderschap in de bezette gebieden, de 'inside'. In Israel bestond een brede consensus over het vermijden van elk contact met Arafat en zijn organisatie, en het vredesplan dat Rabin in 1989 als minister van Defensie had ontwikkeld, was erop gericht de PLO te omzeilen en door middel van verkiezingen in de bezette gebieden een geloofwaardig plaatselijk leiderschap te creëren. Hij was ervan overtuigd dat de verkiezingen al veel eerder zouden zijn gehouden als Jitschak Sjamir zich niet had verzet. En hij was er zeker van dat de plaatselijke Palestijnse leiders, eenmaal gekozen, mee zouden werken.

Er stond hem echter een verrassing te wachten. Half september 1992 kwamen Israelische onderhandelaars in Washington bijeen met een groep 'inside-Palestijnen' voor de zesde serie gesprekken sinds de vredesconferentie van 1991 in Madrid – de eerste sinds Rabin aan de macht was. Uit het verloop van die gesprekken bleek duidelijk dat de PLO van 'buiten' aan de touwtjes trok, of liever, de voortgang tegenhield omdat de PLO er niet officieel bij betrokken was. De onderhandelingen leidden nergens toe.

Minister van Buitenlandse Zaken Sjimon Peres trok al snel zijn conclusies. Hij drong er bij Rabin op aan zijn weigering te onderhandelen met de PLO te heroverwegen. Rabin weigerde, maar gaf Peres wel toestemming om via Egypte zijn voelhorens uit te steken. In boodschappen aan de adviseur van de Egyptische president Osama al-Baz, minister van Buitenlandse Zaken Amr Moessa en president Hosni Moebarak zelf ventileerde Peres het 'Gaza eerst'-idee, een plan om de Palestijnen in de Gazastrook op experimentele basis zelfbestuur te geven, met de belofte van autonomie voor de Westelijke Jordaanoever als dit zou werken. Hij wist dat dit bericht Tunis zou bereiken. Ongeveer tegelijkertijd maakte Rabin duidelijk dat hij bereid was tot grote territoriale concessies in ruil voor vrede: 'Het is tijd om de religie van Groter Israel op te geven,' zei hij begin september in een toespraak. Hierdoor aangemoedigd begon de PLO naar manieren te zoeken om direct contact te leggen met de nieuwe Israelische regering. In oktober maakte Aboe Mazen, hoofd van PLO's afdeling Israel, via Egypte een gebaar. Daarop kwam de boodschap van minister van Buitenlandse Zaken Moessa dat de tijd nog niet rijp was. Rabin was nog niet klaar.

Maar begin december vond er zonder dat Rabin en Peres het wisten, een dramatische doorbraak plaats in de betrekkingen tussen Israel en de PLO. Staatssecretaris van Buitenlandse Zaken Jossi Beilin – door Rabin spottend 'Peres' poedel' genoemd – had een nog niet goedgekeurd, geheim kanaal opgezet via Noorse functionarissen. In september had de Noorse staatssecretaris Jan Egeland tijdens een bezoek aan Israel Beilin ontmoet en de faciliteiten aangeboden voor geheime contacten tussen Israel en de Palestijnen. Beilin verwachtte er niet zoveel van, tot de PLO Jair Hirschfeld benaderde, een hoogleraar politieke wetenschappen en adviseur van Beilin in Londen. Beilin gaf Hirschfeld toestemming voor een ontmoeting met de economisch specialist van de PLO, Achmad Khoerei, beter bekend als Aboe Ala. Terje Larsen, een Noorse onderzoeker die zowel Beilin als Aboe Ala kende, hielp met de organisatie van de eerste van de twee ontmoetingen, begin december in Londen. Hirschfeld en Aboe Ala besloten tot een nieuwe ontmoeting onder auspiciën van Larsen. Deze vond vlakbij Oslo plaats op 21 januari 1993.

Intussen was Rabin zes maanden aan de macht en begon te betwijfelen of de 'inside-Palestijnen' ooit zouden kunnen leveren wat hij wilde. Hij had een blijk van zijn oprechte wens tot verzoening met de Palestijnen gegeven door de bouw van huizen in nederzettingen op de Westelijke Jordaanoever stop te zetten, maar daar was weinig positieve reactie op gekomen. De zevende en achtste gespreksronden in Washington waren een frustrerende tijdverspilling geweest. Vervolgens waren de vredesbesprekingen in Washington opgeschort, als wraak voor Rabins uitzetting in december van 415 Hamas-fundamentalisten naar Libanon na de brute moord op een ontvoerde Israelische politieman.

Geheime diplomatie was nu het enige spel dat restte. Als Rabin zijn verkiezingsbelofte over het versnellen van het vredesproces waar wilde maken, moest hij dat spel gaan spelen. Hij begon berichten aan de PLO door te geven via de ministers Chaim Ramon, Efraim Sneh en Jossi Sarid van de Merets, en via Sjlomo Gazit, voormalig hoofd van de militaire inlichtingendienst. In januari 1993, toen Peres hem benaderde met een specifiek voorstel voor de PLO – waarin Israel aan Arafat zou voorstellen dat hij naar Gaza zou komen om verkiezingen te organiseren en zo een gekozen Palestijnse leiding te creëren waarmee Israel zou kunnen onderhandelen – luisterde Rabin naar zijn minister van Buitenlandse Zaken. Volgens Peres zou de PLO-leider de voortgang bewust blijven blokkeren zolang hij in Tunis bleef. En Peres, die nu op de hoogte was gesteld van de besprekingen tussen Hirschfeld en Aboe Ala, vertelde Rabin over de komende ontmoeting in Noorwegen tussen die twee. De premier gaf met tegenzin zijn goedkeuring.

Tijdens die bijeenkomst, gehouden in Sarpsborg bij Oslo, werd Peres' idee – het Palestijnse zelfbestuur in de Gazastrook – onmiddellijk het belangrijkste punt. Aboe Ala stelde voor dat Israel zich terug zou trekken uit de Gazastrook en dat er een mini-Marshall-plan voor de Palestijnen zou komen. Hirschfeld was enthousiast. 'Begin met Gaza,' zei hij, wetende dat de meerderheid van de Israeli's geen sentimentele gevoelens had over de verarmde, overbevolkte, terroristische broeikas die de Gazastrook was geworden. Terugtrekking van Israel uit Gaza zou een vertrouwenwekkende eerste stap kunnen zijn naar een bredere Palestijnse autonomie, terwijl de gevoeligste kwesties van het Israelisch-Palestijnse conflict – de status van Jeruzalem, het lot van de nederzettingen, de terugkeer van de Palestijnse vluchtelingen en de vaststelling van de grenzen – naar de toekomst konden worden verschoven. 'Dat is iets waar de regering steun voor kan krijgen.'

Tijdens de volgende bijeenkomst, in februari, produceerden Aboe Ala en Hirschfeld een document van zeven pagina's, bekend als het

'Sarpsborg-document', over de overgave van de Gazastrook aan de Verenigde Naties. Peres was razend toen hij het zag. 'Dat is een hopeloos voorstel,' zei hij tegen Beilin. Hij weigerde elke rol van de VN. Voor de derde ontmoeting, in maart, formuleerde Peres amendementen bij het Sarpsborg-document. Het belangrijkst was dat hij verklaarde dat de PLO wat Israel betreft haar hoofdkartier kon verplaatsen van Tunis naar Gaza. De PLO en Israel begonnen elkaar te begrijpen. Half april had Rabin een ontmoeting met Moebarak in Ismailia, waar hij een kaart te zien kreeg die Arafat aan hem had gegeven. Daarop stond een grote cirkel rond Gaza en Jericho. Het 'Gaza eerst'-idee van Peres was teruggekomen in de vorm van 'Gaza en Jericho eerst', waarvan Arafat het copyright opeiste. De PLO-leider wilde een basis op de Westelijke Jordaanoever om er zeker van te zijn dat hij niet alleen met de gifbeker van de Gazastrook zou worden afgescheept. Maar Rabin schrok van het Jericho-element, vooral omdat de Allenby-brug over de rivier de Jordaan onder het voorgestelde autonome gebied zou vallen. Als de Palestijnen een oversteekpunt vanuit Jordanië hadden, zou niets een stroom van wapens of vluchtelingen kunnen tegenhouden. Rabin liet Moebarak weten dat dit geen goed idee was.

De premier had nog steeds de vage hoop dat hij met de 'inside-Palestijnen' een regeling over beperkt zelfbestuur zou kunnen treffen en de PLO zou kunnen uitsluiten. Hij dacht dat het Israelische volk geen openlijke besprekingen met de PLO zou toestaan en zeker geen vredesovereenkomst met deze terroristische organisatie. Hij bleef de geheime contacten beschouwen als een aanvulling op de openbare besprekingen, als een manier om de onderhandelingen in Washington vooruit te helpen. Rabin had zijn hoop gevestigd op Faisal Hoesseini, telg uit een beroemde nationalistische familie en de meest gerespecteerde Palestijnse leider in de bezette gebieden. Sjamir had Hoesseini buiten de onderhandelingen gehouden op grond van het feit dat hij in Oost-Jeruzalem woonde en zijn betrokkenheid als teken kon worden gezien van Israels bereidheid tot onderhandeling over herverdeling van de stad. In april gaf Rabin toestemming om Hoesseini in het officiële Palestijnse onderhandelingsteam op te nemen.

Het maakte geen verschil. Arafat bleef vanuit Tunis elke voortgang tegenhouden. Hij wilde nog steeds een officiële rol voor de PLO. Toen de besprekingen in Washington op 27 april werden hervat, na een onderbreking van vier maanden wegens de uitzetting, liepen ze onmiddellijk vast. Hoesseini's onvermogen om de leiding te nemen en de zaak vooruit te helpen, was een grote teleurstelling voor Rabin, en dit is waarschijnlijk het moment geweest waarop hij geaccepteerd heeft dat Arafat openlijk bij de onderhandelingen betrokken zou moeten worden als ze tot resultaten wilden komen.

Intussen was Aboe Ala in Oslo energiek bezig met wat hij het 'Gaza- en Jericho-project' noemde. Hirschfeld had hem verteld dat Moebarak het plan met Rabin had besproken en dat Rabin het Jericho-element wilde afwijzen. Aboe Ala liet zich echter niet van de wijs brengen en dacht dat dit de beste lijn was om te volgen.

Door de combinatie van een PLO die zo gretig beet in het 'Gaza eerst'-aas van Peres en Hoesseini's onvermogen iets nuttigs in Washington te doen, begonnen Rabin en Peres de Oslo-connectie in een nieuw en serieuzer licht te zien. Het keerpunt kwam half mei. Peres vertelde Rabin dat hij naar Noorwegen wilde om zelf met Aboe Ala te praten. Rabin vond dit te gevaarlijk. Ze moesten hun betrokkenheid kunnen blijven ontkennen en konden andere leden van het kabinet niet verbinden aan een onderhandelingsproces waar ze niets vanaf wisten. In plaats daarvan besloten ze de nieuwe directeur-generaal van het ministerie van Buitenlandse Zaken, Uri Savir, een beschermeling van Peres, te sturen om uit te zoeken hoe serieus het Oslo-kanaal nu werkelijk was.

Dat Rabin de PLO als vredespartner begon te zien, was al langere tijd in gang gezet. Het was vreemd genoeg begonnen met de uitzetting van de 415 Hamas – en islamitische Jihad-fundamentalisten in december. In het kabinet werd toen veel gepraat over een twee-sporenbeleid in het belang van de vrede: het verzwakken van de fundamentalistische tegenstanders die verantwoordelijk waren voor bijna alle terroristische activiteiten tegen Israel, en de steun aan de gematigder PLO-lijn. Via een subtiele conceptuele doorbraak begon Rabin duidelijk onderscheid te maken tussen de fundamentalistische tegenstanders en de vredestichters van de PLO.

De volgende grote verschuiving in Rabins denken kwam na zijn afsluiting van de bezette gebieden in april, nadat in drie weken tijd bij een reeks van terroristische aanslagen tien Israeli's waren gedood. De afsluiting, waardoor meer dan 100 000 Palestijnen met een baan in Israel niet aan het werk konden, toonde duidelijk aan dat scheiding tussen Israeli's en Palestijnen kon werken. Het verbeterde niet alleen de veiligheid, maar duidde ook op de contouren van een uiteindelijke politieke regeling, met de Gazastrook als potentieel proefterrein. Rabin was er echter nog niet zeker van of hij Arafat kon vertrouwen.

De hoffelijke Savir, voormalig Israelisch consul in New York, kwam optimistisch terug van zijn eerste ontmoeting met Aboe Ala op 21 mei in het Thomas Heftye-huis in Oslo. Hij deelde mee dat hij een uitstekend contact had met Aboe Ala, dat Aboe Ala de volledige steun van Arafat had en dat de PLO iets wilde regelen. Hij vertelde Rabin en Peres dat dit een serieus kanaal was. Maar Rabin wilde een nog strengere test. Er werd contact opgenomen met Yoel Singer, een in Washington gevestigde, ambitieuze internationaal jurist. Zowel Rabin als Peres vertrouwden op zijn oordeel. Singer had twintig jaar bij de juridische afdeling van het Israelische leger gewerkt en was betrokken geweest bij de overeenkomst over terugtrekking waarover Rabin en Peres midden jaren zeventig met Egypte en Syrië hadden onderhandeld. Hij had ook tijdens Rabins eerste termijn als minister van Defensie wettelijke regelgeving ontworpen voor de bezette gebieden. Nu wilde Peres hem als juridisch adviseur voor het ministerie van Buitenlandse Zaken.

Eind mei brachten Peres en Veilin Singer mee voor een bezoek aan Rabin in zijn kantoor in het ministerie van Defensie in Tel Aviv. Singer had het Sarpsborg-document gelezen en vond het 'halfbakken'. Ongezouten en direct in zijn uitspraken was hij de enige van de Oslospelers die Rabins taal sprak. Rabin vroeg hem naar Oslo te gaan om te onderzoeken hoe serieus de PLO was. 'Ik wil van jou horen dat het aanbod van de PLO echt is,' zei hij. Tijdens de zevende bijeenkomst, half juni, stelde Singer Aboe Ala een hele serie vragen die naar zijn zeggen van Rabin kwamen. 'Wat hier gebeurt, is van nu af aan officieel,' vertelde hij de Palestijnen. Hoewel de toon van Singer hem niet beviel, realiseerde Aboe Ala zich dat de toekomst van dit kanaal afhankelijk was van zijn antwoorden. Singer kwam tevreden bij Rabin terug. 'Ze zijn serieus,' zei hij. 'Ze zijn bereid onderhandelingen over de bezette gebieden en Jeruzalem uit te stellen.'

Nu begon ook Rabin zich actief met het onderhandelingsproces bezig te houden. Hij nam de aantekeningen nauwgezet door. Toen gaf hij Singer toestemming om een volledig, officieel Israelisch voorstel te schrijven. Toen Singer op de achtste Oslo-bespreking, gehouden op 3 juli, met een volledig nieuw Israelisch voorstel kwam, waren de Palestijnen woedend. Het nieuwe voorstel voor een overeenkomst over Gaza en Jericho week sterk af van de voorstellen waaraan Hirschfeld en Aboe Ala maanden hadden gewerkt. Singer stelde rustig voor dat de Palestijnen het voorstel woord voor woord zouden bekijken en hun bezwaren en tegenvoorstellen zouden opschrijven. Hierop volgden de meest intensieve 36 uren uit de geschiedenis van de Israelisch-Palestijnse onderhandelingen, waarbij de twee partijen dicht bij een akkoord kwamen. Maar het goede werk eindigde abrupt in een bitter meningsverschil over de precieze status van Jericho, waarbij beide partijen met deuren sloegen, schreeuwden dat het allemaal voorbij was en naar het vliegveld vertrokken.

Rabin liet zich niet van zijn stuk brengen. Hij stuurde zijn team een week later terug met meer eisen voor de veiligheid van de joodse nederzettingen en de veiligheid van de Israelische kolonisten op de wegen. De Palestijnen kwamen met een eigen tegenvoorstel en 25 nieuwe eisen. De besprekingen liepen weer op onenigheid uit. En deze keer was het ernstig. Rabin was verbijsterd dat de PLO het had gewaagd om een blad uit Israels boek te halen en een volledig nieuw document te introduceren op een moment waarop het eerder gedane voorbereidende werk zo dicht bij wederzijdse acceptatie was. Hij vond dit getuigen van een gebrek aan ernst en vertrouwen. Hij zei tegen Peres dat hij er genoeg van had en de hele zaak af zou blazen. Geluk-

kig had een Noorse delegatie, onder leiding van minister van Buitenlandse Zaken Holst, net een bezoek gebracht aan Arafat in Tunis.
Alleen door een pleidooi van Peres en een brief van Holst aan Peres
waarin de ernst van Arafat werd benadrukt, kon Rabin overgehaald
worden om de besprekingen in Oslo door te laten gaan. In dezelfde
tijd rapporteerde Chaim Ramon, nu minister van Gezondheidszorg in
Rabins kabinet, onafhankelijk aan de premier over een ontmoeting die
hij op 14 juli in Jeruzalem had gehad met Arafats adviseur voor Israelisch-Arabische zaken, Achmad Tibi. Ramon zei dat Tibi hem ervan
had overtuigd dat er alleen zaken konden worden gedaan met Arafat
en dat hij echt geïnteresseerd was in een akkoord. Maar tijdens volgende besprekingen in Oslo kon de kloof niet gedicht worden. Savir
definieerde zestien geschilpunten en stelde voor dat elke partij op acht
punten een concessie zou doen: de Palestijnen op veiligheidspunten
en Israel op de rest.

Rabin was nog steeds sceptisch en had weinig vertrouwen in Arafat.
Maar in augustus kondigde Arafat publiekelijk aan de discussies over
Jeruzalem te willen uitstellen, wat als een volledige verrassing kwam
voor het Palestijnse onderhandelingsteam dat de besprekingen in
Washington voerde. De 'insiders' – Faisal Hoesseini, Sa'eb Arekat en
Hanan Asjrawi – kondigden aan dat ze zich uit protest terugtrokken.
Arafat trok zich hier niets van aan en Rabin begon te geloven dat hij
echt zaken wilde doen.

Een week daarna vertrok Peres voor een gepland bezoek aan Scan-
dinavië. Hij wilde van de gelegenheid gebruik maken om tot een
akkoord te komen. Holst beëindigde een bezoek aan IJsland en ging
naar Stockholm voor een ontmoeting met Peres op 17 augustus. Peres
vroeg Holst of hij Arafat in Tunis wilde bellen, zodat hij en zijn
onderhandelingsteam het akkoord met de PLO-leider zouden kunnen
afronden. Holst stemde toe. De onderhandelingen tussen Stockholm
en Tunis, via de telefoon, begonnen even na 22.00 uur en duurden
acht uur. Arafat, Aboe Mazen (die achter de schermen grotendeels
verantwoordelijk was voor de onderhandelingsstrategie van de PLO),
Aboe Ala, Oslo-onderhandelaar Hassan Asfoer, PLO-woordvoerder

Jassir Abd-Rabbo en een Libanese jurist, Moezen Ibrahim, kampeerden in Arafats kantoor in Tunis. Holst, Peres en Singer werkten vanuit het Haga-paleis in Stockholm. Rabin was de hele nacht in Tel Aviv bereikbaar en Savir in Jeruzalem. De Israelische onderhandelaars wekten Peres vroeg in de ochtend drie keer voor nieuwe instructies. Eén keer, inspelend op de voortdurende angst van de PLO dat Israel een akkoord met Damascus zou afsluiten en de Palestijnen in de kou zou laten staan, gromde Peres slaperig: 'Zeg maar dat we met Syrië verdergaan.' Vroeg in de ochtend was er een principe-akkoord.

In de vroege uren van 20 augustus tekenden in het Oslo Plaza Hotel Aboe Ala en Hassan Asfoer voor de Palestijnen en Savir en Singer voor Israel. De *Declaration of Principles* (DOP) gaf de Palestijnen een vijf jaar durende 'interimperiode' van zelfbestuur in de bezette gebieden. Als eerste fase zou Israel zijn troepen uit Gaza en Jericho terugtrekken. Er zou verdere hergroepering voor de Westelijke Jordaanoever volgen en de Palestijnen zouden verkiezingen houden. Kortom, de DOP beloofde een proces in beweging te zetten dat een eind zou maken aan Israels 26 jaar durende bezetting van de Gaza en de Westelijke Jordaanoever, waar twee miljoen Palestijnen woonden.

Peres was de drijvende kracht geweest en Rabin de op veiligheid gerichte pragmaticus die het akkoord kon verkopen aan een Israelisch volk dat de PLO nog steeds als grootste vijand zag. Verbazingwekkend genoeg, gezien de traditionele Israelische spraakzaamheid, waren de acht maanden van onderhandeling in Noorwegen geheim gebleven, zelfs voor mensen als Eljakim Rubinstein, die nog steeds enhousiast bezig was met de overbodige openbare besprekingen met de Palestijnen onder auspiciën van Washington. Het nieuws dat Israel en de PLO bezig waren geweest met rechtstreekse onderhandelingen en een raamovereenkomst hadden bereikt over het overdragen van de macht in de bezette gebieden, werd pas eind augustus bekend en leidde tot internationale verbazing en ongeloof.

Voor Rabin kwam nu het moeilijkste onderdeel: Israel zou de PLO moeten erkennen als enige vertegenwoordiger van de Palestijnen. De mannen die Rabin het grootste deel van zijn volwassen leven had bevochten en die verantwoordelijk waren voor een aantal van de ergste terroristische acties tegen Israel en het joodse volk, waren dezelfde mannen met wie dit principe-akkoord was gesloten. Als prijs voor erkenning door Israel stelde Rabin harde voorwaarden: de PLO moest afzien van elke vorm van terreur en het bestaansrecht van Israel erkennen. Het Palestijnse Convenant, de feitelijke grondwet van de PLO, moest veranderd worden: de clausules die vroegen om de vernietiging van Israel moesten eruit verwijderd worden (een eis waaraan twee jaar later nog niet was voldaan). En de PLO moest alle Palestijnen oproepen af te zien van geweld en diegenen bestrijden die zich hier niet aan hielden. Tegen de laatste eis protesteerde Arafat. Hij kon de intifada geen halt toeroepen voordat er vooruitgang was geboekt. Verder zou hij in de erkenningsbrief aan de Israelische regering niet beloven dat de PLO het tegen andere Palestijnen zou opnemen. Rabin hield echter vast aan zijn eis. Tenzij er absoluut stelling werd genomen tegen geweld, zou het akkoord niet doorgaan. Het compromis was een afzonderlijke brief van Arafat aan Holst met de belofte een eind te maken aan al het Palestijnse geweld.

Op 10 september wisselden Israel en de PLO hun brieven van wederzijdse erkenning uit. Holst bracht Arafats getekende brief van Tunis naar Jeruzalem, waar Rabin de Israelische erkenning van de PLO met een goedkope balpen tekende. Het was een van de moeilijkste dagen van Rabins leven. Zijn brief aan Arafat bevatte niet het geringste teken van vriendschap; er was niet eens het gebruikelijke 'beste' in de aanhef gebruikt – Arafat werd alleen aangesproken met 'mijnheer de voorzitter'. Rationeel realiseerde Rabin zich dat wederzijdse erkenning een eind had gemaakt aan honderd jaar van conflicten; emotioneel was het hem bijna onmogelijk om te accepteren dat hij een akkoord had gesloten met de terroristen van gisteren. Na een bewust rustige ondertekeningsplechtigheid in het werkvertrek van de premier liep Rabin langzaam en diep in gedachten naar zijn eigen bureau en ging vermoeid zitten, alsof alle energie uit hem verdwenen was. Assistenten kwamen binnen en praatten geanimeerd over de historische dag. Rabin staarde zwijgend voor zich uit. Hij heeft er nooit aan getwijfeld dat hij gedaan

Jitschak Rabin in 1927 op vijfjarige
leeftijd met zijn ouders Nehemia en
Rosa en zijn zus Rachel

Jitschak Rabin als voetbalheld (staand, derde
van rechts) in het voetbalelftal van de Kadoerie
Landbouwschool

Rabin in 1940, het jaar waarin hij
afstudeerde aan de Kadoerie, vlak voordat
hij toetrad tot de Palmach

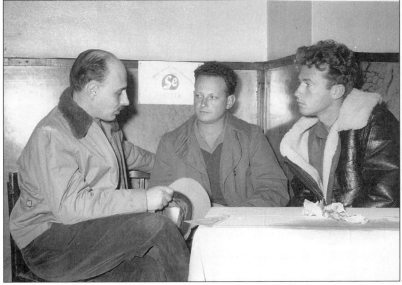

Een klassieke romance: Jitschak en Lea, getrouwd in 1948

De jonge korpscommandant Rabin (rechts) samen met zijn mentor Jigal Allon en Jigal Jadin, in 1948

De vader Rabin: samen met zijn dochter Dalia in 1952

Binnenkomst in de Oude Stad: met minister van
Defensie Mosje Dajan (midden) en Opperbevelhebber
Uzi Narkiss (links) wandelend door de Leeuwenpoort
in Jeruzalem op 7 juni 1967

De glorieuze generaal op een persconferentie
na de Zesdaagse Oorlog, 1967

Premier Rabin en zijn voorgangster
Golda Meir in 1976

Grootvader Rabin met Jonathan
(bekeken door de lachende Ora Namir,
van de Israelische Arbeiderspartij), 1977

Verdiept in het spel: Rabin sloeg zijn zaterdagse
partijtje gemengd dubbel zelden over

Vereeuwigd: poserend voor een beeldhouwwerk, 1992

De handdruk: Rabin schudt de hand van Jasser Arafat onder het toeziend oog van Bill Clinton, Washington, 13 september 1993

Winnaars van de Nobelprijs voor de vrede: Arafat, Peres en Rabin, 1993

Aankomst van Jitschak en Lea Rabin op Schiphol bij hun officiële
bezoek aan Nederland in juni 1993, met premier Ruud Lubbers

Rabin tijdens de herdenkingsbijeenkomst bij de Hollandsche Schouw-
burg in gesprek met kinderen van hen die de sjoa overleefden

Kettingroker Rabin steekt een sigaretje op met de Jordaanse
koning Hoessein

Heftige oppositie: de overeenkomst met de Palestijnen over het
zelfbestuur leidde tot woedende anti-Rabin demonstraties

Rabin zingt *Het lied voor de vrede* tijdens de grootste
vredesdemonstratie ooit in Israel, 4 november 1995

De moordenaar: de 25-jarige Jigal Amir

Na de moord: op een poster in Jeruzalem staat
een citaat uit de kaddisj, het joodse rouwgebed:
'Hij die vrede sticht in zijn hemelen...'

had wat juist was, maar hij moest een immense psychologische barriè-re overwinnen. De volgende dag kwam Clyde Haberman van de *New York Times* naar Rabins officiële ambtswoning in Jeruzalem voor een interview. Terwijl Haberman daar was, ging de telefoon. Het was Bar-bara Walters van ABC die een herhaling voorstelde van haar beroemde interview in de Knesset met Begin en Sadat uit 1977, maar dan nu met Rabin en Arafat in het Witte Huis na de ceremoniële ondertekening van het principe-akkoord op 13 september. Rabin zei dat hij daar niet enthousiast over was en niets wilde beloven. Toen hij op de 12e in het vliegtuig naar Washington zat, probeerde hij geen slaap in te halen zoals hij meestal op lange vluchten deed. Hij bracht de tijd door met het schrijven van zijn toespraak. Hoewel hij niet geslapen had, gaf hij de volgende ochtend interviews aan alle omroepen, maar niet aan Bar-bara Walters. Ze had de hele dag een ploeg klaarstaan bij het Witte Huis, maar Rabin was niet in staat om samen met de PLO-leider op te treden.

Rabin nam een aantal slachtoffers van terroristische aanvallen en hun gezinnen met zich mee naar Washington voor de ondertekening. Dat was zijn manier om duidelijk te maken dat Israel niet zou verge-ten wat de Palestijnen tijdens de jaren in het conflict hadden gedaan en dat hij deze terroristische realiteit wilde veranderen. Het was natuurlijk ook de bedoeling om in eigen land steun te krijgen door te laten zien dat het akkoord de instemming had van slachtoffers van de terreur. Een van de genodigden, Smadar Haran, bleef thuis. In april 1979 waren terroristen, die over zee waren gekomen, haar huis in Naharia binnengevallen, hadden haar man doodgeschoten en haar vijf jaar oude dochter de schedel ingeslagen. Haar baby was gestikt terwijl ze zich met haar op de kleine zolder had verborgen. Ze was niet in staat de hand van Arafat te schudden. 'Doet u het maar voor mij, pre-mier, u bent mijn boodschapper,' had ze tegen Rabin gezegd.

In zijn toespraak op het gazon van het Witte Huis zei Rabin: 'Wij, die tegen jullie, de Palestijnen, hebben gevochten, zeggen vandaag luid en duidelijk: er is genoeg bloed en er zijn genoeg tranen gevloeid. Genoeg.' Dat was de essentie van zijn boodschap op die historische dag. Een afscheid van de wapens – aan beide kanten. Plotseling, terwijl het applaus na zijn toespraak afnam, was daar de uitgestrekte hand. In zijn militaire uniform en *keffia* kwam Arafat op hem af. Rabin kromp ineen. Zijn lichaamstaal drukte weerzin uit. Even aarzelde hij. Maar Rabin, de gedisciplineerde soldaat, was bereid om datgene te doen wat nodig was voor de vrede. Zoals Smadar Haran hem duidelijk had gemaakt, was het niet Jitschak Rabin die Arafat de hand schudde, maar de premier van Israel, de boodschapper van zijn volk. Hij nam Arafats hand en schudde deze hard en lang. Toen draaide hij zich om naar Peres en mompelde met alle spottende humor die hij kon opbrengen: 'Nu is het jouw beurt.'

Om de overeenkomst te laten slagen, moest de handdruk natuurlijk gevolgd worden door de ontwikkeling van een solide, goed werkende relatie. Maar hoewel hij begreep dat hun lot nu verbonden was, had Rabin grote moeite met zijn eerste ontmoetingen met Arafat, die die winter in Caïro plaatsvonden. Hij moest inwendig strijd leveren om zijn ware gevoelens te onderdrukken en verborg zich achter een ongewoon masker van overdreven beleefdheid. Hij noemde Arafat altijd 'mijnheer de voorzitter' en Arafat sprak hem aan met 'excellentie'. Rabin wilde zoveel mogelijk over Arafat weten en naarmate hij de PLO-leider beter leerde kennen, werden hun ontmoetingen minder erge beproevingen. Hoewel hij de PLO-leider bijzonder correct behandelde, verdedigde Rabin zijn zaak met zijn gebruikelijke directheid, en kreeg altijd zijn zin. Oded Ben-Ami, Rabins woordvoerder in die tijd, zegt spottend: 'Voor Rabin was een ontmoeting met Arafat zoiets als naar de tandarts gaan. De angst van tevoren was erger dan de behandeling.'

Het echte veranderingsproces in Rabins houding ten opzichte van Arafat begon toen de militaire inlichtingendienst hem liet weten dat de PLO alle terreuractiviteiten had gestopt. Arafat hield zich aan zijn voor Rabin belangrijkste toezegging, en dat maakte hem voor Rabin tot een legitieme partner. Hij vond echter dat de PLO-leider nog niet genoeg optrad tegen het voortdurende radicale islamitische terrorisme. Tot Arafat dat zou doen, was Rabins vertrouwen in hem beperkt.

Bij elke gelegenheid zette Rabin de PLO-leider onder druk om iets tegen de militante terroristen te ondernemen, maar hij was zich bewust van Arafats beperkingen. 'Zelfs ons lukt het niet om een eind te maken aan alle terreur in de gebieden die we controleren,' zei hij ter verdediging van Arafat. Van zijn kant heeft Arafat in de loop der jaren respect en genegenheid voor Rabin ontwikkeld. 'Met Rabin weet je altijd waar je aan toe bent,' zei hij tegen zijn assistenten.

Voor koning Hoessein van Jordanië bracht de doorbraak in de Israelisch-Palestijnse betrekkingen van september 1993 de legitimatie die hij altijd had gewild om vrede te kunnen sluiten met Israel. Niemand in de Palestijnse wereld zou hem er nu nog van kunnen beschuldigen dat hij de Palestijnen in de steek liet. Bovendien was duidelijk dat Jordanië snel zou moeten handelen als het ervoor wilde zorgen dat het vredesproces in de juiste richting bleef gaan. De koning was bang dat hij, als hij aan de zijlijn zou blijven staan, te maken zou kunnen krijgen met een zich naar Jordanië verspreidend Palestijns nationalisme dat de stabiliteit van het koninkrijk kon aantasten. Dus handelde hij snel: op 14 september, één dag nadat Rabin en Arafat op het gazon van het Witte Huis elkaar de hand hadden geschud, zetten Jordaanse onderhandelaars in Washington hun paraaf onder vredesafspraken met Israel die ze al bijna een jaar hadden klaarliggen.

Twee weken later, op 26 september, nodigde Hoessein Rabin uit voor een geheime ontmoeting aan boord van het koninklijke jacht in de Golf van Akaba. De koning wilde de gevolgen van Israels vredesakkoord met de Palestijnen bespreken. Zou Israel door de overeenkomst anders aankijken tegen de strategische rol van Jordanië in een uiteindelijke vredesovereenkomst met de Palestijnen? Wie zou het gezag hebben over de bruggen over de Jordaan tijdens de periode van zelfbestuur: Israel of de Palestijnen? En welk effect zou de medewerking van de Palestijnen aan ontwikkelingsprojecten in de Dode Zee aan de Israelische kant van de grens hebben op soortgelijke projecten aan de Jordaanse kant? Rabins vragen waren eenvoudiger. Hij was eigenlijk alleen gekomen om van Hoessein te horen of hij klaar was voor een formele vrede. 'Wil je zaken doen?' vroeg Rabin aan de koning. 'Ja,' was het antwoord. Rabin was onbeschrijflijk opgelucht: het antwoord van de koning betekende dat de overeenkomst met de Palestijnen tot concrete politieke voordelen voor Israel zou leiden.

Jarenlang had tussen Israel en het Hasjemitische koninkrijk in het geheim een speciale relatie bestaan, gebaseerd op een gemeenschappelijk belang bij het leiden van de Palestijnse nationale aspiraties in richtingen die voor geen van beide landen een bedreiging zouden vormen. Rabin verzekerde de koning met genoegen dat het akkoord met de PLO niet ten koste van hem zou gaan en dat Israel voor de uiteindelijke vredesovereenkomst een sleutelrol zag voor Jordanië als de belangrijkste partner in een confederatie met de Palestijnen.

Rabin en de koning waren geen vreemden voor elkaar. Gedurende de voorgaande twee decennia hadden ze elkaar verschillende keren in het geheim ontmoet. Bij één gelegenheid had Rabin, hoewel de twee landen formeel in oorlog waren, de koning een in Israel vervaardigd Galil-geweer geschonken in een olijfhouten kist. De twee mannen begrepen elkaar en hadden plezier in elkaars gezelschap. Ook Sjimon Peres had geheime ontmoetingen gehad met de koning. In april 1987 had hij een naar hij dacht historische doorbraak bereikt tijdens geheime onderhandelingen in Londen, maar deze werd getorpedeerd door Likoed-premier Jitschak Sjamir.

Vijf weken na Rabins onderonsje met de koning aan boord van het koninklijke jacht had Peres een geheime ontmoeting met koning Hoessein in het Hasjemia-paleis aan de rand van Amman om de voortgang van de onderhandelingen en de economische aspecten van een mogelijk vredesakkoord te bespreken. Hij keerde opgetogen naar Israel terug. 'Zet 3 november maar in jullie agenda's als een historische datum,' zei hij tegen journalisten. Hij gaf daarmee aan dat een vredesakkoord met Jordanië dichtbij was. 'Alles wat we nog nodig hebben, is een pen om het te ondertekenen,' zei hij.

Er was niet al te veel denkwerk van de Israelische media voor nodig om tot de conclusie te komen, en die ook te publiceren, dat Peres een ontmoeting met de koning moest hebben gehad. De Jordaniërs waren woedend over Peres' loslippigheid. Hoessein waarschuwde Rabin dat er geen ontmoetingen meer zouden zijn als ze niet geheim werden gehouden. Daarom besloot Rabin deze besprekingen vanaf dat moment zelf te voeren. Ondanks al het optimisme van Peres was Hoessein afwachtend; hij wilde zien hoe de uitvoering van het akkoord met de Palestijnen uit zou werken. En de voortgang hiervan verliep pijnlijk langzaam. Een van de oorzaken was Rabins aandacht voor details, een andere was terreur.

De overeenkomst tussen Israel en de PLO leidde tot grote woede bij de opponenten van zowel Rabin als Arafat. De extremisten aan beide kanten, vooral de radicale fundamentalisten van de Hamas en de islamitische Jihad, namen hun toevlucht tot geweld; ze zaaiden haat en creëerden chaos in een poging het vredesproces te ondermijnen. Vanaf het begin had Rabin de Palestijnese terreur als het grootste gevaar beschouwd, als een 'strategische bedreiging' van het proces. Zijn oplossing op tactisch niveau was een meedogenloze jacht op de Hamas en andere fundamentalistische Palestijnse groeperingen. Op strategisch niveau wilde hij een vredesakkoord dat een strikte scheiding inhield, een minimum aan contact, om een minimum aan wrijving tussen Israeli's en Palestijnen te garanderen.

Na het akkoord van september 1993 verhevigden de fundamentalisten hun terroristische activiteiten en deden een serie aanvallen op joodse nederzettingen in Gaza en op de Westelijke Jordaanoever. Het feit dat de PLO hier niet bij betrokken was, weerhield de rechtse oppositie in Israel en de joodse kolonisten er niet van de schuld te leggen bij de vredespolitiek van de regering. Volgens hen was er sprake van een werkverdeling aan Palestijnse kant: de PLO gebruikte diplomatieke middelen om Israel van zijn beste veiligheidsvoorzieningen te beroven en de fundamentalisten gebruikten geweld. Al deze acties waren gecoördineerd en de regering was zo naïef dat ze het niet zag.

De slachtpartij van 25 februari 1994, waarbij de extremistische kolonist Baroech Goldstein 29 Arabieren vermoordde die in een moskee in Hebron aan het bidden waren, maakte bijna een eind aan het breekbare verzoeningsproces. Het leidde tot enorm protest in de Arabische wereld en Arafat, die de schuld gaf aan anti-vredeselementen in de

Israelische veiligheidstroepen, brak de besprekingen over de uitvoering van het vredesakkoord af. Uiteindelijk wist Rabin de PLO-leider ervan te overtuigen dat het verkeerd zou zijn om te buigen voor degenen die voor geweld kozen. Maar de gesprekken waren nog niet hervat of er kwam een nieuwe aanval, deze keer van de Palestijnse fundamentalisten. Op 6 april werden in de noordelijke stad Afoela bij een zelfmoordactie acht Israelische burgers gedood – de eerste van een serie aangekondigde wraakacties voor de slachtpartij in Hebron. Een week later volgde een tweede zelfmoordactie, nu in Hadera met vijf slachtoffers. Goldstein had met zijn aanval de islamitische zelfmoordacties uitgelokt. Het geweld was tot een nieuw niveau geëscaleerd. Rabin wilde het vredesproces voortzetten en zich niet laten afleiden door de oppositie van beide kanten. 'We gaan door met het proces alsof er geen terreur is,' zei hij, 'en we zullen de terreur bestrijden alsof er geen proces is.'

Maar hij maakte het de onderhandelaars van beide kanten niet gemakkelijk. Ze hadden het Oslo-akkoord bereikt doordat ze in staat waren geweest boven de details uit te stijgen en lastige vragen als grenzen, joodse nederzettingen, Palestijnse vluchtelingen en de toekomst van Jeruzalem uit te stellen. Maar nu eiste Rabin een nieuw niveau van gedetailleerdheid en precisie, vooral met betrekking tot veiligheidszaken. Al voor het tekenen van het principe-akkoord in 1993 had hij er kritiek op gehad en de opmerking gemaakt dat het 'meer gaten bevatte dan Zwitserse kaas'. Nu stond hij erop dat alle gaten gevuld zouden worden voordat hij door zou gaan met de uitvoering van het principe-akkoord. Peres droeg de grootste last van de onderhandelingen en Rabin maakte het hem niet gemakkelijk. Een maand voor de aanslag van Goldstein in Hebron, eind januari 1994, dacht Peres, na intensieve onderhandelingen in het Zwitserse Davos, dat hij op ingenieuze wijze alle hindernissen voor de uitvoering van de eerste fase van de autonomie, volgens het plan 'Gaza en Jericho eerst', had overwonnen. Hij belde Rabin in Jeruzalem om er rapport over uit te brengen. Maar de premier sprak er zijn veto over uit omdat hij niet tevreden was over de veiligheidsmaatregelen. Toen Peres het eind april, in Boekarest en Caïro, eindelijk met succes kon afhandelen, na het lange uitstel door de Goldstein-aanslag, waren de vijftien pagina's van het principe-akkoord uitgegroeid tot negentien; verder waren er nu zes gedetailleerde kaarten, met de precieze lijnen voor de hergroepering, en voorzieningen voor gezamenlijke patrouilles en verbindingscommissies. Maar er waren nog enkele problemen. Het belangrijkste was dat Arafat het gevoel had dat hij onder druk was gezet en dat hij op het laatste moment nog enkele dingen wilde veranderen om zijn gezicht te redden. Op 3 mei, ver na middernacht en enkele uren voor de geplande ondertekening in de hoofdstad van Egypte, kwam president Moebarak de kamer van de Israelische delegatie in het Al-Itihad-paleis binnenstormen. Hij legde zijn arm om Rabin heen, nam hem apart en fluisterde: 'Je moet Arafat het Moeasi-gebied aan de Gazakust geven.' Rabin, die dat lang had geweigerd omdat dat gebied zo dicht bij joodse nederzettingen lag, ging akkoord.

Dat had voldoende moeten zijn, maar was het niet. Terwijl de hele wereld naar de ondertekeningsceremonie keek – op 4 mei om samen te vallen met de 66e verjaardag van Moebarak – die live werd uitgezonden, zette Rabin zijn handtekening onder de stapel documenten en ontdekte dat Arafat de kaarten over het gebied van Jericho niet had getekend. De verzamelde hoogwaardigheidsbekleders – Moebarak, Peres, minister Warren Christopher en anderen – leken op een gegeven moment op het punt te staan om recht voor de camera's slaags te raken met Arafat. Rabin stond daar met de armen over elkaar geslagen en weigerde verder te gaan tenzij Arafat zou tekenen. Temidden van ongelooflijke taferelen verdwenen de leiders van het toneel en wist Moebarak Arafat achter de coulissen ten slotte zover te krijgen dat hij terug ging om te tekenen. Voor Rabin en de Israelische toeschouwers was dit een herinnering aan Arafats potentiële onbetrouwbaarheid. Voor Arafat was het waarschijnlijk een van tevoren geplande stunt, bedoeld om het Palestijnse publiek te laten zien dat hij niet gedwee de Israelische dictaten opvolgde.

Enkele dagen later verscheen Arafat in een moskee in Johannesburg waar hij, in een nieuwe poging om te laten zien dat hij in de onderhandelingen met Israel niet te veel had weggegeven, verklaarde dat de Palestijnen hun *jihad* zouden voortzetten tot Jeruzalem zou zijn bevrijd. Later beweerde hij met *jihad* niet een 'heilige oorlog', maar een 'gewijde campagne' te hebben bedoeld. Rabin verklaarde boos dat elke 'voortzetting van geweld en terreur strijdig zou zijn met de brief (...) die tot wederzijdse erkenning heeft geleid, en vraagtekens zou zetten bij het gehele vredesproces.'

Maar Rabin hield zich aan zijn kant van de overeenkomst. Op 13 mei trokken de Israelische troepen zich uit Jericho terug en op 17 mei verlieten ze tweederde van de Gazastrook. De nederzettingen, waar 4500 joden woonden, en toegangswegen daar omheen werden in handen gehouden. Op 1 juli maakte Arafat, na het ontmantelen van zijn hoofdkwartier in Tunis, zijn triomfantelijke intocht in Gaza. Een week later sprak hij een juichende menigte in Jericho toe. Rabin-adviseur Kalman Hajer vroeg de premier of hij de PLO-leider vertrouwde. 'Dat is niet belangrijk,' antwoordde Rabin. 'Belangrijk is wat er nu gebeurt.'

Zodra het akkoord 'Gaza en Jericho eerst' was getekend, kwam koning Hoessein weer in actie. Op 19 mei ontmoetten Rabin en Hoessein elkaar in het geheim in Londen en stelden het raamwerk op voor een vredesakkoord. Rabin wilde bewijzen dat hij het deze keer zonder Peres voor elkaar kon krijgen. Hij vormde een onderhandelingsteam, bestaande uit kabinetssecretaris Eljakim Rubinstein, nog over uit de dagen van Sjamir, plaatsvervangend directeur van de Mossad Efraim Halevi, en zijn secretaris voor militaire zaken Danny Jatom. Ze moesten allemaal direct aan de premier rapporteren en werkten vanuit zijn kantoor aan de onderhandelingen met Jordanië. Peres en het ministerie van Buitenlandse Zaken werden erbuiten gehouden.

De drie leiders die de gesprekken voerden – Rabin, koning Hoessein en kroonprins Hassan – wilden zich met hart en ziel voor een akkoord inzetten. Maar de onderhandelaars konden het niet gemakkelijk eens worden over de details. Als het lastig was, was Hassan meestal de man die met de 'creatieve oplossingen' kwam. De gesprekken vonden gewoonlijk 's avonds plaats in het koninklijk paleis in Akaba. Hassan en zijn vrouw bleven meestal op en verbleven in een kamer dicht bij het vertek waar de onderhandelaars zaten. Als er problemen waren, ging Rubinstein naar Hassan en formuleerde een oplossing.

Hoewel hij buiten de politieke onderhandelingen werd gehouden, hield Peres zich wel bezig met de economische kant van de bloeiende relatie. Op 20 juli werd hij de eerste Israelische minister die ooit openlijk ontvangen was in Jordanië. Hij vloog van Jeruzalem naar het Spa Hotel aan de Dode Zee om plannen te bespreken voor de ontwikkeling van gemeenschappelijke waterbronnen, een kanaal van de Rode naar de Dode Zee, de verbinding van de elektriciteitsnetten en het veranderen van de droge Araba-woestijn in een bloeiend indrustrie-, landbouw- en toeristencentrum dat de Israeli's al de Vredesvallei hadden genoemd. 'De vlucht,' zei Peres met zijn hoogdravende retoriek, 'duurde 15 minuten, maar heeft een 46 jaar durende periode van haat en oorlog overbrugd.' Tijdens de vlucht had Peres in de open deur van de helikopter gestaan en zijn blik als een ziener over het land laten glijden. Rabin was razend. Het Jordaanse contact was van hem en hij wilde niet dat Peres met de eer zou gaan strijken.

De week daarna, op 25 juli, kwamen Rabin en Hoessein voor het eerst in het openbaar bijeen tijdens een topontmoeting met Bill Clinton in Washington. Amerikaanse ambtenaren werkten vele uren aan een tekst voor het slotcommuniqué. De Amerikaanse ambassadeur voor Israel, Martin Indyk, toen lid van het Amerikaanse vredesteam, bracht hun produkt naar de Israeli's om te voorkomen dat het al te overdadig zou zijn. 'Maak je maar geen zorgen,' zeiden Rabins assistenten. 'We hebben iets beters.' Ze lieten hem de tekst zien van een al overeengekomen Israelisch-Jordaans niet-aanvalsverdrag. Indyk las het document en zei verheugd: 'Wat jullie hier in handen hebben, is vrede.'

In een toespraak tijdens de topontmoeting, waarin hij alle functionarissen noemde die een rol hadden gespeeld bij het opstellen van de condities voor het historische niet-aanvalsverdrag, noemde Rabin iedereen behalve Peres. Dit was bedoeld om te benadrukken dat Rabin nu zonder Peres bezig was met het sluiten van vrede en dat hij het verdiende als staatsman te worden erkend.

De volgende stap na het niet-aanvalsverdrag was een volledig vredesakkoord, en Rabin en Hoessein maakten een serie gebaren van goede wil om de vaart erin te houden. Op 3 augustus was Hoessein de eerste Jordaniër die een vreedzame vlucht boven Israel maakte. Hij bestuurde het koninklijke vliegtuig zelf en praatte via de radio met Rabin op de grond. Vijf dagen later openden Israel en Jordanië hun eerste grensovergang in de Araba-woestijn, op enkele kilometers van de Rode Zee. Na de plechtigheid waren Rabin en hoge Israelische legerofficieren als gasten van de koning uitgenodigd voor een lunch in het koninklijk paleis in Akaba.

Ondanks alle vriendschapsbetrekkingen waren de onderhandelaars over het vredesakkoord echter niet in staat slepende problemen op te lossen, zoals het delen van gezamenlijke waterbronnen en de precieze lijn van de gemeenschappelijke grens. Rabin en Hoessein moesten erbij komen om het werk af te maken. Ze kwamen op de avond van 16 oktober bij elkaar in het Hasjemia-paleis en begonnen om 21.00 uur te werken. Ze gingen paragraaf voor paragraaf door de overeenkomst en losten problemen op op het moment dat die zich voordeden. Toen de lastige kwestie van de grenslijn kwam, gingen ze op handen en knieën zitten en bekeken een grote luchtfoto die op de vloer lag. Samen stelden ze de hele grenslijn vast, van Eilat en Akaba in het zuiden tot het punt in het noorden waar de Israelische, Jordaanse en Syrische grens bij elkaar komen. Op sommige plaatsen kwamen ze landuitwisseling overeen, en in een aantal gevallen kwamen ze overeen dat de velden die door Israel aan Jordanië moesten worden teruggegeven, gepacht zouden worden aan de Israelische boeren die erop werkten – een regeling waaruit bleek dat ze van goede wil waren. Over het water werd besloten dat Jordanië vijftig miljoen kubieke meter meer van Israel zou krijgen (8 procent van Israels jaarlijkse gebruik uit de Jordaan), maar de eis tot directe toegang tot het waardevolle Meer van Kinneret in zou trekken, en dat de twee landen 200 miljoen dollar bijeen zouden brengen voor een ambitieus plan voor een dam en ontzilting.

Rabin en Hoessein werkten tot 4.00 uur in de ochtend. Toen gingen ze rusten, terwijl de ambtenaren alles noteerden. Toen ze elkaar vier uur later weer zagen, waren de documenten klaar om getekend te worden. Rabin belde president Ezer Weizman om hem het goede nieuws te vertellen en gaf daarna samen met Hoessein een persconferentie om het nieuws van hun vredesakkoord aan de wereld bekend te maken. Op 26 oktober werd het verdrag getekend bij een grenspunt in de Araba-woestijn dat enkele dagen daarvoor nog een mijnenveld was geweest. Clinton vloog over om hierbij aanwezig te zijn. Rabin zei dat het tijd werd om de 'woestijn te laten bloeien' en Hoessein beloofde een 'warme vrede' – in tegenstelling tot de koude vrede met Egypte – die de kwaliteit van het leven in beide landen zou verbeteren.

Na het vredesakkoord met Jordanië begon de verhouding tussen Rabin en Peres ten slotte fundamenteel te veranderen. Rabin beschouwde het verdrag met Jordanië als zijn prestatie, waardoor een betere verstandhouding met Peres gemakkelijker voor hem werd. Er was echter nog sprake van rivaliteit over hun respectievelijke plaatsen in de geschiedenis. Slechts een maand daarvoor, in september, was er een bittere botsing geweest over een ceremonie in Oslo ter ere van de verjaardag van het tekenen van het principe-akkoord met de Palestijnen. Rabin had er in eerste instantie in toegestemd dat Peres alleen zou gaan. Maar toen Peres 150 mensen uitnodigde, veranderde Rabin van mening en besloot mee te gaan, waardoor een boze Peres meer in de schaduw kwam te staan.

Ook was er een laatste opflakkering van spanning tussen Rabin en Peres over de Nobelprijs voor de vrede. Al maandenlang ging het gerucht dat een van beiden deze zou krijgen en beiden probeerden voor zichzelf te lobbyen. Uiteindelijk kende de commissie in haar salomonswijsheid de prijs toe aan Rabin, Peres en Arafat. Door al die internationale erkenning begonnen de aartsrivalen te beseffen hoe succesvol ze hadden samengewerkt.

Ten slotte begonnen ze elkaar voldoende te vertrouwen om echte vrienden te worden. Het was, zoals Rabins adviseur Kalman Gajer zegt, een bijzonder soort vriendschap. 'Het was niet zo dat ze samen iets gingen drinken of elkaar voor de lunch uitnodigden. Het was meer een vriendelijke alliantie om de geschiedenis te veranderen.' En in maart 1995 gaf Rabin Peres het ultieme compliment door hem de verantwoordelijkheid te geven voor de onderhandelingen met de Palestijnen over het uitbreiden van hun zelfbestuur over Gaza en Jericho naar de rest van de Westoever – de cruciale fase van het autonomieverdrag. Rabin zou de strijd tegen de islamitische terreur leiden.

Beide mannen werden geconfronteerd met een lastige taak. Begin 1995 liep het gehele vredesproces het gevaar ondermijnd te worden door het extremistische Palestijnse geweld. In oktober 1994 was Israel geschokt door een zelfmoordactie in het hart van Tel Aviv, waarbij 22 burgers gedood werden in een bus bij het modieuze winkelcentrum Dizengoff. In januari 1995 werden bij twee zelfmoordacties twintig soldaten en een burger gedood bij een druk busstation in Bet Lid, in de buurt van Netania.

Likoed-leider Benjamin Netanjahoe van de oppositie gebruikte de opleving van terreur al snel voor kritiek op de vredespolitiek van de regering. Binnen een uur na de aanslag bij het winkelcentrum was hij ter plaatse om het land te vertellen dat de situatie nu onhoudbaar was geworden. Rabin reageerde met de opmerking dat de oppositie 'in het bloed danste' van de Israelische slachtoffers, dat het terrorisme gebruikt werd om er op een goedkope manier politieke munt uit te slaan. Volgens hem zou de hysterische reactie alleen maar aanmoedigen tot meer bomaanslagen. Zowel de oppositie als Hamas probeerden het vredesproces te torpederen en in die zin, zei Rabin, waren ze collaborateurs. Maar de Likoed 'collaborateurs van Hamas' noemen, was een retorische stap te ver en leidde tot een storm van protest. 'De premier,' sneerde Netanjahoe, 'heeft blijkbaar een klap op zijn hoofd gekregen.' President Weizman, die geacht werd boven de partijen te staan, gooide nog meer olie op het vuur. Met zijn oproep aan de regering om het vredesproces met de Palestijnen te 'heroverwegen' leek hij de oppositie te steunen. De publieke steun voor het vredesproces, die boven de 60 procent lag toen het principe-akkoord werd getekend, zakte naar iets meer dan 50 procent.

Rabin was echter vastbesloten door te gaan, en de manier om dat te doen was het stoppen van de fundamentalisten – met de hulp van Jasser Arafat. Toen Arafat de premier belde om zijn deelneming te betuigen met de slachtoffers van de Bet Lid-aanval, eiste Rabin een harder optreden tegen de radicalen en waarschuwde hem dat het autonomieproces nu echt in gevaar was. Arafat nam hem serieus en kwam met de eerste beperkende maatregelen tegen de Gaza-fundamentalisten: hij arresteerde islamitische leiders, zette militaire tribunalen op om militanten gevangen te kunnen zetten en nam wapens in beslag.

Rabin kwam intussen met een nieuwe afsluiting van de Gazastrook en de Westelijke Jordaanoever, bedoeld om aspirant-zelfmoordactivisten tegen te houden, maar dit betekende ook dat duizenden betrouwbare Palestijnen niet naar hun werk konden. In het verleden hadden de Palestijnen Israel de schuld gegeven van de economische problemen die door deze afsluitingen werden veroorzaakt. Door de maatregelen van Arafat waren de fundamentalisten nu echter niet meer gelegitimeerd, en de slachtoffers van de afsluiting begonnen de bommengooiers de schuld te geven, waardoor de islamieten hun basis verloren. Door de manier waarop Arafat deze keer had ingegrepen, begon Rabin ten slotte overtuigd te raken van zijn betrouwbaarheid als partner in de strijd voor de vrede.

Tussen maart en september 1995 had Peres zes ontmoetingen met Arafat om het vredesproces te bespreken. Er werden commissies ingesteld om alles te regelen – militaire hergroepering, veiligheid, de gefaseerde overdracht aan de Palestijnen van bepaalde verantwoordelijkheden en de vrijlating van gevangenen. Peres en Rabin werkten nauwer en harmonieuzer samen dan ooit het geval was geweest. Meer bomaanslagen – in april in Gaza, in juli in Ramat Gan en in augustus in Jeruzalem – leidden tot grote woede in Israel. Maar Rabin, Peres en Arafat konden niet meer terug en Rabin was ervan overtuigd dat Arafat alles deed wat hij kon om de fundamentalisten in toom te houden.

Peres en Arafat voltooiden de 314 pagina's tellende overeenkomst over uitbreiding van het zelfbestuur naar de Westelijke Jordaanoever op 24 september, na een intensieve sessie van een week in de Egyptische plaats Taba. De onderhandelingen waren bijzonder ingewikkeld geweest, vooral door de noodzaak om de veiligheid te garanderen van 140 000 joodse kolonisten. De oplossing van Rabin en Peres was het gebied in drie categorieën te verdelen – a, de grotere steden, die onder Palestijns bestuur kwamen; b, de dorpen, onder gezamenlijk bestuur; en c, de joodse nederzettingen en al het andere gebied onder Israelisch bestuur – en een systeem van wegen aan te leggen waardoor de kolonisten grote Palestijnse bevolkingscentra konden mijden.

Het ondertekenen van het akkoord, dat 'Oslo II' werd genoemd, vond op 28 september 1995 plaats in Washington, twee jaar en twee weken na de nu beroemde, aarzelende handdruk op het gazon van het Witte Huis. Deze keer waren zowel Rabin als Arafat veel meer ontspannen. Recht voor de tv-camera's stond Arafat Rabin hartelijk op zijn schouder te kloppen. En hoewel Rabin dit niet bij Arafat deed, toonde hij wel enige warmte voor de PLO-leider. Toen Rabin het woord nam, nadat Arafat een lange toespraak had gehouden, merkte hij op dat joden verondersteld worden grote sprekers te zijn. En nu hij naar de geweldige oratie van de voorzitter had geluisterd, zei hij opgewekt, begon hij zich af te vragen of Arafat misschien wat joods bloed had. Samen met Clinton en de andere aanwezigen barstte Arafat in lachen uit. Het was verreweg het grootste compliment dat hij ooit van Rabin had gekregen.

In vele opzichten was het tweede interim-akkoord belangrijker dan het eerste. Het omvatte de Israelische terugtrekking uit zeven steden op de Westelijke Jordaanoever en de komst van Palestijnse verkiezingen, en zette de machine in beweging voor beëindiging van 28 jaar militaire bezetting door Israel. Op 6 oktober werd het akkoord in de Knesset met een minieme marge – 61/59 – goedgekeurd. Alex Goldfarb, die van de rechtse Tsomet-partij was overgegaan naar de regeringsbanken en staatssecretaris was geworden, maakte het de coalitie moeilijk door tot op het allerlaatste moment niet te willen zeggen hoe hij zou stemmen. Er gingen geruchten die zeiden dat hem in ruil voor een 'ja' een betere dienstauto was beloofd.

Weizman stond kritisch ten opzichte van het akkoord. Het was te snel tot stand gekomen, zei hij, en met te weinig slaap. In persoonlijke gesprekken met leden van de Knesset impliceerde hij dat de parlementaire meerderheid niet groot genoeg was geweest en dat het allemaal had afgehangen van 'Goldfarbs Mitsubishi'. Rabin kookte van woede. Het was Weizman geweest die het verhaal over Rabins instorting aan de vooravond van de Zesdaagse Oorlog bekend had gemaakt om Peres te helpen tijdens de strijd om het leiderschap van de Arbeiderspartij in 1974. Nu hielp hij de oppositie in een proces dat Rabin als de kroon op zijn werk zag. Rabin kon vrede sluiten met de PLO, en zelfs met Peres, maar het leek erop dat hij nooit tot een verzoening met Ezer Weizman zou komen.

In oktober 1995, nadat de Knesset het Oslo-II akkoord had goedgekeurd, moest één groot stuk van de vredespuzzel nog op z'n plaats gelegd worden, namelijk de akkoorden met Syrië en zijn satellietstaat Libanon. Rabin beschouwde vrede met die twee landen als een belangrijk strategisch doel. Maar hij en de Syrische president Asad zaten gevangen in een koppig 'na u, mijnheer', wat ze niet wisten te doorbreken. Asad weigerde serieus te onderhandelen voor Rabin een totale terugtrekking had toegezegd van de strategische Golanhoogte, die in 1967 op Syrië was veroverd toen Rabin de Israelische stafchef was en Asad de Syrische minister van Defensie. Maar voor Rabin die toezegging wilde overwegen, wilde hij eerst precies weten wat voor vredesakkoord met Israel Asad in gedachten had.

Begin 1994 probeerden Israel en de Verenigde Staten de impasse te doorbreken. Op 16 januari vond in Genève een ontmoeting plaats tussen Clinton en Asad, maar Clinton slaagde er niet in toezeggingen te krijgen ten aanzien van de uitzetting van Palestijnen groepen in Damascus die tegen het vredesproces waren of enig inzicht te krijgen in de manier waarop Syrië de normalisatie van de betrekkingen met Israel zag. Rabin, die teleurgesteld was over de resultaten van de ontmoeting tussen Clinton en Asad, lanceerde toch een nieuwe strategie die gericht was op een doorbraak. De dag na de top in Genève deelde staatssecretaris Mordechai Goer de Knesset mee dat de regering, als een vredesakkoord met Syrië een grote terugtrekking van de Golan zou inhouden, een nationaal referendum zou organiseren voor de goedkeuring hiervan.

Het signaal voor de Syriërs was duidelijk: Rabin was bereid tot een groot territoriaal compromis, maar alleen in de context van een vrede die hij aan het Israelische volk kon verkopen. Door het referendum kon Rabin de Knesset omzeilen, waar hij niet zeker was van een meerderheid voor de terugtrekking van de Golan. Deze stap legde ook een zware last op de schouders van Asad. Met publieke diplomatie in Sadat-stijl vertelde Rabin de Syrische president feitelijk dat hij zou moeten helpen om een sceptisch Israelisch volk voor het idee te winnen als hij wilde dat Israel concessies zou doen op het gebied van de Golan.

Om de impasse in de onderhandelingen te doorbreken, stelde Rabin voor dat de partijen zich eerst zouden richten op veiligheidsafspraken. Als ze het eens konden worden over de veiligheidsmaatregelen, dacht hij, zou al het andere wel op zijn plaats vallen. Israel zou zich terug kunnen trekken van de Golanhoogte, de Syriërs zouden volledige normalisatie van de betrekkingen met Israel kunnen overwegen en tijdschema's voor uitvoering van de maatregelen konden daarna worden uitgewerkt. Later die maand legde Israels ambassadeur in de VS en belangrijkste onderhandelaar met Syrië, Itamar Rabinovich, de nieuwe Israelische benadering tijdens een geheime ontmoeting in Washington voor aan zijn Syrische collega Walid Moe'alem. De Syrische reactie was koel. En terwijl het jaar voorbijging, en het volgende, leek niets de impasse te kunnen doorbreken. Het succes van de vredesovereenkomsten met de Palestijnen en met Jordanië, een tweede ontmoeting tussen Clinton en Asad in Damascus in oktober 1994, en zelfs persoonlijke gesprekken over veiligheidsregelingen tussen de Israelische en Syrische stafchefs in december 1994 en juni 1995, hielpen allemaal niets.

Asad dacht dat Rabin tijd wilde rekken tot de geplande verkiezingen in 1996 en geen volledige terugtrekking van de Golanhoogte wilde beloven voordat hij een nieuw mandaat van de kiezers zou hebben. Rabin dacht dat Asad meer geïnteresseerd was in onderhandelen dan in een vredesakkoord. Op die manier kon hij Amerika en Europa zover krijgen dat ze zijn harde regime accepteerden en zouden gaan steunen zonder de prijs van vrede met Israel te hoeven betalen. In de zomer en aan het begin van de herfst van 1995 spraken Amerikaanse diplomaten van een 'vertrouwensbreuk' tussen de twee leiders.

In Rabins visie op de toekomst van Israel was een akkoord met Syrië echter een van de belangrijke peilers. Een van de belangrijkste redenen waarom de voorzichtige ex-generaal akkoord was gegaan met vrede met de PLO, was zijn angst geweest dat de onverzettelijke Hamas-fundamentalisten anders meer voet aan de grond zouden krijgen in de bezette gebieden. Dit weerspiegelde in het klein zijn idee over de fundamentalistische bedreiging voor het hele Midden-Oosten. Als er niets zou worden gedaan om die tendens te keren, kon volgens hem het hele gebied in vijf jaar tijd overspoeld worden, waarbij niet alleen Israel, maar alle bestaande Arabische regimes werden bedreigd. Zijn belangrijkste politieke streven was daarom verzoening van alle oude nationale vijanden – Israel, de Palestijnen, Egypte, Jordanië, Syrië en Libanon – om een gezamenlijk front te creëren tegen de gemeenschappelijke fundamentalistische vijand. Het bereiken van dit doel zou uiteindelijk overgelaten worden aan Sjimon Peres.

De grote bruine helikopter steeg langzaam op van de groene Knesset-heuvel in Jeruzalem en vloog in oostelijke richting. Het landschap daaronder veranderde snel van het kale maanlandschap van de Judea-woestijn in een smalle, vruchtbare vallei, doorsneden door een trage rivier, en vervolgens in een door de wind gegeseld woestijnlandschap. Plotseling doemde, hoog op de heuvels, een andere van stenen ge-bouwde hoofdstad op en de Israelische legerhelikopter gleed omlaag om te landen. Twintig minuten nadat ze Jeruzalem verlaten hadden, stapten Jitschak Rabin en zijn gezelschap uit de helikopter op het grondgebied van koning Hoesseins Hasjemia-paleis, net buiten Amman. Een Israelische zakenman – en voormalig generaal – zei gek-scherend: 'Waarom hebben we Amman nooit veroverd als het zo dichtbij ligt?' In het paleis werd Rabin vorstelijk verwelkomd door koning Hoessein. De twee oude vrienden genoten van een rookpauze voordat ze zich bij de 1400 gedelegeerden voegden die aanwezig waren voor de Economische Conferentie van Amman, die, eind van oktober 1995, de reden was voor Rabins bezoek aan de Jordaanse hoofdstad.

De conferentie vormde een indrukwekkend bewijs voor de mate waarin het vredesproces een groot deel van de Arabische wereld had verzoend met het bestaan en de legitimiteit van Israel. Met de val van het Sovjet-communisme had dit geleid tot een opvallende verbetering van Israels status in de rest van de wereld. Toen de Algemene Verga-dering van de Verenigde Naties in 1975 de beruchte resolutie aannam waarin zionisme gelijk werd gesteld met racisme – een dieptepunt in de Israelische internationale betrekkingen – stemden 75 lidstaten voor. In die tijd was dat meer dan het aantal landen dat diplomatieke betrekkingen met de joodse staat onderhield. In oktober 1991, toen het huidige vredesproces tijdens de conferentie in Madrid in gang werd gezet, had Israel banden met 91 landen. Daarna was de slakkengang waarmee regeringen vertegenwoordigers stuurden om representatieve kantoren in Israel te openen, veranderd in een stormloop. Eind 1995 had Israel betrekkingen met 155 landen. En in 1994, na de vrede met de

Palestijnen, had de Algemene Vergadering de resolutie waarin zionisme gelijk werd gesteld met racisme herroepen.

Terwijl de vredesbesprekingen voortgingen, kwamen er ook verder gelegen Arabische staten die hun banden met Israel aanhaalden of openlijk contacten aangingen. Marokko en Tunesië in Noord-Afrika, en Oman, Katar en Bahrein aan de Perzische Golf verwelkomden allemaal Israelische delegaties in het kader van de multilaterale vredesbesprekingen over bredere kwesties in het Midden-Oosten. Marokko en Tunesië openden beide verbindingskantoren in Israel, waarmee ze in feite op laag niveau diplomatieke banden aangingen. Strategisch en economisch was het aanhalen van de diplomatieke banden met de twee Aziatische reuzen, China en India, bijzonder belangrijk. In 1991 had Israel, in het grote deel van de wereldbol dat van het voormalige Oost-Duitsland in het westen tot Wladiwostok in het oosten en India in het zuiden liep, slechts twee ambassaden – in Roemenië en Nepal – en een consulaat in Bombay. Eind 1995 had Israel met op vijf na alle landen in dat gebied diplomatieke betrekkingen. Het vredesproces stelde Israel ook in staat zijn banden met Japan, een economische supermacht en een land dat altijd een afwachtende houding had aangenomen wegens zijn afhankelijkheid van Arabische olie, aan te halen. Ook werden de betrekkingen verbeterd, hoewel nog zonder uitwisseling van diplomatieke vertegenwoordigers, met andere Aziatisch-islamitische landen, als Indonesië. En in december 1993 tekende Israel een diplomatieke overeenkomst met het Vaticaan, wat een grote doorbraak was na tientallen jaren van absolute weigering van de Heilige Stoel om betrekkingen aan te gaan.

Het vredesproces leidde ook tot een dramatische verbetering in Israels status in internationale organisaties, waar het land niet langer diende als zondebok voor Arabische en Derde-Wereldlanden. Het aantal tegen Israel gerichte debatten en resoluties nam sterk af en Israelische vertegenwoordigers begonnen gekozen te worden op belangrijke posities in instellingen van de Verenigde Naties.

De bijeenkomst in Amman bezegelde dat de voormalige vijanden Israels regionale rol accepteerden – en demonstreerde de directe samenhang tussen buitenlandse en economische politiek voor Israel. Rabin en minister van Buitenlandse Zaken Sjimon Peres werden erkend als leidende figuren. Rabin zette de toon door erop te wijzen dat niemand zaken deed met de Israeli's vanwege hun innemende glimlach, maar omdat iedereen geld wilde verdienen. Egypte, dat zijn handel sinds het begin, na de vredesovereenkomst in 1979, op een minimaal niveau had gehandhaafd, realiseerde zich dat het zijn economische kansen zou kunnen missen en kondigde plotseling aan dat het zijn economische betrekkingen met Israel wilde uitbreiden. Caïro bood Jeruzalem een uitgebreid vrijhandelsverdrag aan en zei dat dit het eerste zou zijn in een serie verdragen die uiteindelijk alle landen in het gebied zouden omvatten. Ook Jordanië kondigde aan dat het zijn handelsbarrières met Israel zou opheffen. Katar was bereid Israel aardgas te gaan leveren en er werd een overeenkomst getekend voor een transactie van vijf miljard dollar, waarbij het gas in 2002 door de Israelische pijpleidingen moest gaan stromen. Libanon boycotte de conferentie in Amman, onder invloed van Syrië, maar er waren Libanese zakenmensen aanwezig.

Enkele dagen voor de conferentie was de Palestijnse fundamentalistische leider Fathi Sjkaki, hoofd van de islamitische Jihad-terreurgroep, op Malta doodgeschoten door onbekend gebleven aanvallers. Sjkaki's organisatie legde de schuld bij Israel en Israel ontkende niet. In het verleden zou zo'n incident een Israelisch-Arabische bijeenkomst onmogelijk hebben gemaakt. Deze keer had het geen gevolgen. Toen hem tijdens de conferentie naar een reactie op de moord werd gevraagd, zei de Egyptische minister van Buitenlandse Zaken Amr Moessa: 'Wat zeg je? Sjkaki vermoord? Dat wist ik niet. Maar goed, dat is mijn zaak ook niet.'

In een toespraak tijdens de conferentie noemde Rabin de vooruitgang die geboekt was sinds de eerste economische bijeenkomst van landen van het Midden-Oosten, een jaar daarvoor in Casablanca. In Marokko was het feit dat Israel aanwezig was al een hele stap geweest en had het heel wat moeite gekost om het diepgewortelde wantrouwen ten aanzien van de Israelische intenties te overwinnen en ceremoniële contacten om te zetten in werkelijke zaken. 'Er waren cynici die spottend zeiden dat na de conferentie in Casablanca het stof weer zou neerdalen over het Midden-Oosten,' zei Rabin tegen zijn gehoor in Amman. 'Maar de honderden vertegenwoordigers van grote ondernemingen en multinationals die in het afgelopen jaar in dit gebied geïnvesteerd hebben en hier vandaag aanwezig zijn, vormen het bewijs dat het in Casablanca begonnen proces een succes is geworden.' In hetzelfde jaar waren Israel en zijn buurstaten begonnen aan tientallen ontwikkelingsprojecten op verschillende gebieden als water, transport, landbouw, milieu en energie. Deze gezamenlijke inspanningen vormden een netwerk van coëxistentie en samenwerking, zei Rabin, 'een netwerk dat bestand is tegen druk, scepticisme en regelrechte sabotage waarmee geprobeerd wordt het vredesproces te verstoren en te laten ontsporen.'

De conferentie in Amman was lang niet het enige teken van economische verandering als gevolg van het vredesproces. Eind 1994 hieven alle zes leden van de door de Saoedi geleide Gulf Cooperation Council de secundaire en tertiaire elementen van de Arabische boycot van Israel op. Hoewel de zes oliestaten nog niet klaar waren voor een politiek van openlijke handel met Israel, zouden ze bedrijven die zaken deden met de joodse staat of bedrijven die op hun beurt met die bedrijven zaken deden, niet langer boycotten. Grote ondernemingen in de hele wereld konden nu handel drijven met Israel zonder bang te hoeven zijn voor economische sancties van Arabische kant.

Vooral Japanse bedrijven waren bang geweest voor de boycot. Door de vrede waren ze vrij om zaken te doen met Israel. De Israelische export naar Japan was in 1991 gestagneerd en in 1992 met 4,1 procent gedaald. Toen begon de lijn in de grafiek geweldig te stijgen: met 17,1 procent in 1993 en 25,8 procent in het daarop volgende jaar. Eind 1994 kregen Japanse bedrijven voor het eerst toestemming van de Japanse effectenbeurs om te investeren in de beurs van Tel Aviv. Intussen begonnen grote buitenlandse ondernemingen, zoals L'Oreal en Philips, die voorheen buiten de Israelische markt waren gebleven, te investeren in en samen te werken met Israelische bedrijven.

President Clinton was co-sponsor van de Amman-conferentie, die de VS zag als deel van een multilaterale inspanning voor volledige integratie van het Midden-Oosten in de wereldmarkt. Israels rol hierin werd in september 1995 door de Amerikaanse ambassadeur Martin Indyk, die begin 1995 op zijn post kwam, beschreven in een artikel in de krant *Ha'arets*: 'Een van Amerika's grootste en succesvolste financiers vertelde me over een ontmoeting met een Israelische en een Egyptische zakenman die naar hem toe waren gekomen om steun te krijgen voor een gezamenlijke onderneming. Wat meer indruk op hem maakte dan hun interessante ondernemingsplan, was hun onderlinge relatie. Het was hem duidelijk dat de Israeli zijn Arabische partner veel beter begreep dan een Amerikaan zou kunnen. Dit is de essentie van het nieuwe partnerschap dat tussen Israel en zijn Arabische buren kan worden opgebouwd, een partnerschap voor vrede en voorspoed (...) dat het Midden-Oosten een plaats zal geven op de wereldmarkt van de 21e eeuw.' Israels eigen bloeiende economie, merkte Indyk op, vertegenwoordigde nog maaar een markt van vijf miljoen mensen. 'Dus als Amerikaanse bedrijven naar Israel kijken, willen ze niet alleen weten of ze op korte termijn geld kunnen verdienen, maar ook of ze, door hier een basis te vestigen, op langere termijn de deur kunnen openen naar een veel grotere markt in het Midden-Oosten van zo'n 300 miljoen mensen. Een aantal grotere Amerikaanse bedrijven komt voor het eerst tot de conclusie dat het voorstel de moeite van het proberen waard is.'

Zulke woorden over Israel waren ondenkbaar tijdens de eerste termijn van Jitschak Rabin als premier, toen Israel feitelijk een garnizoensstaat was en een zwoegende economie had. Maar het Israel van de tweede regering Rabin was in economisch opzicht heel anders. In 1975 was het bruto nationaal produkt van Israel 12 miljard dollar, de helft van het BNP van Egypte, Syrië en Jordanië samen. In 1995 was het BNP 85 miljard dollar, 50 procent hoger dan het gezamenlijke BNP van de drie Arabische buurstaten. In 1975 maakten de uitgaven voor defensie eenderde van Israels BNP uit en de import 15 procent. In 1995 was defensie 9 procent van het BNP en de import 1,5 procent. Terwijl het bruto binnenlands produkt in 1975 3.400 dollar per hoofd van de bevolking was, was dit in 1995 15.000 dollar, gelijk aan dat van Groot-Brittannië.

Rabin, die de economische ontwikkeling bijzonder belangrijk vond, was hier nauwelijks verbaasd over. Zijn beeld van Israels economische toekomst was nauw verbonden met zijn strijd voor de vrede – en zijn weigering meer geld te stoppen in nederzettingen in de bezette gebieden – maar strekte zich ook uit tot andere gebieden. Omgaan met zaken die de Likoed-regeringen hadden laten liggen – integratie van de honderdduizenden immigranten die in 1990 Israel begonnen binnen te stromen, het aanpakken van de werkloosheid, die op 10,5 procent had gestaan, verbetering van het onderwijs, het moderniseren van het wegenstelsel en een communicatie-infrastructuur die geschikt was voor een moderne economie – waren verkiezingsbeloften die Rabin vast van plan was na te komen.

Op 13 juli, toen hij officieel beëdigd werd als minister-president, zei Rabin dat zijn regering de economische groei zou stimuleren door 'de economie geschikt te maken voor open management, vrij van administratieve belemmeringen en overbodige regeringsbemoeienis'. De toespraak bevestigde wat iedereen al wist: de Arbeiderspartij had gebroken met haar socialistische oorsprong, met het idee van een door de staat gecontroleerde economie. 'Een vrije wereld vraagt een vrije economie,' zei hij. Zijn enige gebaar naar de wortels van de partij was de belofte – die later moeilijk voor hem te handhaven was – dat staatsbedrijven verkocht zouden worden 'in samenwerking met de werknemers, zodat zij er niet onder zullen lijden.'

'Dit zich concentreren op de economie,' zegt Ilan Flatto, ambtenaar van het ministerie van Financiën en economisch adviseur van Rabin, 'was een strategische beslissing. In het verleden concentreerden de meeste premiers zich op staatszaken en hielden zich niet met de economie bezig. Rabin vond dat de economie net zoveel aandacht geschonken moest worden als de vrede. Dit hield betrokkenheid in bij alle belangrijke economische vraagstukken, industrie en transport, communicatie en handel. Het betekende studeren, vergaderen en beslissingen nemen.'

'We hebben strategische beslissingen genomen die de verdeling van het overheidsgeld hebben veranderd,' zegt Avraham (Beige) Sjochat, een politieke bondgenoot die Rabins minister van Financiën werd. 'We begonnen zwaar te investeren in infrastructuur, in wegen en spoorwegen, riolering, industriegebieden en toeristische projecten. We hebben de investering in het onderwijs met 60 procent verhoogd, evenals in onderzoek en ontwikkeling van high-tech.'

Voor Rabin waren er slechts twee premiers geweest, David Ben-Goerion en Sjimon Peres, die zich actief met de economie hadden beziggehouden. Menachem Begin gaf een serie ministers van Financiën de vrije hand – misschien was de inflatie daardoor naar getallen van drie cijfers gestegen – en liet het aan Peres over om de zaak weer onder controle te krijgen. Begins opvolger, Sjamir, toonde eenzelfde weerzin tegen cijfers. Maar Rabin had al voor de verkiezingen van 1992 een ander standpunt. 'Hij kwam altijd met het voorbeeld van de Sovjet-Unie,' zegt Dan Propper van het levensmiddelenbedrijf Osem en oud-voorzitter van de Vereniging van Fabrikanten, de belangrijkste organisatie van de Israelische industrie. 'Moskou,' zei hij dan, 'had al die militaire macht en al die raketten, maar kijk eens wat er uiteindelijk mee gebeurd is door de economie.'

Rabin ergerde zich bijzonder aan '*generalities*' – hij gebruikte de Engelse term – en wilde altijd de *feiten*. 'Als je met gegevens kwam, onthield hij al die cijfers, en heel lang,' zegt economisch adviseur Flatto. 'Als mensen vergeten waren wat er besloten was, wist hij het nog. Hij herinnerde zich besluiten uit zijn vorige termijn als premier.'

Rabins eerste grote beslissing als premier was het afremmen van de bouw, vooral op de Westoever en in de Gazastrook. 'Aan de ene kant was het een politieke beslissing,' vertelt Sjochat, 'om niet meer in Judea en Samaria te investeren, maar het was ook de beslissing om de particuliere sector te laten bouwen. Het duurde een jaar voor de vrije markt de bouw overnam en dat gaf problemen. Maar het was een duidelijke economische en duidelijke politieke beslissing.'

De tweede stap was de privatisering, de verkoop van een deel van de meer dan 150 bedrijven die eigendom waren van de staat. Tijdens de eerste vergadering vormde het kabinet twee commissies, beide geleid door Rabin, de eerste voor de veiligheid en de tweede voor de privatisering. Toch waren de economisch deskundigen van het ministerie van Financiën en de Israelische Bank er niet zeker van of Rabin een actieve of een symbolische voorzitter zou zijn. 'Al snel bleek,' vertelt Jacob Frenkel, bestuurder van de Israelische Bank, 'dat Rabin niet alleen geïnteresseerd was, maar de motor was achter de privatisering.' Jossi Nitsani, hoofd van de Government Corporations Authority, tot begin 1995 belast met een groot deel van het privatiseringsprogramma, zegt: 'Privatisering heeft geen enkele kans als het hoofd van de regering er geen directe rol in speelt. Daardoor heeft het gewerkt in landen als Argentinië, Mexico en Frankrijk en in het Engeland van Margaret Thatcher.' Tijdens de periode van tweeënhalf jaar waarin Nitsani met Rabin samenwerkte, is voor een waarde van meer dan 2 miljoen dollar aan staatsbedrijven door middel van openbare verkoop, particuliere plaatsing van aandelen of rechtstreekse verkoop aan investeerders in particuliere handen overgegaan.

Nitsani zegt dat Rabin, ondanks zijn socialistische achtergrond 'wilde dat de overheid zich niet meer met zaken bezig zou houden omdat het haar taak niet was. Hij zei eens dat hij een aantal defensiebedrijven, zoals Israel Aircraft Industries [ruimtevaart], Israel Military Industries [wapens en ammunitie] en de Rafael Arms Development Authority, weg zou geven als iemand de schuld maar wilde overnemen.'

Maar toen de privatisering afnam, nadat de effectenbeurs van Tel Aviv in 1994 een sterke daling te zien gaf, was Rabin niet in staat of niet bereid deze weer in gang te zetten. De verkoop van verschillende aandelen werd uitgesteld toen duidelijk werd dat de verkoopprijs lager zou zijn dan de regering dacht dat de activa waard waren. Volgens zijn adviseurs accepteerde Rabin dat er objectieve redenen voor de vertragingen waren en heeft hij op dit punt nooit zijn beroemde ongeduld getoond.

Rabins oriëntatie op de vrije markt was ook merkbaar in debatten over de manier waarop de liberalisering van de handel zou moeten plaatsvinden en hoe er banen gecreëerd moesten worden voor de immigranten die het land binnenstroomden. De Likoed-regering had een zeven-jarenplan aangenomen voor tariefverlaging, waardoor de bescherming van plaatselijke industrieën in relatief gelijke delen van eenzevende per jaar zou verminderen. In 1992 werd Rabin benaderd door plaatselijke industriëlen, vooral uit de hout- en textielbranche, die er bij hem op aandrongen de bescherming tegen buitenlandse concurrentie uit te breiden. Er werd behoorlijk wat druk uitgeoefend en niet alleen door de industriëlen. 'Met een hoge werkloosheid,' zegt Frenkel, 'was het politiek heel verleidelijk om te zeggen: "Laten we het wat rustiger aan doen. Laten we onze binnenlandse industrie maar beschermen." Er kwamen voorstellen op tafel voor openbare werken, wat voor een econoom een duidelijk "nee" is en voor een politicus een duidelijke verleiding.'

Rabin wees het voorstel van minister van Werkgelegenheid Ora Namir – een van zijn oudste politieke bondgenoten – voor het instellen van programma's voor openbare werken af. Werkloosheid en het verdwijnen van kleine bedrijven zouden opgelost worden door expansie van de particuliere sector, door het creëren van banen door middel van de economische groei. De overheid zou zorgen voor opleiding, omscholing en infrastructuur, maar niet voor openbare werken. Deze stap had grote gevolgen voor de immigranten uit de voormalige Sovjet-Unie, die sinds de ineenstorting van het communisme waren toegestroomd. Eind 1992 had de werkloosheid een hoogtepunt van 11 procent bereikt; onder de ruim 300 000 nieuwe immigranten van die tijd was het percentage werklozen het dubbele. Veel immigranten met een goede opleiding moesten ongeschoold werk doen – artsen veegden de straten en ingenieurs de vloeren.

In de drie jaar die daarop volgden, was er een economische groei van meer dan 5,5 procent. Eind 1995 was de werkloosheid gedaald tot minder dan 7 procent. Ook onder de immigranten uit de Sovjet-Unie, die in aantal gestegen waren tot 600 000, was de werkloosheid sterk gedaald. Toch waren veel immigranten ontevreden. 'Rabin had meer moeten doen,' zegt Natan Sjaranski, de bekendste immigrantenleider, die midden 1995 een politieke beweging vormde gebaseerd op immigratie- en sociale vraagstukken, om mee te doen aan de verkiezingen in 1996 voor de Knesset. 'Ik begrijp dat de economie ontwikkeld moet worden, maar 25 procent van de immigranten is niet goed geïntegreerd en in de vormalige Sovjet-Unie wachten nog 1 miljoen potentiële immigranten. Hij had het proces moeten versnellen.'

Een van de redenen waarom Sjaranski Rabin bewonderde, was bijzonder ongewoon: Rabin was zo ongeveer de enige Israelische politicus geweest die *niet* had deelgenomen aan een uitzinnige verwelkoming van Sjaranski toen hij in februari 1986 in Israel was aangekomen nadat hij bevrijd was uit een Sovjet-gevangenis. Ze hadden elkaar pas drie maanden later ontmoet, toen beiden in hetzelfde programma spraken. 'Hij was niet alleen een politicus die niet was komen aanrennen om me de hand te schudden en samen met mij op de foto te komen, maar hij arriveerde ook zonder stropdas op de bijeenkomst. Hij liep op sandalen en droeg geen sokken,' zegt Sjaranski. Sjaranski beschrijft nog een andere bijeenkomst, kort voor de verkiezingen van 1992, waar hij tegen Rabin had gezegd: 'Het ziet ernaar uit dat je de verkiezingen gaat winnen. En dat zal voor een groot deel te danken zijn aan de Russen die je steunen. Ik hoop dat je hen niet vergeet.' Rabin had een arm omhoog gebracht en gezegd: 'Dit is voor de veiligheid.' Toen bracht hij zijn andere arm omhoog en zei: 'Dit is voor de immigratie. Ze maken beide deel uit van mijn zionisme.'

Het percentage Russen dat op de Arbeiderspartij had gestemd, was niet bijzonder hoog. Maar het volgende jaar arriveerden er minder immigranten dan verwacht en de regering wendde geld dat apart was gehouden voor de immigranten, vooral voor huisvesting, voor andere doelen aan. Sjaranski en andere immigrantenleiders waren boos dat de Arbeiderspartij zich niet hield aan wat zij beschouwden als beloften. In mei 1993, bijna een jaar na de verkiezingen, kwamen 15 000 immigranten bijeen in Jeruzalem voor wat Sjaranski de grootste demonstratie noemt uit de Israelische geschiedenis. Later hadden Sjaranski en zijn activisten een ontmoeting met Rabin. 'Ik begreep dat de manier waarop hij met immigranten omging, of niet met ze omging, niets persoonlijks was; hij had het gewoon te druk met andere dingen. Ik vroeg hem te stoppen met het schuiven met gelden, en meer en niet minder aan de integratie van immigranten te besteden. Hij zei tegen me: "Praat met Beige Sjochat." Je kon zien dat hij in beslag werd genomen door andere dingen,' zegt Sjaranski. Die indruk was juist – de geheime onderhandelingen met de Palestijnen in Oslo waren net gestart.

Rabin mag dan niet altijd geweten hebben hoe hij met de immigranten om moest gaan, hij wist wel hoe hij met bezoekende zakenmensen om moest gaan. 'Investeerders die ik met hem in contact bracht, waren altijd verbaasd over zijn kennis van zaken. Ze zeiden tegen mij: Die premier van jou is niet mis,' vertelt Dov Lautman, een zakenman die Rabins speciale afgezant was voor de economische ontwikkeling. 'Hij kende veel zakenmensen uit het verleden, uit zijn tijd als ambassadeur in Washington en als minister van Defensie, en hij kon meepraten over turbines en technische systemen.'

Maar er waren ook wat grote fouten, zoals zijn ingrijpen – nadat in 1994 een staking van medewerkers aan de universiteit bijna tot afgelasting van het academisch jaar had geleid – om de salarissen aan de universiteit sterk te verhogen. Dit leidde tot een golf van salarisverhogingen bij andere overheidsinstellingen, wat een grote last was voor de staatsbegroting en tot sterke inflatiedruk leidde. Ook kreeg zijn regering zware kritiek te verduren omdat ze er niet in slaagde voldoende land ter beschikking te stellen voor huisvesting; het tekort aan grond leidde tot sterk gestegen huizenprijzen, wat ook weer aan de inflatie bijdroeg.

Het ergst was misschien wel de tot mislukken gedoemde belasting op de winst op aandelen, waar Israel nooit belasting op geheven had. Sjochat kwam eerst met het voorstel – en wist dit door het kabinet en de Knesset te krijgen – een uniforme belasting te heffen op alle aandelentransacties waarbij 'echte' winst werd gemaakt, nadat er rekening was gehouden met de inflatie. Investeerders en politici van de oppositie waren tegen deze belasting met het argument dat investeerders ook geen compensatie kregen als ze geld verloren op aandelen, en Sjochat beloofde, met steun van Rabin, de wet te amenderen nadat deze in werking zou zijn getreden. Al snel bleek dat de computers van banken, die als effectenhandelaren optreden en grote delen van de effectentransacties voor hun rekening nemen, niet konden omgaan met de nieuwe belasting. Rabin, die Sjochat in eerste instantie had gesteund, veranderde van gedachten en dwong hem de belastingmaatregel ongedaan te maken. De oppositie smulde van de kans Rabins 'zigzag-koers' te kunnen veroordelen.

Maar Rabins jaren als premier werden gekenmerkt door een stevige economische groei. Ook al werd dit aan de ene kant veroorzaakt door het vredesproces en niet door economisch management op zich, en aan de andere kant door de immigratie, een factor die buiten de controle van de regering lag, Rabin had een sfeer van succes om zich heen. De aandelen Israel waren gestegen.

Als minister-president werd hij dag en nacht door zijn werk in beslag genomen, maar Jitschak Rabins kleinzoon, Jonatan, vertelde na de moord aan een tv-verslaggever: 'Hij was ook een grootvader. Iedereen vroeg altijd: "Hoe kan hij nog tijd voor je maken?" Het is ongelooflijk, maar hij heeft nooit belangrijke gebeurtenissen voor mij en mijn zusje Noa gemist. Niet één. Elke plechtige gebeurtenis op school en in het leger... Hij was er altijd.'

Dit was geen verrassing voor Dalia Pelossof, Rabins dochter en moeder van Jonatan en Noa, die zegt dat Rabin dat ook deed toen zij jong was. 'Hij kwam niet naar ouderavonden op school, daar deed hij niet aan mee,' vertelde ze aan een journalist, 'maar als er iets belangrijks was, vooral als we ziek waren, was hij altijd bij ons. Waar hij ook was, hij werd gebeld en kwam naar huis... Dan kwam hij een paar minuten bij me zitten. Hij was een heel bezorgde vader.'

Dalia, nu 44, vertelt dat haar vader altijd tegen haar en haar broer Joeval, 30, zei: ' "Zorg dat je tevreden bent over jezelf. Als je tevreden bent over jezelf en weet dat je doet wat goed is, kun je verder. En trek je niets aan van wat anderen over je zeggen." Het is een motto dat ik altijd onthouden en gevolgd heb.'

Rabin voerde echter geen openhartige gesprekken met zijn kinderen. 'Soms vond ik wel eens dat dat anders moest, maar zo was hij nou eenmaal en ik heb dat geaccepteerd... Ik dacht altijd dat hij het zo druk had met zoveel belangrijke dingen en grote beslissingen dat ik hem moeilijk kon storen met mijn onzin. En ik wist dat mam alles met hem besprak. Dus liet ik het aan haar over om te beslissen wat ze hem wel en niet vertelde, om het juiste moment te kiezen. Ze was tenslotte altijd bij hem.'

Lea Rabin heeft beschreven hoe Jitschak haar hielp wanneer de kinderen ziek waren. 'Als een van de kinderen niet wilde eten, verloor ik mijn geduld,' zei ze in 1992 tijdens een interview. 'Dan zei hij: "Laat mij het maar doen." Dan vertelde hij onze zoon, Joeval, steeds hetzelfde verhaal, over tanks, elke keer als hij hem eten gaf. Bij hem wilde de jongen wel eten.

Hij verhief nooit zijn stem, hief nooit zijn hand op tegen een van de kinderen. Hij was altijd lief voor hen en heeft hen nooit onder druk gezet vanwege dingen die hij van ze verwachtte. Ik denk dat dat de manier is waarop je kinderen het gevoel kunt geven dat ze geliefd zijn, in elke situatie, op elk moment, ook al voldoen ze niet aan al je verwachtingen. Dat was Jitschaks geheim: de kinderen waren hem nooit iets schuldig.'

Rabin kwam in het openbaar over als iemand die nors en ernstig was en de meeste Israeli's waren verrast toen er na zijn dood verhalen in de media verschenen over zijn persoonlijke warmte. Niva Lanir, zijn assistente toen hij minister van Defensie was van 1984 tot 1988, vertelt: 'Vrienden vroegen wel eens hoe ik met hem kon werken. Sommigen noemden hem "autistisch". Dan werd ik echt kwaad.'

In de jaren tachtig kwam Lanir regelmatig bij het gezin Rabin thuis, 'als er geen andere medewerkers waren en het niet steeds "Ja, mijnheer de premier" was. Ik zag hem met Lea en de kinderen en kleinkinderen. Hij hield zoveel van hen... En ik zag hoe Lea en hij met elkaar omgingen. Ik vond het plezierig om bij hen te zijn. En wat mensen ook van hem mogen zeggen, hij was een man die van mensen hield. Als hij iemand mocht, kon hij dat ook laten merken.'

Lanir geeft twee voorbeelden: toen ze net bijgekomen was na een operatie, zat Rabin aan haar ziekenhuisbed en toen ze gescheiden was, kwam hij haar opzoeken. 'Dat was een moeilijke periode voor me,' vertelt ze. 'Op een dag kwam hij naar mijn appartement en zei: "O, ik ga het voor je schilderen." Het werd een eigen grap tussen hen tweeën. Toen ze een keer spraken over Rabins hoop op terugkeer naar het premierschap, hadden ze lachend gezegd dat ze een bord in zijn werkruimte zouden hangen met de tekst: MINISTER-PRESIDENT; OOK VOOR KLUSSEN EN KARWEITJES.'

Het is echter niet moeilijk om te zien hoe Rabin de reputatie kreeg koud te zijn. Hij was niet goed in het maken van praatjes en hem op gang krijgen, vertelt een medewerker, was als het aansteken van vochtige lucifers. 'Je probeert er een aan te steken en gooit hem weg, dan een andere en weer een andere tot er iets aanslaat.' Als hij begon, kon hij zo een half uur aan het woord zijn, maar altijd in de vorm van een monoloog – het was nooit een gesprek. 'Jitschak was zo iemand van wie je in vijf minuten weet hoe hij denkt en wat hij weet, maar bij wie je er vijftien jaar over doet om zijn persoonlijke kwaliteiten te leren kennen,' zei Rabins ghost-writer Dov Goldstein. 'Hij was een zeer bescheiden man. Toen we met zijn memoires bezig waren en drie keer in de week gedurende zeven of acht uur bij elkaar zaten, hoorde ik niets vaker dan de vraag: "Dov, ik heb het voortdurend maar over 'ik, ik, ik'. Is dat niet te veel?" Dan zei ik: Jitschak, het is onmogelijk om een autobiografie in de derde persoon te schrijven. Zo doe je dat gewoon niet.'

In de eerste persoon, in zijn privé-leven, verschilde Rabin sterk van de militair die gezag uitstraalde. Eitan Haber, die hem 37 jaar van nabij heeft meegemaakt als zijn assistent, zegt: 'Hij straalde warmte, intimiteit, persoonlijke belangstelling en begrip uit. In de laatste maanden van zijn leven wilde iedereen hem persoonlijk ontmoeten omdat ze zo hun problemen konden oplossen. Het geliefdst waren de ontmoetingen in zijn huis in Tel Aviv, op zaterdag. Iedereen wilde hem daar ontmoeten; het was een statussymbool.'

Jarenlang heeft Rabin persoonlijke contacten onderhouden met de families van soldaten die omgekomen waren en met slachtoffers van terroristische aanvallen. Amos Eiran, directeur-generaal van het bureau van de premier van 1974 tot 1977, zegt: 'Het was iets dat dateerde van zijn tijd in het leger, een deel van zijn verantwoordelijkheid als bevelhebber.' In de loop der jaren waren er wel tekenen van deze weinig bekende contacten: Rabin nam vertegenwoorigers van de getroffen families mee bij het tekenen van de akkoorden met de PLO en het vredesverdrag met Jordanië. Maar pas na zijn dood werd de mate van zijn betrokkenheid – de persoonlijke bezoeken en regelmatige telefoongesprekken – echt bekend.

Jehoeda Wachsman ontmoette Rabin de dag nadat zijn zoon, die in het leger zat, gedood was tijdens een poging hem te redden uit handen van zijn Hamas-ontvoerders begin oktober 1994. In een kranten-artikel na de moord schreef Wachsmann dat Rabin 'zeer gereserveerd en geduldig was. Steeds weer wilde hij de overwegingen en verklarin-gen horen over waarom er geen andere oplossing was geweest voor het uitvoeren van de reddingsoperatie. Ik was ervan overtuigd dat Jit-schak Rabin alles had gedaan wat mogelijk was om mijn zoon te red-den.' Drie weken later was Wachsman op uitnodiging van Rabin aan-wezig bij de plechtige ondertekening van het vredesakkoord met Jordanië. Een daarna onderhield de premier het contact. 'Hij belde op de herdenkingsdag voor Israelische soldaten,' vertelt Wachsman. 'Hij zei dat hij altijd aan ons dacht, dat hij met ons meevoelde omdat hij zelf dit verdriet ervaren had door het verlies van familieleden en van vrienden die in de Israelische oorlogen waren omgekomen.' Een half uur voor het tekenen van het Oslo II-akkoord, in Washington, belde Rabin aan de vooravond van het joodse nieuwjaar om zijn *Rosj Hasjana*-wensen over te brengen aan de familie Wachsman. Rabin was volgens Wachsman 'een bijzonder gevoelig man,' maar hij leek in de meeste gevallen 'zijn gevoeligheid niet de overhand te laten krijgen over zijn gezonde verstand. Hij wist hoe hij zijn gevoelens onder con-trole moest houden.'

Rabin was minister van Defensie toen in 1987 een Molotov-cocktail in de auto van Abie Moses werd gegooid. Abie en Ofra Moses reden met hun drie kinderen in de buurt van hun huis in Alfei Menasjee, een slaapstad net voorbij de Groene Lijn tussen soeverein Israel en de Westoever. Ofra Moses en haar zoon Tal, vijf jaar, stierven aan de ver-wondingen die ze opgelopen hadden in de brandende auto; Abie en de twee andere kinderen, Nir van veertien en Adi van acht, hadden ern-stige brandwonden, maar overleefden de aanslag. Nadat hij uit het zie-kenhuis was gekomen, had Abie, die in een benzinestation werkte, een ontmoeting met Rabin. 'Hij kwam naar mijn huis,' vertelt Moses, 'en was bijzonder warm en geïnteresseerd. Later belde hij af en toe en vroeg dan hoe het met ons ging, met de kinderen op school en later in het leger. We zagen elkaar regelmatig, minstens elke twee maanden. Op *Rosj Hasjana* belde hij altijd persoonlijk op, niet via een secretaresse of zo. En als hij me niet op mijn werk kon bereiken, belde hij naar mijn huis.'

Ook waren er bezoeken. Voordat Nir Moses het leger in ging, werd hij op Rabins kantoor uitgenodigd en kreeg hij een boek van de minister van Defensie. De Rabins waren aanwezig bij Adi's bar mitswa en als ze bij het gezin Moses op bezoek gingen, bleven ze uren zitten. 'Ik bood hem Indiase gerechten aan,' vertelt de in India geboren Moses, 'maar hij had liever gewoon Israelisch eten.' 'Rabin,' zegt Moses, 'was eerlijk en oprecht. Hij gedroeg zich niet als andere politici die dingen zeggen die ze niet menen. Ik ging soms naar het vliegveld als hij terugkwam van belangrijke ontmoetingen in het buitenland, met mensen als Clinton. Dan verliet hij zijn gezelschap en dan zaten we 15 minuten koffie te drinken en te praten.' Rabin nodigde Moses in september 1993 uit om aanwezig te zijn bij de ondertekening van de overeenkomst met de PLO. Moses weigerde omdat hij 'niet in de buurt van Jasser Arafat kon zijn (...) Maar ik zei tegen hem dat het akkoord goed was, dat ik mijn zoon liever met een bezem dan een geweer zou zien.'

Rabin, de 'workaholic', begon zijn dag om 7.00 uur 's morgens en was, als hij de nacht in zijn ambtswoning in Jeruzalem had doorgebracht, om 7.40 uur in zijn kantoor in het regeringsgebouw bij de Knesset. Na 8 uur 's avonds ging hij weer naar huis. Hij ontspande zich 's avonds voor de tv en keek onder het genot van een boterham met kaas en een whisky naar thrillers of sport.

Rabins drinkgewoonte was vaak voorwerp van roddel. Dov Goldstein vertelt dat hij tijdens de verkiezingscampagne van 1992 een keer naar de ambtswoning van de premier in Jeruzalem ging voor een interview met de zittende premier, Jitschak Sjamir. Goldstein zat twintig minuten te wachten in het gezelschap van Sjamirs vrouw Sjoelamiet. 'Rabin drinkt nogal veel, niet?' vroeg ze hem. 'Nee,' antwoordde Goldstein, 'hij is een matig drinker, net als ik. Het heeft absoluut geen invloed op zijn werk.' Ook herinnert Goldstein zich dat hij op een ochtend voor een ontmoeting met Rabin zat te wachten in het gebouw van het ministerie van Defensie. Een nieuwe secretaresse, die hem niet kende, vroeg wat hij wilde drinken. 'Ik zei tegen haar dat ik graag een whisky wilde. Ze zei verontwaardigd: "Dat soort dingen hebben we hier niet." Met andere woorden, ik was de vijand...' Pas toen Rabin er was, namen de twee mannen een whisky.

Rabin zelf was ook gevoelig voor de geruchten over zijn drinken. Eitan Haber vertelt over een bezoek aan Amerika begin jaren negentig, toen Rabin als lid van de oppositie in de Knesset zat. Na een ontmoeting met Amerikaanse joden, in een schitterend huis in Arizona, gingen Rabin en Haber terug naar de plaatselijke Holiday Inn om daar de nacht door te brengen. Het was laat en er was niemand bij de receptie, hoewel er honderden auto's op de parkeerplaats stonden. Ze gingen naar hun kamer, maar Haber ging daarna weer naar beneden en zag een grote discotheek die vol mensen was. Hij ging naar Rabin en vroeg of hij meeging. Hij zei dat niemand middenin een woestijn zou zien dat hij een drankje nam. Rabin weigerde. De volgende ochtend werden ze gezien – en hardop geïdentificeerd – door een paar gasten in de hal. Rabin had zich omgedraaid naar Haber en droog herhaald: 'Niemand zal ons hier herkennen, middenin een woestijn.'

Aan de andere kant was Rabin een ongegeneerd zware roker. Hij rookte dertig sigaretten per dag. 'Hij rookte zoveel,' zei Haber, 'dat we bij de ingang van zijn kantoor een apparaat hebben geïnstalleerd dat de rook absorbeerde. We hebben het achter een plant verborgen. Tot op de dag van zijn dood heeft hij het niet ontdekt.' Iedereen sprak met Rabin over zijn rookgewoonte, maar hij wilde er niets van horen. Hij was 73 jaar en niet van plan te stoppen. 'Hij zei: Nu ik zo oud ben geworden, zal ik niet aan sigaretten doodgaan,' vertelde Haber.

Roken was niet Rabins enige gewoonte waar een dokter het benauwd van zou krijgen. Hij lunchte nooit, tenzij hij tijdens een maaltijd als spreker moest optreden. Hij werkte zijn eten meestal naar binnen als een soldaat op het veld. Hij werkte aan één stuk door, met uitzondering van korte dutjes, met zijn schoenen aan, achter de gesloten deuren van zijn werkkamer. Rabin was trots op zijn uithoudingsvermogen. 'Jitschak is gebouwd voor het dragen van een zware last,' zei Lea in 1992. 'Hij kan bijna achttien uur per dag aan één stuk door bezig zijn.' In een later interview beschreef ze hun ochtendroutine:

'Voor Jitschak naar zijn werk gaat, drinken we samen koffie. Ik blader snel de kranten door en vestig zijn aandacht op dingen waarvan ik denk dat ze hem zullen interesseren. Tijdens die ochtendgesprekken hebben we meestal dezelfde mening over wat er in de kranten staat. Maar over alles wat met het optreden van ministers te maken heeft of mensen die met hem werken – ik zie mezelf niet als iemand die dat kan beoordelen. Waar moet ik de informatie vandaan halen om dat te doen? Maar Jitschak deelt zijn zorgen met mij...'

Wat ze ook deelden, was tennis op zaterochtend bij de Ramat Aviv Country Club dicht bij zijn huis, een gewoonte die zijn artsen gelukkiger moet hebben gemaakt. Ze speelden gemengd dubbel en Rabins partner was Ziona Lesjem, een architect. Lea Rabin speelde met Rafi Weiner, algemeen manager van het Sheraton Plaza Hotel in Jeruzalem. Op de baan dacht Rabin, die jarenlang dezelfde oude blauwe shorts droeg, alleen maar aan het spel. 'Hij zei tegen me dat hij van zondag tot en met vrijdag premier was, maar op zaterdag een tennispartner,' zegt Weiner. 'In het begin riep hij tijdens het spel soms dingen als "idioot", en ik was te verlegen om te vragen of hij mij bedoelde. Later vroeg ik het en toen zei hij dat hij tegen zichzelf schreeuwde. Vanaf dat moment riep hij *idiot sjekemoni* : "wat een idioot ben ik!" '

Zowel Jitschak als Lea speelden om te winnen. 'Lea wilde hem verslaan,' zegt Weiner. 'Als we verloren, was ze kwaad op me. Het was een geweldig paar, maar op de tennisbaan waren ze ontzettend fanatiek.' Weiner vertelt dat Rabin tijdens het tennissen het zweet met zijn arm wegveegde. 'Op een dag kocht ik een polsband voor hem en hij vond het de uitvinding van de eeuw.' En Rabin was 'nooit een minuut te laat en bleef nooit weg zonder het mij te laten weten... Als Anat, zijn secretaresse van het ministerie van Defensie, om 6.30 uur op zaterdagochtend belde, wist ik dat er iets gebeurd was, ook al werd het pas later op de dag bekend.'

Tennis en televisie waren niet zijn enige ontspannende bezigheden. Volgens zijn dochter en kleinkinderen was hij een enthousiast amateurfotograaf, ook al had hij er de laatste jaren geen tijd voor. David Rubinger, al jarenlang de fotograaf voor *Time* in Israel, vertelt dat

Rabin altijd lette op wat hij voor zijn foto's nodig had: 'Soms zei hij dingen als: "Heb je genoeg licht?"' Op een keer was Rubinger, tijdens een vlucht na de Zesdaagse Oorlog van 1967, bezig met het fotograferen van Rabin, toen stafchef, die in een stoel naast minister van Defensie Mosje Dajan zat te slapen. 'Plotseling werd hij wakker, stak zijn hand uit naar de camera en zei: "Geef". Hij nam mijn Pentax, bekeek hem en begon mij te fotograferen.' Rubinger had nog een extra Leica bij zich en kon daardoor een zeldzame foto maken van Rabin als camera-enthousiasteling.

De fotografie leidde echter niet tot een liefde voor de schone kunsten. Weiner vertelt dat in 1993, voor de Rabins naar Spanje gingen, Lea hem vertelde dat hij met haar naar het Prado zou gaan. "Wáárheen?" vroeg hij en ze antwoordde: 'Je hoeft niet iedereen te laten merken dat je niets van kunst weet.' Voor muziek had hij meer belangstelling, misschien doordat Lea Rabin daar harder aan gewerkt heeft. Ze nam hem regelmatig mee naar een concert. Kalman Gajer, een beleidsadviseur die Rabin eens in de maand ontmoette, vertelt dat hij op een gegeven moment benaderd werd door Sjlomo Mintz, een violist, en Amnon Weinstein, een vioolbouwer, die Rabin wilden spreken. 'Weinstein was bezig met het bouwen van een speciale viool, die gebruikt zou worden voor concerten en master classes – geen viool voor één violist, maar een die door veel mensen gebruikt zou worden. Ze vroegen of ik hen bij Rabin kon introduceren en ik zei dat ik met dat soort dingen niets te maken had en dat ze beter direct met het kantoor van de premier konden bellen.'

Het was, vertelt Gajer, juni of juli 1994, rond het verwezenlijken van het Oslo I-akkoord waardoor de Palestijnen zelfbestuur over Gaza en Jericho kregen. Maar Rabin maakte tijd voor een gesprek met de musici. Later vertelde Mintz aan Gajer dat Rabin het frame had getekend van de viool die ze hadden meegebracht en over muziek had gepraat. 'Hij vertelde hun over een concert dat Leonard Bernstein had gegeven aan het eind van de Onafhankelijkheidsoorlog in Beersjeva. Een deel van het soldatenpubliek zat in jeeps. En Rabin herinnerde zich alles wat er was gespeeld, het hele programma.' (Na de dood van haar man werd Lea Rabin beschermvrouwe van het project, dat de *Rabin Peacemaker's Violin* werd genoemd.)

Rabin was geen intellectueel, maar herinnerde zich de namen van tv- en filmsterren die hij op tv had gezien, en had van zijn schooltijd een grote liefde voor voetbal overgehouden. 'Als ik op bezoek was op een dag dat er een wedstrijd op tv was,' vertelt Gajer, 'keken we altijd. Hij wist alles van de wedstrijd, van de spelers en van de sterren. Hij was vooral geïnteresseerd wanneer Brazilië een internationale wedstrijd speelde. Het was verbazingwekkend hoeveel hij van het spel wist. Hij had zoveel aan zijn hoofd, zo'n zware verantwoordelijkheid, maar hij kende de namen van de voetballers.'

Rabins kleinkinderen, Noa van 18 en Joeval van 21 jaar, zeggen dat ze altijd wisten wanneer hij een belangrijke beslissing moest nemen. Hij was dan thuis en ze gingen zitten om met hem te praten. Hij trommelde met zijn vingers op de tafel of de armleuning van zijn stoel terwijl hij leek te luisteren – maar merkte het niet eens als ze hem nadeden en zelf met hun vingers gingen trommelen. Ze waren niet de enigen die wisten wanneer hij in gedachten was. Amos Eiran herinnert zich een bezoek aan Rabins huis in de zomer van 1993, toen de geheime Oslo-gesprekken met de PLO in een cruciaal stadium kwamen. 'Ik zag aan zijn gezicht, aan zijn manier van doen dat er iets gaande was,' vertelt Eiran. 'Je zag dat er een belangrijke beslissing moest worden genomen. Toen ik thuiskwam, vertelde ik mijn gezin dat Rabin iets moest beslissen, iets dat heel belangrik was. '

Kalman Gajer zegt dat Rabins vermogen zich volledig op één punt te kunnen concentreren zowel goed als slecht voor hem was. 'Soms werd hij zo door iets in beslag genomen dat hij mensen voorbij liep, mensen die hij goed kende, en hen helemaal niet zag. Hij was dan zo met dingen bezig dat hij die mensen echt niet opmerkte.'

In later jaren kreeg hij regelmatig bezoek van oude kameraden uit het leger en officieren die hij kende uit zijn tijd op het ministerie van Defensie. 'Er was een band tussen hem en die oude legermakkers, hoewel sommigen aan de andere kant van de politieke scheidslijn stonden,' zegt Uri Dromi, door Rabin benoemd tot hoofd van het persbureau van de regering. 'Hij heeft al die jaren een merkwaardige relatie gehouden met mensen als Ariel Sjaron en Rechavam Ze'evi, twee voormalige generaals, vuurvretende haviken van extreem rechts in de Knesset, die allebei door Rabin benoemd waren tot adviseurs voor de bestrijding van het terrorisme.'

Mosje Levi, die stafchef was toen Rabin in 1984 minister van Defensie werd, bleef hem daarna in twee andere functies ontmoeten: als voorzitter van de regeringscommissie voor de bouw van de Trans-Israel-snelweg, de eerste echte grote autoweg van Israel, en als hoofd van de Anti-Drugs-Commissie. Levi vertelt dat Rabin ook altijd graag over minder urgente onderwerpen praatte. 'Ik was altijd verbaasd,' zegt Levi, 'dat hij boos kon worden wanneer ik zei dat ik over wat meer marginale dingen wilde praten. "Waarom zeg je dat?" vroeg hij dan. "Dat zijn dingen waar ik me ook mee bezig moet houden, en dat doe ik ook."'

Een andere regelmatige bezoeker was Nachman Sjai, voormalig adviseur van Rabin en nu hoofd van de regeringscommissie die verantwoordelijk is voor de commerciële tv. Sjais laatste ontmoeting met Rabin vond plaats in oktober 1995. 'Het was heel kenmerkend voor hem. Hij wist waar ik over kwam praten. Ik sprak één minuut, hij dertig seconden, en dan was de zaak geregeld. Daarna hadden we nog een half uur om te praten. Hij had het over het politieke geweld, de aanvallen op hem en hoe moeilijk hij het vond om daarmee om te gaan.'

Half oktober kreeg Israel (Talik) Tal een telefoontje van Rabins secrateresse op het ministerie van Defensie. Tal was hoofd van de pantsereenheid geweest toen Rabin stafchef was. 'Rabin gaat naar de tentoonstelling van de pantserdivisie op het Plein van de Koningen van Israel en hij zei: "Waarom zou Talik niet meegaan?"' Tal had meteen geaccepteerd. 'We kwamen daar en bezochten elke tent, elke expositie,' zegt de ex-generaal. 'Het was een onverwacht bezoek en er waren geen rechtse demonstranten. Mensen kwamen om hem heen staan en juichten hem toe en moedigden hem aan. Het was een echte

demonstratie van wat de mensen van hem dachten en niet iets georga-
niseerds.'

Drie weken later, na een demonstratieve bijeenkomst op hetzelfde plein, voor een ander, nog groter enthousiast publiek, zou Rabin de dood vinden.

De ondertekening van het Oslo II-akkoord tussen Israel en de Palestijnen, op 29 september 1995, bracht veel van de leidende figuren van de Noord-Amerikaanse joodse gemeenschap naar Washington D.C. In een besloten bijeenkomst met zo'n tweehonderd topleiders van organisaties, filantropen en intellectuelen hield Jitschak Rabin diezelfde dag in het Madison Hotel een toespraak voor de leiders van de diaspora, die zijn laatste grote toespraak zou worden. Hij begon, zoals verwacht, over de noodzaak van grotere steun van de kant van de diaspora-joden voor het vredesproces. Hij haalde uit naar rechtse joodse groepen en personen in de Verenigde Staten die hun strijd tegen de Oslo-akkoorden tot in de gangen van Capitol Hill hadden gebracht. 'Rabin sprak zich hard en krachtig tegen hen uit en dat was wat we ongeveer verwacht hadden te horen,' zegt Seymour Reich, een vooraanstaande New Yorkse advocaat en voormalig directeur van de Conference of Presidents of Major American Jewish Organizations.

Maar na zo'n twintig minuten over het vredesproces te hebben gesproken, veranderde Rabin plotseling van richting en begon over Israels inspanningen om de honderdduizenden joden die in recente jaren uit de voormalige Sovjet-Unie waren geïmmigreerd, te kunnen opnemen. Met de opmerking dat dit absorptieproces de Israelische overheid 3,5 miljard dollar per jaar kostte, bekritiseerde hij het feit dat de Amerikaans-joodse gemeenschap niet meer dan ongeveer 200 miljoen dollar per jaar aan Israel doneerde en haar liefdadigheidsinspanningen steeds meer begon te richten op haar eigen plaatselijke joodse gemeenschappen. 'Noemen jullie dat partnerschap?' vroeg hij zijn publiek sarcastisch.

'Je hoorde hoe iedereen even zijn adem inhield,' vertelt Leonard Fein, oprichter van het tijdschrift *Moment*, dat over joodse zaken bericht, en een leidende Amerikaanse joods-liberale activist. 'Mensen waren eerst verbijsterd en begonnen toen beschaamde blikken naar elkaar te werpen en met hun ogen te rollen. Ze waren gekomen om een optimistische beoordeling van het vredesproces te horen en werden plotseling over een heel ander onderwerp door Rabin onder vuur genomen.' Net als veel andere aanwezigen vond Seymour Reich dat 'Rabin te ver ging. Hij liet een gebrek aan gevoel, of in elk geval een gebrek aan begrip zien voor de speciale emotionele verbondenheid van de Amerikaanse joden met de joden uit de Sovjet-Unie.'

Jitschak Rabins laatste persoonlijke ontmoeting met de Amerikaanse joodse leiders was een teken van zijn complexe en soms controversiële relatie met de joden van de diaspora. Traditioneel wordt van de premier van Israel verwacht dat hij niet alleen als hoofd van zijn land functioneert, maar ook als leider – als *de* leider – van de joden over de hele wereld. Het is een rol die David Ben-Goerion, Golda Meir en Menachem Begin ieder op hun eigen manier met liefde vervulden en waar ze van leken te genieten. Dit kan van Rabin niet worden gezegd. Al voor de laatste jaren van zijn leven, toen een deel van de sterkste oppositie tegen zijn vredespolitiek van de joodse gemeenschappen uit het buitenland kwam, had hij aanvaringen gehad met joodse leiders in het buitenland over zowel de vorm als de inhoud. Als de belichaming van de *sabra* was hij cultureel kilometers verwijderd van de joden van de diaspora. 'In al de jaren dat ik met Rabin te maken heb gehad,' zegt Harry Wall, directeur van de Israelische afdeling van de Anti-Defamation League, 'heb ik hem nooit een Jiddische uitdrukking horen gebruiken.'

Zijn botte manier van spreken werd nog duidelijker wanneer hij niet in het gezelschap van mede-Israeli's was en zijn natuurlijke geslotenheid werd meer geaccentueerd wanneer hij Engels moest spreken, een taal die hij slechts gedeeltelijk beheerste. Veel van de diasporajoden met wie Rabin in de loop der jaren te maken heeft gehad, kregen de indruk dat hij veel meer een Israeli dan een jood was. 'Rabin,' zegt Alfred Moses, voormalig voorzitter van de American Jewish Committee, 'was niet geïnteresseerd in de godsdienst of de culturele kant van de joodse wereld. Hij was geen *nefesj jehoedi* [joodse ziel]; hij was een 'nieuwe man' met minachting voor het Jiddische aspect, altijd de soldaat en nooit op zijn gemak in een andere rol, en dit is tot het eind van zijn leven zo gebleven.'

Toch schilderen anderen die nauw met Rabin hebben samengewerkt, een complexer beeld van zijn houding ten opzichte van joodse zaken. 'De saamhorigheid van het gehele joodse volk is altijd een basisprincipe van zijn denken geweest,' betoogt Jehoeda Avner, zijn voormalige adviseur voor diaspora-zaken. 'Het was belangrijk voor hem, ook al kon hij niet de juiste de woorden vinden om dit uit te drukken. Rabin was duidelijk geen filosofisch of religieus denker, maar tegen het eind van zijn leven begon hij bijvoorbeeld de betekenis in te zien van dingen als joods onderwijs.'

Ondanks zijn soms controversiële relatie met bepaalde joodse leiders van de diaspora is er geen twijfel mogelijk dat Rabin de diaspora-joden waardeerde, en met name de Amerikaanse joodse gemeenschap. Dit kwam zowel voort uit zijn oprechte affectie voor alles wat Amerikaans was als uit zijn praktische politieke waardering voor haar politieke invloed. 'Mijn ontmoetingen met de Amerikaanse joden,' vertelt Rabin in zijn memoires, 'zijn voor mij een aantal van de meest stimulerende momenten geweest (...) De zorg, de warmte en de liefde van de Amerikaanse joden voor Israel gaven me een diep gevoel van trots en vertrouwen (...) Israel, met zijn triomfen en tegenslagen, zijn prestaties en mislukkingen, dient voor de Amerikaanse joden als een soort "graadmeter voor zelfrespect"'

Rabin zelf was de belichaming van deze 'graadmeter voor zelfrespect', en ondanks zijn minder dan charmante manieren en beperkte communicatieve vaardigheden slaagde hij er toch meestal in een positieve indruk te maken op de joden in het buitenland. 'De Amerikaanse joden hielden van die sterke, soldateske kant van Rabin,' zegt Roechama Hermon, zijn assistent in Washington. 'Hij belichaamde de "trots van de *sabra*", iets wat de joden in het buitenland graag zien.' Harry Wall voegt eraan toe: 'Rabin was de taaie, nieuwe Israelische jood, die volkomen op zijn gemak was met zichzelf. Zijn onbehouwen manieren hoefden niet per se tegen hem te werken wanneer hij een ontmoeting had met diaspora-joden; in sommige opzichten werkte het in zijn voordeel. We wilden dat hij anders was dan wij, dat hij harder was en zelfbewuster, en dat was hij. Juist het feit dat hij op geen enkele manier typisch "joods" was, maakte ons trotser op het feit dat we joden zijn.'

Rabin genoot duidelijk van deze rol. 'Hij laadde zichzelf weer op door een paar keer per jaar naar de VS te gaan en toespraken te houden voor de Amerikaans-joodse gemeenschap,' zegt Nachman Sjai, die midden jaren tachtig met Rabin heeft samengewerkt op het ministerie van Defensie. 'Ik herinner me hoe hij twee dagen nadat hij minister van Defensie was geworden, een delegatie van UJA-leiders in Jeruzalem moest toespreken. Ik zei tegen hem: "Luister, je bent net aan een nieuwe functie begonnen. Je moet nog een heleboel leren. Je hoeft dit niet te doen." Hij schudde zijn hoofd en zei: "Luister, Nachman, deze mensen hebben me niet in de steek gelaten toen ik een gewoon Knesset-lid was. Ze nodigden me steeds uit om te verschijnen, ze respecteerden me, het was altijd: 'mijnheer de premier'. De mensen van de UJA en de Israel Bonds hebben me geholpen mijn hoofd boven water te houden. Ik ben hun dit verplicht en ik kan hen niet in de steek laten." '

Maar terwijl Rabin genegenheid voelde voor de Amerikaanse joden in het algemeen – en individueel voor persoonlijke vrienden als Max Fisher, de sterke man van de Republikeinse Partij, en Abe Pollin, eigenaar van de Washington Bullets – was zijn relatie met de leiders van de Amerikaans-joodse gemeenschap heel anders. Zijn eerste langere ontmoeting met de diaspora-joden kwam tijdens zijn termijn als ambassadeur in de Verenigde Staten, van 1968 tot 1973. Zijn onmiddellijke voorgangers, Abba Eban en Abe Harman, die allebei in Groot-Brittannië waren opgegroeid en Engelstalig waren, hadden geen enkel probleem gehad met hun contacten met de Amerikaans-joodse lobby, die ze om raad en om steun vroegen. Maar Rabin koos vanaf het begin voor een andere werkwijze. 'Een diep ingesleten patroon van het diaspora-leven volgend,' zegt hij geringschattend in zijn memoires, 'oefenden sommige leden van de Amerikaans-joodse gemeenschap hun invloed uit door middel van een *sjtadlan* [hof-jood], de traditionele bemiddelaar die de gunst zocht van de heersende machten van Europa (...) Ik vond dat de Israelische ambassade de belangrijkste rol moest hebben in het vertegenwoordigen van Israel op alle politieke niveaus en het recht had hierbij zowel de hulp van joden als niet-joden in te roepen.'

Rabins ontevredenheid over de Amerikaans-joodse lobbyisten nam toe in de jaren waarin de Likoed aan de macht was. Hij stoorde zich vooral aan de activiteiten van de AIPAC, de Amerikaans-joodse lobby, die met de zegen van Menachem Begin en Jitschak Sjamir, steeds agressiever bij het Congres en het Witte Huis lobbyde over kwesties die met het Midden-Oosten te maken hadden. Dit hield vaak ruzie in over wapenverkopen aan Arabische landen, zoals de mislukte poging van de joodse lobby in 1981 om de levering tegen te houden van AWACS-vliegtuigen aan Saoedi-Arabië door de regering Reagan. 'Rabin vond het een grote fout om de regering zo openlijk tegen te werken bij dit soort verkopen,' zegt een van zijn voormalige assistenten, 'voor-al omdat hij dit niet zag als een grote bedreiging voor de veiligheid van Israel.'

Slechter nog was, in de ogen van Rabin, de door de AIPAC geleide poging begin jaren negentig om 10 miljard dollar aan leninggaranties voor Israel te krijgen. Jitschak Sjamir wilde die garanties vreselijk graag hebben om de financiële last van de opname van de Sovjet-immigranten te verlichten. Maar president George Bush verbond hier de voorwaarde aan dat er gestopt zou worden met de bouw van Israe-lische nederzettingen in Gaza en op de Westelijke Jordaanoever, een prijs die Sjamir niet wilde betalen. In de zomer en herfst van 1991, toen AIPAC en andere joodse groepen de druk op het Witte Huis om de leningen zonder voorwaarden te geven sterk opvoerden, reageerde Bush scherp. Tijdens een persconferentie op 12 september werd hij de eerste Amerikaanse president die de Amerikaans-joodse lobby openlijk aanviel en openlijk zijn afkeuring uitsprak over de 'duizenden lobbyis-ten die neerdalen op Capitol Hill'. Dit was precies het soort directe confrontatie met het Witte Huis dat Rabin volledig afwees, en het werd nog erger gemaakt door het futiele karakter ervan, want Bush hield voet bij stuk en weigerde de garanties te verlenen. De ironie wil-de dat het fiasco van de leninggaranties, dat in de winter van 1991 een behoorlijke blamage betekende voor de AIPAC en Sjamir, een belangrijke factor werd in de verkiezingsoverwinnning van Rabin in juni 1992.

Toen Rabin een maand later in functie was gekomen, begon hij onmiddellijk de teneur van de relatie tussen Israel en de diaspora-joden te veranderen. Als eerste stap weigerde hij de al lang bestaande positie in te nemen van adviseur voor diaspora-zaken, een functie die hij zelf tijdens zijn eerste termijn als premier had ingesteld met de benoeming van Jehoeda Avner. De functie was traditioneel de plaats waar joodse organisaties in het buitenland terecht konden met hun vragen en om toegang te krijgen tot de premier. Hoewel het groten-deels een symbolische positie was, betekende Rabins weigering een duidelijke boodschap aan de diaspora-leiders dat hun relatie met Jeru-zalem een andere inhoud zou krijgen.

Hoe anders die relatie zou worden, werd al snel duidelijk. Tijdens zijn eerste bezoek aan de Verenigde Staten als premier, in augustus 1992, had Rabin in het Madison Hotel een ontmoeting met AIPAC-directeur Tom Dine – algemeen beschouwd als de effectiefste lobbyist in Washington – en andere vooraanstaande leden van de organisatie. De premier verweet hun dat ze zich te hard hadden opgesteld ten aan-zien van de leninggaranties en de wapenleveranties aan Arabische lan-den en daarmee de verstandhouding tussen de Amerikaanse regering en Israel hadden verslechterd. Volgens verslagen die na deze bijeen-komst verschenen, zei Rabin tegen de AIPAC-leiders: 'Jullie hebben een verloren strijd gevoerd (...) te veel antagonisme gekweekt (...) Jullie hebben Israel schade berokkend.' Rabin was vooral furieus over wat hij zag als AIPACs pogingen om bij de uitvoerende macht te lobbyen, omdat hij dit beschouwde als directe interventie in Israels diplomatie-ke zaken. 'Jullie hoeven mijn zaken niet met de regering te regelen,' zei hij tegen hen.

'In 1992 zei Rabin feitelijk tegen de Amerikaans-joodse lobby dat ze dood konden vallen,' zegt Alfred Moses. Abe Pollin, die achter Rabin stond en zelf een vooraanstaand lid van de AIPAC was, beschrijft het conflict iets subtieler: 'Waar hij zo kwaad om was, en naar mijn idee terecht, was dat joodse organisaties zich boven de Israelische regering stelden. Ik probeerde uit te leggen dat het onze taak was om degene te steunen die aan de macht was, of dit nu de Arbeiderspartij of de Likoed was.' Rabins bureau probeerde de klap die Rabin had uitgedeeld, later te verzachten door een verklaring uit te geven waarin de AIPAC geprezen werd, maar de schade was al aangericht. Als reactie op Rabins aanval zei AIPAC-woordvoerder Toby Dershowitz: 'Rabin is te naïef. Hij weet niet hoe Washington werkt en begrijpt niet hoe belangrijk de AIPAC is.'

Maar terwijl de AIPAC Rabins aanval openlijk probeerde af te weren, had de nieuwe premier duidelijk een lont aangestoken, die gedurende de volgende paar jaar tot een serie explosies in de organisatie zou leiden. Toen de regering Rabin besloot aan het vredesproces met de PLO te beginnen, had ze een natuurlijke bondgenoot in Dine van de AIPAC, die bekend stond om zijn vredelievende intenties. Maar Dines invloed in de AIPAC was altijd in evenwicht gehouden door een groep oudere leden – Robert Asher, Ed Levy Jr. en Meyer Mitchell, allemaal voormalige AIPAC-voorzitters – die wat meer aan de rechterkant stonden. Terwijl Dine de AIPAC op de lijn van de regering Rabin probeerde te brengen, raakte zijn relatie met deze groep meer gespannen. In het voorjaar van 1993 leverde Dine hun de munitie om hem te kunnen afzetten; hij werd in *Piety and Power*, een boek van de Israelische journalist David Landau, geciteerd over religie en politiek en deed hierin de uitspraak dat ultra-orthodoxe joden het imago hadden een beetje te 'stinken'. Het is niet verwonderlijk dat dit tot grote problemen leidde met de Amerikaanse orthodoxe leiders, en in de zomer werd Dine door het bestuur van de AIPAC uit zijn functie gezet.

Hoewel Rabin persoonlijk nooit zo tevreden was geweest over Dines lobbytactiek, was een aantal leden van zijn regering – met name minister van Buitenlandse Zaken Sjimon Peres – niet erg gelukkig toen ze zagen dat hun belangrijkste liberale steun in de AIPAC verdween. En hoeveel oppositie tegen Rabins regering er in de organisatie overbleef, werd later die zomer bijzonder duidelijk. In juni begeleidde vice-president Harvey Friedman van de AIPAC drie congresleden naar Jeruzalem voor een ontmoeting met Jossi Beilin, staatssecretaris van Buitenlandse Zaken. Later vertelde Beilin aan verslaggevers stomverbaasd te zijn geweest om Friedman niet alleen te horen spreken tegen de regeringspolitiek van territoriale compromissen, maar zelfs ten gunste van de extreem rechtse politiek van het 'overplaatsen' – uitzetten – van Palestijnen uit de bezette gebieden.

Nadat Friedman gehoord had wat Beilin had gezegd, zei hij tegen een journalist van de *Washington Jewish Week* dat de staatssecretaris van Buitenlandse Zaken een 'kleine etter' was die zijn woorden had verdraaid. Enkele dagen later was het Friedman die uit de AIPAC werd gezet. Het was duidelijk tijd geworden voor de organisatie om de realiteit van de regering Rabin te kunnen hanteren. 'Doordat de Arbeiderspartij aan de macht kwam, werd de AIPAC onderuit gehaald,' zei Beilin na het incident met Friedman. 'Wij wilden Amerika bij het vredesproces betrekken, terwijl zij de Amerikanen erbuiten wilden houden. Wij wilden een vrede die gebaseerd is op compromis, terwijl zij wilden uitleggen waarom een compromis onmogelijk was.'

Na het Friedman-fiasco begon de AIPAC onder leiding van voorzitter Steven Grossman, een liberale activist van de Democratische Partij, weer in evenwicht te komen en steunde de aankondiging van het eerste Oslo-akkoord in september 1993. Die winter maakte de organisatie het Palestijnse zelfstandigheid tot medebegunstigde van haar campagne voor buitenlandse hulp aan Israël. En in februari 1994 huurde ze Neal Sher, voormalig ambtenaar van het ministerie van Justitie met liberale ideeën vergelijkbaar met die van de regering Rabin, in om Tom Dine te vervangen als uitvoerend directeur. Toen Rabin in de zomer van 1994 gevraagd werd naar zijn eerdere conflicten met de AIPAC, zei hij alleen: 'Laten we zeggen dat het probleem is opgelost.'

Helaas voor Rabin ontstonden er al snel problemen met andere Amerikaans-joodse organisaties. De Oslo-akkoorden kwamen als een complete verrassing voor de Amerikaanse joden. Plotseling, na jaren van kwaadspreken over Arafat en de PLO, werd hun gevraagd de vijand te omhelzen. Voor linkse groeperingen, zoals de Americans for Peace Now, die al lang gepleit hadden voor erkenning van de PLO, was het Oslo-akkoord een rechtvaardiging. Voor organisaties als de AIPAC en de overkoepelende Conference of Presidents of Major American

Jewish Organizations vereiste het een soms pijnlijke verschuiving van prioriteiten en medewerkers.

Maar orthodoxe en rechtse organisaties waren niet bereid hun standpunt te herzien. Het Oslo-akkoord leidde in de diaspora tot nieuwe en ongekende oppositie tegen de politiek van de Israelische regering. Op 12 september 1993, de dag voor de belangrijke ondertekening van het principe-akkoord tussen Israel en de PLO op het gazon van het Witte Huis, werd de Israelische ambassadeur in de VS, Itamar Rabinovich, in een synagoge in New York bekogeld met tomaten en met uitroepen als 'Rabin is een verrader!' Plotseling besloten belangrijke joodse figuren van de rechtervleugel, zoals commentator Norman Podhoretz, die jarenlang linkse groeperingen zoals de Americans for Peace Now had veroordeeld omdat ze het waagden de Israelische regering publiekelijk te bekritiseren, die route zelf te kiezen en Rabins politiek te veroordelen.

Maar het vervelendst voor Rabin was dat een aantal joodse groepen bereid was het gevecht tegen zijn regering direct over te brengen naar Washington. De aanval werd geleid door Morton Klein, een zakenman uit Philadelphia die begin 1994 voorzitter werd van de Zionist Organization of America. Hoewel de ZOA traditioneel gelieerd was geweest aan de Likoed, werd ze toch als een soort middenorganisatie beschouwd die zich in haar manier van werken hield aan de consensus die bereikt werd in de Conference of Presidents. Zodra Klein voorzitter was, begon de ZOA agressiever tegen Rabins vredespolitiek te ageren, daarbij financieel gesteund door rijke Amerikaanse joden en ideologisch opgepept door de geweldige overwinning van de Republikeinen bij de verkiezingen voor het Congres in november 1994.

De ZOA lobbyde bij het Congres tegen Amerikaanse steun aan de nieuwe, door Jasser Arafat geleide Palestijnse autonomie in de bezette gebieden. Met Kleins steun kwam de Newyorkse republikeinse senator Al D'Amato met een wetsvoorstel tegen het stationeren van VS-troepen op de Golanhoogte als onderdeel van een eventueel Syrisch-Israelisch vredesakkoord, hoewel dit idee nog door geen van beide kanten was geopperd. En Klein behoorde tot de mensen die Bob

Dole, leider van de meerderheid in de Senaat, zover wist te krijgen een wetsvoorstel in te dienen voor het verplaatsen van de Amerikaanse ambassade van Tel Aviv naar Jeruzalem. Dit zou in 1996 moeten gebeuren, net wanneer in het kader van het Oslo-akkoord besprekingen moeten beginnen over de uiteindelijke status van de stad.

Rabin kon niet anders doen dan in het openbaar zijn steun betuigen met – of anders onverschilligheid tonen voor – dit wetsontwerp, omdat het overeenkwam met een al lang bestaand Israelisch standpunt. Maar 'persoonlijk,' zegt een bron die met Rabin over dit onderwerp heeft gesproken, 'walgde hij van de manier waarop het met die ambassadewet was gegaan. Hij zag geen enkele reden om die wet door te drukken op een moment waarop het de onderhandelingen met de Palestijnen alleen maar ingewikkelder kon maken. Het bracht ook Clinton in de lastige positie gebruik te moeten gaan maken van een clausule in het wetsvoorstel die de president in staat stelt het verplaatsen van de ambassade uit te stellen in het belang van de nationale veiligheid. En het laatste dat Rabin ooit heeft gewild is het Witte Huis in verlegenheid brengen. Dit was precies het soort dikdoenerij van sommige Amerikaanse joodse leiders dat door Rabin werd verfoeid.'

In de laatste paar maanden van Rabins leven bereikte de oppositie tegen hem in bepaalde delen van de diaspora een niet minder koortsachtige hoogte dan in Israel. In de zomer van 1994 gaf een orhodoxe rabbijn uit Brooklyn, Abraham Hecht, een interview aan de Israelische televisie waarin hij, verwijzend naar Rabin, verklaarde dat elke jood die delen van het Land Israel aan niet-joden gaf, volgens de religieuze wet moest sterven. De Israelische televisie vond het interview zo opruiend dat besloten werd het niet uit te zenden. Uiteindelijk is dit pas na de moord op Rabin gebeurd. Maar met hoeveel tegenwerking hij in eigen land ook te maken kreeg, de mensen uit zijn onmiddellijke omgeving zeggen dat hij de meeste last had van de spelletjes die in Washington tegen zijn politiek werden gespeeld. 'Hij vond het ongelooflijk dat er Amerikaanse joden waren die de Amerikaanse regering openlijk vroegen zich te verzetten tegen de Israelische regeringspolitiek,' zegt Jehoeda Avner. 'Dat was bijzonder pijnlijk voor hem.'

Hoewel het zoeken van steun voor het vredesproces in Jitschak Rabins laatste jaren het belangrijkste punt was in zijn contacten met de joden in het buitenland, waren er nog andere diaspora-gerelateerde kwesties waarmee hij in zijn tweede termijn als premier te maken had. Een van de verrassender zaken waar Rabin zich in zijn laatste jaren mee bezighield, was het vrij krijgen van de gevangen zittende Joods-Amerikaanse spion Jonathan Pollard. Sinds Pollards gevangenneming wegens spionage voor Israel in 1984 had Rabin zich vrijwel nooit in het openbaar over het onderwerp uitgesproken. Een openlijke campagne voor vrijlating van Pollard zou een schending hebben betekend van Rabins hoofdregel, die inhield dat de strategische relatie tussen de Verenigde Staten en Israel voor al het andere kwam. 'Ik sprak Rabin vlak voor zijn eerste ontmoeting als premier met George Bush in augustus 1992,' vertelt Seymour Reich, 'en vroeg hem de zaak Pollard ter sprake te brengen. Hij wees dit af en zei dat er te veel andere kwesties waren waarover hij eerst met Bush wilde praten, waaronder Ron Arad [een Israelische navigator die vermist werd sinds hij in 1986 was neergeschoten boven Libanon] en de andere Israelische soldaten die vermist waren. Ik vertelde hem dat Pollard zelf dacht dat Israel, als hij een *sabra* was geweest en geen *galoet* [een jood van buiten], zich meer voor hem zou hebben ingespannen en dat hij dan al vrij zou zijn geweest.'

Hoewel Rabin weigerde de zaak Pollard met Bush te brespreken, deed hij dit wel met Bill Clinton. Tijdens zijn laatste bespreking met de president, op 28 september 1995, verbond hij Pollard zelfs met Israels vrijlating van Palestijnse gevangenen in het kader van de Oslo-akkoorden, waarbij hij suggereerde dat de verontwaardiging van het Israelische volk over het vrijlaten van de Palestijnen misschien minder groot zou zijn als eenzelfde gratie aan Pollard zou worden verleend. Clinton antwoordde dat hij de mogelijkheid van gratie voor Pollard niet uitsloot, en Rabin heeft later een brief geschreven met het verzoek om Pollard vrij te laten. Deze brief is door Sjimon Peres, tijdens zijn eerste reis naar Washington na de moord, aan president Clinton overhandigd.

Als we kijken naar Rabins aversie tegen verschillen van mening met de Amerikaanse regering, lijkt zijn sterk persoonlijke interesse voor de zaak Pollard hier niet in te passen. Het ware verhaal over hoe diep Rabin betrokkken was bij de zaak Pollard wordt misschien nooit bekend. Maar Rabin was minister van Defensie toen Pollard gevangen werd genomen en het was een afdeling van het ministerie van Defensie geweest, de Lekem ['bureau voor wetenschappelijke relaties'] waardoor hij gerekruteerd was en op pad gestuurd.

Een Amerikaans-joodse ambtenaar die met Rabin samenwerkte aan de zaak Pollard, gelooft dat 'Rabin gemotiveerd werd door zijn sterke gevoel van persoonlijke verantwoordelijkheid in de zaak Pollard. Hij reageerde niet op Pollard als op een jood in moeilijkheden, maar meer alsof het om een Israelische soldaat ging die op het veld was achtergelaten.'

Deze denkwijze past zeker beter bij het conventionele beeld van Rabin als een man met een extreem beperkt beeld van de joodse wereld. 'Rabin zag de diaspora, en vooral de Amerikaanse joden, als een belangrijk strategisch middel voor Israel,' zegt een Amerikaansjoodse leider. 'Hij was niet echt geïnteresseerd in kwesties van de diaspora, behalve wanneer deze direct met Israel te maken hadden. Door de jaren heen zijn bijvoorbeeld meerdere keren mensen bij hem geweest die hem vroegen of hij zich krachtiger wilde uitspreken over de kwestie van de Russische joden en dat weigerde hij zonder meer, omdat hij niets wilde doen wat voor de ontspanning tussen de VS en de Sovjet-Unie gevaar zou kunnen opleveren.'

Tijdens zijn laatste jaren leek Rabin meer bereid te zijn zich uit te spreken over diaspora-kwesties als anti-semitisme, assimilatie en vooral de noodzaak om de voortgaande emigratie uit de Sovjet-Unie naar Israel te steunen. Omdat Rabin zijn ideeën vrijwel nooit besprak, zelfs niet met zijn nauwste medewerkers, is moeilijk vast te stellen of dit echt een verschuiving betekende in zijn ideologisch denken. 'Ik denk niet dat Rabin plotseling meer "joods" werd of zich meer bezighield met de joodse wereld buiten Israel,' zegt een activist voor joodse zaken. 'Ik denk eerder dat hij begon in te zien dat de Sovjet-immigranten een strategisch voordeel voor Israel betekenden, omdat ze de Israelische economie versterkten en het land een geweldige injectie gaven op het gebied van intellectuele capaciteiten.'

Anderen zeggen echter dat Rabin vooral in zijn laatste jaren een toenemende belangstelling toonde voor joodse kwesties die niet direct verband hielden met de veiligheid van Israel. 'In april 1994,' vertelt Harry Wall, 'maakte ik deel uit van een delegatie van het Joodse Wereld Congres die Rabin een rapport presenteerde over anti-semitisme in de hele wereld. Tot mijn verrassing begon Rabin ons er vragen over te stellen. Hoewel hij op zijn karakteristieke manier weinig emotionele, technische vragen stelde over het exacte aantal anti-semitische incidenten in een bepaald land, was het de eerste keer dat ik merkte dat hij echt geïnteresseerd was in het onderwerp.'

Rabin leek ook meer geïnteresseerd in het vraagstuk van joods onderwijs en begon meer te praten over wat Israel kon doen om de diaspora te steunen in plaats van andersom. 'Israel moet meewerken om het joodse karakter van het joodse volk te bewaren,' zei hij in de zomer van 1994 tegen *The Jerusalem Report*, na terugkeer van een reis naar de voormalige Sovjet-Unie en zichtbaar onder de indruk van de hergeboorte van het joodse onderwijssysteem daar.

'We moeten er wel aan denken dat Rabins basiskennis over joodse concepten als *kasjroet* [voedselwetten] en de sjabbat voornamelijk ontleend was aan zijn jaren in het leger,' zegt Jehoeda Avner. Maar in persoonlijke gesprekken, vertelt Avner, begon Rabin 'zijn bezorgheid uit te drukken over het hoge assimilatietempo van de Amerikaanse joden. Hij verwees er zelfs naar met de term "holocaust", wat absoluut niet het soort taal was dat je van hem verwachtte. Joods onderwijs was een belangrijk punt voor hem geworden, hoewel hij zich daar zelf niet emotioneel bij betrokken voelde. Ik denk dat je kunt zeggen dat Rabin een "strategisch begrip" had ontwikkeld voor de betekenis van het voortbestaan van het joodse volk.'

Toen Avner in de herfst van 1995 zijn termijn als ambassadeur in Australië beëindigde, belde Rabin hem op en vroeg hem zijn taak als adviseur voor diaspora-kwesties weer op te nemen. Misschien had hij eindelijk ingezien dat hij een capabele woordvoerder nodig had om zijn politiek aan de joden in het buitenland uit te leggen. Avners eerste taak was het schrijven van de toespraak die Rabin half november in Boston zou geven voor de General Assembly van de Council of Jewish Federations.

'Twee dagen voor Rabin werd vermoord, begonnen we dit te bespreken,' zegt Avner. 'Deze toespraak had een boodschap van vereniging moeten worden voor de joodse wereld. De toespraak was bedoeld om niet alleen de huidige politiek te bespreken, maar ook om een eind te maken aan de misverstanden die het afgelopen jaar tussen Rabin en de diaspora-joden waren ontstaan door de nadruk te leggen op die punten waarover nog steeds een joodse consensus bestaat.'

Deze toespraak heeft Rabin natuurlijk nooit gehouden. In plaats daarvan werd op 10 december een herdenkingsbijeenkomst voor de vermoorde premier gehouden in Madison Square Garden in New York. Er kwamen 15 000 mensen, een opkomst die een levende Rabin waarschijnlijk niet had weten te krijgen.

De bijeenkomst, bedoeld om de eenheid te stimuleren, maakte ook duidelijk dat de grote tegenstellingen onder de diaspora-joden over Rabins vredespolitiek met zijn dood niet waren opgelost. Hoewel de bijeenkomst gesteund werd door de Conference of Presidents, had de ZOA tot een boycot besloten uit protest tegen de afwezigheid onder de sprekers van een lid van Rabins politieke oppositie. In een poging de orthodoxe groepen tevreden te stellen, hadden de organisatoren afgezien van het plan Barbra Streisand te laten zingen, omdat dit een schending zou zijn geweest van het religieuze verbod op vrouwen die voor publiek zingen. Desondanks en ondanks de aanwezigheid op het podium van Jisrael Lau, Israels hoogste asjkenazi-rabbijn, waren er nog orthodoxe groepen die op politieke gronden weigerden te komen.

In zijn toespraak die dag in Madison Square Garden sprak Sjimon Peres openlijk over de vaak stormachtige relatie van zijn voorganger met de diaspora-joden. 'Rabin heeft nooit geprobeerd julie een plezier te doen,' zei Peres. 'Hij probeerde jullie te leiden.' Lea Rabin, die de gevoelens van haar echtgenoot beter kende dan wie ook, uitte meer emotionele woorden. 'Jitschak Rabin hield van jullie,' zei ze tegen de duizenden die te laat waren gekomen om de vermoorde joodse leider te waarderen. Rabin zelf zou zich natuurlijk nooit zo openhartig hebben uitgedrukt. Het was misschien pas tegen het eind van zijn leven dat hij ook maar begon te begrijpen waarom hij die gevoelens zou kunnen hebben voor de joden in de hele wereld.

'De droom die velen hadden, is voor hun ogen aan stukken gereten.' Met deze woorden omschreef een prominent ideoloog de stemming onder religieus rechts in Israel in de maanden nadat Jitschak Rabin en Jasser Arafat elkaar op het gazon van het Witte Huis de hand hadden geschud.

Dit commentaar werd geschreven door Dan Be'eri in de *Nekoeda*, de krant van de kolonisten op de Westelijke Jordaanoever. De woorden waarmee hij in zijn commentaar de doelstellingen van religieus rechts beschrijft, klinken bijna als een profetie, als een religieuze waarheid. Dan Be'eri beschrijft het vredesproces niet als een politieke nederlaag, maar als een gewelddaad; hij beschrijft het – in het Hebreeuws – alsof het gaat om een roofdier dat zijn prooi verslindt. In beide opzichten zijn de woorden van Be'eri tekenend voor de gevoelens die door de diplomatieke stappen van Rabin onder de aanhangers van religieus rechts zijn ontstaan. En het zijn die gevoelens die ten grondslag hebben gelegen aan de massale demonstraties en aan de moord door Jigal Amir en zijn mogelijke medeplichtigen op premier Rabin.

De gehele Israelische rechterflank heeft zich tegen de vredespolitiek van Rabin verzet. Uit allerlei opiniepeilingen bleek dat een groot deel van de bevolking zich er ook tegen verzette. Seculiere politici, zoals de partijleider van de Likoed, Benjamin Netanjahoe, het vooraanstaande Knesset-lid voor de Likoed, Ariel Sjaron, en andere, rechtsere politici, hebben steeds gezegd dat het vredesverdrag met de PLO een groot gevaar betekent voor de veiligheid van Israel. Maar de activisten die demonstraties tegen de regering organiseerden, wegblokkaden opwierpen, tegen de politie vochten en soldaten opriepen om te weigeren nederzettingen te evacueren, kwamen vrijwel uitsluitend uit de gelederen van de orthodoxe zionisten – de religieuze kolonisten in de bezette gebieden en de mensen uit geheel Israel die hen steunden. En de premier richtte zijn ergste scheldkanonnaden tot deze kolonisten.

De rechts-orthodoxe beweging van Israel is niet alleen een religieuze beweging – een bepaalde richting binnen het jodendom – maar ook een politieke beweging waarin de orthodoxe kolonisten en de meeste leden van de Nationale Religieuze Partij verenigd zijn. De aanhangers hiervan geloven dat het 'Einde Der Tijden' nabij is en dat het joodse bezit van het Land Israel van essentieel belang is voor de uiteindelijke 'Verlossing'. Daarom is de Israelische instemming met de overdracht van delen van de joodse grond aan de Arabieren niet alleen een bedreiging voor de staatsveiligheid, maar komen ook godsdienstige principes in het geding.

De ideologie van de rechts-orthodoxen is geworteld in de weinig toegankelijke geschriften van Avraham Jitschak Kook, een in Litouwen geboren rabbijn, die aan het einde van de vorige eeuw zionist werd en in 1904 naar het Heilige Land ging. In die koortsachtige periode van het Oosteuropese jodendom was het zionisme een van de verschillende seculiere bewegingen – zoals het socialisme – die de traditionele religie, in dit geval van het eeuwige joodse lijden, verwierpen en probeerden te vervangen door een politieke ideologie. De meeste orthodoxe rabbijnen zagen de zionisten dan ook als varkensvlees etende ketters die tegen de wens van God de joodse ballingschap probeerden te beëindigen vóór de door de profeten aangekondigde komst van de Messias.

Als rechtvaardiging van zijn zionisme vermengde Kook de kabbala en het Europese nationalisme tot een mystiek messianisme. Voor Kook was het feit dat de joden pogingen ondernamen om naar hun land terug te keren het bewijs dat de goddelijke verlossing al begonnen was. De niet-religieuze zionisten – de pioniers die vanuit Europa naar het bijbelse vaderland waren geëmigreerd en daar het land bewerkten en steden bouwden – voerden zonder dat zelf te weten de wil van God uit, en zouden uiteindelijk tot hun geloof terugkeren.

Kook leverde daarmee een basis waarop de orthodoxe joden zich konden aansluiten bij de nationalistische beweging, konden samenwerken met anti-religieuze pioniers, en fysieke arbeid en modern onderwijs als religieuze plichten konden beschouwen. Kooks ideeën borduren voort op de klassieke joodse mystiek, maar vormen tegelijk een bevestiging van het negentiende-eeuwse geloof in de menselijke vooruitgang en van de 'onvermijdelijke processen der geschiedenis' die in deze periode zo populair waren onder links-radicalen. Tot op de dag van vandaag worden de geschriften van Kook door sommige religieuze joden gezien als mandaat voor een liberale openheid naar de moderne wereld.

In 1921 werd Kook aangesteld als eerste rabbijn van de asjkenazische (Oosteuropese) gemeenschap in het Brits mandaat Palestina; enkele jaren later stichtte hij zijn eigen jesjiewa (academie voor rabbijnen), Merkas Harav, in Jeruzalem. Na zijn dood, in 1935, werd hij als hoofd van de jesjiewa opgevolgd door zijn enige zoon, rabbijn Tsvi Jehoeda Kook, die in 1982 overleed. Kook junior benadrukte niet zozeer de universele als wel de nationalistische kant van de filosofie van zijn vader. Evenals anderen die door de filosofie van zijn vader beïnvloed waren, zag hij de loop van de geschiedenis als de vervulling van een goddelijke opdracht. Na de Israelische onafhankelijkheid, in 1948, werd door de hoogste rabbijnen van de nieuwe staat een 'Gebed voor de Staat' ingesteld, waarin Israel werd omschreven als 'de eerste bloem van onze Verlossing'.

Ondertussen ontwikkelde het religieuze zionisme zich tot een belangrijke minderheidsbeweging binnen het zionisme. De orthodoxe zionisten volgden het voorbeeld van hun niet-religieuze landgenoten, en stichtten een aantal orthodoxe kibboetsen, een vakbond, een eigen schoolsysteem en een jongerenbeweging, Bnei Akiva. Hun politieke vertegenwoordigers (die later de krachten zouden bundelen in de Nationale Religieuze Partij) in de zionistische leiding en daarna in de nieuwe staat, stonden vrijwel altijd in de schaduw van de dominante Arbeiderspartij. Maar de religieuze zionisten leden aan een dubbel minderwaardigheidscomplex. Aan de ene kant werden ze door de ultra-orthodoxe joden, die zich nog steeds tegen het zionisme verzetten, op het gebied van godsdienstige studie en religieuze toewijding als tweederangs beschouwd. Toch hadden ze bij de opbouw van de staat Israel geen grote rol gespeeld. De jonge generatie 'gehaakte keppeltjes' – waaraan de religieuze zionist kan worden herkend – werd beschouwd als goedgemanierd en ongevaarlijk.

De filosofie van Kook was niet de enige binnen het orthodoxe zionisme, maar in de loop der tijd kregen rabbijnen die aan Merkas Harav waren afgestudeerd, steeds meer invloed op de religieuze scholen en in Bnei Akiva. Het keerpunt was de plotselinge, schokkende, door Rabin georkestreerde overwinning in de Zesdaagse Oorlog. Deze overwinning veroorzaakte een euforie onder veel Israeli's, maar voor de religieuze zionisten, en zeker de aanhangers van Tzvi Jehoeda Kook, ging de vreugde veel dieper: zij beschouwden de triomf als een godswonder. Het hart van het Heilige Land dat hun door God was beloofd – Hebron, de heuvels van Samaria, de oude stad Jeruzalem – was opnieuw onder joods bestuur gekomen. De studenten van Kook geloofden zelfs dat dit wonder door hun leider was voorspeld: drie dagen voordat de oorlog uitbrak, had de rabbijn tijdens de viering van de Israelische Onafhankelijkheid op zijn jesjiewa uitgeroepen: 'Waar is ons Hebron? Zijn wij haar vergeten? Waar is ons Sjechem [de bijbelse naam van Nabloes], ons Jericho?"

Deze overwinning was het duidelijkste teken dat gegeven had kunnen worden voor de voortgang van het messianisme. Kook zei later tegen zijn studenten dat ze niet aan het begin, maar 'middenin de Verlossing' leefden. 'We zijn in de woonkamer, en niet in de hal.' Een andere vooraanstaande rabbijn schreef dat het Land Israel bevrijd was van de *sietra achra* – de kabbalistische naam voor het oerkwaad. Door deze redenering werden de vijanden van vlees en bloed afgeschilderd als satanische machten.

Kort na de oorlog zei een aanhanger van Kook in een vergadering met orthodoxe kabinetsleden: 'Ik geloof tot in het diepst van mijn ziel dat wanneer de Heilige, gezegend zij Hij, ons land geeft door middel van overduidelijke wonderen, Hij dat nooit meer van ons zal afnemen, want Hij verricht niet zomaar een wonder. De eenheid van het Land van Israel kan niet door de besluiten van de regering geschonden worden.' Dit was niet zozeer een politieke uitspraak, waarmee de regering het *recht* werd ontzegd om zich terug te trekken uit de bezette gebieden, maar eerder een theologische waarheid, die zegt dat de regering de bezette gebieden niet eens *kon* teruggeven. Toch waren ook de politieke implicaties heel duidelijk.

In ideologisch opzicht waren de schaakstukken in stelling gebracht, ook al zou het nog een kwart eeuw duren voordat de Israelische regering werkelijk zou besluiten om zich terug te trekken van de Westelijke Jordaanoever, waarmee ze het conflict met de messianisten in gang zou zetten.

De theologische reactie op de Zesdaagse Oorlog werd al snel uitgebreid tot een actieprogramma: de kolonisatie van de 'bevrijde' gebieden. Drie maanden na de oorlog werd door een groep orthodoxe kolonisten – onder leiding van Chanan Porat, een jonge leraar aan Merkas Harav en tegenwoordig lid van de Knesset voor de Nationale Religieuze Partij – Kfar Etzion heropend, een kibboets in de rotsachtige heuvels van Judea tussen Betlehem en Hebron. Porat had hier de eerste vijf jaar van zijn leven gewoond, op de oorspronkelijke Kfar Etzion, die op 13 mei 1948 na een lang beleg door de Arabieren was veroverd, een dag voordat de staat Israel werd uitgeroepen.

De stichters van deze semi-nieuwe kibboets werden gesteund door de toenmalige minister-president Levi Esjkol. Maar dat gold niet voor de volgende poging tot kolonisatie door een andere student van Kook, Mosje Levinger, een jonge, magere, soms wat wanordelijke rabbijn. In de lente van 1968, bezette Levinger tijdens Pasen samen met zestig andere kolonisten het Park Hotel in Hebron en weigerde te vertrekken. Uiteindelijk leidde dit tot de goedkeuring door de overheid van de stichting van Kirjat Arba, een joodse stad aan de rand van Hebron, die het centrum zou worden van de extremistische kolonisten en van waaruit in 1979 honderden joodse kolonisten naar Hebron zouden trekken. Levinger en de andere kolonisten vonden dat zij de vernieuwers waren van de kleine joodse gemeenschap die tot 1929 in deze zeer islamitische stad bestaan had. In dat jaar werden 67 joden door Arabische relschoppers vermoord. De dreiging die voor de joodse kolonisten van de Arabieren uitging, werd bevestigd door een aantal aanslagen op kolonisten, en de relatie tussen beide groepen is altijd zeer explosief gebleven.

Vlak voordat Jitschak Rabin in 1974 minister-president werd, werd door onder meer Porat en Levinger de Goesj Emoeniem-beweging gevormd – het Religieus Blok. Deze beweging was verantwoordelijk voor een van de genantste nederlagen van Rabin. De premier was tegen de kolonisatie van de heuvels van Samaria in het noorden van de Westelijke Jordaanoever; hij wilde dat gebied, waar enorm veel Palestijnen woonden, door een vredesverdrag onder Palestijns bestuur stellen. Vanaf de zomer van 1974 steunden de leiders van de Goesj Emoeniem-beweging en andere leden van de daartoe behorende Elon Moree-groep de pogingen van honderden aanhangers om een joodse nederzetting in de buurt van Nabloes te vestigen. Ze werden echter steeds opnieuw door het leger verwijderd, tot december 1975, toen Rabin, die geen confrontatie wilde met de duizenden Goesj-aanhangers die zich op een verlaten spoorwegstation van Sebastia hadden verzameld, ermee instemde om dertig gezinnen naar een legerbasis in Samaria te laten vertrekken. Dit was een gevoelige nederlaag voor Rabin, voor zijn imago als leider en voor zijn beleid voor de toekomst van de Westelijke Jordaanoever.

Ondertussen werd de Goesj-beweging de leidende kracht achter het religieuze zionisme. De leiders van de beweging presenteerden zichzelf als de ware opvolgers van de pioniers van het zionisme. Ze toonden hun bereidheid om terwille van de kolonisatie ongemakken en gevaren te trotseren en beweerden dat hun religieuze visie veel completer was dan die ultra-orthodoxe. Het minderwaardigheidscomplex van de 'gehaakte keppeltjes' werd overwonnen. De Nationale Religieuze Partij nam afstand van de Arbeiderspartij waaraan zij traditioneel altijd gelieerd was geweest, en werd aan de leiband van de Goesj-beweging steeds verder naar rechts getrokken. Op de religieuze scholen werd de eenheid van Israel als een geloofsprincipe verkondigd. Dit gebeurde door rabbijnen die opgeleid waren aan de Merkas Harav of *hesder* jesjiewot – scholen waar jongens zowel hun militaire plichten kunnen vervullen als godsdienststudie kunnen doen. Het 'Zionisme van de Verlossing' – dat tegelijk een politieke beweging en een religieuze sekte was, straalde een enorm zelfvertrouwen uit.

De machtsovername door rechts in 1977 leek opnieuw een godswonder. De Likoed-regeringen van Menachem Begin en Jitschak Sjamir steunden op de revisionistische zionistische ideologie van Ze'ev Jabotinski. Volgens deze ideologie hebben de joden uit historisch oogpunt recht op het gehele land Israel. Zij waren voorstanders van een permanent Israelisch bestuur van de Westelijke Jordaanoever en de Gazastrook; daar werd dan ook met aanzienlijke overheidssteun de ene na de andere joodse nederzetting gevestigd. Duizenden aanhangers van de Goesj Emoeniem-beweging trokken naar deze nederzettingen, die zij 'Jesja' noemden – een Hebreeuws acroniem voor Judea, Samaria en Gaza dat 'redding' betekent. De Likoed, ontevreden met het tempo waarin de Goesj de nederzettingen stichtte, liet grote buitenwijken bouwen op de Westelijke Jordaanoever in de buurt van Tel Aviv en Jeruzalem, waar de Israeli's met lage huren naartoe gelokt werden.

Toch was de samenwerking oppervlakkiger dan zij misschien leek. De leiders van de Likoed waren seculiere rechtse politici, die de Westelijke Jordaanoever en Gaza op historische gronden en uit veiligheidsoverwegingen opeisten. Maar het is twijfelachtig of zij aanhangers waren van de Goesj-theologie of daar zelfs maar begrip voor hadden. De geschriften van de Goesj-denkers, die doorspekt zijn met kabbalistische talmoedische termen, kunnen soms voor seculiere Israeli's volkomen ondoorgrondelijk zijn. De Goesj zagen Begins instemming met de teruggave van de gehele Sinai aan Egypte en zijn voorstel voor beperkte Palestijnse autonomie op de Westelijke Jordaanoever als een onacceptabele overgave van de joodse macht in het eigen land. De Israelische troepen moesten de Goesj Emoeniem-demonstranten met geweld uit de in de Sinai gelegen stad Jamit verwijderen om de terugtrekking in 1982 te kunnen voltooien. De Israelische kranten stonden vol met foto's van woedende mannen met keppeltjes op, die op de daken tegen de jonge soldaten vochten.

Later bleek dat sommige orthodoxe kolonisten veel radicalere acties hadden willen uitvoeren. In april 1984 rolde de veiligheidsdienst Sjien Bet een 28 leden tellende geheime joodse beweging in de nederzettingen op, die terroristische aanslagen op Arabieren uitvoerde als vergelding voor de Palestijnse terreur. Onder de samenzweerders waren prominente Goesj-activisten, zoals Dan Be'eri. Bij de ondervragingen lieten enkele leden los dat zij explosieven hadden verzameld om het moslimheiligdom de Koepelkerk op de Rots in Jeruzalem op te blazen. Een van de belangrijkste doelen was het verhinderen van de vrede met Egypte en de stopzetting van de terugtrekking uit de Sinai.

Deze ondergrondse beweging zaaide ernstige tweedracht onder de aanhangers van de Goesj-beweging. Sommige leiders veroordeelden de terroristische activiteiten van de leden van deze organisatie; anderen, waaronder Levinger, waren voorstanders van hun vrijlating. Toen zij – soms na korte gevangenisstraffen – werden vrijgelaten, konden sommige leden van de geheime organisatie opnieuw hun openbare functies gaan bekleden in de kolonistenbeweging. De zwaarste straffen – levenslang – werden gegeven aan de drie mannen die een aanslag hadden gepleegd op de islamitische universiteit in Hebron, waarbij drie studenten omkwamen. Maar president Chaim Herzog, lid van de Arbeiderspartij, gaf hun strafvermindering, en in 1990 waren ze alledrie weer op vrije voeten. Dit was de riskante manier waarop het licht op groen gezet werd voor de nationalistische criminaliteit.

De gemiddelde aanhanger van rechts-orthodox had een ambivalente houding ten opzichte van geweld, maar de volgelingen van Meir Kahane waren er ronduit voorstanders van. Kahane, een in Amerika geboren orthodoxe rabbijn, emigreerde in 1971 naar Israel. Hij ontwikkelde een theologische richting waarin het normatieve joodse geloof op zijn kop werd gezet. De joodse traditie zegt onder meer dat iemand die eerlijk zaken doet, of weerstand biedt tegen woede, 'de Goddelijke Naam heiligt' – hij laat andere joden de puurheid van zijn geloof zien. Maar als een jood wreed of oneerlijk is, is dat een 'ontering van de Naam'. Kahane was echter van mening dat Gods reputatie op aarde volledig afhing van de 'kracht' van het joodse volk. Als joden werden gedood, beweert hij, lijkt God zwak; als zij sterk zijn, wordt de macht van God onthuld. Zo heiligt de 'opgeheven joodse vuist' de Goddelijke Naam.

Kahane beschreef zijn messianistische visie in zijn boek *Veertig Jaren*, dat in 1983 werd gepubliceerd. De holocaust, zo zegt hij, was de ernstigste ontheiliging van de Naam, omdat de joden zo zwak waren geweest. Daarom had God de staat Israel gesticht: als bewijs van zijn macht. Hij had de joden veertig jaren gegeven, 'of een paar jaar meer of minder' om zichzelf te bewijzen; om een theocratie te vormen; 'de Arabieren weg te jagen (...) de Tempelberg te reinigen' vóór 'het Einde'. Als 'de joden' die test konden doorstaan, zou de messianistische 'verlossing' vredig verlopen. Maar in het andere geval zou deze 'verlossing' voorafgegaan worden door een 'onnodige holocaust die afschuwelijker zou zijn dan alles wat we tot nu toe hebben doorstaan.'

In 1990 werd Kahane gedood. Zijn volgelingen vielen uiteen in twee groepen: de Kahane Chai in de nederzetting Kfar Tapoeach in de buurt van Nabloes met enkele tientallen aanhangers; en de groep Kach in Kirjat Arba en Hebron met een paar honderd aanhangers. Beide groepen werden herhaaldelijk in verband gebracht met gewelddadige acties tegen de Arabieren. De volgelingen van Kahane pasten goed in het extreem-rechtse Kirjat Arba; een van hen, de Amerikaanse arts Baroech Goldstein (de man die later, in februari 1994, 29 Palestijnen tijdens het gebed in het 'Graf van de Aartsvaderen' in Hebron vermoordde) heeft een tijd namens de Kach in de gemeenteraad van Kirjat Arba gezeten.

Toen Jitschak Rabin in juni 1992 opnieuw premier werd, woonden er ongeveer 105 000 Israeli's in de bezette gebieden. Naar schatting 25 procent van hen behoorde tot wat professor Ehoed Sprinzak, een expert op het gebied van het rechts-radicalisme aan de Hebreeuwse Universiteit, de 'Goesj Emoeniem-cultuur' noemt. Deze Israeli's zijn vooral te vinden in de orthodoxe gemeenschappen van enkele tientallen of honderd families die verspreid tussen de Arabische steden in de bergketen van de Westelijke Jordaanoever wonen. Hoewel de Goesj al lange tijd niet meer als organisatie functioneerde, domineerden de aanhangers ervan nog veel plaatselijke joodse overheden en de overkoepelende Raad van Joodse Nederzettingen in Judea, Samaria en het Gazadistrict.

Toen Rabin, de voorstander van territoriale compromissen, opnieuw tot premier werd gekozen, kwam de uiterst rechtse Techia-partij, die met name gesteund werd door de kolonisten, voor het eerst niet in de Knesset. Bovendien maakte de Nationale Religieuze Partij vrijwel voor de eerste keer geen deel uit van de regeringscoalitie. Deze situatie leek symbool te staan voor de marginalisatie van een hele gemeenschap. Toch bleven de leiders van de kolonisten optimistisch: er woonden al te veel joden buiten de Israelische grenzen van 1967 om de klok nog te kunnen terugdraaien. Rabin zelf werd in de Arbeiderspartij als een havik beschouwd. Heel opmerkelijk was dat de kolonistenrabbijn Jonathan Blass in een artikel in *The Jerusalem Report* van juli 1992 opmerkte dat 'de loyaliteit van het volk aan het land Israel weergegeven werd (...) door de verkiezingsuitslag.' Sjamir, zo beweerde Blass, had zijn zwakte getoond door naar de vredesconferentie in Madrid te gaan, en 'Rabin won het vertrouwen van het volk' door 'denkbeelden te steunen die veel nationalistischer en veiligheidsbewuster zijn dan die van zijn eigen partij.' Deze redenering vertoont een theologische instelling à la Kook; de joodse ziel was, zonder dat men zich daarvan bewust was, verbonden met het Heilige Land en de Verlossing. Jisrael Harel, het pragmatische hoofd van de Raad van Nederzettingen, gaf hier later het volgende commentaar op: 'In de gehele Arbeiderspartij voelden wij ons het dichtst bij Rabin. Hij wilde de Jordaanvallei (op de Westelijke Jordaanoever) en de Golanhoogte behouden. Wij namen aan dat dat voor de Arabieren voldoende reden zou zijn om niet mee te werken.'

In de herfst van 1992 werden door de regering Rabin alle door de regering betaalde bouwwerkzaamheden opgeschort. De particuliere bouwbedrijven moesten toestemming vragen om te mogen bouwen. Deze maatregel was in overeenstemming met de gewijzigde prioriteiten op het gebied van de overheidsuitgaven, maar wees ook op de bereidheid om land in te ruilen voor vrede. In sommige nederzettingen bleven voltooide huizen leeg en afgesloten. Toch was de invloed van deze maatregel veel minder groot dan werd gedacht en de joodse bevolking van de Westelijke Jordaanoever bleef groeien. Intussen verliepen de onderhandelingen tussen Israel en de Palestijnen met horten en stoten. De kolonisten, in hun verzorgde wijken op de heuvels van de Westelijke Jordaanoever, kookten van woede over de terroristische aanslagen die zo nu en dan plaatsvonden. Maar het jeugdige enthousiasme uit de beginjaren van de Goesj-beweging had plaatsgemaakt voor burgerlijkheid; het vroeger zo charismatische leiderschap had veel van zijn uitstraling verloren en de kolonisten staken hun energie in het behoud van hun nederzettingen.

Eind augustus 1993 kwam de schok: de aankondiging van de Oslo-akkoorden. De Palestijnse autonomie op de Westelijke Jordaanoever en de Gazastrook was nabij. In de interim-akkoorden stond dat de nederzettingen gehandhaafd zouden blijven, maar er was geen garantie dat dit ook in het uiteindelijke akkoord opgenomen zou worden. De acceptatie door de PLO van het akkoord en van de vrede werd door rechts alleen gezien als een tactische stap op weg naar een toekomstige vernietiging van Israel.

De reactie van de oppositie was heftig: de oppositieleiders beschuldigden Rabin van het in gevaar brengen van de staat, en zelfs van verraad. Benjamin Netanjahoe voegde de minister van Buitenlandse Zaken, Sjimon Peres, tijdens een debat in de Knesset het volgende toe: 'U bent veel erger dan de Britse minister-president Neville Chamberlain, omdat Chamberlain de veiligheid en de vrijheid van een àndere staat in gevaar bracht. U bedreigt de veiligheid en de vrijheid van uw eigen land.' In een advertentie van de oppositiepartijen, die volgens het dagblad *Ha'arets* goedgekeurd was door Netanjahoe, stond: 'Het volk komt in opstand tegen het verraad van de regering Rabin.' Hanan Porat, een veteraan-kolonistenleider, sprak de volgende dreigende woorden: 'Wij zijn niet bereid om volgens de regels van het democratische spel te blijven spelen. Wij zijn niet bereid om de wetten van deze regering op te volgen.'

Op 7 september, toen de ondertekeningsceremonie van het verdrag op het Witte Huis steeds dichterbij kwam, hield rechts de eerste massale demonstratie tegen het akkoord van Oslo. Tegen de avond stroomde er een menigte (de schattingen liepen uiteen van 50 000 tot 200 000) door de straten rond de regeringsgebouwen in Jeruzalem. De demonstranten scandeerden: 'Rabin is een verrader!', en ze probeerden door het kordon politieagenten heen te breken om bij het kantoor van de premier te komen. Later luisterden ze naar Netanjahoe, die schreeuwde: 'Wij kunnen Peres en Rabin verslaan!'

Deze kille, kwade demonstratie zette de toon voor de massale demonstraties die in de twee jaren daarna, met tussenpozen van enkele maanden, zouden volgen. Harel zegt daarover: 'De Likoed-politici komen altijd opdagen en ze leveren hun financiële bijdrage, maar wij – de Raad van Nederzettingen – doen de organisatie. Dat kunnen zij niet.' De demonstranten waren allemaal orthodox. Die eerste demonstratie werd flink versterkt door de Chabad-sekte, een ultra-orthodoxe beweging uit New York die in die tijd kampte met zijn eigen messianistische hartstocht en zich heftig verzette tegen territoriale concessies. Bij de latere protestdemonstraties bestond het voetvolk vrijwel geheel uit orthodoxe zionisten – mannen en jongens met gehaakte keppeltjes en vrouwen en meisjes met lange rokken – kolonisten, studenten en afgestudeerden van Bnei Akiva, en anderen uit de rechtsorthodoxe hoek.

Netanjahoe, die vurig hoopte dat de regering zo onder druk gezet kon worden dat er nieuwe verkiezingen zouden worden uitgeschreven, verscheen steevast voor de ziedende menigten. Hij negeerde daarmee de gematigder leden van zijn partij die hem ervan beschuldigden de kiezers uit het politieke midden van zich te vervreemden. In juli 1994 trokken naar schatting 100 000 demonstranten naar het centrum van Jeruzalem, omdat gezegd werd dat PLO-leider Jasser Arafat de hoofdstad zou bezoeken. Netanjahoe sprak de menigte op het Zionplein vanaf een balkon toe. Aan dat balkon hing een enorm spandoek met de tekst 'Dood aan Arafat.'

Ondanks dit vertoon lukte het de politici niet om de gemiddelde, niet-godsdienstige rechtse kiezers op de been te brengen; het gevoel van isolement van de kolonisten werd daardoor nog groter. Toch leek het er in de weken na de ondertekening op het Witte Huis op dat ook de kolonisten het niet voor elkaar kregen om constant druk op de regering te blijven uitoefenen.

Maar de kolonisten werden door de Palestijnse terreurdaden wel tot actie aangespoord. Op 29 oktober 1993 werd Chaim Mitsrahi, een kolonist uit Bet El in de buurt van Ramalla, door terroristen ontvoerd, vermoord en verbrand. Honderden boze kolonisten uit dat gebied trokken op een vrijdagmiddag de nabijgelegen Arabische dorpjes binnen, gooiden stenen naar huizen, duwden auto's omver, schoten om zich heen en verwondden verschillende bewoners. De kolonisten verklaarden later dat deze uitbarsting de goedkeuring had van de rabbijn van Bet El, Zalman Melamed, een van de meest gerespecteerde geestelijken in de kolonistengemeenschap. Volgens een van de kolonisten 'blies Melamed de hele zaak af met één oproep via zijn walkie-talkie. Dat was twintig minuten voor het begin van de sjabbat,' zodat de regels van de heilige dag niet geschonden zouden worden. De Raad van Nederzettingen organiseerde de zondag daarop een wat doordachtere reactie: de demonstranten bezetten allerlei wegen en kruispunten, zodat het verkeer op de gehele Westelijke Jordaanoever meer dan twee uur lamgelegd werd.

De moord op Mitsrahi werd binnen enkele dagen gevolgd door meer Palestijnse aanvallen op kolonisten. In de buurt van Hebron werd een auto beschoten met daarin rabbijn Chaim Druckman, hoofd van een *hesder* jesjiewa, voormalig lid van de Knesset en een belangrijke rechts-orthodoxe rabbijn. Druckman overleefde de aanslag, maar zijn chauffeur, Afraim Ajoebi, kwam om het leven. Begin december werden Mordechai Lapid uit Kirjat Arba en zijn 19-jarige zoon Sjalom door terroristen vermoord. Lapid, een van de eerste joodse activisten in de Sovjet-Unie en lid van de oorspronkelijke Elon Moree-groep, was in de hele kolonistenbeweging bekend. Zijn dood verergerde de angst en de woede die sinds het akkoord met de PLO was ontstaan.

Tijdens een herdenkingsbijeenkomst voor Lapid en zijn zoon in Kirjat Arba werd ook gesproken door Baroech Goldstein. 'Hij riep op tot wraak,' herinnerde Dan Be'eri zich hier later over, 'en hij verklaarde heel verdrietig dat wij schuldig waren aan hun dood omdat wij apathisch waren geweest en geen wraak hadden genomen. Dat was geen schuld in praktische, maar in metafysische zin. Voor de hemel waren wij schuldig.'

De denkbeelden van Goldstein waren extreem. Maar in Kirjat Arba en de joodse nederzetting in Hebron ontwikkelde zich het gevoel dat men belegerd was. Confrontaties tussen joden en Arabieren in Hebron waren aan de orde van de dag. Bij een van die incidenten zouden rabbijn Levinger, zijn vrouw Miriam en andere kolonisten tekeer zijn gegaan op de markt van de stad, waarbij ze stenen gooiden en kraampjes omverhaalden. Af en toe schoten kolonisten op Arabische auto's, waarbij gewonden vielen. Elders op de Westelijke Jordaanoever, in de buurt van het dorp Tarkimia, werden drie Arabieren doodgeschoten, waarschijnlijk door kolonisten die de moord op Lapid wilden vergelden. De veiligheidsdienst kon voor deze moorden geen arrestaties verrichten.

De Raad van Nederzettingen riep joden op om geen Arabieren aan te vallen. Maar sommige leiders waren, evenals in het verleden, nogal tweeslachtig in hun houding. Pinchas Wallerstein, hoofd van de regionale organisatie voor de nederzettingen ten noorden van Jeruzalem, noemde de opstanden in Hebron slechts 'onverstandig'. Hij zei: 'Als mensen het gevoel hebben dat zelfs de meest elementaire verdediging hun onthouden wordt, is het geen wonder dat ze zich gedragen alsof ze geen keus hebben en zichzelf wel moeten verdedigen.'

De moord op Mitsrahi werd toegeschreven aan een losgeslagen onderdeel van de groepering van Jasser Arafat, de Fata. De overige terroristische activiteiten werden uitgevoerd door Palestijnse tegenstanders van het vredesproces, met name de fundamentalistische Hamas. Maar voor rechts maakte dat onderscheid weinig verschil. Het terrorisme toonde aan dat het akkoord van Oslo geen vrede met de Palestijnen had opgeleverd. Bovendien geloofden de kolonisten dat de regering hen niet langer kon beschermen. Zoals de burgemeester van Kirjat Arba, Tsvi Katzover, na een terroristische aanslag zei: 'Men begint steeds meer te geloven dat de regering heeft besloten om ons in de steek te laten en het leven voor ons ondraaglijk te maken, in de hoop dat wij vrijwillig zullen weggaan. Maar dat genoegen zullen wij niemand doen.'

Een andere angst was het vooruitzicht dat de Palestijnse politie-agenten – die waarschijnlijk lid waren van de door rechts nog steeds als een terroristische organisatie beschouwde Fata – wapens zouden krijgen en de autonome gebieden van de Westelijke Jordaanoever zouden gaan beheersen.

De kolonisten, die al jaren gewend waren aan de intifada, aan stenengooierij en erger, hadden heel praktische redenen om bang te zijn. Veel kolonisten waren forens en moesten dagelijks door de Arabische gebieden reizen. En hun kinderen moesten elke dag in de schoolbus over de wegen van de Westelijke Jordaanoever.

Maar de crisis ging verder dan deze praktische zaken. Het akkoord met de PLO veroorzaakte onacceptabele tegenstrijdigheden in de theologie van religieus rechts. De heilige staat, 'de fundering van Gods troon in de wereld,' had erin toegestemd om heilige gebieden op te geven – aan vijanden die in ieder geval door een aantal theologen in verband waren gebracht met de metafysische krachten van het kwaad. En een deel van de geestelijkheid keurde deze stap toch goed. Maar zoals rabbijn Menachem Felix van Elon Moree, een van de stichters van Goesj Emoeniem, in de *Nekoeda* schreef: 'De overdracht van gedeelten van het Land Israel aan niet-joden betekent het begin van de verwoesting van het land (...) Deze keer is het niet Titus of Nebukadnezar, maar een Israelische regering die op het punt staat om het land te vernietigen.'

In hetzelfde artikel bood Felix twee tegenstrijdige verklaringen – die allebei vaak in rechts-orthodoxe kringen te beluisteren zijn. Israel was gesticht als een joodse staat, zei hij, maar 'de huidige regering kon niet rekenen op een joodse meerderheid in de Knesset om het verdrag met de PLO te ratificeren.' Hoewel de regering op 'zogenaamd democratische wijze' aan de macht was gekomen, had zij 'het recht verloren om de joodse staat te besturen.' Dit impliceert niet alleen een afwijzing van de rechten van Israelische Arabieren als staatsburgers, maar ook de aanname dat de meerderheid van de joodse burgers een historische verbintenis met het land voelen. Tegelijkertijd redeneert Felix dat het akkoord is voortgekomen uit een spirituele crisis van de bevolking, uit 'het verlangen om bevrijd te worden van de joodse last (...) en de rol van het Land Israel daarin.' Kort nadat dit artikel van Felix was verschenen, meldde het dagblad *Ha'arets* dat de gerespecteerde rabbijn samen met een groep volgelingen de synagoge van Elon Moree had verlaten om niet te hoeven luisteren naar het 'Gebed voor de Staat'. Dit was een demonstratieve breuk met de oude doctrine van de heiligheid van de staat. (De 19-jarige dochter van Felix, Ofra, werd in januari 1995 ten noorden van Bet El op de Westelijke Jordaanoever gedood toen Palestijnse terroristen het vuur op haar auto openden. Op de begrafenis zei Ariel Sjaron van de Likoed-partij het volgende tegen de duizenden aanwezigen: 'links stookt de Arabieren op de Westelijke Jordaanoever op tegen onze aanwezigheid op ons eigen land. De regering hoopt de kolonisten zover te krijgen dat ze er niet eens meer willen wonen.'

Sommige schrijvers van artikelen in de *Nekoeda* trekken een geografische grens tussen de nederzettingen en het wereldlijke Tel Aviv met zijn 'cafés, discotheken en stranden.' Azriel Ariel, een jonge rabbijn, dringt er bij de kolonisten op aan zich terug te trekken in hun eigen gemeenschappen en hun pogingen te staken om te werken met 'de meerderheid van het volk, die de nationalistische gevoelens heeft ingeruild voor de wankele, westerse moraal'. Met andere woorden: het geloof van de Kooks in de seculiere zionisten is niet terecht gebleken.

Een van de grootste vraagtekens bij de legitimiteit van de regering werd geplaatst door Sjlomo Goren. Hij was van 1948 tot 1971 de eerste legerrabbijn en van 1972 tot 1983 de opperrabbijn van Israel. Goren vaardigde in december 1993 een bepaling uit waarin stond dat de soldaten volgens de joodse religieuze wet alle toekomstige bevelen die te maken hadden met de ontmanteling van de nederzettingen, moesten weigeren. Deze bepaling veroorzaakte een enorme rel. Veel mensen begonnen de loyaliteit van de orthodoxe soldaten in twijfel te trekken, waardoor de relatie tussen de orthodoxe en de seculiere joden verder verslechterde.

In de vroege ochtend van 25 februari 1994 trok Baroech Goldstein zijn reservistenuniform aan, hij pakte zijn Galil machinegeweer en ging naar het 'Graf van de Aartsvaderen' in Hebron om te bidden. Toen de joodse dienst voorbij was, liep Goldstein, arts in Kirjat Arba, naar een andere zaal waar een islamitische dienst bezig was, en ging achter een pilaar staan. Toen begon hij om zich heen te schieten. Hij schoot het ene na het andere magazijn leeg en vuurde meer dan honderd kogels af. Binnen enkele tellen waren 29 knielende Arabieren gedood en nog veel meer gewond. Goldstein hield pas op met schieten toen een aantal Arabieren hem met ijzeren staven te lijf gingen en doodden.

Later bleek dat Goldstein de joodse kracht wilde demonstreren en daarmee God wilde behagen en tegelijkertijd het vredesproces in de war wilde sturen. 'Het was geen vlaag van verstandsverbijstering, maar een wanhoopsdaad van een man die in paniek was, omdat de meerderheid de joodse toekomst en de joodse eer verkwanselde,' schreef Dan Be'eri in de *Nekoeda*. Sommige kolonistenleiders veroordeelden de slachtpartij, maar anderen stelden de regering ervoor verantwoordelijk wegens het 'opgeven van de veiligheid' van joden op de Westelijke Jordaanoever en Gaza. Het lichaam van Goldstein werd naar de Nir Jesjiewa van Kirjat Arba gebracht, waar twee rabbijnen van de extreme vleugel van Goesj Emoeniem de begrafenisdienst leidden. Een van de rabbijnen van Nir, Dov Lior, noemde Goldstein later 'een martelaar' als 'de martelaren van de holocaust.' Kort na de begrafenis stuurde de pr-man van Nir, Gary Cooperberg, een fax naar de kranten waarin hij zei dat Goldsteins 'wanhopige uiting van liefde voor zijn volk (...) ooit door alle joden zal worden gezien als het keerpunt dat ons tot de Verlossing heeft geleid.' De aanhangers van Goldstein hebben later een boek gepubliceerd waarin hij enorm werd geprezen en 'Baroech Hagever' werd genoemd – 'Gezegend zij de man.' Een exemplaar van dit boek werd gekocht door een rechtenstudent aan de universiteit Bar-Ilan, Jigal Amir.

Hoe afschuwelijk deze slachtpartij ook was, niemand zou erdoor verrast moeten zijn. Allerlei journalisten en experts hadden sinds de ondertekening van het akkoord op het Witte Huis al voor het gevaar van joodse terreur gewaarschuwd. Het was tamelijk waarschijnlijk dat extreme religieuze groeperingen die geconfronteerd werden met het niet uitkomen van een profetie en een plotseling sociaal isolement, op een dergelijke wanhopige en nihilistische wijze zouden reageren.

Toch zei Jitschak Rabin in de Knesset dat hij in zijn ergste angstvisioenen niet zo'n misdaad had gezien, en noemde hij Goldstein 'geesteszick'. Danny Jatom, hoofd van het centrale commando van het leger, zei tegen de commissie Sjamgar die de slachting onderzocht, dat niemand zo'n 'krankzinnige daad' had verwacht. Terwijl hij dit zei, hield Jatom een hand naast zijn hoofd en draaide die om, alsof hij zich afvroeg waardoor de denkbeeldige knop in het hoofd van de dokter was omgedraaid.

Dat Rabin zo verrast was door de slachtpartij, kwam vooral door zijn seculiere instelling. Het leek wel alsof hij niets begreep van de overtuigingen van religieus rechts, en hen als een marginale politieke groepering beschouwde. Na de moorden in Hebron verbood de regering de Kach en de Kahane Chai en zette een aantal belangrijke activisten achter de tralies. Toch troffen Rabin en de veiligheidsdienst ogenschijnlijk geen maatregelen tegen uitbarstingen van geweld van extreem rechts. Hebron was niet alleen een afschuwelijke tragedie, maar ook een waarschuwing die niet werd begrepen.

In de twee jaren na de akkoorden van Oslo was de relatie tussen Rabin en de kolonisten overduidelijk slecht. Dat was voor het grootste deel onvermijdelijk: Israel had de beslissing over de toekomst van de Westelijke Jordaanoever en de Gazastrook meer dan vijfentwintig jaar weten uit te stellen. Nu had Rabin een oplossing gekozen die in strijd was met de eenheid van het Land Israel en die recht tegen de pogingen van de kolonisten inging om het land te behouden. Maar de antipathie werd nog versterkt door de kille houding die Rabin ten opzichte van de kolonisten aannam en de minimale ophef die gemaakt werd van zijn persoonlijke contacten met de slachtoffers van het terrorisme onder de kolonisten. Harel, van de Raad van Nederzettingen, zegt hierover het volgende: 'Zijn plotselinge koerswijziging gaf ons het gevoel dat wij verkocht werden. Als hij nu maar wat emotioneler was geweest, dan had dat de boodschap nog wat kunnen verzachten. Maar hij heeft zelfs nooit toegegeven dat hij veranderd was (...) Als je iemand respecteert, maar er dan achterkomt dat hij heel iemand anders is dan je dacht, dan voel je het tegenovergestelde, hoeveel respect je ooit ook voor hem hebt gehad.'

Rabin heeft inderdaad duidelijk gemaakt dat hij niet door protesten van mening zou veranderen. In een reactie op de demonstraties tegen een mogelijke terugtrekking van de Golanhoogte zei hij dat hij zou doorgaan met zijn beleid en dat de tegenstanders wat hem betrof 'als propellers konden ronddraaien'. Dit was een verwijzing naar de bekende uitspraak die werd gebezigd toen rechts nog aan de macht was en demonstranten kon negeren: 'De honden blaffen, maar de karavaan trekt verder.'

Bij een andere gelegenheid, toen hij met journalisten sprak over de terugtrekking uit Gaza, had Rabin het over de kleine, geïsoleerde gemeenschap Netsarim op de Gazastrook. 'Als dat een nederzetting is, dan ben ik een kogellager,' zei hij. De kolonisten zeiden vervolgens boos dat de premier hen 'propellers' en 'kogellagers' had genoemd. Voor mensen die zichzelf als de zionistische voorhoede beschouwden, konden de van weinig respect getuigende uitspraken de frustraties en woede alleen maar vergroten.

Eind 1993 hielden Harel en twee andere leiders van de Raad van Nederzettingen een geheime bijeenkomst met de premier over de veiligheid en andere praktische zaken. Toen de pers lucht kreeg van deze bijeenkomst, werd Harel hierover door andere kolonistenleiders aangevallen. Toch gingen de ontmoetingen tussen Rabin en de kolonistenleiders door. Beide partijen probeerden deze bijeenkomsten zo weinig mogelijk bekendheid te geven, waardoor het gevoel van vervreemding en vijandschap ongewild werd versterkt.

In de Oslo-akkoorden werd de garantie gegeven dat alle nederzettingen tijdens de interimperiode gehandhaafd zouden blijven, maar over een permanente status werd niet gesproken. Rabin hield zijn eigen ideeën over die permanente status maandenlang voor zich omdat hij zich niet door de Palestijnen in de kaart wilde laten kijken. Maar een ander gevolg daarvan was dat de kolonisten lange tijd heel onzeker en angstig waren over hun toekomst. Dat gold niet alleen voor de Goesj Emoeniem-beweging, maar ook voor de niet-religieuze bewoners van de buitenwijken die in de buurt van de grenzen van 1967 lagen.

Tijdens het debat over het tweede Oslo-akkoord in de Knesset, op 5 oktober 1995, liet Rabin iets van zijn wensen los over de uiteindelijke, permanente grenzen: de Jordaan zou 'de veiligheidsgrens van de staat Israel' zijn; de grens rond Jeruzalem zou verplaatst worden, om de grote nederzettingen Ma'alee Adoemiem en Givat Ze'ev heen; op andere plaatsen zou de grens van 1967 naar het oosten verlegd worden zodat een aantal joodse nederzettingen binnen de grenzen zouden komen te liggen. Hij gaf ook aan dat er in de Palestijnse gebieden 'joodse blokken' zouden blijven, die hij onder Israelisch bestuur wilde houden. Hoewel hij meer prijsgaf dan vroeger, liet Rabin toch nog veel aan de angstige verbeelding van de kolonisten over.

Terwijl de onderhandelingen tussen Israel en de PLO over de autonomie op de Westelijke Jordaanoever zich moeizaam voortsleepten, werd er in juli 1995 een ontmoeting georganiseerd tussen vijftien religieuze zionistische rabbijnen. Zij vaardigden een bepaling uit die het gehele land en hun eigen volgelingen sterk zou verdelen. De groep, die onder leiding stond van Avraham Sjapira, voormalig eerste rabbijn van het land, verklaarde dat de evacuatie van de militaire bases op de Westelijke Jordaanoever een enorme bedreiging betekende voor het joodse leven en dat religieuze soldaten bevelen om daaraan mee te werken, moesten weigeren.

'Een militair kamp is in alle opzichten een joodse nederzetting. Een evacuatie komt daarom neer op de verwijdering van een nederzetting uit het Land Israel, en dat is verboden,' redeneerden de rabbijnen. Onder hen waren Chaim Druckman en Nachoem Rabinovitch, het vroeger gematigde hoofd van de *hesder* jesjiewa in de nederzetting Ma'alee Adoemiem.

Sjapira had in navolging van Sjlomo Goren het jaar ervoor gezegd dat soldaten moesten weigeren om de nederzettingen te evacueren. Rabinovitch had bevelen om joden uit de nederzettingen te halen 'Nazi-bevelen' genoemd. Maar deze nieuwe bepaling was veel actueler, omdat in het volgende stadium van de autonomie de militaire bases verplaatst moesten worden.

Sommige collega's van de rabbijnen wezen deze bepaling meteen af, zoals de prominente rabbijn Joël Bin-Noen, een Goesj Emoeniemveteraan die het extremisme in de nederzettingen altijd scherp had afgewezen. Maar anderen verdedigden de bepaling juist: 'Dit is een joodse minderheidsregering die alleen kan overleven met de steun van de Arabische Knesset-leden,' zei rabbijn Benny Elon, een anti-regeringsactivist. Elon volgde hierin het voorbeeld van Sjapira. En geheel in tegenspraak met de oorspronkelijke beginselen van het zionisme werden de volgelingen nu geconfronteerd met de keuze tussen loyaliteit aan de Tora en loyaliteit aan de staat.

Sommige geestelijken gingen zelfs nog verder. In een gesprek met Jitschak Frankenthal, leider van de religieuze vredesgroepering Netivot Sjalom, zei Rabinovitch dat als de regering van plan was om de nederzettingen te ontmantelen, de kolonisten bommen met afstandsbediening in het gebied zouden plaatsen, 'zoals de Arabieren ook doen'. De soldaten die aan zo'n operatie meewerken, waren volgens de rabbijn 'zondaren, grote zondaren'.

Volgens het dagblad *Ha'arets* schreven begin 1995 drie kolonistenrabbijnen, Dov Lior en twee anderen, een brief aan veertig prominente rabbijnen. Daarin werd de vraag gesteld of Rabin en de andere ministers medeplichtig waren aan moord. 'Zou het niet goed zijn,' vroegen ze, 'om de premier en de andere ministers te waarschuwen dat zij, wanneer zij doorgaan met het overdragen van de inwoners van Jesja aan een bestuur van moordenaars, volgens de joodse wet als een *moser* vervolgd en gestraft moeten worden?' Dit is de Hebreeuwse term voor een jood die andere joden, of hun bezittingen, aan de bezetter overlevert; theoretisch kan daar de doodstraf voor gegeven worden. Volgens een van de rabbijnen werden er maar weinig reacties op de brief ontvangen en werd op instigatie van rabbijn Sjlomo Aviner, een andere prominente kolonistenrabbijn, besloten om de discussie te beëindigen.

Bin-Noen zou later toegeven dat sommige rabbijnse autoriteiten hadden gezegd dat Rabin volgens de joodse wet een 'aanvaller', een *rodef* was. Dit is iemand die een ander achtervolgt om hem te doden. De joodse wet zegt dat omstanders de achtervolger moeten tegenhouden en hem zonodig moeten doden. Het is niet duidelijk of er een rabbijn is geweest die Jitschak Rabin vóór 4 november openlijk en expliciet als een *rodef* heeft bestempeld, of dat tegen Jigal Amir heeft gezegd.

Op 5 oktober 1995, toen er in de Knesset over het tweede Oslo-akkoord werd gedebatteerd, werd er opnieuw door rechts in Jeruzalem gedemonstreerd. Benjamin Netanjahoe sprak de menigte toe en viel Rabin aan omdat hij alleen een meerderheid in de Knesset kon halen met behulp van Arabische Knesset-leden die geen kinderen hadden die in het leger moesten dienen; en van twee rechtse Knessetleden die waren overgelopen naar de kant van Rabin. De demonstranten begonnen daarop 'Verraders, verraders!' te roepen. Netanjahoe vroeg hen weliswaar om daarmee op te houden, maar dat werd door zijn critici beschouwd als een te late en ongeloofwaardige ingreep.

De demonstranten werden verder opgehitst door andere seculiere rechtse Knesset-leden. Rechavam Ze'evi, de leider van de uiterst rechtse partij Moledet (Vaderland), zei het volgende: 'Dit is een krankzinnige regering die heeft besloten om nationale zelfmoord te plegen.' Ariel Sjaron van de Likoed-partij schreeuwde dat de regering Rabin had 'gecollaboreerd met een terroristische organisatie.' Een aantal Kahanist-activisten deelden pamfletten uit onder de demonstranten waarop Rabin afgebeeld stond in het uniform van een SS-officier. Onder deze activisten was naar verluidt ook Avisjai Raviv, de leider van de duistere radicale groep Ejal (een Hebreeuws acroniem voor Joodse Strijders Organisatie), vriend van Jigal Amir en, zo wordt aangenomen, een door de Sjien Bet betaalde informant).

Tienduizenden demonstranten trokken van het Zion-plein naar de

Knesset. Daar probeerden enkele honderden demonstranten door de politiekordons te breken om het plein voor het regeringsgebouw te kunnen bereiken. Ze gooiden brandende fakkels naar de agenten. Kach-activisten bekogelden de auto van de minister van Huisvesting, Binjamin Ben-Eliëzer, toen hij bij de Knesset vandaan reed. De Israelische politici waren nog nooit zó dicht bij een openlijk gevecht geweest als nu.

Maar het ergste moest nog komen.

Jigal Amir was geen kolonist op de Westelijke Jordaanoever. Hij woonde bij zijn ouders in Nevee Amal, een wijk van Hertslia die zich steeds meer aan de armoede wist te ontworstelen. Maar Amir voelde zich wel sterk verbonden met de kolonisten. Hij was fanatiek voorstander van de rabbijnse veroordeling van de terugtrekking van de Westelijke Jordaanoever en hij had grote minachting voor het vredesbeleid van de regering Rabin en de rechtvaardiging die daarvoor gegeven werd. Datzelfde gold voor honderdduizenden andere Israeli's. Maar Amir was een doener, die geen woorden wilde, maar daden.

Amir werd op 23 mei 1970 geboren; hij was het tweede van de acht kinderen van Sjlomo en Ge'oela. Zijn vader was een Jemenitische immigrant; een zachtaardige, weinig succesvolle man die de kost probeerde te verdienen als kopiist van religieuze documenten en af en toe als ritueel slachter. Zijn moeder was de dominante figuur in het gezin: orthodox, met een sterk karakter, maar ook met een zachte kant. Ze stond in de buurt bekend als amateur-sociaal werkster, bij wie iedereen kon uithuilen. Een van de buurvrouwen vertelde dat Ge'oela haar enorm heeft geholpen bij het verwerken van een traumatische scheiding: 'Door haar voelde ik me rustiger en kon ik er beter mee omgaan.'

Tot een paar jaar geleden woonden Jigal samen met zijn drie broers, vier zussen en zijn ouders in de tweekamerwoning aan de Borochovstraat 56. Maar sinds Amirs vroegste jeugd had Ge'oela het gezinsinkomen aangevuld door thuis kinderen uit de buurt op te vangen. In het begin waren dat alleen een paar kleuters uit orthodoxe gezinnen zoals het gezin Amir. Maar na een paar jaar runde Ge'oela een strenge, maar gezellige en zelfs liberale crèche. Met de extra inkomsten werd er een extra verdieping bijgebouwd: het tastbare bewijs van de voordelen van hard werken.

Jigal was een stil, onopvallend kind. Hij had zoals alle kinderen in zulke grote gezinnen al jong geleerd om voor zichzelf te zorgen. En het was een beetje een einzelgänger. Hij bezocht acht jaar lang de ultra-orthodoxe school Agoedat Jisrael Woolfson, die ongeveer een kilometer van zijn huis vandaan lag, en waar zijn broers nog steeds heengaan. Hij ging regelmatig met Sjlomo mee naar de plaatselijke Jemenitische synagoge, Tiferet Tse'ieriem. 'Als de meeste kinderen buiten aan het voetballen waren,' zegt een van de buren, Ofer Benvisti, 'was Jigal aan het studeren of bidden.' 'Hij ging niet met ons om,' zegt Tsoeri Mimon, een medeleerling. 'Hij hoorde er niet echt bij.'

Toen hij 14 was, maakte Amir kennis met de grote wereld: hij ging naar de middelbare school Jisjoev Hechadasj Jesjiewa in Tel Aviv. Ook dit was geen gewone religieuze school, maar een ultra-orthodoxe school. De meeste leerlingen die van deze school kwamen, gingen fulltime aan een jesjiewa studeren en ontliepen daardoor de militaire dienst. Maar Amir had een vechtersmentaliteit; hij wilde juist graag in het leger. Hij koos voor het vijfjarige *hesder*-programma, een combinatie van militaire dienst en godsdienststudie, die speciaal was opgezet voor jongens als Amir. Hij diende in de Golani-eenheid, die vooral patrouilleerde in de Gazastrook en de Israelische veiligheidszone in Zuid-Libanon, waar een zeer gespannen situatie heerste. Dit werd afgewisseld met de studie van de Tora in de idyllische omgeving van Kerem B'Javnee Jesjiewa, ten zuiden van Tel Aviv. Amir was een sterke, gezonde en zeer betrouwbare soldaat, maar hij was onder zijn medesoldaten niet erg geliefd. Hij stond erom bekend dat hij altijd bereid was om zich vrijwillig aan te melden voor extra taken en extra zware opdrachten, terwijl de andere soldaten die liever probeerden te ontlopen. Zijn meerderen waardeerden hem om de 'grondigheid' waarmee hij huiszoekingen deed bij vermeende Palestijnse activisten in de Gazastrook. En hij stond bekend om zijn fanatieke geloof. 'Hij was altijd als eerste in de synagoge,' zei zijn collega Boas Nagar, die ook vertelde dat hij zijn godsdienstige medesoldaten altijd wekte voor het gebed, ook al bleven zij liever wat langer slapen. 'Hij was zo koppig als een ezel,' zei Nagar. 'Hij zat ons altijd op de huid.' Op Kerem B'Javnee leek zijn toewijding haast tot een dwangneurose uit te groeien. Zijn leraren herinneren hem als een eenzame, vastberaden leerling die uitblonk in zijn studie en genoot van de lessen. 'Het was een uitstekende student,' zegt het hoofd van de jesjiewa, Mordechai Greenberg. 'Hij bemoeide zich nooit met politiek. Hij was niet radicaal. Het was gewoon een slimme, aardige jongen.' Jigal Amir was dus precies zo geworden als zijn moeder had gehoopt. Zoals een van de ontgoochelde ouders van een kind van de crèche van Ge'oela het zei: 'Ze heeft haar kinderen altijd geleerd om door te zetten; om niet op te geven wanneer ze ergens echt in geloofden.'

Veel Israeli's nemen na hun diensttijd een jaar vrij om op reis te gaan en iets van de wereld te zien. Maar toen Amir klaar was met zijn *hesder*-programma, besloot hij, geheel volgens zijn strenge arbeidsmoraal, te gaan werken. Hij kreeg in de zomer van 1992 een baan bij het enigszins duistere Liaison Bureau, dat onder toezicht stond van het ministerie van de premier en dat missionarissen uitzond naar de voormalige Sovjet-Unie om Hebreeuws te geven en andere missies uit te voeren waar niet veel over bekend gemaakt werd. Nadat hij gescreend was door de veiligheidsdienst en een korte training had gekregen, werd Amir voor drie maanden uitgezonden naar Riga.

Toen hij terug was in Israel, schreef hij zich in op Bar-Ilan, een universiteit in de buurt van Tel Aviv die bekend staat als een uitstekende, religieus-zionistische universiteit, en als broeikas voor rechts-activisme. Ook hier maakte Amir het zichzelf niet gemakkelijk. Hij studeerde rechten, volgde computerlessen, en was vaak te vinden in de *kolel* – de jesjiewa van de universiteit waar ongeveer vierhonderd van de meest toegewijde orthodoxe studenten in hun vrije tijd religieuze teksten bestudeerden.

Jigal Amir kwam een paar weken na de beroemde handdruk van Rabin en Arafat op Bar-Ilan. Uit opinie-onderzoeken bleek dat ongeveer tweederde van de Israeli's instemde met wat Rabin 'a gamble for peace' noemde, maar dat gold niet voor Amir. Zijn leraren en vrienden herinneren zich niet dat Amir zich, voordat hij naar de Bar-Ilan universiteit ging, voor politiek interesseerde. Zijn moeder was die winter toevallig kandidaat van de Arbeiderspartij voor de gemeenteraad van Hertslia. Maar Amir veranderde door het extreem-rechtse milieu op Bar-Ilan, door de dramatische stappen die door de regering werden gezet op weg naar vrede met de Palestijnen, en door zijn eigen, neurotische aard. 'Pas toen hij hier ging studeren, werd hij actief in rechtse organisaties,' zegt Jaron Jehosjoea die Amir al vanaf zijn jeugd kende en nu studentbegeleider op Bar-Ilan is.

Amir veranderde in een bezeten jongen. Hij sloot hechte vriendschap met een groepje medestudenten van de *kolel*, vooral met de voormalige Kach-activist Avisjai Raviv, de leider van de Ejal. En hij ging acties tegen de regering ondernemen. Steeds wanneer een van de islamitische zelfmoordcommando's, die het Israelisch-Palestijnse vredesproces wilden dwarsbomen, een Israelisch doel raakte, werd Amir volgens rabbijn Aharon Katz, subhoofd van de *kolel*, 'actiever en fanatieker'.

Zijn medestudenten zeggen dat Amir misschien een uitlaatklep voor die energie zou hebben kunnen vinden als hij een vriendin had gehad. Maar Nava Holtzman, de 22-jarige vriendin van Amir, verbrak eind 1994 hun relatie, die vijf maanden had geduurd. Holtzman herinnert zich een heel andere Amir – 'helemaal geen opvallende of extraverte jongen.' Maar Amir was niet de man met wie zij haar leven wilde delen. Kort nadat ze de relatie had verbroken, leerde ze een andere student aan de universiteit van Bar-Ilan kennen, Sjmoelik Rosenbaum. Ze trouwde met hem en verhuisde naar de nederzetting Alon Sjvoet op de Westelijke Jordaanoever.

Toen zijn relatie was verbroken, werd Amir volgens medestudenten nog veel fanatieker in zijn rechts-extremistisch activisme. Hij hielp bij de organisatie van studentenprotesten op de voetgangersbrug naar de Bar-Ilan universiteit over de snelweg. Af en toe kwamen de demonstranten van de brug af en blokkeerden het verkeer door op de weg te gaan liggen. Hij organiseerde hongerstakingen en andere protestacties. Toen de kolonisten protesteerden tegen de stopzetting van de bouw van huizen op de Westelijke Jordaanoever, kwam Amir hen te hulp. Hij hielp bij de bouw van de illegale nederzetting Ma'alee Jisrael en bij een actie van de kolonisten van Efrat, in de buurt van Betlehem, die protesteerden tegen de evacuaties door het leger. Hij organiseerde een demonstratie van studenten van Bar-Ilan bij het huis van Knesset-lid Alex Goldfarb, die uit een van de rechtse partijen was gestapt en nu de coalitie van Rabin steunde. Deze demonstratie vond begin oktober plaats, aan de vooravond van de stemming in de Knesset over het tweede Oslo-akkoord. Volgens dit akkoord zou het Palestijnse bestuur op de Westelijke Jordaanoever uitgebreid worden. Het scheelde maar een haar of het voorstel was weggestemd, maar de coalitie kreeg, mede dankzij Goldfarb, voldoende steun. Verder ondertekende Amir samen met achthonderd andere reservisten van het leger een verklaring waarin stond dat hij zou weigeren om deel te nemen aan de terugtrekking van de Westelijke Jordaanoever.

Bovendien begon hij weekenden te organiseren voor gelijkgestemde studenten, bijvoorbeeld naar de 450 geïsoleerde kolonisten in Hebron met wie uit solidariteit de sjabbat werd gevierd, of naar de dertig moedige gezinnen in Netsarim, ten noorden van de Gazastrook. Het succesvolst van die weekenden was de sjabbat tussen het joodse nieuwjaar en de Grote Verzoendag, in het weekend van 29 september 1995. In de dagen daarvoor hadden Amir, Raviv en enkele andere enthousiastelingen geprobeerd om zoveel mogelijk studenten op de universiteit warm te krijgen voor deze sjabbatviering in Hebron, die was bedoeld als een signaal van afkeuring aan de regering, als solidariteitsbetuiging voor de kolonisten en als reactie op de feestelijke ondertekening van het tweede Oslo-akkoord in het Witte Huis. Toen de studenten zich die vrijdagmiddag om één uur op de campus verzamelden voor de reis naar Hebron, bleek dat er ruim gehoor was gegeven aan de oproep. Er kwamen meer dan vijfhonderd mensen, die zich in de acht bussen moesten persen. Jaron Kramer, een journalist die onderzoek deed voor een artikel over de Ejal-beweging van Avisjai Raviv, was ook meegegaan. Hij herinnert zich dat de solidariteitsbetuiging door het grote aantal studenten zonder meer geslaagd genoemd kon worden, maar dat hierdoor wel veel praktische problemen ontstonden. Er waren in Hebron bijvoorbeeld lang niet genoeg bedden voor al die studenten. Kaner sliep die nacht zelf op het dak van het kolonistencomplex Avraham Avinoe, toevalligerwijs samen met Jigal en diens oudere broer Chagai, op wie Amir sprekend leek.

Tijdens dit weekend werd er gebeden in het 'Graf van de Aartsvaderen' werden er allerlei lezingen en workshops gehouden, samen met de kolonisten uit Hebron. Alle aanwezigen leken tegen het vredesproces te zijn en zich zorgen te maken over hun eigen veiligheid en toekomst. Amir was, volgens Kaner, de grote organisator en las bijvoorbeeld bij de maaltijd vaak het programma voor. Op vrijdagavond, tijdens de maaltijd na het gebed in het 'Graf van de Aartsvaderen', stond Amir op om de groep welkom te heten. 'We zijn blij dat jullie allemaal gekomen zijn om de sjabbat te vieren in de stad van onze vaderen en om de joodse aanwezigheid hier in niet geringe mate te steunen,' zei hij. 'Ja,' ging hij verder, 'we hebben vierhonderd mensen uitgenodigd, maar er zijn er 540 gekomen. Dat heeft een paar organisatorische problemen veroorzaakt, maar als iedereen meewerkt, kan alles toch goed verlopen.'

Op de ochtend van de sjabbat preekte rabbijn Eliëzer Waldman, mede-hoofd van de *hesder*-jesjiewa in Kirjat Arba, tijdens de dienst in het 'Graf van de Aartsvaderen'. Volgens Kaner beschuldigde de rabbijn de regering ervan samen te werken met de Arabieren tegen de kolonisten en benadrukte hij de historische en religieuze rechten van de joden op de stad. Later die dag 'patrouilleerden' sommige studenten gewapend door de Arabische straten. Volgens sommigen lokte de patrouille van Amir wat tumult uit. Een Palestijnse fotograaf beweerde dat zijn camera was kapotgeslagen en er zouden enkele autoruiten zijn ingeslagen. Maar dergelijke incidenten waren in Hebron niet ongewoon en er werd verder geen actie ondernomen.

Hoewel het weekend een groot succes was geweest, was Amir toch enorm teleurgesteld. Langzamerhand werd duidelijk dat demonstraties en solidariteitsweekenden nooit de terugtrekking van de Israeli's van de Westelijke Jordaanoever zouden kunnen tegenhouden. De oppositiepartijen, onder leiding van de Likoed, deden het heel goed in de opiniepeilingen en er werd gezegd dat de Arbeiderspartij bij de volgende verkiezingen waarschijnlijk de macht zou verliezen. Maar het duurde nog meer dan een jaar voordat er verkiezingen kwamen. Als het autonomieprogramma volgens plan zou verlopen, zou Jasser Arafat dan alle grote steden op de Westelijke Jordaanoever in handen hebben, behalve een kleine joodse enclave in Hebron.

Amir had, als toegewijd student, allerlei joodse geschriften bestudeerd over de *dien rodef* en *dien moser*. Hij discussieerde met zijn medestudenten in de *kolel* en daarbuiten over de toepasbaarheid hiervan op de leiders van de huidige regering. Een vriend van Amir, die A. genoemd wil worden, heeft een zeer opmerkelijk interview gegeven aan een Hebreeuwse krant. Hierin doet hij verslag van een gesprek over dit onderwerp tussen Amir, hemzelf en een aantal andere vrienden. 'Hij geloofde dat de *dien rodef* van toepassing was op Peres en Rabin,' vertelde A., 'en hij gebruikte de middeleeuwse joodse religieuze autoriteit Maimonides om dit te rechtvaardigen. Hij zei dat Rabin en Peres, omdat zij vrede sloten met Arafat in ruil voor Israelisch land, eigenlijk vergeleken konden worden met collaborateurs. Ze lieten de joden in de steek en moesten daarom gedood worden. Wij gingen allemaal tegen deze kromme redenatie in. Ik zei nog tegen hem: Stel je voor dat je een geweer pakt en hen doodschiet. Wat heb je dan bereikt?'

Amir gaf hier volgens A. het volgende antwoord op: '"Peres en Rabin zijn slangen. Als je hun koppen eraf snijdt, raakt de slang de weg kwijt. Als je hun ogen uitsteekt, zijn ze blind. Ze moeten beiden gedood worden, omdat ze elkaar ophitsen. De staat zal gered zijn als er iemand opstaat en hen elimineert. Dan zullen er verkiezingen worden uitgeschreven en Bibi [Netanjahoe] zal aan de macht komen." Dat was de oplossing die Jigal wilde.'

A. bracht hier tegenin dat 'alleen rabbijnen zoiets zouden kunnen uitvaardigen. Er is geen enkele steun voor jouw benadering.' Amir antwoordde: 'De rabbijnen zijn allemaal te laf om de joodse wet op mijn manier te interpreteren. Ik ben de enige die Maimonides op de juiste manier interpreteert.' A. merkte nog op: 'Het was natuurlijk allemaal theorie. Niemand dacht dat er ooit echt iets van zou komen.'

Maar Amir meende het heel serieus. Samen met Chagai en hun vertrouweling, Dror Adani, een vriend uit Jigals diensttijd die vaak meeging op de kolonistenweekenden, had hij Rabin en Peres met toenemende intensiteit gevolgd. Chagai had allerlei spullen uit het leger gestolen; een andere vriend van Jigal, afkomstig van de Kerem B'Javnee jesjiewa, Eric Schwartz, die nu bij de commando's in de Golanbrigade zat, zou hen van nog meer spullen hebben voorzien. Ze hadden een geheime wapenvoorraad aangelegd in Amirs huis in Hertslia. De handgranaten en explosieven lagen vlakbij de plek waar Ge'oela Amir elke dag op de kinderen uit de buurt paste. Sommige explosieven waren bedoeld voor aanslagen op Arabieren: op gevangenen die in de loop van het vredesproces zouden worden vrijgelaten. op de hoge Palestijnse medewerker Faisal Hoesseini en op Arafat zelf. (Een van de plannen, volgens Chagai heel goed uitvoerbaar, was om de helikopter van Arafat neer te schieten.) Maar hoewel er veel energie werd besteed aan de plannen voor aanslagen op Palestijnen, waar ook andere studenten van Bar-Ilan bij betrokken werden, zoals naar verluidt de twintigjarige rechtenstudente en koloniste uit de Westelijke Jordaanoever Margalit Har-Sjefi, bleven Peres en vooral Rabin bovenaan de prioriteitenlijst staan.

Jigal Amir, Har-Sjefi en Adani zouden volgens zeggen allemaal hebben geprobeerd de goedkeuring van een rabbijn te krijgen voor de moord op Rabin. Adani heeft tijdens het onderzoek gezegd dat hij nooit de goedkeuring van een rabbijn heeft kunnen krijgen; Chagai Amir vertelde een heel ander verhaal, namelijk dat een rabbijn op de Westelijke Jordaanoever tegen Jigal en Adani had gezegd dat Rabin het verdiende om te sterven. Ook Har-Sjefi zou tijdens het onderzoek hebben gezegd dat zij de goedkeuring van een rabbijn had gekregen, maar ze wilde niet zeggen welke rabbijn dat was. Intussen bespraken de twee broers en Adani hoe ze de moord het beste zouden kunnen uitvoeren. Ze overwogen om een bom onder de auto van Rabin te plaatsen, of om een bom te leggen langs een route die hij zou nemen en die op afstand tot ontploffing te brengen. Ze dachten erover een antitankprojectiel op de Cadillac van Rabin af te schieten of nitroglycerine in de waterleiding van het huis van Rabin te stoppen en daardoor een ontploffing te veroorzaken. Jigal en Chagai, die beiden sluipschutter waren geweest in het leger, gingen bij het huis van Rabin in

Ramat Aviv kijken, op zoek naar een goede positie om hem neer te schieten. Chagai had tevergeefs geprobeerd om als reservist een M-16 geweer met telescoopvisier te bemachtigen om Rabin daarmee vanuit een hinderlaag in de straat waar hij woonde neer te schieten. Ze bedachten het plan om een modelvliegtuigje uit te rusten met een brandbom en dat op Rabin af te sturen. Ze overwogen om in het kader van de rechtenstudie van Jigal een interview met Rabin aan te vragen en hem met een in een microfoon of een cassetterecorder verstopte bom te doden.

Toen deze plannen op niets uitliepen, besloot Jigal een directere aanslag op hem uit te voeren. Op 22 januari 1995 wachtte hij Rabin op bij het herdenkingsmuseum voor de holocaust in Jeruzalem, Jad Vasjem. Maar het bezoek van de premier werd afgelast omdat er die dag 21 mensen waren gedood bij aanslagen van twee islamitische zelfmoordcommando's in de buurt van Netania. Precies drie maanden later probeerde hij Rabin opnieuw te vermoorden tijdens Mimoena, het folklore-festival van de Afrikaanse joden in de Nof Jeroesjalajiemhal. Maar hij werd door veiligheidsbeambten tegengehouden toen hij het gebouw wilde binnengaan. Op 11 september wilde Amir Rabin doodschieten bij de opening van een nieuw verkeersknooppunt bij Kfar Sjmarjahoe in de buurt van zijn eigen huis. Toen hij daar aankwam, was de ceremonie echter al voorbij en was Rabin al vertrokken naar zijn volgende afspraak.

Op 4 november bespraken Jigal en Chagai op weg naar de synagoge opnieuw dit voor hen favoriete onderwerp. Ze probeerden te bedenken wat de kansen waren om Rabin bij de vredesbijeenkomst die avond in Tel Aviv te vermoorden en daarna levend weg te komen. Chagai heeft later tijdens het onderzoek gezegd: 'Ik was voor het plan om Rabin te doden, maar ik was niet bereid om daarbij zelf gedood te worden.' Hij was bang dat er die avond strenge veiligheidsmaatregelen getroffen zouden worden en dat elke mogelijke schutter meteen zou worden uitgeschakeld. Chagai verklaarde dat hij tegen zijn broer had gezegd dat Rabin tijdens de bijeenkomst alleen met een sluipschuttersgeweer vanaf een afstand neergeschoten zou kunnen worden, en zo'n geweer hadden ze ondanks hun pogingen daartoe niet kunnen bemachtigen. Maar Jigal was wel bereid om het risico te nemen zelf bij een aanslag te worden gedood. Die avond ging hij naar de synagoge en vroeg hij in een gebed of hij eindelijk de kans mocht krijgen om de premier te doden en of zijn eigen leven daarbij gespaard mocht blijven. Toen de sjabbat voorbij was, haalde hij zijn pistool uit zijn kamer – de kamer waarin later ook zowel het boek over de Hebronmoordenaar Baroech Goldstein als het beroemde en zeer gedetailleerde boek van Frederick Forsyth over de aanslag op De Gaulle, *De dag van de Jakhals*, werd aangetroffen. Amir had twee jaar eerder een wapenvergunning aangevraagd. Op het aanvraagformulier had hij ingevuld dat hij op de Westelijke Jordaanoever woonde en een wapen nodig had om zichzelf te verdedigen. Hij laadde de negen millimeter Baretta om en om met gewone kogels en uitgeholde dumdum-kogels die hij van Chagai had gekregen. Daarna stopte hij het pistool in zijn rechterbroekspijp en ging naar buiten.

Hij ging met de bus tot het kruispunt van de Arlosoroffstraat en de Ibn Gvirolstraat. Daarna liep hij naar het Plein van de Koningen van Israel. Onderweg deed hij zijn keppeltje af. Hij liep in de richting van het podium, maar hij zag al snel dat het onmogelijk was om vandaar een schot af te vuren op Rabin. En toen kwam hij toevallig bij de slecht verlichte en onvoldoende beveiligde VIP-parkeerplaats onder het podium. Daar bleef hij ongeveer veertig minuten in de schaduw van het podium staan wachten. Het was een ideale plek voor een aanslag. Micha Goldman, de staatssecretaris van Onderwijs, zei later dat er daar ten minste twintig mensen rondliepen zonder de verplichte identiteitskaartjes. Amir maakte een ontspannen indruk. Hij stond met zijn handen in zijn zakken en zat een tijdje op een witte betonnen bloembak. De geüniformeerde politieagenten die hem zagen, namen aan dat hij, net als de andere mannen in burgerkleding die daar waren, een rechercheur was of een agent van de Sjien Bet. Amir was ervan overtuigd dat hij deze keer zijn doel zou bereiken.

Later vertelde Amir terloops dat hij Sjimon Peres heel gemakkelijk had kunnen doden. Op de amateurvideo die door Ronni Kempler van-

af een dak aan de overzijde van de parkeerplaats is gemaakt, is duidelijk te zien dat Peres, de minister van Buitenlandse Zaken, kort vóór
Rabin via de trap van het podium kwam. Hij bleef even bij de hekken
staan om een paar mensen de hand te schudden. Daarna maakte hij
een praatje met de chauffeur van Rabin. Op de video van Kempler is
te zien dat Amir op enkele meters afstand van Peres stond en hem
inderdaad gemakkelijk had kunnen neerschieten. Als Rabin niet halverwege de trap was blijven staan en nog even naar het podium was
teruggegaan om de organisatoren van de vredesdemonstratie te
bedanken, maar samen met Peres naar de parkeerplaats was gelopen,
had Amir de dubbele moord kunnen plegen waarvan hij had
gedroomd, en de koppen van beide 'slangen' kunnen afhakken, zoals
hij het noemde. Maar hij besloot om op Rabin te wachten en liet
Peres in zijn auto wegrijden.

Toen Rabin naar beneden kwam en het kleine stukje naar zijn
Cadillac liep, kwam hij vlak langs Amir, die tussen de trap en de auto
van Rabin stond. Amir klapte, net als de andere aanwezigen, even in
zijn handen voor Rabin. Maar toen Rabin hem passeerde, deed Amir
een paar stappen naar voren. Hij glipte tussen een jonge journaliste in
opleiding, die probeerde om Rabin te interviewen, en een van de
bodyguards van de premier. Hij richtte zijn pistool op de rug van
Rabin en vuurde drie keer. Twee dumdumkogels raakten de longen
van de premier, waardoor hij dodelijk gewond raakte. De derde kogel
raakte een bodyguard. 'Ik richtte op het midden van zijn rug,' zei
Amir later tegen zijn ondervragers. 'Van die afstand hoef je geen
scherpschutter te zijn.' Het forensisch onderzoek toonde aan dat het
pistool inderdaad tegen de rug van Rabin gedrukt was toen het eerste
schot werd afgevuurd. 'Nu ben ik tevreden,' zei Amir later die avond
tegen de rechercheurs, terwijl de chirurgen tevergeefs voor het leven
van Rabin vochten. 'Ik wilde hem al heel lang vermoorden.'

Ge'oela Amir zat bij vrienden televisie te kijken toen het bericht
over de moord werd uitgezonden. Ze herkende haar zoon, die door
agenten werd gearresteerd en riep: 'Wat heeft onze zoon gedaan?' Ze
rende naar haar man, Sjlomo, die thuis was. Sjlomo zei later die avond

tegen een vriend: 'Die jongen heeft ons kapotgemaakt. Ik begrijp niet hoe hij op dat krankzinnige idee gekomen is. Zo hebben we hem niet opgevoed.' Toen de agenten van de Sjien Bet die avond het huis doorzochten en de ouders van Amir ondervraagden, zei Sjlomo tegen hen: 'Jullie kunnen beter naar Bar-Ilan gaan. Daar hebben ze hem gehersenspoeld, wij niet.'

In de dagen na de moord schreven Sjlomo en Ge'oela een spijtbetuiging en een condoléancebrief aan Lea Rabin. Ge'oela gaf een paar interviews waarin ze smeekte om vergeving en waarin ze volhield dat ze geen idee had gehad van wat haar zoons deden. Dat ze niet wist dat haar huis als wapenopslag werd gebruikt en dat ze niet begreep hoe dit had kunnen gebeuren. Aanvankelijk stonden de meeste ouders van de kinderen die op de crèche van Ge'oela zaten aan haar kant, maar dat veranderde toen de explosieven in het huis gevonden werden. Toen Chagai op 5 november werd gearresteerd, woonde Ge'oela de korte hoorzitting bij. Ze wierp haar zoon handkussen toe en mompelde een aantal keren 'leugenaar' tijdens de ondervraging van een politie-agent. De aanvankelijke sympathie voor de ouders van Amir verdween daardoor snel. Chagai vertelde tijdens het onderzoek dat hij en Jigal een aantal keren met hun vader hadden gesproken over aanslagen op mensen van 'links'. Volgens Chagai wist Sjlomo heel goed waar ze het over hadden. Eind december verklaarde Sjlomo Amir tijdens zijn ondervraging dat Jigal en Chagai thuis inderdaad in aanwezigheid van hun ouders hadden gezegd dat Rabin vermoord moest worden. Jigal was daar volgens zijn vader in de maanden voor de aanslag 'vier of vijf keer' over begonnen. Ge'oela verklaarde iets heel anders: ze had gezien dat Chagai met kogels in de weer was, maar ze had gedacht dat hij die kogels maakte om zichzelf te kunnen verdedigen. Ze zei dat ze nooit iets had gehoord over het plan om een aanslag te plegen op Rabin.

Toen men begon te vermoeden dat de ouders van Amir, en misschien ook hun broers en zussen, op de hoogte waren geweest van het plan om Rabin te vermoorden, veranderde de houding van de familie ten opzichte van de twee gevangen broers. Ge'oela had aanvankelijk beweerd dat ze Jigal had verstoten, maar ze woonde samen met Sjlomo het proces tegen hem op 19 december bij. Jigal zwaaide en glimlachte naar zijn ouders. En Chagai zou in zijn brieven vanuit de gevangenis aan zijn ouders hebben geschreven: 'Jigal heeft een grootse daad verricht. Hij heeft het gedaan in naam van God.' Half december werd de vijftienjarige zus van Jigal, Hadas, in aanwezigheid van haar moeder door de BBC geïnterviewd. Hadas sprak haar steun voor Jigal uit en zei: 'Alleen Gali,' waarmee ze Jigal bij zijn koosnaam noemde, 'wist wat het betekende om van je land te houden, om van Israel te houden en om alles voor je land over te hebben. Hij was de enige die genoeg lef had om het te doen.'

Chagai Amir en Adani bleven volhouden dat ze niet wisten dat Jigal van plan was om Rabin op 4 november te vermoorden. Jigal nam graag de volledige schuld op zich. Hij kwam steeds glimlachend de rechtszaal binnen en voerde in de paar minuten voordat de zitting begon vaak lange monologen waarin hij zijn daad verklaarde. Hij toonde geen enkel teken van spijt of twijfel. Veel Israeli's walgden van de manier waarop hij zich gedroeg: hij kauwde met open mond op een stuk kauwgom en hij had bijna altijd een zelfverzekerde glimlach op zijn gezicht. Er werd gevraagd of er in de rechtszaal niet een scherm voor hem neergezet kon worden. Een Israelisch dagblad, de *Ma'ariev*, kwam op een dag uit met een supplement dat volgens de krant bedoeld was om die grijns van het gezicht van Amir te vegen. Maar Amir bleef zich gedragen als iemand die zeker wist dat hij niets verkeerds had gedaan. Hij diende zelfs een verzoek in voor een dag verlof uit zijn isoleercel in de gevangenis in de buurt van Beersjeva om de bruiloft van zijn zus Vardit bij te kunnen wonen. Dit verzoek werd uiteraard afgewezen.

Amir gaf tijdens de rechtszaak een simpele en heldere verklaring voor de moord. Hij trok de legitimiteit van de Israelische democratie in twijfel; hij verklaarde dat de Arabische staatsburgers van Israel geen rol mochten spelen in de democratie; benadrukte de minachtende manier waarop Rabin volgens hem de kolonisten in de steek had gelaten en noemde Arafats Palestijnen onverbeterlijke terroristen. En net als tijdens de discussies die hij op de universiteit met zijn medestudenten had gevoerd, probeerde hij zijn daad op basis van de joodse wet te rechtvaardigen.

Tijdens de eerste zitting, die twee dagen na de moord in Tel Aviv plaatsvond, zei Amir tegen rechter Dan Arbel dat het 'triest' was dat de Israelische bevolking zich door de islamitische zelfmoordacties niet tegen het vredesproces had gekeerd en dat hij het 'fascinerend' vond dat de bevolking zich nu verenigd voelde 'door mij. Ik bedoel: Rabin is nu toch dood, dus waardoor voelen ze zich nu verbonden?' vroeg hij zich hardop af. 'Misschien heeft hij in zijn testament gezegd dat iedereen eensgezind moet veroordelen wat ik heb gedaan? Niemand in dit land trekt zich er iets van aan dat hier een Palestijnse staat wordt gesticht, met een heel leger van terroristen waar wij tegen zullen moeten vechten. Maar iedereen is geschokt door de moord op een premier (...) Een premier die zich alleen verantwoordelijk voelde voor de veiligheid van achtennegentig procent van de bevolking en geen zier gaf om die van de overige twee procent. Een premier die niet mijn premier is. Hij is gekozen door Arabieren. Twintig procent van zijn kiezers waren Arabieren. Ik was bij die demonstratie [de vredesdemonstratie in Tel Aviv]. Weet men eigenlijk wel dat de helft van de mensen daar Arabieren waren? Moeten die Arabieren soms bepalen wat mijn toekomst in deze staat is? Als u hen de toekomst van de staat laat bepalen, moet u ze in de veiligheidsdienst laten. En wat doet u als er hier twee miljoen Arabieren zijn? Geven we de staat dan aan de Arabieren?'

'Ik heb het niet gedaan om het vredesproces te stoppen,' verklaarde hij later, 'want er bestaat helemaal geen vredesproces. Het is een oorlogsproces. Ik wilde de mensen wakker schudden. Het kan de mensen niets schelen dat er hier een Palestijnse staat wordt gesticht met een leger terroristen die allemaal wapens krijgen. Die wapens zijn heus niet voor de vrede. Iedereen die denkt dat de terroristen ons zullen beschermen, heeft het mis. En volgens de religieuze wet moet iemand die zijn land en zijn mensen aan de vijand overlevert, gedood worden.'

Toen de rechter hem onderbrak om te vragen welke rabbijn hem de joodse wet zo had uitgelegd, antwoordde Amir: 'Niemand heeft mij dat geleerd. Ik bestudeer de Talmoed al mijn hele leven en ik ken alle details.'

'Maar in de Tien Geboden staat: 'Gij zult niet doden',' zei de rechter. 'Wat doe je dan met de Tien Geboden?'

'De Tien Geboden zijn wel geldig, maar in de Tora staan 613 geboden. En er zijn geboden die zwaarder wegen dan 'Gij zult niet doden'. Er is ook een gebod dat zegt dat je het leven moet beschermen. Als iemand een ander wil vermoorden, ben je verplicht om hem te doden.'

In de weken hierna werd steeds aan Amir gevraagd wie hem geholpen had en welke rabbijn hem toestemming voor de moord had gegeven. Amir antwoordde steeds: 'Ik heb het alleen gedaan. En misschien heeft God mij geholpen.' Toch had hij tijdens het politie-onderzoek verklaard dat een rabbijn hem ondubbelzinnig toestemming had gegeven voor de moord.

In elk geval klonken zijn verklaringen het Israelische volk heel bekend in de oren. Want hoewel Amir zich op een afschuwelijke en ongehoord extreme wijze tegen de regering had gekeerd, zat daar een zekere logica achter. De maandenlange protesten van rechts tegen de afhankelijkheid van de regering van de Arabische stemmen in de Knesset; de inmiddels vertrouwd geworden leuze 'Rabin is een verrader' die ongestraft op demonstraties werd geschreeuwd; de veroordeling van de rabbijnen van de terugtrekking van de Westelijke Jordaanoever en de 'academische' discussies over *dien moser*, hadden hun effect gehad op de neurotische, agressieve Jigal Amir. En dat was een heel gevaarlijke combinatie gebleken.

Aanvankelijk leek het zo simpel. Een schutter die in zijn eentje opereert, weet gebruik te maken van die ene seconde waarin het veiligheidsnet rond de Israelische premier niet geheel gesloten is en schiet hem dood.

Maar in de eerste weken na de moord werd deze verklaring steeds ongeloofwaardiger. Aanvankelijk werd gedacht dat Jigal Amir de premier had kunnen doden omdat er een catastrofaal, maar zeer uitzonderlijk gat in de beveiliging had gezeten. Maar er kwamen steeds meer aanwijzingen dat er met de beveiliging structureel iets mis was.

De fundamentele fout die daaraan ten grondslag lag, was ook door Jitschak Rabin zelf gemaakt. Hoe bitter de meningsverschillen over het vredesproces ook zijn en hoe diep de kloof die daardoor in de bevolking werd geslagen ook is: een jood zou nooit om politieke redenen een andere jood kunnen doden. En een Israelische burger zou zich er nooit toe kunnen verlagen om de regering te dwarsbomen door een van de leiders te vermoorden.

Dat deze gedachtengang niet juist was, had door een objectieve analyse van de recente Israelische geschiedenis aangetoond kunnen worden. Ruim tien jaar eerder, in februari 1983, had een joodse Israelische staatsburger, Jona Avroesjmi, tijdens de vredesdemonstratie Vrede Nu in Jeruzalem een handgranaat gegooid, waarbij een van de demonstranten, Emil Grunzweig, om het leven kwam. Deze demonstratie werd gehouden tegen de toenmalige minister van Defensie, Ariel Sjaron, vanwege zijn rol in het bloedbad van Sabra en Sjatilla in Libanon. Dat was het bewijs dat een jood uit ideologische motieven in staat was een andere jood te vermoorden.

Ook het bloedbad dat in het 'Graf van de Aartsvaderen' in Hebron werd aangericht, toonde aan dat het absurd was om de dreiging die van de joodse kant uitging niet serieus te nemen. Baroech Goldstein, die fel gekant was tegen het vredesproces, vermoordde daar onschuldige Arabieren tijdens hun gebed. Toegegeven, dat waren geen joden, maar Arabieren. Maar er had toch geen twijfel over mogen bestaan dat het, wanneer iemand uit de rechts-extremistische hoek in staat was om het vuur te openen op knielende mensen in een tempel, niet ondenkbaar was dat zo iemand een of twee door hem verafschuwde seculiere joodse figuren zou kunnen doden?

In de weken voor de moord hadden de rechts-radicalen bovendien laten zien dat zij verder konden gaan dan de opruiende retoriek die inmiddels al zo gewoon leek te zijn geworden en dat ze ook tot geweld in staat waren. Voorbeelden daarvan zijn de aanval op de auto van de minister van Huisvesting, Binjamin Ben-Eliëzer; de ongeregeldheden in Wingate; de poging om de minister van Milieu, Jossi Sarid, voorstander van het vredesproces, van de snelweg van Tel Aviv naar Jeruzalem te duwen; de poging tot mishandeling van de minister van Justitie Mosje Sjalal en de stafchef Amnon Lipkin-Sjachak. De voortekenen hadden haast niet duidelijker kunnen zijn.

Toch moet gezegd worden dat deze waarschuwingen door een aantal invloedrijke mensen wel serieus genomen werden. De belangrijkste van hen was de man die door de Israelische militaire censuur aangeduid werd met de initiaal van zijn voornaam, de Hebreeuwse letter Kaf – Karmi Gilon, hoofd van de Sjien Bet. Toen Gilon begin 1995 zou worden aangesteld, maakten enkele rechtse activisten daar bezwaar tegen omdat hij zich binnen de Sjien Bet vooral had beziggehouden met de bestrijding van het rechts-extremisme en op dit onderwerp was afgestudeerd aan de universiteit van Haifa. Ze vonden dat zo'n man niet de juiste figuur was om de Sjien Bet te leiden; dat zou iemand moeten zijn die zich had verdiept in het hoofddoel van de Sjien Bet: de bestrijding van het Palestijnse extremisme.

Gilon was, misschien door zijn ervaring op dit gebied, in staat om de signalen te herkennen van het dreigende gevaar van de escalerende spanningen in de rechtervleugel. Heel opmerkelijk is dat hij in de zomer van 1995 een gesprek heeft gevoerd met zowel Rabin als met oppositieleider Netanjahoe, waarin hij met nadruk wees op de noodzaak van een verzachting van het gevaarlijke politieke klimaat voordat dit tot ongelukken zou leiden. Heel bijzonder was ook dat hij een aantal toonaangevende journalisten bij zich riep en hun hetzelfde vertelde.

Veel eerder, in januari 1994, had iemand anders dezelfde waarschuwing gegeven. Maar professor Jehosjafat Harkabi, de scherpe analist die in de jaren vijftig hoofd van de Israelische veiligheidsdienst was geweest, was inmiddels een relatief marginale figuur en zijn waarschuwingen werden in de wind geslagen. Zeven maanden voordat hij aan kanker overleed, voorspelde Harkabi in een uitgebreid interview met twee onderzoekers van de Ben-Goerion universiteit dat de interne discussie over de opheffing van de nederzettingen op de Westelijke Jordaanoever 'zo verschrikkelijk' zou zijn, dat daar een moordaanslag uit zou kunnen voortvloeien. 'Rabin,' zei hij, 'zal geen natuurlijke dood sterven. Niet dat ik hem dat toewens, want God moge het verhoeden.' Misschien is deze uitspraak afgedaan als overdreven; misschien waren de onderzoekers bang om het lot te tarten. Maar de waarschuwing werd weggelaten uit de publicaties van de onderzoekers en de sombere voorspelling werd niet gehoord.

Maar hoewel Gilon zich bewust was van de dreiging, heeft zelfs hij die misschien niet serieus genoeg genomen. Een paar dagen na het incident in Wingate namen agenten van de Amerikaanse geheime dienst contact op met hun collega's van de Sjien Bet met het verzoek om verhoogde veiligheidsmaatregelen voor de Amerikaanse ambassadeur Martin Indyk. Bij een gesprek hierover zou Gilon de Amerikanen hebben gerustgesteld en tegen hen hebben gezegd dat er weliswaar dreiging bestond van joodse aanvallen op Arabieren, of op Arabische heiligdommen zoals de moskeeën op de Tempelberg, maar dat het 'niet waarschijnlijk' was dat Israelische leiders of buitenlandse diplomaten het doelwit van dergelijke aanslagen zouden zijn.

Hoe het ook zij: Gilon heeft in ieder geval zijn bezorgdheid niet doorgegeven aan de lagere regionen van het veiligheidsapparaat of aan het ministerie van Justitie of de politie. Het is niet onomstotelijk vast te stellen dat een of meer rabbijnen met wie Jigal Amir en zijn mogelijke medeplichtigen contact hadden, een duidelijke godsdienstige goedkeuring hebben gegeven voor de moord op Rabin. Maar het kan niet ontkend worden dat deze kwestie door veel prominente godsdienstige autoriteiten in Israel besproken werd. Noch kan de invloed ontkend worden die is uitgegaan van de uitspraak van sommige rabbijnen dat soldaten de ontruiming van nederzettingen op de Westelijke Jordaanoever zouden moeten weigeren en dat er bommen geplaatst zouden moeten worden om die ontruimingen te verhinderen. Ook kan niet ontkend worden dat bepaalde rabbijnen hebben meegewerkt aan het creëren van een sfeer waaruit Amir heeft afgeleid dat hij in ieder geval niet unaniem veroordeeld zou worden voor zijn moord op de premier; dat hij daarvoor zelfs door velen zou worden geprezen als een nieuwe joodse held. Maar zelfs toen in de loop van 1995 het klimaat steeds vijandiger werd, zijn nóch de rabbijnen die de soldaten hadden opgeroepen om bevelen te weigeren, nóch de rabbijnen die de steun van hun collega's hadden gevraagd bij het toepassen van de *dien moser* op Rabin, nóch de rabbijnen die Baroech Goldstein tot held uitriepen, en zèlfs niet de rabbijnen die opriepen tot het plaatsen van bommen tegen de ontruimingen van de nederzettingen, zelfs maar ondervraagd door de politie of de Sjien Bet, laat staan dat ze hiervoor openlijk veroordeeld werden. De fundamentalistische joodse opstokerij bleef ongestraft en het zaad voor de moord op Rabin werd gezaaid.

Maar ondanks de onwil of het onvermogen om de onruststokers op andere gedachten te brengen, zou de Sjien Bet – die altijd de enigszins overdreven reputatie van de beste veiligheidsdienst ter wereld heeft gehad – toch in ieder geval de mensen hebben moeten kunnen opsporen bij wie dat zaad een goede voedingsbodem vond. Mensen als Jigal Amir, bijvoorbeeld.

Amir was helemaal niet de anonieme figuur over wie in de eerste geschokte berichten werd gesproken; hij was een bekende rechtse activist. Een aantal studiegenoten hadden hem horen opscheppen over zijn plan om Rabin te vermoorden, en een van hen heeft de Sjien Bet daar zelfs – zij het enigszins verholen – voor gewaarschuwd. Hila Frank, studente aan de Bar-Ilan, had Amir in het voorjaar van 1995 ontmoet tijdens een van de demonstraties op de voetgangersbrug over de snelweg. Tijdens een van de weekenden op de Westelijke Jordaanoever raakten ze bevriend met elkaar. Op een dag in juni kwamen ze elkaar op de universiteit tegen, en volgens Hila Frank 'zei hij plotseling dat Rabin vermoord moest worden. Daarna zei Jigal dat hij al de *Widoej* had gebeden, de joodse schuldbelijdenis – en toen ging er bij mij een lichtje op. *Widoej* is het gebed dat vlak voor de dood wordt gebeden.'

Diezelfde avond sprak Frank een goede vriend, Sjlomo Halevi, een oud-student van Bar-Ilan, die Amir ook kende. Net als Hila Frank was Halevi niet geneigd om de uitspraken van Amir serieus te nemen, maar toch spraken ze af dat hij de autoriteiten zou waarschuwen zonder Amir direct te verraden. Halevi nam contact op met zijn voormalige commandant van de veiligheidsdienst van het leger en vertelde hem het volgende – verzonnen – verhaal. Hij had op het toilet van het centrale busstation van Tel Aviv een gesprek opgevangen waarin een man tegen iemand anders zei dat hij van plan was om Rabin te vermoorden. De veiligheidsagent nam meteen contact op met de politie en die haalde de Sjien Bet erbij. Halevi werd vervolgens door de politie van Jeruzalem ondervraagd en ging tijdens dat verhoor nog iets verder. Hij vertelde dat hij een glimp van de man had opgevangen en beschreef hem als een kleine, Jemenitisch uitziende man met een zwart keppeltje. Hij zei ook dat hij uit het gesprek had begrepen dat de man aan de Bar-Ilan universiteit studeerde. Halevi verklaarde later dat hij ervan overtuigd was dat de veiligheidsdienst 'genoeg had aan deze informatie,' maar dat wanneer ze zouden aandringen hij hun de naam van Amir zou geven. Maar de Sjien Bet drong niet aan. Dit was slechts één van de honderden waarschuwingen die bij de veiligheidsdienst binnenkwamen en er werd alleen een halfslachtige poging gedaan om de student op te sporen. Toen dat niets opleverde, verdween de verklaring van Halevi in een la.

Maar opmerkelijk genoeg was Halevi niet de enige die de veiligheidsdienst waarschuwde voor Amir. De rechts-extremist Avisjai Raviv is het altijd blijven ontkennen, maar er wordt algemeen aangenomen dat hij in dienst was van de Sjien Bet. Zijn groep Ejal zou alleen bedoeld zijn om extremisten aan te trekken, zodat die in de gaten gehouden konden worden. Hoe de relatie van Raviv met de Sjien Bet precies was, blijft een mysterie. Maar uit betrouwbare informatie blijkt dat hij in de zomer van 1995 van de Sjien Bet opdracht kreeg om een rapport te schrijven over een van zijn medestudenten, Jigal Amir.

Raviv schreef in dat rapport dat Amir extremistische ideeën had en dat hij in staat zou zijn tot gewelddadige aanvallen op Arabieren. Maar er zou niets in gezegd worden over Amirs herhaaldelijk geuite voornemen om Rabin te vermoorden. Het kan zijn dat Raviv dubbel spel speelde, dat hij geld aannam van de Sjien Bet in ruil voor wat informatie, maar dat hij zijn rechts-extremistische vrienden toch niet verraadde. Het kan ook zijn dat Raviv een scrupuleuze informant van de Sjien Bet was, maar dat Jigal, Chagai en Dror Adani dat in de gaten hadden en hem niet van hun plannen op de hoogte brachten. Een andere mogelijkheid is dat Raviv zijn werk niet erg goed deed en nooit iets heeft gehoord over de bedoelingen van Amir. (Chagai vertelde tijdens het onderzoek dat Raviv 'het met ons eens was dat Rabin gedood moest worden,' en dat Jigal Raviv bij de plannen wilde betrekken. Maar daar was Chagai tegen, omdat hij vond dat Raviv 'niet geschikt' was.)

De achtergronden van Raviv geven ruimte voor alle mogelijkheden. Hij komt uit een links gezin en werkte in zijn tienerjaren voor Meir Kahane. Maar uiteindelijk is de vraag hoe loyaal en hoe effectief Raviv was, helemaal niet relevant. Van belang is dat de Sjien Bet Amir als een potentieel gevaar zag, een rapport ontving waarin hij als zodanig werd beschreven, en vervolgens de nieuwe informatie van Sjlomo Halevi hier niet mee in verband kon brengen. Als dat wel was gebeurd, zou Amir ontmaskerd zijn als potentiële moordenaar en had de moord op Rabin wellicht voorkomen kunnen worden.

Ook de falende veiligheidsmaatregelen op de avond van de moord werden grotendeels veroorzaakt door de gedachte dat de dreiging nooit van joodse zijde zou kunnen komen. Verschillende eenheden van de Sjien Bet, de politie en andere betrokkenen waren al dagen van tevoren op de hoogte gebracht van hun taken tijdens deze, zo werd gezegd, zeer streng bewaakte gebeurtenis. Er werden ongeveer duizend veiligheidsagenten ingezet. Alle ramen van het dertien verdiepingen hoge gemeentehuis achter het podium zouden worden verlicht om te voorkomen dat een sluipschutter op een Lee Harvey Oswald-achtige wijze zijn slag zou kunnen slaan. Rabin en Peres zouden door meer bodyguards dan gebruikelijk worden begeleid. Er zouden ontsnappingsroutes worden uitgestippeld voor het geval zich een noodsituatie zou voordoen.

Maar tijdens de instructies werd niet één maal gesproken over een mogelijke aanslag uit joodse hoek. De gehele veiligheidsoperatie stond in het teken van de afweer van sluipschutters, bommen of zelfmoordcommando's van Palestijnse zijde, zeker omdat de week ervoor de islamitische Jihad-leider Fathi Sjkaki was vermoord.

De veiligheidsvoorzieningen die avond werden door vele aanwezigen 'een lachertje' genoemd. Een aantal VIPs die samen met Rabin op het hoofdpodium waren, waren verontrust over het gemak waarmee mensen die daar duidelijk geen toestemming voor hadden, zich toegang wisten te verschaffen tot de zone met beperkte toegang. Een amateurfotograaf kwam zonder problemen met een vervalste perskaart naar binnen. Allerlei mensen wisten de overwerkte veiligheidsbeambten aan de zijkanten van het podium te ontwijken en er werden personeelspasjes over en weer gegooid. Deze wel erg soepele gang van zaken paste goed bij de ontspannen sfeer van die avond, maar getuigde niet van voldoende voorzichtigheid.

Maar op de parkeerplaats was het met de veiligheidsmaatregelen wel het ergst gesteld. De aanwezigheid van Amir, waar geen verklaring voor gegeven was, werd door de onervaren agenten die dienst hadden op de parkeerplaats, Boas Eran en Motti Serchi, niet van belang gevonden. En dat gold kennelijk ook voor de agenten in burgerkleding die er rondliepen. Toch vond Ronni Kempler, die vanaf het dak aan het filmen was, Amir direct een verdachte figuur. Later noemde hij hem 'een potentiële moordenaar' en daarom richtte hij ook vrij lang zijn camera op hem. Maar de veiligheidsagenten hadden opgemerkt dat Amir er heel joods uitzag en daarom zagen ze geen gevaar. Het 'verboden' terrein werd niet alleen door Amir betreden, maar volgens ooggetuigen door nog ten minste twintig andere mensen zonder de verplichte identiteitskaartjes. Het terrein was slecht verlicht, waardoor het een ideale plek was voor een schutter. De Cadillac van Rabin stond ten minste een uur voor vertrek al klaar, zodat een potentiële moordenaar precies wist waar hij moest zijn. Peres, die vlak voor Rabin het podium verliet, mocht kennelijk blijven staan om een praatje te maken met de chauffeur van Rabin, maar was daardoor wel geheel onbeschermd en dus kwetsbaar. Door de allerlaatste wijzigingen waren enkele veiligheidsagenten er kennelijk niet eens van op de hoogte dat Peres en Rabin al aan het vertrekken waren.

Bij de instructiebijeenkomsten was gezegd dat er tien bodyguards met Rabin mee zouden lopen. Maar toen Rabin de trappen afkwam, waren er maar vijf bodyguards in zijn nabije omgeving. Een van hen liep een paar stappen vooruit om de weg naar de auto vrij te maken. Een ander liep rechts van Rabin en twee liepen aan zijn linkerkant, waar Amir stond te wachten. Op de videofilm van Kempler is voorgoed vastgelegd dat de bodyguards voor zich uit keken, naar de gereedstaande auto; niet één van hen keek om zich heen. De vijfde bodyguard, de man die Rabin in de rug moest beschermen en moest kijken wat er achter de premier gebeurde, liep terug op het moment dat Rabin onderaan de trap was. Later werd gezegd dat hij dat deed omdat Rabin hem had gevraagd te gaan kijken waar Lea bleef. Dat was de reden waarom Amir ongehinderd en onopgemerkt achter de premier kon komen en hem van het leven kon beroven. Misschien zou een kogelvrij vest de kogels nog wat hebben kunnen afremmen. Maar Lea zei later dat de veiligheidsagenten nooit tegen haar man hadden gezegd dat hij zo'n vest aan moest trekken. En ze gaf meteen toe dat hij dat waarschijnlijk toch niet gedaan zou hebben.

Zelfs toen Rabin al was neergeschoten, werd er inadequaat gereageerd. Iemand, waarschijnlijk Amir zelf, schreeuwde dat het losse flodders waren. Er ontstond verwarring over de vraag of Rabin wel echt gewond was. Lea bleef een tijdje alleen en onbeschermd staan. Terwijl de chauffeur van Rabin, die om onverklaarbare redenen niet op de hoogte was gebracht van de beste ontsnappingsroutes, in allerijl naar het ziekenhuis reed, via de enige niet-afgesloten straten die hij met veel moeite kon vinden, was er niemand in dat enorme veiligheidsapparaat in wiens hoofd het opkwam om even naar het ziekenhuis te bellen om te waarschuwen dat de zwaargewonde premier eraan kwam. Toen de grote Cadillac dus eindelijk bij het ziekenhuis aankwam, stond er niemand klaar.

Heeft deze incompetente vertoning veel verschil gemaakt? Zou Rabins leven nog te redden zijn geweest als hij sneller medische hulp had gekregen? (Een ambulance die in de buurt was, schijnt de parkeerplaats vanaf de verkeerde zijde te zijn ingereden, over een metalen drempel met spijkers, waardoor alle vier banden lek werden gereden.) Twee weken na de moord werd een drie man sterke onderzoekscommissie ingesteld, met aan het hoofd de voormalige opperrechter van het Hooggerechtshof, Meir Sjamgar. Deze commissie moest alle blunders en missers boven tafel halen die door de veiligheidsdienst waren gemaakt. De commissie ondervroeg de stafhoofden van de Sjien Bet, allerlei veiligheidsagenten, politieagenten, en ooggetuigen. En ze ondervroegen professor Gabi Barabasj van het Ichilov ziekenhuis. Hem werd gevraagd of Rabin gered had kunnen worden wanneer zijn chauffeur niet gehinderd was geweest door afgesloten wegen, maar de kortste route naar het ziekenhuis vrijgemaakt zou zijn. Barabasj dacht hier lang over na en antwoordde toen met de grootste zorgvuldigheid: 'Zelfs als hij een paar minuten eerder was aangekomen, is het onwaarschijnlijk dat hij in leven had kunnen blijven. Maar door het feit dat wij hem nog voor even hebben kunnen reanimeren, moet die vraag toch onbeantwoord blijven.'

Zoals na politieke aanslagen wel vaker het geval is, doken er meteen allerlei wilde theorieën op over de moord. De meeste daarvan konden meteen ontkracht worden door het feit dat vaststond dat Amir de premier had gedood en dat hij herhaaldelijk had verklaard dat hij dat zonder hulp van anderen had gedaan, zelfs zonder dat anderen ervan op de hoogte waren. Toch zijn er twee theorieën die in ieder geval niet onvermeld mogen blijven. De eerste theorie werd naar voren gebracht door Michael Har-Segor, historicus aan de universiteit van Tel Aviv. Volgens deze theorie zou er een samenzwering zijn om Rabin te vermoorden en zou ten minste één van Rabins bodyguards daarbij betrokken zijn. Deze bodyguard zou hebben geroepen dat het alleen maar losse flodders waren, waardoor de verwarring nog groter werd. Jigal Amir zou zijn uitgekozen om de premier te doden; hij was sinds 1992 bekend bij de Sjien Bet, omdat hij – zo werd beweerd – bij de veiligheidsdienst een cursus had gevolgd voordat hij naar Letland was afgereisd. Volgens de theorie was Avisja Raviv bij het complot betrokken en had hij Amir aangezet tot de moord door zijn weerzin tegen Rabin en diens politiek elke dag verder aan te wakkeren. Na de moord zou de bodyguard die ook in het complot zat, zijn omgebracht. Tijdens een van de rechtszittingen bevestigde Amir dat er een bodyguard gedood was. 'Waarom schrijven jullie niet dat ze [de Sjien Bet] een van Rabins bodyguards hebben vermoord?' riep hij op 3 december naar de journalisten. De Israelische pers had wel geschreven over de mysterieuze dood van een Israelische veiligheidsagent, die Joav Koeriel genoemd werd, en over zijn heimelijke begrafenis op de militaire begraafplaats Jarkon. Maar de Israelische autoriteiten en de familie van Koeriel ontkenden dat hij ooit voor de Sjien Bet had gewerkt of connecties had met Rabin. Koeriel had zelfmoord gepleegd en zijn dood had niets met de moord op Rabin te maken. Bovendien geeft de video van Kempler geen enkele aanleiding om te veronderstellen dat een van de bodyguards een verrader was.

De tweede theorie is veel verontrustender, zeker omdat er steeds meer bewijzen boven water kwamen dat de Sjien Bet iets te maken had met de Ejal-groep en dat Raviv in dienst was van de Sjien Bet. Volgens deze theorie, die met veel overtuigingskracht door een paar rechtse activisten naar voren werd gebracht, was de Sjien Bet door Raviv of een andere bron toch op de hoogte van de plannen van Amir om Rabin te doden. Vervolgens hadden agenten van de Sjien Bet de kogels in het pistool van Amir vervangen door losse flodders. Maar Amir was hen te slim af. Hij wist dat de kogels in zijn pistool waren verwisseld en hij had er daarom nieuwe ingestopt. Daarom had Amir geroepen dat het losse flodders waren; hij hoopte dat hij daardoor kon voorkomen dat hij zelf gedood zou worden. Daarom wisten de veiligheidsagenten van Sjien Bet niet zeker of de premier nu wel of niet gewond was; daarom belde niemand naar het ziekenhuis; daarom werd tegen Lea Rabin eerst iets over een speelgoedpistool gezegd. Volgens de theorie had Raviv het bericht verzonden dat vlak na de aanslag door verschillende Israelische journalisten was ontvangen. In dit bericht werd de aanslag opgeëist door een rechts-extremistische groep en werd gezegd: 'Deze keer is het mislukt, maar de volgende keer zal het ons wel lukken.' Raviv zou dit bericht verzonden hebben omdat hij op de hoogte was van het plan van de Sjien Bet om Amir (met losse flodders) te laten schieten en hierdoor extreem-rechts in de val te lokken. Maar Raviv verkeerde nog steeds in de veronderstelling dat er losse flodders in het pistool zaten en daarom dacht hij dat Rabin niet gewond kon zijn.

Het ligt voor de hand om deze theorie van de hand te wijzen; de Sjien Bet zou natuurlijk nooit zo'n groot risico genomen hebben met premier Rabin. Maar het is wel begrijpelijk waarom de Israelische rechtervleugel deze theorie zou willen verspreiden: volgens de theorie zou de Sjien Bet er bewust op uit zijn geweest om een rechts-extremist een poging te laten ondernemen om de premier te vermoorden, met alle negatieve politieke implicaties voor het succes van de oppositie van dien.

Maar voordat deze theorie volledig van tafel wordt geschoven, is het goed om kennis te nemen van de zaak Eitan en Jehojada Kahalani. Deze twee broers, inwoners van Kirjat Arba, werden op 15 november – toevallig anderhalve week na de moord op Rabin – door een rechtbank in Jeruzalem veroordeeld voor de poging tot moord op een jonge Palestijn, Ziad Sjami, in februari 1994. Dit was een vergeldingsactie voor de Palestijnse aanslagen. De twee broers hadden M-16 geweren gestolen uit de wapenopslagplaats van Kirjat Arba en lagen Sjami, een willekeurig gekozen slachtoffer, op te wachten toen hij naar huis fietste. Maar de Sjien Bet was al vanaf het begin op de hoogte geweest van het plan en had de twee geweren onklaar gemaakt. De broers probeerden wel te schieten, maar hun geweren gingen niet af. Ze werden gearresteerd en Sjami fietste ongedeerd naar huis.

Dit 'precedent' van de broers Kahalani werd in de weken na de moord naar voren gebracht door de mensen die in een complottheorie geloofden. Maar de commissie Sjamgar, die haar overwegingen niet op dergelijke speculaties baseerde, maar op het gefilmde bewijsmateriaal van Kempler en op de verklaringen van talloze getuigen, wees alle complottheorieën van de hand. Jitschak Rabin was gestorven omdat de veiligheidsdienst volledig had gefaald. Er was geen sinister complot geweest, alleen een verbijsterende incompetentie.

En nog voordat de Sjamgar haar onderzoek had kunnen afronden had het hoofd van de Sjien Bet, Gilon, de prijs betaald voor die incompetentie.

Gilon had binnen enkele dagen na de moord aangeboden af te treden, maar was door Peres nadrukkelijk verzocht te blijven om het versplinterende moreel van de veiligheidsdienst te helpen opvijzelen. Op 5 januari 1996, tijdens een ingewikkelde operatie algemeen toegeschreven aan de Sjien Bet, werd Jihia Ajasj – de man die de bommen maakte voor de zelfmoordacties van de Hamas van de laatste twee jaar – in zijn schuilplaats in Gaza gedood. Een in zijn draagbare telefoon verborgen bom ging af. De dood van Ajasj – al drie jaar nummer één op de zwarte lijst van de Sjien Bet – betekende een welkome stimulans voor de dienst. Daar hij begreep dat de bevindingen van de Sjamgar uiteindelijk tot zijn ontslag zouden leiden, greep Gilon deze gelegenheid aan om te vertrekken, in plaats van te wachten op een gedwongen ontslag. Op 7 januari schreef hij opnieuw een ontslagbrief aan Peres. En deze keer werd zijn verzoek gehonoreerd.

Het verlies van Jitschak Rabin dompelde Israel onder in nationale rouw. Buitenstaanders met een enigszins oppervlakkig inzicht in het land en de religie, vroegen zich allereerst af welke invloed de dood van de premier zou hebben op het vredesproces. Voor hen was het eigenlijk een beetje een opluchting dat de moordenaar een jood was; als het een Arabier geweest zou zijn, zo werd gedacht, zou het vredesproces ongetwijfeld tot stilstand zijn gekomen.

Maar binnen Israel vond men het juist het pijnlijkste dat het een Israelische jood was geweest die de premier had vermoord. Het was duidelijk dat de moord niet door een gestoorde idioot was gepleegd: Jigal Amir was een koele, berekenende moordenaar, die vond dat hij zijn land hier een dienst mee bewees. En duizenden Israeli's moeten, als ze eerlijk zijn, toegeven dat ze wel iets zagen in de redenen die Amir voor de moord aanvoerde. Dat Rabin juist op een vredesdemonstratie werd vermoord; dat hij ten onder ging op het moment dat hij het volledig vertrouwen leek te hebben in de akkoorden met de Palestijnen; dat zijn moordenaar een gewone, aan een jesjiewa opgeleide ex-soldaat was; al deze factoren droegen bij tot het overweldigende verdriet. Niet alleen om het verlies van Rabin, maar ook om het verlies van de nationale onschuld. Nu was de laatste grens voorgoed gepasseerd. Als de premier van Israel neergeschoten kon worden door een landgenoot, was niets meer heilig, dan waren elke zekerheid en veiligheid verdwenen. De Israelische democratie wankelde en de gedachte dat de 'nationale eenheid' op de een of andere manier altijd zou blijven bestaan, was onjuist gebleken.

Bovendien was er iets in de persoonlijkheid van Rabin waardoor men werkelijk wanhopig leek te zijn over zijn verlies. De minachting waarmee hij op de klachten van de kolonisten had gereageerd, zijn beruchte prikkelbaarheid, het af en toe opduikende en onrustbarende gevoel dat hij achter de feiten aanholde in plaats van richting aan de loop der dingen te geven: toen hij er niet meer was, waren al deze tekortkomingen ofwel vergeten ofwel op wonderbaarlijke wijze in deugden omgetoverd. Vlak voor zijn dood werd Rabin een ware nationale held; de vader des vaderlands; de beschermengel van Israel en de belichaming van de vrede. En het verdriet om zo'n figuur was werkelijk verbijsterend.

Laat op de avond van de vierde november, toen Lea met tegenzin wegging bij het lichaam van haar man, waren er duizenden Israeli's naar het Ichilov-ziekenhuis gekomen. Daar stonden ze met brandende kaarsen steeds maar weer opnieuw dat laatste 'Lied voor de Vrede' te zingen, met bittere stemmen en tranen op hun gezicht. Tienduizenden mensen die eerder op die avond na de vredesdemonstratie vol optimisme en blijdschap naar huis waren gegaan, kwamen terug naar het Plein van de Koningen van Israel, omdat ze de behoefte voelden om weer op dezelfde plek te zijn waar ze een paar uur daarvoor hadden gestaan, toen Rabin nog leefde en Israel nog een ander land was. Ook bij het huis van Rabin in Ramat Aviv en bij zijn ambtswoning in Jeruzalem werd gerouwd. Op haastig gemaakte spandoeken werd hij 'Onze gestorven vader' en 'Onze geliefde Jitschak' genoemd. De televisie bleef die hele nacht een marathon van verdriet en afschuw uitzenden. De volgende ochtend, zondagochtend, waren het huilen en het gebrek aan slaap aan de gezichten van veel Israeli's af te lezen. Het land leek verstild en verdoofd, onzeker en bang.

Die zondagochtend was een groepje schoolkinderen begonnen met de dodenwake bij het huis van Rabin, waar inmiddels een dikke laag kaarsvet op de stoep lag van alle kaarsen die daar de hele nacht hadden gebrand. In de cafés aan de Sheinkinstraat in Tel Aviv, waar het meestal druk en lawaaierig is, heerste een griezelige stilte omdat iedereen verdiept was in de kranten, die die dag allemaal dezelfde kop hadden: 'Rabin vermoord'.

In het grotendeels rechtse Jeruzalem hingen op de muren en aanplakborden nog de posters voor een herdenkingsdienst van de vijf jaar daarvoor in New York doodgeschoten joodse leider Meir Kahane. De tegenstanders van het vredesproces lieten zich door de dood van Rabin niet de mond snoeren. 'Rabin is zelf degene die hiervoor verantwoordelijk is,' zei een van de gepensioneerde bezoekers van het beroemde café Atara. 'Hij heeft geprobeerd om land weg te geven zonder dat daarvoor een joodse meerderheid was en daardoor heeft hij sommigen tot wanhopige acties aangezet.'

Sommige mensen konden het bericht nog steeds niet geloven. 'Ik hoorde het gisteravond toen ik dienst had. Ik was totaal geschokt,' zei soldaat Meirav Sjmoe'elie. 'Zo'n sterke man als Rabin, die vermoord wordt door een jood, door een Israeli: dat is haast niet te geloven.' Maar anderen vonden de moord tot op zekere hoogte wel begrijpelijk. 'Die jongen die Rabin heeft vermoord,' zei Likoed-aanhanger Hertsl Avitan, 'was niet zomaar een gek, maar een goeie vent. Hij heeft als soldaat in de Golan gediend en hij heeft aan de Bar-Ilan universiteit gestudeerd. Die jongen had waarschijnlijk enorm veel verdriet en pijn. Je moet proberen om het ook van zijn kant te bekijken.'

Bij een provisorisch herdenkingmonument op Zionplein in het centrum van de stad ontstond onenigheid. Iemand riep: 'Rabin was het land aan het kapotmaken! De kolonisten voelden zich door hem haast crimineel!' 'Schaam je je niet, Rabin was een goede premier!' riep een ander.

De twintigjarige Sjaike Kigal stond met zijn gehaakte keppeltje in het oude stadsdeel van Jeruzalem handtekeningen en giften te verzamelen voor een bijbelrol ter gelegenheid van de feestelijkheden rond het 3000-jarig bestaan van Jeruzalem. 'We hebben al 72 000 handtekeningen en Rabin heeft als eerste getekend,' zei hij. 'Ik was het niet eens met zijn politiek, maar het feit dat een jongen met ongeveer dezelfde levenservaring en achtergrond als ik Rabin in koelen bloede heeft kunnen neerschieten, betekent voor mij dat er in dit land iets heel erg mis is.'

's Middags werd het lichaam van Rabin, begeleid door acht generaals, in een legerauto van Tel Aviv naar Jeruzalem gereden. Langs de hele zestig kilometer lange route bleef het verkeer stilstaan en stonden mensen eerbiedig te kijken. Het trieste konvooi kwam op de snelweg van Tel Aviv naar Jeruzalem onder een aantal bruggen door, waarop duizenden mensen stonden te kijken. Voordat het konvooi aan de lange klim in de heuvels van Jeruzalem begon, reden de wagens door

Sja'ar Chagai: een laatste bezoek aan de plaats waar de Palmach Harel Brigade van Rabin tegen de Palestijnen had gevochten die tijdens de Onafhankelijkheidsoorlog de weg naar Jeruzalem hadden geblokkeerd.

Op de Bar-Ilan universiteit werd ongeveer op datzelfde moment een herdenkingsbijeenkomst gehouden. De studenten waren somber gestemd. Sommigen hielden een bordje omhoog met de eenvoudige tekst: 'Wij veroordelen dit'. De docenten van de faculteit spraken hun afschuw uit over de moord en zeiden nauwelijks te kunnen geloven dat een van hun eigen studenten ervoor verantwoordelijk was. Op de persconferentie die hierna gegeven werd, zei de rector van de universiteit, Sjlomo Eckstein: 'Wij proberen onze studenten te leren om van alle joden te houden.' Verder noemde hij het een schrale troost dat Joram Roebin, de bodyguard van Rabin die bij de aanslag gewond was geraakt omdat hij had geprobeerd Rabin het leven te redden, ook van de Bar-Ilan universiteit afkomstig was.

Toen het lichaam van Rabin op twee uur 's middags bij de Knesset aankwam, werd de kist op het grote plein voor het gebouw opgebaard onder de blauw-witte Israelische vlag. Rabins vrouw Lea, zijn zoon Joeval, zijn dochter Dalia en zijn kleinkinderen stonden zwijgend naast elkaar bij de kist en gingen daarna op de stoelen naast de kist zitten. Lea zat met gebogen hoofd te huilen. Peres hield haar hoofd even in zijn handen en omhelsde haar teder. De rechters van het Hooggerechtshof, de eerste rabbijnen, de ambassadeurs en vele andere hoogwaardigheidsbekleders bewezen Rabin de laatste eer. Voormalige militairen die nu lid zijn van de Knesset hielden de wacht bij het lichaam van hun vermoorde vriend. En daarna liep een onafzienbare stoet Israeli's langs de kist, met bloemen, vlaggen en talloze kaarsen. De stoet werd door een lange rij politieagenten op enkele meters afstand van de kist gehouden. 'Wilt u alstublieft doorlopen,' zeiden de geüniformeerde agenten af en toe. 'Maar het is mijn premier!' zei een oudere vrouw, die een foto van de kist wilde maken. De agent zei nogmaals dat ze door moest lopen omdat ze de stoet anders te veel zou ophouden. 'Waarom heb je dat gisterenavond niet gedaan,' zei de vrouw geïrriteerd. 'Dan hadden we hier vandaag niet hoeven te zijn.'

Toen de avond over Jeruzalem viel, stonden er nog rijen mensen te wachten. De hele nacht bleven er mensen uit heel Israel naar de Knesset komen. Zelfs om vier uur 's ochtends waren de straten rond de Knesset nog volledig verstopt en was er haast geen doorkomen aan. Jonge ouders liepen met kinderwagens in de kille ochtendlucht naar de Knesset, omdat ze persoonlijk afscheid wilden nemen van de premier. En overal langs de route naar de Knesset stonden kleine, geïmproviseerde gedenktekens: tientallen kaarsen vormden het Hebreeuwse woord voor 'Waarom?' of de naam 'Jitschak'. Er waren foto's van Rabin op stenen geplakt en omringd door nog meer kaarsen.

Op het nationale kerkhof op de Herzl-berg, waar alleen prominente Israeli's begraven worden, was naast de graven van de premiers Golda Meir en Levi Esjkol het graf voor Rabin gegraven door leden van de herdenkingseenheid van het ministerie van Defensie. Sommigen van hen hadden dit huilend gedaan. 'Het is afschuwelijk om het graf voor onze premier te moeten graven,' zei Aharon Hamami. 'Maar het is onze taak. Wij doen het om Rabin de laatste, welverdiende eer te bewijzen. Maar wij doen het met trillende handen en pijn in ons hart.'

Bij het huis van Rabin in Ramat Aviv hadden duizenden jongeren de hele nacht gewaakt. Lea Rabin was even naar hen toegegaan. 'Het is enorm bemoedigend voor mij, voor mijn kinderen en kleinkinderen dat jullie Jitschak op zo'n geweldige manier eren,' zei ze. 'Jitschak zou erg geroerd zijn geweest als hij jullie hier zou hebben gezien. Op deze plaats hebben de demonstranten gestaan om 'Verrader' en 'Moordenaar' naar hem te roepen. Het is jammer dat jullie toen niet gekomen zijn. Maar nu zijn jullie er wel en dat geeft ons moed. Bedankt dat jullie gekomen zijn. Ik waardeer het erg en ik houd namens hem van jullie.'

Op maandagochtend, toen er steeds meer beschuldigingen jegens de veiligheidsdienst werden geuit, werd er een contingent van 10 000 Israelische veiligheidsagenten ingezet – tienmaal zoveel als 36 uur daarvoor in Tel Aviv – om de tientallen regeringsleiders te beschermen die voor de begrafenis naar Israel waren gekomen. Het feit dat er zoveel vertegenwoordigers uit de regio op zijn begrafenis waren, was een onmiskenbaar teken van de gewijzigde status die Rabin in de drieëneenhalf jaar van zijn premierschap in de regio had bereikt.

Koning Hoessein, die 44 jaar daarvoor had meegemaakt dat zijn grootvader op de Tempelberg bij een aanslag werd doodgeschoten en die daarbij zelf ternauwernood aan de dood was ontsnapt, keerde terug naar de stad die Rabin als militair had ingenomen. Rabin, zijn voormalige vijand, was nu een bondgenoot geworden. Hosni Moebarak, die in het verleden de verzoeken van zijn goede vriend Rabin om naar Israel te komen had afgewezen, kwam hem nu de laatste eer bewijzen. Moebarak, die na de moord op Anwar Sadat in 1981 aan de macht was gekomen en die nog maar enkele weken geleden tijdens zijn reis naar Ethiopië aan een aanslag was ontkomen, kon misschien nog wel het meeste begrip opbrengen voor het verdriet en de pijn die de traumatische gebeurtenis had veroorzaakt, en voor de behoefte aan vele vrienden op deze begrafenis.

Jasser Arafat had heel graag willen komen. Hij zat te dineren met de Portugese premier Mario Suares toen de Amerikaanse consul in Jeruzalem, Edward Abington, de 'ambassadeur voor de Palestijnen' van het Amerikaanse ministerie van Buitenlandse Zaken, hem opbelde om te vertellen dat Rabin was vermoord. Arafat was hier zó van in de war dat hij de consul moest vragen om hem over tien minuten terug te bellen. Arafat smeekte Peres en Lea Rabin om op de begrafenis te mogen komen. Hij zei dat Jitschak dat gewild zou hebben omdat ze door het vredesproces steeds dichter bij elkaar waren gekomen. Dat Rabin na Arafats lange speech in Washington, bij de ondertekening van het tweede Oslo-akkoord, voor de grap had gezegd dat het wel leek alsof hij joods aan het worden was. Maar Arafat was nog steeds een zeer controversiële figuur, die tweedracht zou kunnen zaaien op een moment dat er juist zo'n sterke behoefte was aan nationale eenheid. Daarom mocht Arafat uit veiligheidsoverwegingen niet komen en bleef hij thuis in Gaza. Hij stuurde wel een afvaardiging naar Israel en zorgde ervoor dat hij gefilmd werd toen hij vol eerbied naar de televisieuitzending van de begrafenis keek. (Later die week, op de avond van 9 november, bracht Arafat in het geheim een condoléance-bezoek aan Lea Rabin – zijn eerste bezoek aan Israel. Hij dronk thee met Lea en de rest van de familie en zei tegen haar: 'We hebben een groot man verloren.')

Ook aanwezig op die stille heuvel vol verdrietige mensen in de heldere winterzon in Jeruzalem waren de in prachtige kleren uitgedoste vertegenwoordigers van Katar, onder wie de minister van Staatsveiligheid en vertegenwoordigers van Oman, waar Rabin later die maand naartoe had zullen gaan. De koning van Marokko had een persoonlijk telegram gestuurd, maar de premier van Marokko was wel aanwezig. De mensen die aan het graf van Rabin stonden, lieten door hun aanwezigheid blijken dat Israel langzamerhand een plaats had verworven in het Midden-Oosten, en betreurden dat deze verandering in het publieke bewustzijn kennelijk pas na zijn dood had kunnen plaatsvinden.

Om twee uur 's middags loeiden overal in Israel de sirenes. Iedereen in het land – of bijna iedereen – stond stil en nam afscheid van Jitschak Rabin. Op het kerkhof stond Lea Rabin in zwarte rouwkleding aan het graf, omringd door haar familieleden en door de leden van de internationale gemeenschap. Er waren vertegenwoordigers van meer dan 80 landen – van prins Charles en koningin Beatrix tot de staatshoofden van Australië en Turkije. De Cypriotische president Alexis Galnos, die Rabin twee jaar daarvoor had ontmoet, had in de krant gelezen dat de Albanische president naar de begrafenis ging, en had besloten dat hij dan beter ook maar kon gaan. In Estland werd die dag de nieuwe regering beëdigd, maar president Lennart Meri was toch gekomen en stuurde zijn formele goedkeuring voor het nieuwe parlement via de fax in het kantoor van president Weizman. Eduard Shevardnadze, die de vorige dag was herkozen tot president van Georgië, liet de festiviteiten voor wat ze waren en vloog naar Israel.

Er waren elf toespraken; hoogdravende maar welgemeende grafreden van de Russische premier Viktor Tsjernomyrdin, van de secretaris-generaal van de VN Boutros Boutros-Ghalli, en van de Spaanse premier Felipe Gonzalez, die namens de Europese Unie sprak. Daarna volgde de teleurstellende toespraak van Weizman, een man die wellicht nog kampte met zijn eigen schuldgevoelens en zich afvroeg of hij Rabins beleid misschien meer had moeten steunen en of hij door zijn pogingen om een verdeeld volk samen te binden niet juist een rechtvaardiging had gegeven voor de ideeën van Rabins felste tegenstanders. Tekenend was misschien dat Weizman deze gelegenheid niet aangreep om de akkoorden met de Palestijnen te bekrachtigen, maar alleen opmerkte dat Rabin 'enorm trots' was op de doorbraak. Vervolgens sprak hij op informele toon over de vele uren die ze samen hadden doorgebracht: 'We hebben heel wat keren samen gegeten en samen gedronken.' De stercolumnist van de *Jediot Acharonot*, Nachoem Barnea, schreef de volgende dag in de krant dat Rabin deze toespraak waarschijnlijk zou hebben afgewezen 'met een handgebaar en zou hebben gezegd: "Niet serieus genoeg... niet presidentieel."'

De andere zeven sprekers gaven echter een passend eerbetoon aan Rabin en aan het beleid dat hij voerde. Moebarak prees in zijn gebrekkige Engels Rabins visie. Hij noemde zijn overlijden 'een zware slag voor de goede zaak,' en betoogde dat alleen door een verdubbeling van de inspanningen 'de verraders die ons gemeenschappelijke doel bedreigen' konden worden tegengehouden en Rabins nagedachtenis op juiste wijze kon worden geëerd. Maar het was koning Hoessein die de juiste toon trof voor deze emotionele gelegenheid. De avond ervoor had hij elke tien minuten opgebeld naar de Israelische ambassadeur in Jordanië, Sjimon Sjamir, om op de hoogte gebracht te worden van Rabins toestand. Zijn toespraak was recht uit het hart gegrepen: 'Ik had nooit gedacht dat het moment zou aanbreken waarop ik zou treuren om het verlies van een broeder, een collega en vriend, een man, een soldaat die aan de andere kant van de scheidslijn stond, die wij respecteerden zoals hij ons respecteerde. Een man die ik heb leren kennen omdat ik wist wat hij ook wist: dat wij die scheidslijn zouden moeten doorbreken.' Hierna sprak Hoessein alsof Rabin nog naast hem stond. Hij verzuchtte: 'Ik ben nooit gewend geweest te staan, behalve wanneer jij naast mij stond en over vrede sprak, over dromen, over nieuwe hoop voor de generaties die na ons komen (...) Ik had nooit kunnen denken dat mijn eerste bezoek aan Jeruzalem, op uitnodiging van jou, op uitnodiging van de voorzitter van de Knesset, op uitnodiging van de president van Israel, bij deze gelegenheid zou zijn.'

Daarna daagde de koning met zachte, maar vaste stem alle mensen uit die geloofden in vreedzame samenleving tussen Arabieren en joden om daarvoor openlijk uit te komen, tegen elke prijs. 'Je hebt geleefd als een soldaat,' zei hij tegen Rabin, 'en je bent gestorven als een soldaat voor de vrede. Ik geloof dat nu voor iedereen de tijd gekomen is om openlijk te pleiten voor de vrede. Niet alleen nu, niet alleen hier, maar bij elke gelegenheid die hierna zal komen. Wij staan allemaal aan de kant van de vrede. Wij geloven dat onze God, de enige God, van ons verlangt dat wij in vrede leven en dat Hij ons die vrede gunt... We mogen niet zwijgen. We moeten onze stem verheffen en onze vredeswens altijd en overal uitspreken. We moeten tegen de mensen die in duisternis leven en vijanden van het licht zijn zeggen: Dit is ons standpunt. Dit is waar wij staan.'

Hoessein bracht zijn grootvader in herinnering, die ook de hoogste prijs voor de vrede had betaald – hij werd doodgeschoten in de Al-Aksa Moskee. Daarna zei hij een persoonlijk gebed: 'Wanneer mijn tijd komt, hoop ik dat het zal zijn als met mijn grootvader en Jitschak Rabin. Want uiteindelijk zijn er,' zo zei hij, 'zoveel die leven en zoveel die onvermijdelijk sterven. Dat is de wil van God. Dat is zoals het in de wereld gaat. Maar de mensen die geluk hebben in het leven, zijn zij die iets achterlaten. En jij, mijn vriend, bent zo iemand.'

Laat de vorige avond had Sjimon Peres zijn verdriet laten blijken over het feit dat hij het premierschap moest overnemen onder omstandigheden die zó afschuwelijk waren dat er nooit reëel rekening mee was gehouden. Toen hij uit de spoedvergadering van het kabinet kwam, die werd gehouden op het ministerie van Defensie in Tel Aviv, het regeringsgebouw waar Rabin zich waarschijnlijk het meest thuis had gevoeld, vertelde Peres aan de journalisten dat zijn collega's hem unaniem hadden gekozen als nieuwe premier. Maar hij vertelde dit zonder ook maar één keer zijn eigen naam te noemen. Die ochtend was hij bij het ochtendgloren in het kantoor van de premier aan het werk gegaan. Hij had de staf van Rabin ervan verzekerd dat hun banen geen gevaar liepen: 'Ik weet dat jullie een vader hebben verloren,' zei hij tegen hen. Hij was uit eerbetoon aan Rabin niet op diens stoel gaan zitten, maar zat in plaats daarvan op de bank in het kantoor. Nu, bij de begrafenis, sprak Peres met veel gevoel en respect over de man die jarenlang zijn meerdere was geweest en met wie hij zo vergroeid was geraakt. 'Ik wist niet dat het onze laatste uren samen zouden zijn,' zei hij over de vredesdemonstratie, 'maar ik had het gevoel dat er een speciale zegen over je was gekomen. Alsof je een soort bevrijding voelde bij het zien van die massa vrienden die waren gekomen om je te steunen en je aan te moedigen. Je had door het wolkendek heen de top bereikt, vanwaar je de volgende ochtend kon zien. Het uitzicht dat beloofd werd aan de jeugd van Israel. Jitschak, de jongste van de generaals van Israel, Jitschak, de grootste wegbereider van de vrede...'

'Je hebt geen testament achtergelaten,' zei Peres ten slotte, 'maar wel een nalatenschap die wij vol vertrouwen en geloof zullen realiseren. Het land huilt om jou, maar het zijn ook tranen van eenheid en vastberadenheid.'

Sjimon Sjeves, een goede vriend van de familie die tijdens de oppositiejaren, maar ook nadat Rabin aan de macht was gekomen, met hem samenwerkte, sprak bitter over de 'gruwelijke moordenaarshand' die een einde aan het leven van Rabin had gemaakt. Toen hij op zaterdagavond had gehoord dat Rabin dood was, had hij tegen een journalist gezegd: 'Voor mij is dit land nu kapot.' Bij de begrafenis was zijn verbittering nog steeds voelbaar. 'Ik kan maar niet accepteren dat wij hier allemaal bij jouw graf staan... Je bent gestorven op een avond van optimisme. Je bent gestorven op een avond van vreugde en solidariteit. Je bent gestorven op een avond waarop je de steun kreeg van het land voor de weg die je gekozen hebt: de weg naar de vrede.'

Hierna kwam Eitan Haber naar voren, de man die jarenlang de speeches voor Rabin had geschreven en nu zelf achter de microfoon ging staan om Rabin toe te spreken. 'Jitschak,' zei hij, 'dit is de laatste speech.' Het leek alsof hij de loodzware sfeer wat wilde verlichten: 'Jitschak, je weet dat je duizend goede eigenschappen had, duizend goede kanten, je was een geweldig man – maar zingen was niet je sterkste punt, want met dat lied zat je er steeds een klein beetje naast.' Maar toen kwam de schokkende ontknoping van zijn inleidende woorden. Balancerend op de grens van de goede smaak haalde hij iets te voorschijn dat later voor velen het symbool van Rabins dood is geworden. Haber vertelde dat toen het 'Lied voor de Vrede' was gezongen, Rabin het papier met de tekst netjes opvouwde en opborg. 'Toen de doktoren en de verpleegsters in het ziekenhuis waren uitgehuild, gaven ze mij het papier dat ze in de zak van jouw jasje hadden gevonden.' Haber haalde het vel papier, dat in een plastic mapje zat, te voorschijn. Er zat een grote bloedvlek op. 'Ik wil een stukje van deze tekst van dit papier voorlezen,' zei Haber, 'maar dat valt me heel zwaar. Want de regels zijn bedekt met jouw bloed, Jitschak. Jouw bloed op de tekst van het 'Lied voor de Vrede'. Dit is het bloed dat tijdens de laatste momenten van je leven uit jouw lichaam is gevloeid, op dit papier en tussen deze regels.' En toen las Haber de tekst van dit laatste lied voor: 'Laat de zon opgaan en de ochtend verlichten/Het zuiverste gebed zal hem niet terugbrengen/wiens licht werd gedoofd/De bitterste schreeuw kan hem niet wekken, kan hem niet tot leven brengen/Niemand keert terug uit de duisternis/Ook niet door het gejuich na de overwinning of door de gebedsliederen/Dus zing een lied voor de vrede alleen/Fluister geen gebed/Zing liever een lied voor de vrede/Uit volle borst!'

Hoe ontroerend de toespraak van Haber ook was, nog emotioneler waren de hartverscheurende woorden van Noa Ben-Artzi, Rabins achttienjarige kleindochter. De anderen hadden het gehad over Rabin de leider, de vredestichter, de generaal, maar Noa sprak over Rabin de grootvader. 'Ik weet dat dit een nationale ramp is,' zei ze, 'maar het is onmogelijk om een heel volk te troosten of te betrekken in het persoonlijke verdriet, als oma niet kan ophouden met huilen en wij ons verdoofd voelen, alleen maar de enorme leegte voelen die is ontstaan nu jij er niet meer bent.' Door haar tranen heen ging ze verder: 'Opa, jij was en blijft onze held. Ik wil dat je weet dat ik bij alles wat ik ooit heb gedaan, altijd jou voor ogen heb gehad. Jouw waardering en jouw liefde zijn altijd bij ons geweest, bij elke stap op elke weg die wij gaan. Wij hebben altijd mogen leven in het licht van jouw waarden. Jij hebt nooit iemand in de steek gelaten. En nu ben je zelf in de steek gelaten – jij, mijn eeuwige held – en blijf je koud en eenzaam achter. Ik kan niets doen om je te redden. Mensen die belangrijker zijn dan ik hebben al over jou gesproken. Maar geen van hen heeft het geluk gehad om jouw warme, zachte handen te mogen voelen en de innige omhelzing die alleen voor ons was... Ik verlang niet naar wraak, omdat de pijn en het gevoel van verlies te diep zijn, veel te diep. De grond is onder onze voeten weggehaald en wij proberen op de een of andere manier om verder te gaan in de leegte die jij hebt achtergelaten... Ik kan niet anders dan afscheid nemen van jou, onze held, en ik wens dat je moge rusten in vrede, dat je aan ons zult denken en ons zult missen, want wij houden ontzettend veel van je. Aan de engelen in de hemel die je nu begeleiden, vraag ik of ze over je willen waken en je goed zullen beschermen. Want zo'n bescherming verdien je. Wij zullen altijd van je blijven houden, opa, altijd.'

Op bijna alle nieuwsuitzendingen over de hele wereld kreeg vooral deze toespraak van Noa de aandacht, hoewel er, zoals ze zei, belangrijkere mensen waren geweest die een toespraak hadden gehouden, of althans beroemdere mensen. Vooral in Israel waren het vooral Noa's woorden die het hele land deden verstommen, die de mensen koude rillingen bezorgden en hen aan het huilen maakten. Mede door haar beschrijving van Rabin als lieve grootvader leek vrijwel de hele generatie tieners in Israel de straat op te gaan om dag in dag uit te waken: bij het huis van Rabin, op de plaats van de moord, bij het graf op de Herzl-berg.

Er was nog een spreker die ochtend, president Clinton. Van alle aanwezige staatslieden was hij, naast Hoessein, waarschijnlijk Rabins beste vriend. Clinton was samen met zijn vrouw, de ex-presidenten Carter en Bush, en tientallen Amerikaanse politici en topmensen uit Washington, naar Israel gevlogen. En met een zwart keppeltje op zijn grijze haar gaf het hoofd van de enige supermacht van de wereld een speech waaruit zijn persoonlijke vriendschap voor Rabin en voor Israel bleek en waarmee een eerste stap werd gezet naar een vernieuwing van het gevoel van stabiliteit en zekerheid na die eerste verschrikkelijke schok. Clinton vertelde met een mengeling van humor en bewondering over Rabin. Hij zei dat Rabin meer van daden dan van woorden hield en citeerde de eerste regel van zijn speech bij de ondertekening van het tweede Oslo-akkoord op 28 september: 'Eerst het goede nieuws. Ik ben de laatste spreker.' Maar Clinton benadrukte ook Rabins gevoel voor symboliek. En zoals Rabin in Washington zijn toehoorders had gevraagd zich te realiseren dat de mensen op het podium die nu het vredesverdrag ondertekenden ooit elkaars vijanden waren, zo riep Clinton zijn toeschouwers over de hele wereld op om nota te nemen van de hoogwaardigheidsbekleders die naar de begrafenis waren gekomen. 'Kijk naar de leiders van het hele Midden-Oosten en van de hele wereld die vandaag hierheen zijn gekomen voor Jitschak Rabin en voor de vrede,' zei hij. 'Hij heeft ons hier opnieuw samengebracht voor de vrede. Nu is het aan ons, die vrede willen en van hem hielden, om de strijd voort te zetten die hij is begonnen en waarvoor hij zijn leven heeft gegeven.'

Misschien omdat hij is opgegroeid in de schaduw van de moord op president John F. Kennedy kon Clinton zo goed het gevoel van verlies en angst begrijpen. Want hij richtte zich direct tot de Israeli's en zei: 'Zelfs in uw donkerste uren zal zijn geest voortleven en u mag daarom de moed niet opgeven. Kijk naar wat u bereikt hebt; u hebt een dorre woestijn tot leven gebracht; een bloeiende democratie gesticht in een vijandige omgeving; u hebt oorlogen gewonnen en nu wint u de vrede, die een eeuwige overwinning zal zijn. Uw premier was niet alleen een martelaar voor de vrede, maar ook een slachtoffer van de haat. Van zijn martelaarschap moeten wij leren dat mensen, wanneer zij de haat voor hun vijanden niet los kunnen laten, het risico lopen dat die haat henzelf uiteindelijk zal verstikken. Ik vraag u, het volk van Israel, namens mijn eigen land, dat in zijn geschiedenis ook menig leider heeft verloren, van Abraham Lincoln tot president Kennedy en Martin Luther King, om dat niet te laten gebeuren. Blijf op de juiste koers: in de Knesset, in uw huizen, in uw synagogen.' Tot slot zei hij dat als die koers wordt aangehouden, 'Amerika u niet in de steek zal laten. Mogen uw harten getroost worden en uw zielen de eeuwige hoop vinden.'

Daarna wilde hij achter het spreekgestoelte weglopen, maar bleef hij nog even staan en sprak zacht: 'Shalom, *chaver*': 'Vrede, mijn vriend.'

Na de toespraken liep de rouwstoet langzaam achter de kist aan en werd Rabin naar zijn laatste rustplaats gebracht. De kist, die nu bedekt was met een zwarte doek, werd in het graf geplaatst. Lea stond aan de rand van het graf tussen Dalia en Joeval in en hield hun handen vast. Ze staarden onafgebroken in het graf en bleven daar nog anderhalf uur staan. 'Ik kan niet naar huis gaan en hem hier achterlaten,' zei ze steeds weer opnieuw. Maar toen Sjlomo Lahat, een van de organisatoren van die laatste vredesdemonstratie, aarzelend naar haar toekwam, begroette ze hem emotioneel. 'Ik hoorde dat je moest huilen,' zei ze tegen hem. 'Maar je hoeft je niet schuldig te voelen. Het heeft zo moeten zijn. Het had overal kunnen gebeuren.' 'Hij heeft er enorm van genoten,' zei Lahat. 'Hij realiseerde zich ineens dat ze van hem hielden. En toen was het voorbij.'

In de dagen en weken die volgden, ontwaakte Israel langzaam en aarzelend uit de verdoving die het verlies van Rabin had veroorzaakt. Maar het was een ander Israel – een land met vervlogen dromen, dat niet langer pretendeerde een lichtend voorbeeld voor andere naties te zijn en dat jaren nodig zou hebben om zich te herstellen van de wonden die de aanslag van Jigal Amir had geslagen. Het was een Israel waarin de extremisten nu al lieten blijken weinig geleerd te hebben van de moordaanslag, en waarin veel, ook gematigde figuren, de gemakkelijkste weg kozen door anderen de schuld te geven in plaats van zich op hun eigen daden te bezinnen.

Maar het was vooral een Israel waarin het ernstige verschil van mening over het Palestijnse bestuur van de Westelijke Jordaanoever wreed was blootgelegd. Door de moordaanslag konden de Israeli's niet langer de vraag ontwijken die al sinds de handdruk van Rabin en Arafat in de lucht had gehangen: voelden zij een diepere verbondenheid met de democratie of met hun ideeën over vrede en het Israelische territorium? Van het antwoord dat na die eerste poging om de democratie in Israel omver te werpen op deze vraag gegeven zou worden, zou afhangen of de eenheid in het land hersteld zou kunnen worden.

Deze vraag was vooral voor de rechtervleugel heel moeilijk, met name voor religieus rechts. De rabbijnen en hun volgelingen die zich op de eerste plaats gehouden voelden aan de joodse wet in dit door God aan Abraham beloofde land, waren in hun ideeën immers zó obsessief, dat dit ten koste ging van mensenlevens en van de samenwerking tussen orthodoxe en seculiere joden in de joodse staat. En zelfs nu Israel probeerde te herstellen van het trauma van de moord op Rabin was het verbazingwekkend genoeg nog steeds onzeker of die rabbijnen van de door hen ingeslagen onzalige weg zouden terugkeren.

Voor minstens de helft van de Israeli's was de beste zingeving van de moord op Rabin een verdubbeling van zijn pogingen het vredesproces tot een succes te maken. Tijdens een herdenkingsbijeenkomst die acht dagen na zijn dood werd gehouden op hetzelfde plein in Tel Aviv waar Rabin was doodgeschoten, vroeg Lea Rabin ten overstaan van de grootste mensenmenigte die in de gehele Israelische geschiedenis bijeen was geweest, aan Sjimon Peres 'het volk van Israel naar de vrede te leiden... in de geest van Jitschak.' Sommige Israeli's uit het politieke centrum gaven – in ieder geval als eerste reactie op de moord op Rabin – te kennen dat zij aan de kant van hun gevallen leider wilden staan en zetten hun kritiek op het vredesproces aan de kant. Uit een opinieonderzoek dat door het dagblad *Jediot Acharonot* in de week na de moord werd gehouden, bleek dat maar liefst 74 procent van de bevolking de uitvoering van het tweede Oslo-akkoord steunde.

Maar voor de rest van het electoraat kon de voortzetting van de uitvoering van Rabins beleid de interne verdeeldheid alleen maar verscherpen. Zij waren nog steeds tegen de overdracht van de Westelijke Jordaanoever aan de Palestijnen; omdat ze Arafat niet vertrouwden, omdat ze vonden dat Israel geen compromissen met de Arabieren mocht sluiten, omdat ze bang waren voor hun veiligheid of, en deze reden scheen het zwaarst te wegen, omdat ze geloofden dat een seculiere Israelische overheid niet het recht had om een deel van het Beloofde Land weg te geven. Deze weerstand bleef even sterk als voorheen.

De echte veranderingen werden vooral door de Israelische jeugd in gang gezet. De jonge leiders van de 50 000 leden tellende beweging Bnei Akiva, bijvoorbeeld, probeerden de voordelen te benadrukken van de combinatie van zionisme, democratie en de Tora, en de aandacht te richten op de heiligheid van het joodse leven. Op de sjabbat na de moord werd op de bijeenkomsten een waarschuwende uitspraak bestudeerd van de voormalige leider van de Goesj Emoeniem, rabbijn Tsvi Jehoeda Kook: 'Niemand kan zeggen (...) dat hij de volledige waarheid kent en helemaal gelijk heeft.'

Heel bemoedigend waren de woorden van rabbijn Mordechai Greenberg van Amirs oude jesjiewa Kerem B'Javnee: 'Wij hebben veel nagedacht. Onze ideologie zal niet veranderen – ons onderwijs zal gericht blijven op de Tora, op het essentiële belang van het Land Israel, en op het verband tussen het Land Israel en de Verlossing. Maar wat wel zal veranderen, is de manier waarop wij onze ideeën zullen formuleren. We moeten meer rekening houden met de ideeën van anderen. Als de helft van de mensen nog niet gereed is voor het gehele Land Israel, kunnen we niet tegen hen vechten.'

Maar er waren ook minder bemoedigende signalen. Terwijl de meeste religieuze zionistische leiders de moord openlijk afkeurden, vond er in het religieuze zionistische kamp geen nieuwe ordening van de prioriteiten plaats. Rabbijn Joël Bin-Noen, de rabbijn van Ofra die had gezegd dat een of meer rabbijnen de moord op Rabin expliciet hadden goedgekeurd, werd door extreem rechts met de dood bedreigd. Hij moest wekenlang door een bodyguard beschermd worden en werd herhaaldelijk bekritiseerd door collega-rabbijnen. De rabbijnen Dov Lior en Nachoem Rabinovitch, die naar aanleiding van de beschuldigingen door Bin-Noen door de politie werden verhoord, ontvingen van diezelfde collega's openlijke steunbetuigingen. De Isra-

elische radio meldde dat Rabinovitch had gezegd: 'Wie een vriend uit-
levert aan niet-joden en hem daardoor in een levensgevaarlijke situatie
brengt, of wie joods bezit overdraagt, moet daarvoor met zijn leven
betalen.' Rabinovitch maakte met veel tegenzin zijn excuses voor deze
uitspraak. Hij zei dat het hem speet wanneer een 'harde uitspraak' die
hij 'uit verdriet' had gedaan, tot ongewenste gevolgen had geleid.

Binnen een week na de moord sprak het jesjiewa-hoofd rabbijn
Chaim Druckman op een bijeenkomst in Jeruzalem die zogenaamd
bedoeld was als herbezinning van religieus rechts. Druckman begon
ermee zich te verweren tegen de linkse kritiek op het religieuze zionistische kamp en zei daarna 'wij zijn niet schuldig (...) ons onderwijs
is gebaseerd op eeuwige waarheden.' En hij eindigde met de herhaling
van de slogan: 'Het is onmogelijk om door te gaan met de Oslo-
akkoorden zonder dat daar consensus over is.' Een andere spreker was
de kolonistenrabbijn Menachem Felix, die kritiek leverde op het feit
dat de regering zich nog steeds gerechtvaardigd voelde om verder te
regeren, alsof er helemaal geen moord was gepleegd. 'Wij moeten
doorgaan met ons verzet tegen deze regering, die steunt op mensen
die Israel haten,' zei hij, waarmee hij refereerde aan de steun van de
Arabische leden van de Knesset voor de coalitie. 'Ik geloof niet dat wij
de waarheid moeten verloochenen dat het Land Israel ons toebehoort,
want als we dat wel doen, zal dat onze vernietiging betekenen.'

Maar de meeste politici, in de linkervleugel en in het politieke centrum, vonden juist dat de moord op Rabin onderstreepte dat de democratie in Israel versterkt moest worden, onder meer door de toon van
de discussie te matigen en te stoppen met het verbale geweld dat nor-
maal geworden scheen te zijn. Hoewel Likoed-leider Netanjahoe in
het verleden op protestdemonstraties had gesproken waar ook extremisten waren, nam hij nu openlijk afstand van het extremisme en verklaarde hij dat hij noch hun steun noch hun stemmen wilde. Op 13
november deed Peres wat Rabin altijd had geweigerd: hij voerde een
gesprek met Netanjahoe en kwam met hem overeen dat hun politieke
verschillen in het vervolg 'binnen de grenzen van het fatsoen' uitgevochten zouden worden. Er werden politieke gedragsregels opgesteld

die waren bedoeld om extremistische gevoelens buiten het politieke debat te houden. Netanjahoe protesteerde tegen de manier waarop links de moord op Rabin gebruikte om de rechtse oppositie in diskrediet te brengen, maar toch had hij vanaf het begin als een waar staatsman gezegd dat hij geen politieke munt wilde slaan uit de dood van Rabin en dat hij Peres zou steunen bij de formatie van de nieuwe regering. 'In de democratie,' zo preekte hij, 'wordt de macht door verkiezingen bepaald, niet door moorden.'

De meeste gewone Israeli's – zowel aanhangers als tegenstanders van het beleid van Rabin – waren door de schok geneigd om zich wat gematigder op te stellen. Gesprekken en discussies werden rustiger en minder fel, ze leken zich zelfs in het verkeer kalmer te gedragen, en ze haalden anti-Rabin stickers van hun auto's en vervingen die door stickers met de afscheidswoorden van president Clinton: 'Shalom, *chaver*,' of door stickers waarop het portret van Rabin stond en de tekst 'Nee tegen geweld.'

Maar helaas bleven de extremistische tegenstanders van de regering zich even vijandig opstellen als voorheen. Binnen een paar uur na de moord stonden op de muren van Jeruzalem de woorden: 'Peres is de volgende,' een dreigement dat ook in een aantal anonieme telefoontjes werd geuit. Op de Bar-Ilan universiteit vierde een student de dood van Rabin met een bericht dat hij via Internet verspreidde. Nog geen week na de moord zei een jonge orthodoxe studente op de Israelische televisie dat niet viel te ontkennen dat Rabin een verrader was en ze suggereerde dat hij zijn verdiende straf had gekregen. Er werden twee ultraorthodoxe mannen gearresteerd die op het graf van Rabin hadden gespuugd en kennelijk van plan waren geweest om erop te urineren.

Ruim een week na de moord waarschuwde procureur-generaal Michael Ben-Jair dat door de moord op Rabin 'een psychologische grens is overschreden door dat deel van het volk dat een extreem, fanatiek en gevaarlijk wereldbeeld heeft. En hierdoor zal een tweede moord eenvoudiger worden. Voor deze mensen betekent de moord op Rabin een groot succes. Daarom is het zeker, en niet slechts waarschijnlijk, dat er een tweede aanslag zal volgen.' Deze waarschuwing is gebaseerd op de maar al te ernstige realiteit. In Kahane-kringen wordt het succes van de aanslag openlijk gevierd. Begin december ontving de partijleidster van de linkse Merets-partij, Sjoelamiet Aloni, een pakje dat per post naar de Knesset was gestuurd. In het pakje zaten een kogel en een waarschuwing: 'Jouw plaats is in de hemel.' Micha Regev, de ondercommandant van een reservekorps en voormalig student van de Merkaz Harav jesjiewa, redeneerde evenals een aantal anderen bezorgd dat wanneer uit religieus zionistische kringen een extremistische moordenaar als Amir kon komen, er geen enkele reden was om aan te nemen dat hij de enige was.

De Israelische justitie en de veiligheidsdiensten waren vastbesloten om nooit meer zo ernstig te falen. Er werden allerlei maatregelen genomen tegen het rechts-extremisme – tegen mensen die in het verleden verdacht waren geweest van overtredingen werd alsnog vervolging ingesteld, er werd veel strakker de hand gehouden aan de beperkingen van de bewegingsvrijheid van bekende activisten, Amerikaanse Kahane-aanhangers werden het land uitgezet – en de veiligheidsmaatregelen rond Peres en andere mogelijke doelwitten van aanslagen werden strenger dan ooit tevoren. Maar sommigen in de uiterste rechtervleugel bekritiseerden deze maatregelen.

Ja'akov Novick, hoofd van de Ma'amats-groep, die veel rechtse demonstraties organiseerde, beschuldigde de regering ervan Israel te willen veranderen in een Sovjet-achtige politiestaat waarin mensen wisten 'dat alleen met ondergrondse activiteiten veranderingen konden worden bereikt. De regering begint steeds dictatorialere trekjes te krijgen. Dat zal uiteindelijk tot een burgeroorlog leiden.' Ruth en Nadia Matar, leiders van de kolonistenbeweging Women in Green, gaven de dag na Rabins begrafenis een persbericht uit waarin ze de regering beschuldigden van 'een onterend terreurbewind' waarmee tegenstand de kop werd ingedrukt. Hierna volgde een stroom van hatelijke persberichten waarin Peres persoonlijk werd aangevallen, bijvoorbeeld met de uitspraak: 'dat hij nu weer de belangrijkste figuur is, betekent alles voor hem.' Het vredesproces werd 'bedrog van het joodse volk' genoemd. Nadia Matrar, moeder van drie kinderen en inwoonster van de nederzetting Efrat tussen Betlehem en Hebron, beweerde: 'Wij hebben nooit spandoeken gedragen waarop Rabin een verrader werd genoemd of in een SS-uniform werd afgebeeld.' Ze verdedigde de anti-overheidsretoriek waarvan ze toegaf dat die heel wreed was. 'Maar hoe meer de mensen zich bedreigd voelen en hoe verder de Oslo-akkoorden zonder steun van een groot deel van de bevolking worden uitgevoerd, hoe harder wij *Gevalt* moeten roepen.'

Toen bekend werd dat Raviv wellicht een agent van de Sjien Bet was en dat de Ejal-groep werd gesteund door de Sjien Bet, ging extreem rechts verder in de aanval. Lea Rabin had vlak na de moord in een paar interviews Netanjahoe en anderen van gematigd rechts ervan beschuldigd een klimaat te hebben geschapen waarin de politieke moordaanslag had kunnen plaatsvinden, doordat ze verschenen op protestdemonstraties waarop Rabin een verrader werd genoemd. Ze had gezegd dat ze het heel moeilijk had gevonden om Netanjahoe de hand te schudden toen die haar in de Knesset wilde condoleren. Zijn condoléances, zo zei ze, kwamen te laat. Maar nu eisten sommige aanhangers van uiterst rechts dat Lea Rabin zich voor haar uitspraken zou verontschuldigen, alsof de onthutsend grote fouten van de Sjien Bet de rechts-extremisten vrijspraken, en alsof de Sjien Bet, niet Jigal Amir, de trekker had overgehaald.

Tot opluchting van vele Israeli's, en van de internationale gemeenschap, ging door de soepele opvolging van Peres het vredesproces volgens schema door en soms zelfs iets sneller. Peres versnelde de terugtrekking uit Jenin, half november, en zag erop toe dat de terugtrekking uit alle andere steden op de Westelijke Jordaanoever, behalve Hebron, vóór het einde van het jaar had plaatsgevonden. Bovendien ondernam hij een serieuze poging om een vredesakkoord met Syrië te sluiten en sprak hij in de zo karakteristieke idealistische bewoordingen over het beëindigen van alle conflicten in het Midden-Oosten door het bereiken van vredesakkoorden met niet alleen Syrië en Libanon, maar ook met Saoedi-Arabië, Marokko, Tunesië en andere Arabische landen.

Maar terwijl Peres probeerde nieuwe internationale bruggen te bouwen, waren de belangrijkste problemen eerder van nationale aard. Zou de Israelische maatschappij, die zo geschokt was door de moord, in staat zijn om de nieuwe crises te overleven die zich ongetwijfeld zouden voordoen? De enorme sympathie voor Peres, die volgens de opiniepeilingen tweemaal zo populair was als Netanjahoe, zou ongetwijfeld verminderen op het moment dat de islamitische extremisten weer met hun zelfmoordacties zouden beginnen. Zelfs wanneer dat mee zou vallen en de Israelische extremisten door de verbeterde interne veiligheid en de nieuwe, terughoudende mentaliteit in Israel de afschuwelijke daad van Amir niet zouden herhalen, zou de kloof die het land verdeelde nog niet verdwenen zijn. Wanneer men niet de hand in eigen boezem durfde te steken en wanneer Israeli's aan beide zijden van de scheidslijn niet zouden erkennen dat ze allemaal hadden bijgedragen aan het vijandige klimaat waarvan de politieke moordaanslag een extreme maar logische consequentie was geweest, zou er geen enkele hoop meer zijn.

Voor Lea Rabin, die na een huwelijk van 47 jaar weer alleen was, was de overweldigende nationale rouw een teken van bemoediging. Bij de herdenkingsbijeenkomst op het voormalige Plein van de Koningen van Israel, dat nu omgedoopt is tot het Jitschak Rabin-plein, uitte ze haar vertrouwen dat de moord de 'zwijgende meerderheid' zou wakkerschudden, zodat die zich in zou zetten voor het welslagen van het vredesproces. Diezelfde optimistische boodschap sprak ze begin december uit in New York, waar ze op de herdenkingsbijeenkomst voor Rabin op 10 december in het stampvolle Madison Square Garden zei dat er vrede zou komen. In de eerste donkere weken na de moord zocht ze troost door haar man elke dag een brief te schrijven waarin ze hem schreef wat zijn dood allemaal teweeg had gebracht; hoewel hij dit natuurlijk niet kon lezen, putte ze daar op de een of andere manier toch moed uit.

Terwijl Eitan Haber een paar dagen na de moord Rabins bureau opruimde, vertelde hij dat de premier zichzelf 'onoverwinnelijk' voelde. Hij voelde zich nooit bedreigd door het rechts-extremistische geweld. Maar hij had zich daar wel heel eenzaam door gevoeld. Daarom was die laatste vredesdemonstratie een persoonlijk hoogtepunt voor Rabin. 'Als ik al getroost kan worden,' zei Haber, de man die Rabin 37 jaar geleden voor het eerst ontmoette – hij was toen een verlegen soldaat, Rabin generaal – 'dan is het door het feit dat hij op zijn hoogtepunt is gestorven. Alleen een geniale schrijver zou zoiets kunnen bedenken: tienduizenden aanhangers die samen met hem een lied zingen en hem met zoveel warmte en respect eren. De omhelzing met Sjimon Peres. En dan die moord.'

Hij was 73 jaar, acht maanden en drie dagen oud toen hij werd vermoord. Het tragische van de moord op Jitschak Rabin was dat hij weliswaar een kettingrokende zeventiger was die van een flink glas whisky hield, maar fit en sterk was, die volgens de collega's die hem het beste kenden zelfs overwoog om nog vijf jaar premier te blijven.

In het laatste grote televisie-interview, dat drie dagen voor zijn dood op de Israëlische televisie werd uitgezonden, ontweek hij schertsend de pogingen van de journalisten om hem een uitspraak te ontlokken over zijn plannen voor de volgende termijn. Maar hij wees hun voorzichtige suggestie dat hij te oud zou zijn voor nog een vermoeiende ronde in het zadel resoluut van de hand. Volgens Eitan Haber zat Rabin 'steeds op te scheppen dat hij veel fitter was dan een hoop mensen die jonger waren dan hij. Hij voelde zich nog een jonge vent.' En hij functioneerde ook als een jonge vent: hij maakte vaak enorm lange werkdagen. 'Het leek wel alsof hij elke dag het gevoel had dat hij zijn salaris moest waarmaken,' zei Haber. 'Als hij naar het buitenland moest, vroegen we wel eens of hij niet een dag eerder wilde vliegen zodat hij tijd had om te bekomen van de jetlag, maar dan zei hij: Ben je gek? Bedenk eens wat dat het land allemaal kost.'

Zijn naaste medewerkers betwijfelen niet dat Rabin aan de verkiezingen van 1996 wilde meedoen en dat hij er alle vertrouwen in had dat hij die zou winnen en nog een volledige ambtstermijn kon volmaken. Bovenaan zijn prioriteitenlijstje zou ongetwijfeld de vrede met Syrië hebben gestaan. Hoewel het vredesverdrag met Egypte tijdens de drieëneenhalf jaar van zijn premierschap was bekrachtigd en de vrede met Jordanië hechter was dan hij had durven hopen, en hoewel Arafat de islamitische radicalen met steeds meer succes wist te beteugelen, vond Rabin dat zijn werk nog lang niet klaar was en wilde hij het erg graag afmaken. 'Het was duidelijk dat hij met de verkiezingen mee zou doen en de termijn zou volmaken,' zegt Uri Dromi, directeur van de persvoorlichting van de regering Rabin die vaak aan zijn zijde te vinden was. 'Rabin vond het afschuwelijk om ergens halverwege mee op te houden.'

President Clinton noemde Rabin op zijn begrafenis een 'martelaar voor de vrede,' maar het is onwaarschijnlijk dat Rabin het prettig zou hebben gevonden om op die manier de geschiedenis in te gaan. Rabin was geen martelaar. Hoewel het heel vanzelfsprekend en ook wel terecht is dat zijn bijdrage aan de vrede als zijn nalatenschap wordt beschouwd, zou Rabin zelf veel meer nadruk hebben willen leggen op de bijdrage die hij aan de veiligheid van Israel geleverd heeft. Hij was een militair in hart en nieren. Zelfs toen hij al bijna dertig jaar uit het leger was, kwam bij het vredesproces de veiligheid van het land altijd op de eerste plaats. Die veiligheid was de maatstaf waaraan elk detail van elke overeenkomst die hij tekende, afgemeten werd. Hij was ervan overtuigd dat alleen een sterk Israel vrede zou kunnen sluiten. 'In deze tijd van tranen en verdriet,' zei Haber kort na de moord, 'is het heel natuurlijk dat de meeste nadruk op het vredesproces wordt gelegd. Maar als Jitschak Rabin nu even uit de hemel zou kunnen komen, zou hij zeggen: "De veiligheid eerst graag!"'

Rabin was zijn eeuwige rivaal Sjimon Peres de laatste maanden steeds meer als een echte partner in het vredesproces gaan beschouwen. De laat opbloeiende 'liefdesrelatie,' zoals Haber het noemde, ontstond toen Peres en Rabin zich beiden realiseerden dat ze elkaar op zeer essentiële punten konden aanvullen. Volgens zijn collega's was Rabin Peres gaan respecteren omdat die door de Oslo-akkoorden met de Palestijnen had bewezen dat zijn twijfels misschien misplaatst waren, dat zijn voorzichtigheid wellicht overdreven was en dat de wegen naar het onderhandelingssucces die hij zelf als doodlopend zou hebben beschouwd, misschien toch wel de moeite van het onderzoeken waard waren.

Toch was Rabin zich altijd bewust van de noodzaak om Peres af te remmen, om hem 'met beide benen op de grond te zetten,' zoals een van de vertrouwelingen van Rabin het formuleerde. De naaste medewerkers van Rabin twijfelen er niet aan dat Peres, die zichzelf tot taak had gesteld om Rabins missie af te maken, vlak na de moord stappen heeft gezet die Rabin zou hebben vermeden en beleidsbeslissingen heeft genomen die Rabin nooit genomen zou hebben. Een Israel-analist, die goed op de hoogte was van de denktrant van Rabin, zei nog geen twee maanden na de moord dat Rabin zich waarschijnlijk in zijn graf zou omdraaien.

Om Rabins beteugelende invloed op zijn latere opvolger te illustreren, vertelt een vertrouweling van Rabin wat er op 4 juli 1995 gebeurde. Die ochtend reisde Peres naar de Gazastrook om daar gesprekken te voeren met Arafat over de voltooiing van het vertraagde tweede Oslo-akkoord over de uitbreiding van het Palestijnse zelfbestuur op de Westelijke Jordaanoever. De twee mannen besloten om aan de onderhandelingstafel te blijven zitten totdat er overeenstemming was bereikt over de definitieve versie van het akkoord. Ze werkten de hele dag en aan het begin van de avond was het zover. Om acht uur die avond opende het Israelische nieuws met het bericht dat er overeenstemming was bereikt over het akkoord en dat er over twee weken een uitgebreide ondertekeningsceremonie zou plaatsvinden op het Witte Huis. Die ceremonie zou een aardige ondersteuning betekenen van de internationale conferentie van donors van het Palestijnse Gezag, die rond die tijd in Washington zou plaatsvinden.

Omdat het 4 juli was, gaf de Amerikaanse ambassadeur Martin Indyk ter ere van de Amerikaanse Onafhankelijkheid een feest op de ambassade in Hertslia, waar Rabin en allerlei andere Israelische kopstukken aanwezig waren. Het nieuws over het succes van de onderhandelingen tussen Peres en Arafat was het belangrijkste onderwerp van gesprek. Maar terwijl de gasten enthousiast over de doorbraak spraken en de Amerikaanse diplomaten de Israelische gasten vriendelijk glimlachend feliciteerden, leek het kleine groepje naaste medewerkers van Rabin niet mee te doen aan de feestvreugde. Toen aan Eitan Haber gevraagd werd waarom dat zo was, antwoordde hij ronduit: 'Er is helemaal geen tweede Oslo-akkoord. Er is nog lang geen overeenstemming. En er zal deze maand dus ook geen ondertekening in het Witte Huis zijn.'

En zo was het. Het zou nog tot 28 september duren voordat er overeenstemming werd bereikt over het tweede Peres-Arafat akkoord dat uiteindelijk door Rabin en Arafat op het Witte Huis ondertekend werd. In de tussenliggende periode van 12 weken, waarin de Palestijnen steeds ongeduldiger werden en de Amerikanen steeds meer druk gingen uitoefenen, bestudeerde Rabin elk woord en elke zin van het akkoord en stelde hij talloze wijzigingen voor die vooral waren ingegeven door zijn strenge veiligheidsmaatstaven.

Het ironische is dat na de moordaanslag, die de dader zegt te hebben gepleegd om Israel te beschermen tegen een in zijn ogen onverantwoordelijk, gevaarlijk en ondoordacht beleid, die unieke veiligheidsmaatstaf was verdwenen. Na de ondertekening van het Oslo-akkoord, eind september, had Peres zich eigenlijk alleen beziggehouden met de uitvoering van een akkoord waar Rabin tevreden over was. Peres hield toezicht op de gefaseerde militaire terugtrekking uit de steden en dorpen op de Westelijke Jordaanoever en droeg volgens de zeer gedetailleerde specificaties van het akkoord de macht aan Arafat over. Maar in zijn overhaaste pogingen om tot een vredesakkoord met Syrië te komen, begaf Peres zich op een terrein dat door Rabin nog helemaal niet in kaart was gebracht. En de medewerkers van Rabin hebben – niet in het openbaar – gezegd dat Rabin dit heel anders zou hebben aangepakt.

Zo had Rabin tegen zijn medewerkers gezegd dat hij de kans klein achtte dat er vóór de verkiezingen van oktober 1996 een voorlopig akkoord met Syrië gesloten zou kunnen worden. Bovendien vond hij dit akkoord niet erg urgent: aan de grens tussen Israel en Syrië was het al sinds de oorlog van 1973 heel rustig geweest. Zonder de steun van de Sovjet-Unie kon Syrië geen oorlog voeren. De twintig of dertig soldaten die elk jaar in Libanon omkwamen, werden weliswaar betreurd, maar waren niets vergeleken met bijvoorbeeld de slachtpartij die elk jaar in het Israelische verkeer werd aangericht. Rabin dacht niet dat het goed was om vóór de verkiezingen een overeenkomst met Syrië te sluiten: hij kende zijn electoraat goed genoeg om te weten dat het vredesakkoord met Arafat al moeilijk verteerbaar was en dat hij door een overhaast akkoord met Asad de kiezers wellicht tegen zich in het harnas zou jagen. Bovendien wilde hij afwachten of de uitvoering van het tweede Oslo-akkoord goed verliep, voordat hij zich aan andere zaken ging wijden. Zijn grootste angst was een plotselinge toename van het aantal zelfmoordacties of van andere uitingen van het islamitisch extremisme. Rabin besefte heel goed dat de Arbeiderspartij daardoor de verkiezingen zou kunnen verliezen. Hij wilde zich daarom niet te veel laten afleiden. De enige sombere noot in zijn verder optimistisch gestemde toespraak bij de ondertekening van het tweede Oslo-akkoord in het Witte Huis viel toen hij Arafat waarschuwde 'te voorkomen dat het terrorisme triomfeert over de vrede (...) Anders zullen we het zelf bestrijden.'

Als Rabin had kunnen zien hoe snel Peres afstormde op een op zichzelf lovenswaardig, maar niet erg urgent vredesakkoord met Syrië, zou de premier volgens zijn naaste medewerkers geschokt zijn geweest over Peres' haast. Hij zou de kruiperige en haast wanhopige toenaderingspoging van Peres richting Asad instinctief afgewezen hebben; hij zou zich gekeerd hebben tegen de openingszet van Peres om de Amerikanen als volwaardige bemiddelaars in de onderhandelingen te betrekken, omdat hij veel liever onderling een akkoord zou hebben uitgewerkt. Bovendien zou hij door het grote belang dat hij altijd aan de veiligheid van Israel hechtte, verontrust zijn geweest over het feit dat Peres tegelijkertijd over alle aspecten van het akkoord onderhandelde. In plaats daarvan zou Rabin erop gestaan hebben dat er eerst overeenstemming zou worden bereikt over de veiligheidsmaatregelen in verband met de Israelische terugtrekking uit de Golanhoogte voordat gesproken werd over de andere aspecten van een akkoord.

'Rabin was bereid om in te stemmen met een volledige terugtrekking uit de Golanhoogte,' heeft een van Rabins medewerkers nadrukkelijk gezegd. 'Maar dat zou wel een langdurig proces moeten zijn. Hij bracht vaak in herinnering dat de uitvoering van het vredesakkoord met Egypte drie of vier jaar heeft geduurd en hij zei dan dat een akkoord met Syrië nog veel ingewikkelder zou zijn en daarom misschien wel tien jaar in beslag zou nemen.' Rabin heeft inderdaad in een interview in juli 1994 met *The Jerusalem Report* gezegd dat hij, hoewel hij vrede wilde sluiten met Syrië en bereid was om daar 'moeilijke compromissen' voor te sluiten, niet veel haast had. 'We zijn nu al 27 jaar op de Golanhoogte en daar kunnen we best nog eens 27 jaar blijven,' zei hij. 'Na het bezoek van Sadat [de voormalige Egyptische president Anwar Sadat] heeft het nog viereneenhalf jaar geduurd voordat we zijn begonnen met de terugtrekking uit de Sinaï (...) Asad is nog niet eens in Jeruzalem geweest.'

De medewerkers van Rabin geloven dat hij zou hebben gestaan 'op de terugtrekking van de Syrische troepen tot Damascus; op voldoende informatie van satellieten en andere bronnen waaruit zou blijken wat het Syrische leger van plan was en op een aantal 'internationale struikelblokken' tussen de Syrische troepen en de Golanhoogte waarmee een verrassingsaanval voorkomen kon worden. Wanneer dergelijke maatregelen genomen zouden worden, zou hij zelfs bereid zijn om af te zien van een waarschuwingsstation op de Golanhoogte. Maar het zou wel een zeer langdurig proces zijn en niet zo'n snelle actie waar Peres zich op gestort heeft.'

Uri Dromi merkt op dat 'Rabin in tegenstelling tot Peres de Syrische militaire dreiging nooit heeft gebagatelliseerd. Hij heeft nooit gezegd dat de Syrische wapens oud en verroest zijn, of hopeloos verouderd. Hij heeft tijdens de Golfoorlog gezien wat een handjevol Scud-raketten in psychologisch opzicht in Israel kan aanrichten: het hele land was in rep en roer terwijl er toch maar één rechtstreeks verlies te betreuren is geweest. Hij wist dus dat bijvoorbeeld de met biologische bommen uitgeruste Scud-raketten uit Syrië enorme verwoestingen zouden kunnen aanrichten. Peres gelooft dat het, wanneer er eenmaal vrede is bereikt, met de veiligheidsmaatregelen vanzelf wel in orde komt, maar Rabin vond dat die veiligheidsaspecten eerst aan de orde moesten komen. Hij beoordeelde alles aan de hand van zijn strenge veiligheidsmaatstaven.'

Medewerkers van Rabin zijn – mits ze anoniem blijven – bereid om te bevestigen dat hij inderdaad in principe de gehele Golanhoogte had willen opgeven. Wanneer Rabin dit in het openbaar zou hebben gezegd, zou daar enorm veel beroering over zijn ontstaan. Dezelfde medewerkers willen, weer onder voorwaarde van anonimiteit, een ander standpunt van Rabin onthullen dat hij nooit in het openbaar heeft ingenomen: de vestiging van een Palestijnse staat op de Westelijke Jordaanoever en de Gazastrook zou hem onverschillig gelaten hebben. 'De waarheid is dat Rabin zich niet erg interesseerde voor wat hij "semantiek" noemde,' zegt een vertrouweling. 'Hij erkende dat het tweede Oslo-akkoord betekende dat er een Palestijnse staat gesticht zou worden. De Palestijnen hebben een vlag, een volkslied, geld, postzegels, paspoorten en een president. Dat zijn zaken die bij een echte staat horen, maar daar maakte Rabin zich niet veel zorgen over. Zijn doel was om het Palestijnse zelfrespect zodanig te verbeteren dat het zeker zou zijn dat het akkoord zou worden uitgevoerd en gerespecteerd.'

Over de 'definitieve status' – de centrale onderdelen van de permanente vrede met de Palestijnen, zoals de afbakening van de grenzen, de terugkeer van Palestijnse vluchtelingen, het lot van de joodse nederzettingen in de bezette gebieden en de uiteindelijke status van Jeruzalem – zeggen Rabins naaste medewerkers dat hij daar niet veel haast mee had. Ook hierover wilde hij de discussie zo lang mogelijk uitstellen, totdat duidelijk was hoe de uitvoering van het tweede Oslo-akkoord verliep. Hoewel het afgesproken schema in mei 1996 ruimte bood voor gesprekken over de definitieve status, zou Rabin er volgens zijn medewerkers voor gezorgd hebben dat daar pas na de verkiezingen in oktober serieuze gesprekken over zouden worden gevoerd.

Rabin wist dat aan het begin van die gesprekken over de definitieve status de verschillen onoverkomelijk zouden lijken. Dromi zegt daarover: 'Hij wist dat de Palestijnen een onafhankelijke staat zouden willen met Jeruzalem als hoofdstad, dat alle nederzettingen van de Westelijke Jordaanoever en de Gazastrook zouden moeten verdwijnen en dat alle vluchtelingen terug moesten keren. Israel zou die staat niet willen, zou Jeruzalem niet willen opgeven, de nederzettingen willen houden en de vluchtelingen niet willen laten terugkeren. En uiteindelijk zouden er dan compromissen gesloten worden.' De premier had zijn definitieve standpunt over de vluchtelingen nog niet bepaald, maar over de andere kwesties begon meer duidelijkheid te ontstaan. In zijn toespraak in de Knesset op 5 oktober 1995, toen het tweede Oslo-akkoord ter goedkeuring aan de Knesset werd voorgelegd, gaf hij zijn visie op de definitieve status van de Westelijke Jordaanoever. Door te wijzen op de verwachte uitbreiding van Jeruzalem op de Westelijke Jordaanoever, het behoud van de nederzettingen in de Jordaanvallei, en een 'koppeling' van andere groepen nederzettingen aan Israel, voorkwam hij de kritiek van de oppositie dat hij Israel terugbracht tot de situatie van voor 1967.

Dit alles leek een maximale 'openingspositie' voor de onderhande-lingen, waar de Palestijnen vrijwel zeker woedend over zouden zijn, die zoveel mogelijk Israeli's voorlopig gerust zou stellen en uiteindelijk waarschijnlijk zou leiden tot een compromis. Maar hoewel Haber heeft toegegeven dat Rabin weinig sympathie had voor de kolonisten op de Westelijke Jordaanoever – hij zag hen als een 'opzettelijk geplaatst obstakel voor de vrede' – heeft deze vertrouweling van Rabin ook opgemerkt dat de premier vrede heeft weten te sluiten met Jorda-nië 'zonder ook maar een waslijn omver te halen'. Haber was ervan overtuigd dat Rabin zou hebben geprobeerd om zoveel mogelijk nederzettingen onder Israelisch bestuur te houden.

Het is altijd duidelijk geweest dat Rabin het Israelische bestuur van de stad Jeruzalem nooit zou willen opgeven. Met opzet koos hij de economische conferentie in Casablanca van 1994 – een zeer beladen en bijzondere bijeenkomst van Arabische en Israelische leiders – om zijn belofte de wereld in te sturen dat de hoofdstad nooit verdeeld zou worden. En dat beweerde hij niet alleen in het openbaar. Dromi zegt dat Rabin over Jeruzalem geen enkel compromis wilde sluiten. 'Op veel punten was hij een echte pragmaticus en probeerde hij heel zake-lijk te bedenken welk standpunt hij het beste kon innemen in het belang van de veiligheid van Israel. Maar als het over Jeruzalem ging, speelden er altijd emoties mee: omdat hij daar geboren was, omdat hij als twintiger voor de stad had gevochten, omdat hij er jonge mensen voor de dood in gestuurd had, omdat hij in 1967 opnieuw voor de stad had gevochten en toen de strijd had gewonnen. Ik geloof niet dat hij ooit een echt compromis zou hebben gesloten over de stad Jeruzalem.'

Maar volgens zijn medewerkers was hij wel bereid om de Palestijnen er toch een soort autonomie te geven, misschien in de vorm van een systeem van deelgemeenten. En hij had geen grote bezwaren tegen bijvoorbeeld het Palestijnse hoofdkwartier in het Orient House in Oost-Jeruzalem.

Uit de gesprekken met de mensen die Rabin het beste kenden, wordt duidelijk dat de definitieve beleidsstandpunten niet jaren of zelfs maanden van tevoren werden ingenomen. Sommige critici zullen zeggen dat dit symptomatisch is voor de manier waarop Rabin leiding gaf: dat hij reageerde op ontwikkelingen in plaats van die ontwikkelingen zelf te sturen. Maar de aanhangers van Rabin zullen aanvoeren dat het eerder een positief teken is van pragmatisch leiderschap: dat het noodzakelijk is om flexibel te zijn omdat alleen dan in veranderende situaties opgetreden kan worden.

Rabins bereidheid in de jaren negentig om te veranderen en zijn standpunten te heroverwegen, wordt nog wel het duidelijkst geïllustreerd door zijn fascinerende relatie met Jasser Arafat. Aan het begin van het autonomieproces voelde Rabin een diepe, emotionele weerstand tegen de Palestijnse leider, en dat is nog zacht uitgedrukt. Hij vond het niet moeilijk om Egyptische of Jordaanse leiders de hand te schudden en ook met de Syrische leiders zou hij dat niet moeilijk gevonden hebben; dit waren mede-generaals die hij op het slagveld had ontmoet. Hij was in staat om heel ontspannen te converseren met bijvoorbeeld Mohammad Abdoelgami al-Gamassie, de Egyptische generaal die in 1973 met zijn troepen door het Suezkanaal trok, en met wie hij de verschillende aspecten van die oversteek besprak.

Maar Arafat was nooit een gewone militaire tegenstander geweest. Rabin had hem en zijn methoden jarenlang verafschuwd. Zelfs in de nieuwe omstandigheden voelde hij zich niet op zijn gemak in aanwezigheid van deze man, die verantwoordelijk was voor het doden van vrouwen en kinderen – wat hem als echte militair een gruwel was – en die volgens Rabin de grens van de barbarij had overschreden. Hij begreep de Palestijnse frustraties en pijn en hij begreep ook dat Arafat min of meer gedwongen was geweest om zijn toevlucht tot het terrorisme te zoeken om zijn doel te bereiken. Maar deze rationele overwegingen deden niets af aan de emotionele antipathie die hij voelde.

Na de ondertekening van het Oslo-akkoord in het Witte Huis, een gebeurtenis waarbij honderden mensen aanwezig waren en die door miljoenen mensen in de hele wereld op de televisie werd bekeken, aarzelde Rabin dan ook om de uitgestoken hand van Arafat te drukken; een aarzeling die voortkwam uit een enorme psychologische barrière. Rabin wist van tevoren dat Arafat hem de hand wilde schudden en dat Clinton daar op aan zou sturen. Hij had zich daarbij neergelegd. Haber had de Amerikanen zelfs laten weten dat een handdruk acceptabel was, maar dat de gebruikelijke omhelzingen en zoenen van Arafat niet gewenst waren. En toch, zo zegt Dromi, sloeg Rabin in het vliegtuig naar de Verenigde Staten zijn gebruikelijke dutje over en ijsbeerde hij onrustig sigaretten rokend door het vliegtuig. En toen het moment van de waarheid was aangebroken, daar op het gazon voor het Witte Huis, moest Clinton hem met een tikje tegen zijn elleboog aansporen om Arafat de hand te schudden.

Twee jaar later werd, met wat minder ceremonieel, het tweede Oslo-akkoord in het Witte Huis getekend. Aan de houding van Rabin en Arafat was duidelijk af te lezen dat de relatie in de tussenliggende periode was verbeterd. Toegegeven, het was Arafat die Rabin op zijn schouder klopte nadat het akkoord was ondertekend en ze de East Room van het Witte Huis verlieten. Maar twee jaar geleden zou Arafat dat nooit gedurfd hebben. En als hij dat wel had gedaan, zou Rabin ongetwijfeld huiverend een stap opzij hebben gedaan. Maar nu was de sfeer veel ontspannener en leek het klopje op zijn schouder bijna gewoon.

Haber zegt dat Rabin Arafat nooit voor honderd procent heeft vertrouwd, maar dat hij hem wel is gaan respecteren. In het begin van Arafats bestuur in de Gazastrook sprak Rabin laatdunkend over diens paternalisme; hij bespotte de import van Palestijnse politieagenten uit het buitenland en maakte cynische grappen over het feit dat zelfs voor het installeren van een telefoontoestel in de Gazastrook de handtekening van Arafat nodig was. Toch raakte hij langzamerhand onder de indruk van de wijze waarop Arafat de steun van de meerderheid van zijn mensen wist te behouden, van de manier waarop hij zich staande hield en vooral van het feit dat hij in staat was om het islamitische extremisme tegen te gaan. Dat laatste kan beschouwd worden als de barometer van de vredesakkoorden.

'Hij begon anders over Arafat te praten,' zegt Dromi. 'Hij zei wel eens dat het terrorisme in de Gazastrook nooit helemaal uitgebannen had kunnen worden, ook niet onder Israelisch bestuur. Rabin wist uit de rapporten van de veiligheidsdiensten dat Arafat onder moeilijke omstandigheden misschien niet alles, maar in ieder geval heel veel aan de bestrijding van het terrorisme deed.' Rabin kreeg ook bewondering voor de mensen met wie Arafat samenwerkte, de hoffelijke pragmatici die de Oslo-besprekingen hadden geleid zoals Aboe Ala, Aboe Mazen en Nabil Sja'at. Maar hoe indrukwekkend deze medewerkers ook waren: Rabin wist dat Arafat de sleutelfiguur was, de enige geloofwaardige Palestijnse partner, en dat Arafat zijn belofte om het terrorisme af te zweren was nagekomen en nu bewees dat de 'gamble for peace' zijn vruchten afwierp.

Interessant is dat de houding van Rabin ten opzichte van de Syrische president Asad veel opener was, hoewel Asad veel onverzoenlijker en een veel gevaarlijker vijand was. Ze hebben elkaar nooit ontmoet, hoewel Rabin herhaaldelijk heeft geprobeerd om rechtstreeks contact te leggen. Maar Rabin beoordeelde de Syrische dictator op grond van de ervaringen uit het verleden. Hij had het gevoel dat hij Asad op zijn woord kon vertrouwen en dat Asad nooit een akkoord zou schenden. Rabin waardeerde het dat Asad zich aan de Israelisch-Syrische grens al meer dan twintig jaar rustig hield en hij moest zelfs, zij het met tegenzin, toegeven dat hij bewondering had voor de manier waarop Syrië in Libanon hegemonie had weten te bereiken. Toch zegt Uri Dromi dat het geloof in Asads woord verstoord werd door het feit dat de Syrische president, ondanks de expliciete belofte aan de Amerikanen, de gesprekken tussen de delegaties militaire onderhandelaars in de zomer van 1995 niet hervatte. Hierdoor begon Rabin volgens Dromi te twijfelen aan de motivatie van Asads strategische keuze voor de vrede, en werd Rabins pessimisme over de kansen op een akkoord groter.

Rabin was zich er door de berichten van de verschillende Amerikaanse vredesonderhandelaars van bewust dat Asad een gezond respect, of misschien wel een gezonde angst, voor hem had. Volgens de Amerikaanse diplomaten die betrokken waren bij de jarenlange bemiddeling tussen Israel en Syrië, was Asad nogal geïntimideerd door de gedachte om aan de onderhandelingstafel te moeten zitten met de voormalige generaal wiens troepen de Syrische strijdmachten bij elk treffen hadden afgestraft. Asad, de dictator die nog nooit op voet van gelijkwaardigheid met iemand had onderhandeld en die zich zelden buiten het Midden-Oosten had vertoond, voelde deze barrière niet voor Peres, wat wellicht belangrijk kan zijn voor de toekomst.

Hoewel Rabin niet vond dat de vrede met Syrië de allerhoogste prioriteit had, streefde hij er wel naar. Niet alleen ter voltooiing van wat Peres 'de cirkel van vrede' rond Israel heeft genoemd, maar ook als versterking van het seculiere front tegen de verspreiding van het op Iran geïnspireerde islamitisch-extremisme: het 'Khomeinisme zonder Khomeini,' zoals Rabin het noemde. Ook zag hij de economische voordelen van vrede en een stabiele situatie in het Midden-Oosten: er zou handel gedreven kunnen worden met landen als Indonesië, Maleisië en sommige staten in de Perzische Golf, en een volledige vrede zou een enorme oppepper betekenen voor de Israelische economie. Rabin zag samenhang tussen het vredesproces en de economische vooruitgang en hij wilde de voortgang van beide processen stimuleren.

Ondanks de 'volkswijsheid' dat hij 'altijd militair en nooit politicus' was, heeft Rabin veel tijd en aandacht besteed aan interne politieke kwesties. Daarbij probeerde hij met een zekere sluwheid de kansen op een overwinning van de Arbeiderspartij bij de volgende verkiezingen te verhogen. Zijn medewerkers noemen Chaim Ramon als een van de mogelijke kroonprinsen, maar hij had ook veel respect voor de oud-stafchef Ehoed Barak. Hij besteedde veel zorg aan de begeleiding van deze twee rijzende sterren.

De plotselinge breuk van Ramon met de Arbeiderspartij, in februari 1994, gebeurde volgens mensen die het zeggen te kunnen weten, op instigatie van Rabin. Ramon stelde zich kandidaat voor het leiderschap van de vakbond Histadroet en won. Rabin voorzag dat de vergrijsde leiding van deze vakbeweging niet in staat zou zijn om de zo noodzakelijke hervormingen door te voeren, maar hij dacht dat Ramon de Histadroet zou kunnen veranderen in een dynamische, aantrekkelijke en integere organisatie en dat zou de Arbeiderspartij bij de verkiezingen van 1996 veel stemmen kunnen opleveren. Anderen, waaronder Uri Dromi, zeggen dat Rabin zo'n voorgekookte actie nooit goedgekeurd zou hebben ('dat zou hij veel te dubbelhartig hebben gevonden'), maar dat hij na het besluit van Ramon al snel de voordelen van de ontstane situatie inzag.

Iets vergelijkbaars deed zich voor toen Rabin in juli 1995 Barak in zijn kabinet opnam. Het zou voor de hand hebben gelegen om Barak aan het werk te zetten op Defensie, wat bekend terrein voor hem was, maar in plaats daarvan kreeg hij Binnenlandse Zaken: een post die in de aanloop naar de verkiezingen heel belangrijk is, omdat door de toewijzing van gemeentegelden (voor de bouw, voor rioleringen, recreatie enzovoort) veel kiezers gewonnen of verloren kunnen worden.

Zoals een vertrouweling van Rabin het samenvatte: 'Hij gaf zijn twee potentiële opvolgers de instrumenten in handen om het electoraat van de Arbeiderspartij te verbreden en tegelijkertijd aan hun eigen machtsbasis te werken.' Rabins doel op de korte termijn was dat Ramon en Barak, ieder op hun eigen gebied, zouden helpen bij het bereiken van de overwinning van de Arbeiderspartij in 1996. Voor de langere termijn verwachtte hij dat ze aan het einde van zijn volgende ambtstermijn op basis van hun prestaties met elkaar om het leiderschap van de partij konden strijden.

Rabin leek Ramon – de man met wie hij zijn laatste middag op 4 november doorbracht – haast instinctief te begrijpen. Hij voelde diezelfde warmte niet voor Barak; hij nam het hem kwalijk dat Barak, toen hij tweede stafchef was, ervoor had gezorgd dat hij niet direct betrokken raakte bij de bestrijding van de intifada en hij had opgemerkt dat Barak zich had onthouden van stemming toen het tweede Oslo-akkoord in augustus 1995 voor het eerst in het kabinet in stemming werd gebracht. Baraks behoefte aan persoonlijke populariteit vond hij een zwak punt voor een potentiële staatsleider. 'Niet hardop zeggen,' zei een medewerker van Rabin met een lachje, 'maar Barak deed hem een beetje aan Peres denken.'

Maar de man die Rabin misschien nog wel het meeste vertrouwde en respecteerde, was Amnon Lipkin-Sjachak, de man die Barak als stafchef opvolgde. Met hem had Rabin bijna een vader-zoonrelatie. Deze relatie was ontstaan toen Sjachak, destijds hoofd van de militaire inlichtingendienst, leukemie bleek te hebben. Rabin was in die tijd minister van Defensie en stond onder druk om Sjachak te vragen zich terug te trekken. Maar in plaats daarvan accepteerde hij Sjachaks verzoek op zijn post te mogen blijven terwijl hij tegen zijn ziekte vocht. Rabin gaf hem alle steun en Sjachak genas volledig. Tijdens de gesprekken over Gaza en Jericho in 1993 en 1994 liet Rabin een groot deel van de onderhandelingen aan Sjachak over, die een goede en productieve relatie met Nabil Sja'at en de andere Palestijnse onderhandelaars wist op te bouwen en altijd het vertrouwen van Rabin waard bleef.

Dromi zegt hierover: 'Rabin herkende zichzelf het meest in Sjachak.' Hij vertrouwde hem volkomen. En hij had gewild dat hij na zijn periode als stafchef een hoge regeringsfunctie zou krijgen. De enige reserve die Rabin ten opzichte van Sjachak voelde, was dat hij misschien te eerlijk was om een goed politicus te kunnen zijn. Maar hij hoopte Sjachak te kunnen begeleiden op zijn weg naar een toekomstig leiderschap.

Het was voor een Israëlische leider tamelijk bijzonder dat hij zich bezighield met zijn opvolging. 'Het kerkhof ligt vol met mensen die dachten dat ze onvervangbaar waren,' zei hij een keer in een interview met *The Jerusalem Report*. Maar hij heeft niet kunnen meemaken hoe de strijd om zijn opvolging verliep. Hij heeft ook niet meer zijn eigen strijd met de door hem constant gekleineerde Benjamin Netanjahoe kunnen voeren in de verkiezingen van 1996. Hij heeft niet de relatief soepele en succesvolle terugtrekking van de Westelijke Jordaanoever mogen meemaken, die hij zo uitgebreid had voorbereid. Met de Palestijnen heeft hij niet meer de gesprekken over de definitieve status kunnen voeren. Hij heeft niet de kans gekregen om zijn visie waar te maken van een groter en veiliger Israel dan het Israel van voor 1967. Hij heeft niet meer samen met Asad de laatste stukjes van de vredespuzzel van het Midden-Oosten kunnen leggen. Jitschak Rabin, de man die onmetelijk veel voor Israel heeft betekend, werd tijdens zijn missie uitgeschakeld door een harteloze moordenaar die beweerde dat God aan zijn kant stond. En binnen een paar seconden was Israel voorgoed veranderd.

Epiloog: Echo's uit het verleden, dromen over de toekomst

In de joodse beleving is de geschiedenis nooit ver van het heden verwijderd. Joden in ballingschap hebben twee millenia gebeden voor het herstel van Israel tot hun voorouderlijk vaderland en tot de oude bijbelse glorie. En deze gebeden gaan onverminderd door, zelfs nu de droom van de joodse zelfbeschikking en de terugkeer van de ballingen – hoe onvolledig ook – is uitgekomen. 'Keer naar ons terug, o God, en wij zullen naar U terugkeren,' zingen de joden nadat ze elke week een stukje in de Tora hebben gelezen. 'Hernieuw onze dagen als vanouds.' Dit zijn de woorden van de profeet Jeremia in het boek Klaagliederen (5:21), dat geschreven werd na de verwoesting van de Eerste Tempel in 586 VDJ [voor de jaartelling].

Het verhaal over de oude triomfen van Israel is zowel de inspiratie als de plaag van het moderne zionisme. Joden zouden het Beloofde Land terugkrijgen, weer boeren en soldaten worden op hun eigen land en een Hebreeuwse taal spreken die in hun land van herkomst – of ergens anders, afgezien van de synagoge en de rabbijnenschool – sinds de oudheid niet meer gesproken was.

Maar dat iets oud is betekent nog niet dat het vanzelfsprekend opnieuw ingesteld moet worden.

Dror Adani, die samen met Jigal Amir is aangeklaagd als medeplichtige van de moord op Jitschak Rabin, heeft zijn politie-ondervragers verteld over een sjabbat-retraite die Amir en andere rechts-extremisten samen met de kolonisten op de Westelijke Jordaanoever vierden. Amir betoogde tijdens die bijeenkomst dat de politieke situatie in Israel onder de regering Rabin te vergelijken was met het bijbelse verhaal van Pinchas, zoon van Eleazar, de zoon van Aäron de Hogepriester (Numeri 25), die een zekere Zimri (die zich zonder schaamte had verenigd met een Midianitische hoer) had gedood. Daardoor wendde hij de toorn van God af en werd een einde gemaakt aan de plaag waaraan 24 000 Israelieten waren gestorven. Hiervoor sloot God met Pinchas en zijn nageslacht tot in de eeuwigheid een 'verbond van vriendschap' en een 'verbond van priesterschap'.

Na de moord waren er inderdaad mensen die de daad van Amir wilden rechtvaardigen en die – al dan niet op de hoogte van Amirs beklemmende analogie tijdens die gelegenheid op de Westelijke Jordaanoever – dit verhaal over Pinchas en Zimri aanvoerden als rechtvaardiging van moord in nationale noodsituaties. Dat het belachelijk was om deze twee situaties met elkaar te vergelijken, dat een letterlijke extrapolatie in strijd is met het traditionele jodendom, ging volkomen voorbij aan de mensen die erop gebrand waren de joodse staat te beschouwen als het messianistische embryo van het nieuwe joodse koninkrijk van weleer.

Zoals wel vaker kan er in de Bijbel ook een verhaal worden gevonden met een tegenovergestelde strekking, wanneer men daar tenminste naar wil zoeken. Meteen na de verwoesting van de Eerste Tempel werd de door Babylonië aangestelde joodse gouverneur Gedalia, zoon van Ahikam, vermoord door Ismael, zoon van Netania (II Koningen 25; Jeremia 41), die hem als een verrader beschouwde. Deze gebeurtenis wordt tot op de dag van vandaag herdacht met de Vasten van Gedalia, op de derde dag van de Hebreeuwse maand Tisjrie, de dag na Rosj Hasjana. Een moderne theoloog noemde het 'verbazingwekkend' dat de moord op Gedalia, 'een Babylonische stroman,' al in de periode van de Tweede Tempel met een rituele rouwdag werd herdacht. Maar misschien is dat helemaal niet zo vreemd. Deze bijna vergeten vastendag was misschien bedoeld om de laakbaarheid van een politieke moord onuitwisbaar in het joodse nationale besef te etsen.

Maar die les werd snel vergeten. In de eeuwen voorafgaand aan de Romeinse verwoesting van Jeruzalem in het jaar 70 NDJ [na de jaartelling] werd de joodse gemeenschap verscheurd door bloedige, onderlinge strijd. Op de geliefde feestdag Chanoeka wordt de overwinning herdacht van de fanatieke Hasmoneeën op de Seleucidische Grieken en op hun – voornamelijk intellectuele en welgestelde – mede-joden die zich lieten beïnvloeden door de wereldlijke Hellenistische cultuur. De minder extreme joodse Hellenisten wilden niet Grieks worden, maar het jodendom hervormen en de 'kleine tempelstaat naar het moderne tijdperk slepen,' om met de ironische woorden van de historicus Paul Johnson te spreken. Talloze generaties joodse kinderen zijn gesticht en vermaakt met het indrukwekkende verhaal over Mattattia, de vader der Makkabeeën, die een afgodsvererende jood doodde op de markt van Modi'in; hij hief zijn zwaard op en riep: 'Zij die met God zijn, volge mij!' Maar de Hasmoneese dynastie, de joodse monarchie die aan Rome gelieerd was en die werd gesticht door Simon de Makkabeeër, werd geplaagd door interne conflicten. In de tijd van zijn kleinzoon Alexander Jannai, in het begin van de eerste eeuw VDJ, woedde een burgeroorlog die volgens de oude historicus Josephus aan 50 000 joden het leven kostte.

De Farizeeën, de Sadduceeën, de Zeloten – deze namen zijn voor velen nog verbonden, zij het vaag, met de periode van de Tweede Tempel. Minder bekend zijn de Sicariërs, de extremistische moordenaars die genoemd zijn naar hun handelsmerk, de gekromde dolk (*sica* in het Latijn). Zij plachten – meestal tijdens openbare feestelijkheden – joden te vermoorden met wie zij in ideologisch opzicht van mening verschilden. Sommige theologen denken dat Judas Iskariot, het symbool van verraad en van de dolkstoot in de rug, zo genoemd werd omdat hij tot de Sicariërs behoorde. In 67 NDJ, toen de Romeinen de Grote Opstand in Galilea neersloegen, waren de Zeloten met hun gematigder tegenstanders in Jeruzalem in een bloedige strijd verwikkeld. Drie jaar later ging de Tempel in vlammen op en nog drie jaar later pleegden 960 joden zelfmoord in het fort op de top van de berg Masada. In de geschiedenis van het jodendom was dit misschien wel de grootste en meest dramatische tragedie tot de holocaust. En wat was de oorzaak? Volgens de Talmoed, de omvangrijke schat van joodse kennis die in de eerste eeuwen na de jaartelling werd verzameld, werd de Tweede Tempel alleen maar door de Romeinen vernietigd 'door de ongefundeerde haat' onder de joden – een zonde die even ernstig is als 'afgoderij, zedeloosheid en bloedvergieten' samen (Talmoed, Tractaat Joma 9b).

Het zou bijna negentien eeuwen duren voordat de levensvatbaarheid van een soevereine joodse staat opnieuw getest zou worden. Tot de periode van joodse emancipatie die na de Franse Revolutie aanbrak, beperkte de joodse macht zich tot de gemeenschap. De gedragsregels en de ideologie van het joodse leven in de diaspora werden bepaald door het religieuze gezag van de orthodoxe rabbijnen. Af en toe werden joden door joodse verklikkers – die *malsjieniem* of *mosriem* genoemd werden – aan vijandige autoriteiten verraden, of spanden deze verklikkers samen met niet-joden om joodse bezittingen in handen te krijgen. Deze mensen werden volgens de joodse wet ter dood veroordeeld. In het dertiende-eeuwse Barcelona werd de jonge joodse aristocraat en onruststoker Vidalon de Porta in het openbaar gedood nadat koning Pedro III twee belangrijke Catalaanse rabbijnen, rabbijn Solomon ibn Adret (die de Rasjba genoemd werd) en rabbijn Jonah Gerondi had gedwongen om te bepalen of De Porta een *moser* was. In het veertiende-eeuwse Straatsburg werd een jood in een zak gestopt en in de rivier verdronken nadat hij door een rabbijnse rechtbank was veroordeeld omdat hij enkele christelijke edelen had geholpen bij het beroven van rijke joden. Het is natuurlijk absurd om te beweren dat dergelijke middeleeuwse praktijken legitieme precedenten zijn voor de moord van Jigal Amir op Jitschak Rabin.

In het jaar 1640, nadat hij het joodse ritueel had afgewezen en had betwijfeld of de Wet van Mozes wel door God was opgedragen, wilde de in Portugal geboren joodse vrijdenker Uriel da Costa zich opnieuw aansluiten bij de Amsterdamse joodse gemeenschap die hij eerder veel te star had genoemd. Hij werd gedwongen om zijn denkbeelden in het openbaar te herroepen, hij kreeg 39 zweepslagen en hij moest op de grond gaan liggen zodat de congregatie over hem heen kon lopen. Diezelfde joodse gemeenschap verstootte in 1656 de filosoof Baroech Spinoza, die had beweerd dat na de verwoesting van de Tempel de joden niet meer gehouden waren aan de wetten van de Tora. Spinoza verliet de joodse gemeenschap, maar sloot zich niet aan bij een ander geloof; hij wordt door historici gezien als de voorloper van de moderne seculiere jood.

In de 19e eeuw was er veel tegenstand tegen het orthodoxe jodendom. In Duitsland en Amerika bloeide het hervormde jodendom op.

Talloze joden hielden zich niet langer aan de strenge religieuze wetten en gingen zich bezighouden met liberaler ideologieën zoals het zionisme en het socialisme. De orthodoxe leiders waren niet langer bij machte om de religieuze eenheid binnen de joodse gemeenschap te bewaren. Maar toen de eerste zionistische pioniers zich in de jaren 1880 in Palestina vestigden, ontdekten ze dat ze niet de eersten waren. In de loop der eeuwen waren vanuit de Europese en de islamitische landen orthodoxe en ultra-orthodoxe joden naar het oude vaderland getrokken: niet omdat ze verwachtten dat er een joodse staat zou komen, maar omdat ze zich wilden houden aan de religieuze opdracht om zich te vestigen in het Heilige Land.

Het kwam de orthodoxe joden uit het negentiende-eeuwse Palestina, die de Oude Jisjoev worden genoemd, niet slecht uit om onder het niet-joodse regime van de Ottomaanse Turken te leven. Ze waren over het algemeen zeer ontstemd over de politieke doelstellingen van de seculiere zionisten. Ze beschouwden hen als indringers die het tot hun ketterse taak vonden behoren om de rol van de messias over te nemen, die, wanneer het de Almachtige zou behagen, zou komen om de verspreiding van de joden over de hele wereld ongedaan te maken en een joodse staat te stichten in het oude vaderland. Er waren zelfs velen die geloofden dat het herstel van de joodse staat tegen de wil van God ernstige gevolgen zou kunnen hebben en de staat Israel misschien wel opnieuw verwoest zou kunnen worden.

Een sprekend voorbeeld is de zaak Eliëzer Ben-Jehoeda, een beroemd lexicograaf en de geestelijke vader van de Hebreeuwse taalvernieuwing. Hij kwam in 1881 naar Jeruzalem en ijverde daar voor het Hebreeuws als middel om het joodse nationaal bewustzijn te bevorderen. Maar al snel werd hij door de aanhangers van ultra-orthodox verstoten, omdat zij vonden dat de heilige taal niet voor alledaags gebruik bestemd was. Zijn vijanden wisten de Ottomaanse autoriteiten er zelfs van te overtuigen dat de *Hatsvi*, de Hebreeuwse krant van Ben-Jehoeda, die tegen financiële ondersteuning van Palestijnse joden door de diaspora was en de joodse onafhankelijkheid agressief ondersteunde, had opgeroepen tot ondermijning van het gezag, en Ben-Jehoeda werd korte tijd in de gevangenis opgesloten. In een steen van het huis van Ben-Jehoeda aan de statige Ethiopië-straat in Jeruzalem zitten vier gaatjes op de plek waar een herdenkingsplaquette behoort te zitten: als die echter wordt opgehangen, wordt hij er steevast door ultra-orthodoxe joden afgehaald.

De strijd tussen Ben-Jehoeda en de ultra-orthodoxe joden kan beschouwd worden als het openingssalvo van de seculier-religieuze cultuurstrijd in Israel die ten grondslag ligt aan de moord op Rabin en die wel eens bepalend zou kunnen zijn voor de toekomst van het land. Bij de moord op Rabin werd deze strijd nog verhevigd door het ernstige conflict tussen de linker- en rechtervleugel van de zionistische beweging over de toekomst van de gebieden die in de Zesdaagse Oorlog zijn veroverd.

In 1933 werd de briljante jonge leider van de Zionistische Arbeiderspartij, Chaim Arlosoff, doodgeschoten op het strand bij Tel Aviv terwijl hij daar met zijn vrouw liep te wandelen. Arlosoff was als hoofd van de politieke afdeling van de Jewish Agency aangeklaagd door de rechtse revisionistische zionisten omdat hij met de nazi's had onderhandeld over de overkomst van Duitse joden en hun eigendommen naar Palestina. De revisionist Abraham Stavsky werd door een rechtbank van het Brits Mandaat voor deze moord veroordeeld tot ophanging. Deze veroordeling werd echter later ongedaan gemaakt: er werd gezegd dat Arlossof door twee jonge Arabieren was vermoord, maar dat is nooit bewezen. (Tegen deze theorie werd weer ingebracht dat de revisionisten zich als Arabieren zouden kunnen hebben verkleed.) Onder de mensen die protesteerden tegen de veroordeling van Stavsky omdat ze vonden dat hij vals was beschuldigd, was ook eerste rabbijn Avraham Hacohen Kook. In de jaren tachtig werd door de regering Begin een onderzoekscommissie ingesteld om de zaak Arlossof te onderzoeken. Deze commissie kwam tot de omstreden conclusie dat Stavsky niet schuldig was, maar kon niet vaststellen door wie de moord dan wel gepleegd was.

Deze zaak wakkerde volgens historicus Howard Sachar de 'dodelijke broederhaat' aan tussen de linkse aanhangers van de Arbeiderspartij van David Ben-Goerion en de rechtse aanhangers van de revisionistische leider Vladimir (Ze'ev) Jabotinski en later zijn volgeling Menachem Begin. (Ben-Goerion noemde zijn rivaal wel eens 'Vladimir Hitler'.) Jaren later bereikten de vijandigheden een tragisch hoogtepunt met de Altalena-kwestie van juni 1948. Ben-Goerion geloofde dat de extremistische Irgoen van Begin de vestiging van de staat Israel in gevaar had gebracht door de Britten te terroriseren. Na de onafhankelijkheid weigerde de premier om het schip Altalena, dat wapens aan boord had voor de Irgoen-eenheden, die nog niet waren opgenomen in het leger van de nieuwe staat, aan land te laten komen op een strand ten noorden van Tel Aviv. De premier was tegen het voortbestaan van de politieke militia's en was bang dat de Irgoen de geweren niet tegen de Arabieren, maar tegen de nog jonge regering van de Arbeiderspartij zou gebruiken. Jitschak Rabin was de commandant van de eenheid die het schip op bevel van Ben-Goerion onder vuur nam. En ironisch genoeg was Abraham Stavsky een van de mannen op het schip die daarbij om het leven kwamen.

Tien dagen na de moord op Rabin zei een links Israelisch forumlid tijdens de rumoerige 'Town Meeting' in de televisieshow 'Nightline', dat vanuit het Jerusalem Theatre werd uitgezonden en door miljoenen mensen werd bekeken, dat 'de kogels altijd van rechts naar links vliegen'. Waarop joodse kolonisten en andere aanhangers van rechts die in het publiek zaten, schreeuwden: 'Altalena! Altalena!"

De moord op Rabin was niet de eerste politieke moord in de relatief korte geschiedenis van de staat Israel. In maart 1957 werd Rudolf Kastner, een overheidsfunctionaris en lid van de Arbeiderspartij, door drie jonge mannen voor zijn huis in Tel Aviv doodgeschoten. Twee jaar eerder was een Israelische rechtbank na een ingewikkelde en dramatische rechtszaak wegens smaad tot de conclusie gekomen dat Kastner in 1944 in zijn functie als voorzitter van het Joodse Reddingscomité in Boedapest met de nazi's had gecollaboreerd. Hij had, om met de opgeblazen woorden van de rechter te spreken, 'zijn ziel aan de duivel verkocht' door met Adolf Eichmann te onderhandelen over de levens van Hongaarse joden en door de SS een lijst te geven van 1 685

Hongaarse joden, die inderdaad gered waren. De moordenaars van Kastner, die grote wapenvoorraden hadden aangelegd, waren rechtsextremisten en bewonderaars van de verboden Stern Gang, waar een van hen, een voormalig lid van de Sjien Bet, lid van was geweest. En de Sjien Bet, die Kastner had beschermd, hief vreemd genoeg enkele dagen voor de moord die bescherming op. Toen Kastner werd vermoord, diende juist het beroep tegen de uitspraak en werd hij postuum vrijgesproken van de vermeende collaboratie. Er gingen daarna stemmen op om de Sjien Bet te zuiveren, maar daar kwam niets van terecht. Later kregen de drie moordenaars strafvermindering van president Zalman Sjazar.

In een vergelijking tussen deze zaak en de Dreyfus-affaire – de zaak tegen de joodse kapitein Dreyfus, die ruim honderd jaar geleden in Duitsland op valse beschuldiging van spionage werd gearresteerd en veroordeeld – schreef de Israelische auteur en journalist Amos Elon eind 1995, vlak voor de moord op Rabin: 'Alle culturele codes van de nieuwe Israelische gemeenschap, alle neurosen, vooroordelen, stereotypen en illusies, al dan niet intolerant, lagen tijdens dit sensationele proces en de discussies daarover onder een vergrootglas.' Het was inderdaad zo dat de aard van de joodse identiteit op het spel stond. Waren joden vechters of ruziezoekers? Waren het diaspora-figuren, die bereid waren om te onderhandelen met satanische anti-semieten, of nieuwe mannen en vrouwen, krachtige Israeli's die vastbesloten waren om het joodse volk voor eens en voor altijd van hun vijanden af te helpen? Tijdens de rechtszaak tegen Kastner wekte Sjmoe'el Tamir, de advocaat van de wegens smaad aangeklaagde Malkiel Greenwald en zelf voormalig commandant van de Irgoen in Jeruzalem, de indruk dat de afloop heel wat beter geweest zou zijn wanneer de Irgoen en de Stern Gang de joodse belangen in Europa tijdens de Tweede Wereldoorlog zouden hebben behartigd in plaats van de Jewish Agency, die later over is gegaan in de Arbeiderspartij. En was het niet diezelfde Arbeiderspartij die in de jaren 1950 niet in staat bleek om de *fedajien* tegen te houden – de Arabische terroristen die de staat Israel infiltreerden en in zijn bestaan bedreigden?

Het is verbijsterend, zelfs een beetje griezelig om na te denken over de parallellen tussen de zaak Kastner en de moord op Rabin, maar aan de andere kant zijn er in deze tragische zaak enorm veel historische parallellen te vinden. Aan het einde van de rouwperiode van dertig dagen gaf rabbijn David Hartman, de orthodoxe leraar en filosoof, een openbaar college in Jeruzalem over 'de opbouw van een fatsoenlijke gemeenschap op basis van joodse principes'. De staat Israel, zo zei hij, bestaat uit joden die na tweeduizend jaar op een kluitje zijn gegooid en zeer verschillende ideeën hebben over de joodse geschiedenis. Wat velen gemeen hebben, is de traditionele joodse neiging tot apocalyptisch denken: het constante gevoel dat de wereld bijna ten onder gaat. Wat zou je ook anders verwachten van een voor altijd vervolgde en getraumatiseerde natie waarvan het bestaan in de gehele geschiedenis nooit echt veilig is geweest?

Maar welke ideeën men ook koestert, zo vervolgde Hartman: het is altijd duidelijk op welke manier een ramp kan worden voorkomen. Dat is namelijk de manier die men zelf het beste vindt. Voor de orthodoxe joden bijvoorbeeld, die voorstanders zijn van de harde lijn en geloven dat de stichting van een Groot Land Israel een goddelijke opdracht is, zal de verwoesting van de joodse staat veroorzaakt worden wanneer een deel van het land in naam van de vrede en de veiligheid aan de Palestijnen wordt weggegeven. Iemand met een 'getraumatiseerd bewustzijn', redeneert Hartman, zal niet willen toegeven dat het standpunt van de vijand misschien op bepaalde punten gerechtvaardigd is. 'En dit,' zo concludeert hij, 'is de ziekte die heeft geleid tot de moord op Rabin.'

Als dat zo is, wordt die ziekte dan veroorzaakt door een virus dat ook in de woestijnen van de Israelieten rondwaarde? Een virus dat er al was toen het oude Jeruzalem in brand stond, in een synagoge in Amsterdam een man werd gegeseld en een andere man in Tel Aviv werd doodgeschoten? En kan dat virus worden uitgebannen?

Rabin was geen Zimri en de Arabieren zijn geen Midianieten, evenmin als Israel een middeleeuws Barcelona is of het getto van Warschau. Maar wat mensen geloven, heeft alles te maken met de verhalen die ze graag navertellen. De grootste uitdaging voor de joden in Israel en elders in de wereld is het overwegen van de mogelijkheid dat het zionisme eigenlijk een transcendente historische revolutie voor de joden is geweest. Want de joden zijn niet langer elkaars slachtoffers en ze moeten zich gaan realiseren dat hun isolement van niet-joden en hun positie als slachtoffers van het anti-semitisme niet noodzakelijk eeuwig duurt.

De staat Israel is niet de reïncarnatie van de oude, theocratische joodse gemeenschap; evenmin als het Irak van Saddam Hoessein, ondanks alle pogingen daartoe, een herhaling is van het glorierijke Babylon. En de overdracht van Betlehem en Nabloes aan de Palestijnen is geen herhaling van de wapenfeiten van Saladin, die de kruisvaarders uit Palestina verjoeg. Maar nu de staat Israel zijn vijftigste verjaardag nadert, bestaat eindelijk het reële vooruitzicht op een veilige en welvarende plaats voor joden in hun eigen land temidden van een tot rust gekomen Midden-Oosten.

Tegelijkertijd zijn veel orthodoxe joden bang voor de zogenaamde 'veramerikanisering' van Israel: een transformatie in een moderne consumptiemaatschappij, een neo-Hellenistische seculiere democratie waarin de joodse waarden zullen worden overschreeuwd door de kabeltelevisie en McDonald's. Er zijn echter ook veel seculiere joden die zich juist opwinden over het voortbestaan – als gevolg van binnenlandse politieke overwegingen uit de tijd van Ben-Goerion – van de orthodoxe zeggenschap over veel aspecten van het dagelijkse leven in Israel, waaronder zaken als huwelijken, scheidingen, bekeringen en begrafenissen.

Als koning Hoessein van Jordanië in Jeruzalem een lofrede over Rabin kan houden, als Jasser Arafat een condoléancebezoek aan de weduwe van Rabin kan brengen, lijkt de tijd rijp voor de Israelische joden om met elkaar te leren praten. Veel Israeli's, onder wie veel moderne orthodoxe joden, hebben na de moord op Rabin opnieuw gepleit voor de scheiding van staat en kerk in Israel. In de tijd van Uriel da Costa was het al niet goed dat orthodoxe rabbijnen seculiere joden konden dwingen zich te conformeren; tegenwoordig wordt daardoor een verlammend klimaat in stand gehouden waarin door onderlinge wrok en polarisatie een goede communicatie tussen joden niet mogelijk is.

De vroegere Israelische leraar Gideon Elad – een seculiere *kibboetsnik* – schreef in december 1995 in een zeer indrukwekkend artikel in het dagblad *Ha'arets* dat de niet-gelovige Rabin tragisch genoeg niet in staat was om 'het gevoel van een naderende ramp dat onder de religieuze kolonisten bestond werkelijk te begrijpen. De politieke kant van de strijd van de kolonisten is en blijft de externe dimensie van de strijd die ze werkelijk voeren.' Er is inderdaad, enige uitzonderingen daargelaten, haast niemand in de leiding van de Arbeiderspartij die 'in hun taal met hen kan praten; en hen in hun taal aanspreken houdt ook in hen in hun taal uitdagen.'

Aan het begin van de twintigste eeuw hebben grote figuren van het seculiere zionisme, zoals de dichter Chaim Nachman Bialik, de essayist Achad Ha'am en de filosoof Martin Buber, een moderne joodse cultuur gecreëerd die 'uit empathie rebelleerde tegen de joodse traditie waar ze uit voortkwam.' De moderne seculiere Israeli's moeten volgens Elad 'joods leren spreken – een joodse taal die geen verband houdt met de orthodoxe manier van leven. Zelfs de seculieren onder ons moeten in die joodse taal leren spreken, verstaan en scheppen.'

Hiermee wil niet gezegd worden dat Rabin zijn ondergang over zichzelf heeft afgeroepen. Het is eerder een pleidooi voor een gezonde joodse toekomst. Het enorme verdriet over het verlies van Rabin heeft met name onder de jonge Israeli's een grote spiritualiteit en een geïmproviseerd religieus ritueel losgemaakt, die, wanneer ze in goede banen worden geleid en worden gecombineerd met de onderwijshervormingen die nu al zo lang op zich laten wachten, de basis zouden kunnen vormen voor een nieuw tijdperk van joodse dialoog. Alleen wanneer alle joden intelligent – en kritisch – met elkaar kunnen communiceren en daarbij hun rijke en moeilijke joodse verleden niet vergeten, zullen ze zinnig en vol respect met elkaar kunnen praten.

Nawoord door Hirsh Goodman

De meestal door het verkeer verstopte straat onder mijn kantoorraam is angstaanjagend stil tijdens het spitsuur, de cafés en restaurants zijn vrijwel leeg. Jitschak Rabin ligt opgebaard en Israel loopt in een rij langs de doodkist, heel Israel, in een eindeloze, stille, ongelooflijke rij.

Het is zondagochtend. Gisteren om deze tijd was Jitschak Rabin nog in leven. Morgen rond het middaguur zou ik samen met David Horovitz, onze hoofdredacteur, de premier interviewen voor de volgende coverstory van The Jerusalem Report. *Rabins relatie met de joden in de diaspora had de laatste tijd een bitter karakter gekregen. Wij, en ook hij, vonden het belangrijk om de zaak recht te zetten voor hij later in de maand een bezoek zou brengen aan de Council of Jewish Federations' General Assembly in Boston.*

In plaats daarvan zal morgen rond het middaguur de begrafenisstoet van Rabin vertrekken naar Mount Herzl, waar hij zijn boodschap met zich mee zal nemen in zijn graf.

Ik heb Jitschak Rabin 28 jaar gekend, vanaf de tijd waarin ik een jonge para was in de Zesdaagse Oorlog, als lijfwacht toegewezen aan de toenmalige stafchef die een rondreis maakte langs de nog smeulende slagvelden in de Sinaï. Ik was nog maar twee jaar in het land en de man – zijn intense innerlijke rust, verweerde gezicht, sabra-Israeli, *langzame, bedachtzame stem resonerend van autoriteit en leiderschap – werd op slag mijn held. Hij was Israel, die nieuwe generatie van joden, alles wat ik wenste te zijn. En dat bleef hij, blijft hij en zal hij altijd blijven.*

Ik kan niet zeggen dat ik bevriend was met Jitschak Rabin. Hij had weinig vrienden. Maar ik heb de man gekend als weinig anderen. Zoals het mijn lot was om hem tijdens zijn reis door de Sinaï te beschermen, zo kreeg ik later als journalist de opdracht hem te volgen. Onze eerste professionele ontmoeting vond plaats in Washington, tijdens zijn ambassadeurschap. Toen al had hij onenigheid met de joodse gemeenschap aldaar. Hij vond dat ze zich te veel bemoeiden met de internationale zaken van Israel, dat de joodse lobby ten onrechte dacht dat ze misschien niet de Israelische regering vormden, maar dan toch minstens het Israelische ministerie van Buitenlandse Zaken. Hij had er een hekel aan om gekapitteld te worden over veiligheidszaken, vooral door mensen die nog nooit een uniform hadden gedragen, en hoezeer hij ook zijn best deed, hij heeft zich nooit op zijn gemak gevoeld tijdens diplomatieke recepties of in het gezelschap van lobbyisten en geldinzamelaars – en die houding zou hem tot zijn laatste dagen tekenen.

Rabin was een beeldenstormer, een soldaat die een staatsman werd, maar zijn uniform nooit heeft afgelegd. Zijn diplomatieke denken was strategisch, zijn politieke handelen tactisch. Hij bezat een vooruitziende blik maar het ontbrak hem aan tact. Hij was volledig pragmatisch, maar begreep dat afspraken, zoals in Oslo, soms gemaakt worden door dromers die, wanneer hun taak volbracht is, weer met beide benen op de grond moeten worden gezet. Hij was er ten diepste van overtuigd dat vrede de werkelijke overwinning is, niet het bezetten van land. Maar hij aarzelde nooit geweld te gebruiken wanneer dat in het belang was van Israel. Hij had geen tijd voor mensen die hem niet begrepen of het niet eens waren met zijn denkwijze. Hoewel hij ongeduldig was tegenover hen die hij als dwazen of opportunisten beschouwde – en daar waren er veel van – en tot op het grove af kon zijn tegen degenen die hem tegenwerkten, verhief hij zelden zijn stem en werd hij zelden kwaad. Hij minachtte de politiek en politici en beschouwde die als een middel om een doel te bereiken, alsof het wapens waren. Hij maakte er tegen zijn zin gebruik van.

Als Jitschak Rabin sprak, verwoordde hij de gedachten van velen. Hoewel hij pijnlijk ongeschikt was voor vrijblijvende gesprekken, raakte hij vaak elk besef van tijd kwijt wanneer hij in het openbaar of privé over onderwerpen sprak die hem bezighielden. Tijdens interviews werkte hij altijd op dezelfde manier, en telde zijn argumenten punt voor punt op zijn vingers af. Hij zei vaak wel zes of zeven keer 'en ten slotte...', of kondigde aan dat hij drie punten had en ging dan door tot dertig. Zijn denkbeelden waren deel van een mozaïek dat meestal alleen hij duidelijk kon zien; hij was bijzonder analytisch ingesteld.

Maar terwijl hij een bijna griezelig vermogen bezat om de zwakke punten in de posities van anderen te zien, had hij een probleem met het herkennen van de tekortkomingen in zijn eigen denken. Hij hield er niet van hiermee geconfronteerd te worden. Ik was bij hem in Washington op de ochtend dat de intifada uitbrak. Ik herinner me haarscherp zijn ongenoegen toen de rapporten binnenkwamen over opstanden en onrust in de bezette gebieden, en zijn toenemende ongeduld ten aanzien van assistenten die hem vertelden dat Israël met een ernstig probleem te kampen had. Dat dit niet gewoon weer een eenmalige uiting van protest was, maar het begin van een nationale strijd die 'Groot Israël', zoals anderen het noemden, van binnenuit kon vernietigen.

Ik herinner me hetzelfde gebrek aan geduld toen hij een aantal jaren daarvoor besloten had honderden Palestijnse gevangenen, waaronder veel terroristen, vrij te laten in ruil voor de vrijlating van Israëlische militairen die gevangen waren genomen tijdens de oorlog met Libanon. Het besluit werd na lange discussies in besloten kring genomen voordat het publiekelijk bekend gemaakt werd. Hij was niet te vermurwen, niet bereid te luisteren. Zo ging het ook toen hij besloot meer dan vierhonderd islamitische funda-mentalisten uit te wijzen naar Libanon als een daad van vergelding, nadat in december 1992 in Lod een politieman gekidnapt en vermoord was. Zijn veiligheidsadviseurs voorspelden precies wat er zou gebeuren als hij dat zou doen, maar hij weigerde te luisteren. Zij hadden gelijk. Hij had ongelijk.

Maar Rabin had niet vaak ongelijk en zijn fouten zijn onbetekenend in vergelijking met zijn prestaties, zoals zelfs zijn grootste vijanden met tegen-zin moeten toegeven. Hij werd ervan beschuldigd aan de vooravond van de Zesdaagse Oorlog geestelijk ingestort te zijn, maar hij leidde en won die oor-log. Er zijn mensen die zich herinneren dat hij zich in 1977 'met schande beladen' terug moest trekken nadat ontdekt was dat hij en zijn vrouw Lea over een illegale Amerikaanse bankrekening beschikten. Maar het Israël waarvan hij het leiderschap in 1977 moest opgeven, was vergeleken met het Israël dat hij in 1974 had geërfd na de catastrofe van de Jom Kippoer-oorlog een ander land, met een leger dat beoordeeld werd op het succes van de red-dingsoperatie op Entebbe en niet meer op het debacle waarbij Israël op twee fronten tegelijk werd aangevallen door vijanden die nauwelijks een gevecht waard werden geacht.

Toen hij in 1984 terugkeerde als minister van Defensie speelde hij een gro-te rol in de terugtrekking van Israëlische troepen uit Libanon, een moeras waarin door de eerdere besluiteloosheid van de regering meer mensen na de oorlog waren gedood dan tijdens de oorlog zelf.

Terwijl hij gedurende de eerste twee jaar van dit decennium verbannen *was naar de oppositiebank, gebruikte hij zijn kleine kantoor in de Knesset om leiding te geven aan een strijd binnen zijn partij om radicale veranderingen in de Israelische politiek teweeg te brengen. In één klap verjongde hij de democratie in het land terwijl hij de weg bereidde voor zijn eigen politieke comeback, gesteund door de mensen die achter hem stonden en niet door de door hem verachte mannetjesmakers in rokerige ruimten.*

En ten slotte kwamen die drieëneenhalf jaar waarin hij vrede sloot met Jordanië en verzoenende afspraken met de Palestijnen maakte. Een periode waarin de infrastructuur van Israel met een sprong de twintigste eeuw binnenenging en de economie groeide in een tempo dat zelfs Rabin niet had verwacht; een tijd waarin honderdduizenden joden uit de voormalige Sovjet-Unie een veilig toevluchtsoord vonden, gevoed en gehuisvest werden en – op een klein deel na – zo goed mogelijk geïntegreerd werden in de Israelische samenleving.

Als hij de kans had gekregen aan de volgende verkiezingen mee te doen, had hij moeiteloos gewonnen. Hij was een leeuw, die geslacht werd als een schaap omdat hij ondanks alle tekenen die op het tegendeel wezen, weigerde te geloven dat een jood een andere jood zou kunnen doden, hoe groot de meningsverschillen ook mochten zijn. Opnieuw kreeg hij ongelijk, deze keer fataal.

Jitschak Rabin was de juiste man voor Israel op het juiste moment. De intifada was nagenoeg voorbij; de Sovjet-Unie, de steunpilaar van Israels onverbiddelijkste vijanden, was verdwenen; en Irak was door de Golfoorlog geen bedreiging meer. Als generaal wist hij dat zijn strijdkrachten hadden gewonnen, maar in tegenstelling tot andere Israelische leiders uit een recent verleden, wist hij dat een overwinning niets voorstelde, tenzij deze vertaald zou worden in een betere toekomst voor Israel. En dat deze vrede niet op basis van zwakte, maar op basis van kracht zou worden bereikt.

Hij was een man die in termen van doelstellingen dacht en wist dat vrede niet van de ene dag op de andere kon worden bereikt, dat hij eerst zijn volk ervan zou moeten overtuigen dat vrede mogelijk was, en dat zij pas daarna werkelijkheid zou kunnen worden. Om deze reden wilde hij dat het Oslo-proces gefaseerd zou verlopen, waarbij de uitvoering van elke fase afhankelijk zou zijn van de succesvolle uitvoering van de vorige. Dit was de reden waarom hij vanaf het begin gewaarschuwd had dat tijdschema's niet heilig of onveranderbaar waren. Hij begreep dat er mensen zouden zijn, vooral in het Palestijnse kamp, die naar geweld en terreur zouden grijpen in een poging het proces te laten ontsporen, en hij wist dat hij hiertegen zou moeten vechten. Dat deed hij ook.

Maar wat hij niet wist, of niet wilde geloven, was dat terreur en moord niet het exclusieve terrein van de Palestijnen waren en dat de bumperstickers die hem een verrader en moordenaar noemden en die hij met een handgebaar wegwuifde, niet alleen woorden waren, maar de marsorders voor diegenen die het land meer eren dan het leven.

Jitschak Rabin was een reus van een man. Een bijzonder verlegen en introverte reus, die deed alsof de pijnlijke slogans en het venijn dat hij van rechtse demonstranten over zich heen kreeg hem niet raakten. Het raakte hem wel. Hij beweerde dat het hem niet uitmaakte of hij geliefd was bij de mensen. Het maakte hem wel uit. Hij legde ooit eens uit dat een generaal mensen de oorlog in moet sturen. Net als in een oorlog, voegde hij eraan toe, zullen ook in vredestijd de mensen die je leidt niet altijd volledig begrijpen wat hun gevraagd wordt te doen. Vrede maakt – net als oorlog – slachtoffers en men kan geen veranderingen teweegbrengen zonder daarvoor een prijs te moeten betalen. Generaals weten dat ze de prijs van impopulariteit moeten betalen, zoals staatslieden weten dat niet alles wat ze doen in de smaak van het volk zal vallen, omdat niet alle feiten bekend kunnen worden gemaakt. Maar er was nóg een ding dat Rabin wist. Hij wist dat de meerderheid, de grote meerderheid, ook degenen die twijfelden aan wat hij deed, hem vertrouwde. En op basis van dit vertrouwen kon hij doorgaan om deze regio voor altijd te veranderen.

Ik zal Jitschak Rabin missen, de kalme, afgewogen, trotse stem van Israel, die nu opgebaard ligt, terwijl meer dan een miljoen Israeli's hem een laatste eer bewijzen. Ik zal zijn norsheid en zijn directheid, zijn leiderschap en zijn visie missen. Ik zal een leider missen die met vaste hand aan het roer stond, met het karakter en het zelfvertrouwen dat voortkwam uit de wetenschap dat hij zijn land naar veilige kusten stuurde.

Het is tragisch dat Jitschak Rabin moest sterven om de liefde die zijn volk voor hem voelde aan de oppervlakte te brengen, de liefde van de absolute meerderheid die zijn politiek steunde. En het is triest dat daar deze daad voor nodig was, de ene jood die een andere doodt, om Rabins laatste boodschap, dat dit land zich geen broedermoord kan veroorloven, bewaarheid te laten worden.

Met gebogen hoofd neem ik in stilte afscheid, in een eerbetoon aan een man zoals ik geen andere heb ontmoet: zoon van Israel en vader van zijn toekomst.

Jeruzalem, november 1995

Beknopte biografie

1922 – Jitschak Rabin wordt op 1 maart geboren. Zijn ouders zijn Nehemia en Rosa Roebitzov, beiden geboren in Rusland.

1940 – Studeert af aan de Kadoerie Landbouwschool.

1941 – Neemt dienst in de Palmach, een ondergrondse socialistisch-zionistische commando-eenheid. Neemt deel aan een geallieerde inval in Libanon, dat in handen was van de Franse Vichy-regering.

1945 – Helpt als ondercommandant van een Palmach-actie bij de bevrijding van tweehonderd illegale immigranten uit het Britse gevangeniskamp Atliet.

1947 – Wordt aangesteld als ondercommandant van de Palmach onder Jigal Allon.

1948 – Voert het commando over de Harel-brigade tijdens de operatie Nachsjon, waarbij in de Israelische Onafhankelijkheidsoorlog de weg naar het bezette Jeruzalem wordt geopend. Deze brigade neemt de Jeruzalemse buurten Sjeik Jarra en Katamon in. Als commandant van het zuidelijke front ziet hij toe op de verovering van Negev en Katamon. Na het uitroepen van de staat Israel voert hij het commando over de actie van de Palmach waarbij de Altalena tot zinken wordt gebracht, het schip dat wapens vervoerde voor de dissidente Irgoen Tsvai Le'oemi. Op 23 augustus trouwt hij met Lea Schlossberg.

1950 – Wordt benoemd tot hoofd operaties van het Israelische leger, onder chefstaf Jigal Jadin.

1953 – Studeert af aan het Royal Staff College in Groot-Brittannië en wordt benoemd tot generaal-majoor van het Israelische leger.

1956 – Wordt benoemd tot bevelvoerend officier van het Noordelijke Legeronderdeel.

1959 – Wordt benoemd tot hoofd van de Algemene Staf van het Israelische leger.

1961 – Benoeming tot assistent-chefstaf.

1964 – Wordt de zevende stafchef van het Israelische leger.

1967 – Leidt de Israelische troepen in de Zesdaagse Oorlog die uitbrak op 5 juni en eindigde met een overwinning van Israel. Oost-Jeruzalem, de Westelijke Jordaanoever, de Gazastrook, de Sinai en de Golanhoogte worden door de Israeli's veroverd.

1968 – Verlaat het leger en wordt ambassadeur in de Verenigde Staten.

1973 – Keert terug naar Israel en wordt als lid van de Arbeiderspartij in de Knesset gekozen. Wordt door premier Golda Meir aangesteld als minister van Arbeid.

1974 – Wordt door de Arbeiderspartij gekozen als opvolger van Golda Meir, die aftreedt na de bittere nasleep van de Jom Kippoer-oorlog van 1973.

1975 – Tekent het voorlopige vredesakkoord met Egypte.

1976 – Geeft toestemming voor de bestorming van een vliegtuig in Entebbe in Oeganda op 4 juli. De Israelische commando's redden meer dan honderd joden uit dit door de Palestijnen gekaapte vliegtuig.

1977 – Treedt af als premier vanwege een kwestie over een bankrekening in Amerika. Minister van Buitenlandse Zaken Sjimon Peres neemt het leiderschap van de Arbeiderspartij over, maar de verkiezingen worden gewonnen door de rechtse Likoed-partij.

1979 – Publiceert zijn autobiografie, *The Rabin Memoirs.*

1984 – Keert terug in de regering en is zes jaar lang minister van Buitenlandse Zaken in de coalitie van de Likoed en de Arbeiderspartij.

1985 – Doet een voorstel voor de terugtrekking van het Israelische leger uit Libanon en de instelling van een veiligheidszone langs de noordgrens van Israel.

1987 – Is op bezoek in de Verenigde Staten terwijl in december de intifada uitbreekt. Krijgt kritiek over de trage reactie van het leger op de opstand.

1988 – Wordt ervan beschuldigd opdracht te hebben gegeven tot het breken van de ledematen van Palestijnen om de intifada-opstand de kop in te drukken.

1989 – Maakt een programma bekend van gefaseerde onderhandelingen met de Palestijnen, dat door de regering wordt geaccepteerd. Dit is de basis van de conferentie in Madrid en van het vredesproces dat hierop volgt.

1992 – Volgt Peres op als partijleider, voert een verkiezingscampagne waarin hij belooft het vredesproces te intensiveren en wint de verkiezingen. Wordt op 13 juli premier.

1993 – Schudt aarzelend de hand van PLO-leider Jasser Arafat op 13 september voor het Witte Huis nadat beiden de principeverklaring hebben ondertekend – de basis van het akkoord voor de gefaseerde autonomie van de Palestijnen op de Westelijke Jordaanoever en de Gazastrook.

1994 – Tekent op 4 mei in Caïro het eerste Oslo-akkoord waarin de Palestijnen in Gaza en Jericho zelfbeschikkingsrecht krijgen. Tekent met koning Hoessein van Jordanië op 24 juli in Washington een verklaring die een einde maakt aan de staat van oorlog tussen beide landen, die 46 jaar heeft geduurd. Op 26 oktober wordt het formele vredesverdrag tussen Israel en Jordanië getekend. Krijgt samen met Arafat en Peres de Nobelprijs voor de vrede.

1995 – Tekent op 28 september voor het Witte Huis samen met Arafat het tweede Oslo-akkoord, waarin het Palestijnse zelfbestuur op de Westelijke Jordaanoever wordt uitgebreid. Hij wordt op 4 november in Tel Aviv na een vredesdemonstratie vermoord. Jitschak Rabin werd 73 jaar.

Noten

1 Van triomf tot tragedie

Het ooggetuigeverslag van de laatste, fatale demonstratie in Tel Aviv werd gegeven door Sharon Ashley en Peter Hirschberg van *The Jerusalem Report*. Ander materiaal over de dag waarop Rabin werd vermoord is afkomstig uit artikelen in de Hebreeuwse dagbladen *Ha'a-rets, Davar Risjon, Jediot Acharonot* en *Ma'ariev*, en uit de uitzendingen van de Israelische staatstelevisie, de commerciële omroep Channel 2, en getuigenverslagen van de commissie Sjamgar die de moord onder-zocht. De chauffeur van Rabin, Menachem Damti, gaf kort na de moord in een interview met Channel 2 een schokkend verslag van de laatste minuten van de premier. Op de amateurvideo van Ronni Kemp-ler, die vanaf een laag dak van een gebouw bij de parkeerplaats werd opgenomen, is te zien dat Jigal Amir achter Rabin ging lopen en begon te schieten. Bij het in kaart brengen van de verheviging van het rechtse protest tegen het beleid van Rabin is verwezen naar materiaal dat in de maanden voor de moord in *The Jerusalem Report* verscheen. De auteurs hebben ook Jean Frydman geïnterviewd, een van de organisatoren van de vredesdemonstratie; Rafi Weiner, de tennispartner van Lea Rabin; en Rabins goede vriendin en voormalige medewerkster Niva Lanir.

2 Geschoold in de strijd

De auteurs hebben interviews gehouden met Rachel, de jongere zus van Rabin; met Sjabtai Tevet, een schoolgenoot; Uzi Narkiss, die onder Rabin in de Palmach en het Israelische leger heeft gediend; zijn vriendin en adviseur Niva Lanir, en Ilana Tsoer, regisseur van een televisiedocumentaire uit 1994 over de zaak Altalena. Verder werd gebruik gemaakt van de biografie van Robert Slater, *Rabin of Israel*, in 1977 uitgegeven door Robson Books, en van Rabins memoires, uitge-geven door Little Brown in 1979.

3 De weg naar de overwinning

Naast chefstaf Narkiss hebben de auteurs Jesjajahoe Gavisj geïnterviewd, die tijdens de Zesdaagse Oorlog aan het hoofd stond van de zuidelijke legereenheid; Israel Tal, voormalig hoofd van de pantserdivisie van het Israelische leger; Mordechai Bar-On, hoofd legervoorlichting in de periode dat Rabin stafchef was; Roechama Hermon, die in die periode leiding gaf aan de ondersteunende staf van Rabin; en Michael Elkins, Israelisch correspondent voor de BBC tijdens de oorlog van 1967 en de eerste journalist die melding maakte van de Israelische aanval op de Egyptische luchtmacht. Verder hebben de auteurs de (auto-)biografieën van Rabin en Slater geraadpleegd, evenals *The Road to War: The Origin and Aftermath of the Arab-Israeli conflict* van Walter Laqueur (Weidenfeld & Nicolson, 1969); *A History of the Israeli Army* van Ze'ev Schiff (Straight Arrow Books, 1974); *Battling for Peace* van Sjimon Peres (Weidenfeld & Nicolson, 1995); *Encyclopedia Judaica* (Keter Publishing House, Jerusalem); en *The Political Dictionary of the State of Israel*, samengesteld door Susan Hattis Rolef (Jerusalem Publishing House, 1993).

4 Een onwaarschijnlijke ambassadeur

Naast de (auto-)biografieën van Rabin en Slater werden de volgende waardevolle bronnen geraadpleegd: *Personal Witness* van Abba Eban; *Decade of Decisions* van William Quandt (University of California); *My Life* van Golda Meir (G.P. Putnam's); en *The Arab-Israeli Wars* van Chaim Herzog. Verder hebben de auteurs interviews gehouden met Rabins voormalige ambassademedewerker en adviseur over Diasporazaken Jehoeda Avner; Paul Berger, bestuurslid van de Jewish Agency; voormalig medewerker van de Israelische ambassade Amos Eiran; voormalig correspondent van de *Washington Post* Joeval Elitzoer; de Amerikaanse filantroop Max Fisher; columnist en oprichter van het tijdschrift *Moment* Leonard Fein; voormalig directeur-generaal van het ministerie van Buitenlandse Zaken Mordechai Gazit; de vroegere persoonlijke assistent van Rabin, Hermon; de vroegere president van de American Jewish Committee Alfred Moss; Rabins goede vriend Abe Pollin; voormalig adviseur van het ministerie van Defensie Nachman Sjai; de vroegere staatssecretaris Joseph Sisco; en anderen die anoniem wensen te blijven.

5 Plotseling premier

Gebaseerd op interviews met Dan Pattir, media-adviseur van Rabin en later van Begin; Eiran, die tijdens de eerste termijn directeur-generaal van de staf van Rabin was; Jehoeda Ben-Meir, de vroegere leider van de Young Guard van de Nationale Religieuze Partij en later staatssecretaris van Buitenlandse Zaken; en professor Sjlomo Avineri, van de Hebreeuwse Universiteit van Jeruzalem die tijdens een gedeelte van Rabins eerste termijn directeur-generaal van het ministerie van Buitenlandse Zaken was.

6 De lange weg terug

Gebaseerd op interviews met de staatssecretaris van Onderwijs Micha Goldman; Dov Goldstein, de vroegere journalist en redacteur van de *Ma'ariev* en ghostwriter van Rabin; de voormalige stafchef van het Israelische leger Mosje Levi; adviseur van het ministerie van Defensie Sjai; goede vriendin en adviseur van Rabin Lanir; en de topmedewerker van het ministerie van Defensie Chaim Jisraeli. Andere bronnen zijn de (auto-)biografieën van Rabin en Slater, en *Israel's Lebanon War* van Ehoed Ja'ari en Ze'ev Schiff (Simon & Schuster, 1983).

7 Vechten tegen de intifada

Gebaseerd op interviews met Dan Sjomron, stafchef tijdens de intifada; Amram Mitsna, hoofd van het hoofdcommando tijdens de intifada; Ze'ev Schiff, co-auteur van *Intifada* (Simon & Schuster) en een toonaangevend defensiekenner; en Sari Noesseibee, een Palestijnse leider en politiek filosoof. Verdere ideeën zijn afkomstig van Ehoed Ja'ari, co-auteur van *Intifada*, redacteur van Arabische zaken bij de Israelische televisie en redacteur van *The Jerusalem Report*.

8 Tweede kans aan de top

Veel materiaal over de terugkeer van Rabin aan de top is afkomstig uit artikelen uit *The Report*, onder meer uit interviews met Rabin, Peres en andere topfunctionarissen, en uit een reportage over de verkiezingscampagne. Verder hebben de auteurs interviews gehouden met Gad Ben-Ari en Oded Ben-Ami, die beiden woordvoerder van Rabin zijn geweest; Rabins bureauchef Eitan Haber, en zijn adviseur Kalman Gajer. Ook werd gebruik gemaakt van de biografie van Robert Slater en *Piety and Power* van David Landau (Secker & Warburg, 1993).

9 Vrede stichten

Dit hoofdstuk is gebaseerd op de artikelen over dit onderwerp die in *The Report* zijn verschenen. Verder zijn de volgende personen geïnterviewd: Uri Saver, directeur-generaal van het ministerie van Buitenlandse Zaken; Jossi Beilin, staatssecretaris van het ministerie van Algemene Zaken; Sjlomo Goer, adviseur van Beilin; en andere hierboven genoemde bronnen. Verder zijn de volgende publicaties geraadpleegd: *Gaza First* van Jane Corbin (Bloomsbury, 1994); *Battling for Peace* van Sjimon Peres en *Through Secret Channels* van Mamoed Abbas (Garnet Publishing, 1995).

10 Israel getransformeerd

De auteurs hebben de volgende personen geïnterviewd: Amir Hajek, directeur van het Israelische Export Instituut; Jossi Nitsani, voormalig directeur van de Government Corporations Authority; Avraham Sjochat, minister van Financiën; prof. Jacob Frenkel, bestuurslid van de Israelische Bank; Micha Harisj, minister van Industrie en Handel; Ilan Flatto, economisch adviseur van Rabin; Dan Propper, hoofd van de Israel Manufacturers Association; Ja'acov Levi, onderdirecteur communicatie van het ministerie van Buitenlandse Zaken; Dov Lautman, diplomatiek vertegenwoordiger van Rabin voor economische ontwikkeling; en Ohad Ben-Efrat, functionaris van de Israelische Bank.

11 De premier privé

De auteurs hebben zich gebaseerd op interviews met Lanir, woordvoerder van Rabin tijdens de campagnes van 1981 en 1984 en organisator van de herdenkingsbijeenkomst voor Rabin van de Arbeiderspartij; tennispartner Weiner, algemeen directeur van het Sheraton Plaza Hotel in Jeruzalem; Jehoeda Ben-Meir, Dan Pattir, Amos Eiran en Kalman Gajer – allen hierboven genoemd. Verder is dankbaar gebruik gemaakt van artikelen uit de *Jediot Acharonot*, *Ma'ariev* en *Ha'arets*.

12 Leider van het joodse volk?

De correspondent van *The Report* in Washington, Jonathan Broder, verzamelde informatie uit *The Jerusalem Report* over de relatie van Jitschak Rabin met AIPAC en over zijn conflicten met de Amerikaanse zionistische organisatie. Verdere informatie over de Amerikaanse reactie op het vredesbeleid van Rabin is afkomstig uit artikelen van de Newyorkse correspondent Vince Beiser. Ook is gebruik gemaakt van een interview van Hirsh Goodman met Rabin, dat in juli 1994 in *The*

Report verscheen. De auteurs hebben met de volgende mensen gesproken over Rabin en de Diaspora: voormalig adviseur Avner; Harry Wall, directeur van het Israelische kantoor van de Anti-Defamation League; Neal Sher, voormalig directeur van AIPAC; Lenny Davis, directeur van het Israelische kantoor van AIPAC; Leonard Fein; Avi Becker, directeur van het Israelische kantoor van de World Jewish Congress; Hermon, voormalig medewerker van Rabin; Rabins Amerikaanse vrienden Abe Pollin en Max Fisher; Sjai, voormalig adviseur van het ministerie van Defensie; de vroegere president van de American Jewish Committee Moses; Seymour Reich, de vroegere directeur van de Conference of Presidents of Major American Jewish Organisations. Verder werd informatie verstrekt door een aantal Israelische en Amerikaans-joodse functionarissen die anoniem willen blijven.

13 De opkomst van de radicalen

De geschiedenis van de filosofie van religieus rechts is gedeeltelijk gebaseerd op *Hakets Hamegoelee Oemiedienat Hajehoediem* (Messianisme, Zionisme en Joods Religieus Radicalisme) van Aviezer Ravitski (Am Oved, 1993); op *Jesodot Hamesjihoed Hapolietit Bejisrael* van wijlen Uriel Tal, en op teksten van de rabbijnen Kook en hun opvolgers. Het materiaal over de ontwikkeling van Goesj Emoeniem is afkomstig uit verschillende bronnen, waaronder *Political Violence in Israel* van Ehoed Sprinzak (uitgegeven in het Hebreeuws door het Jerusalem Institute for Israel Studies, 1995); een interview met Sprinzak, en *Dear Brothers* van Chagai Segal (uitgegeven door Bet-Sjamai in 1988). Het kolonistenmaandblad *Nekoeda* vormde ook een waardevolle bron. Het materiaal over het Kahanisme is afkomstig uit de geschriften van Meir Kahane, uit artikelen over het bloedbad in Hebron in 1994, het interview met Ehoed Sprinzak en andere bronnen. Voor de ontwikkeling van de oppositie tegen het Oslo-proces is dankbaar gebruik gemaakt van interviews met Jisrael Harel, voorzitter van de Raad van Nederzettingen in Judea, Samaria en het Gazadistrict en van artikelen uit Hebreeuwse kranten. Ook is gebruik gemaakt van artikelen uit *The Report* over de activiteiten van de kolonisten, de Kahanistische beweging en de uitvaardigingen van rabbijnen tegen de terugtrekking.

14 Gods moordenaar

Biografische gegevens over Jigal Amir en zijn familie werden verzameld door de redactie van *The Report*, met name Joeval Lion, en uit kranteberichten en interviews kort na de moord. De auteurs hebben interviews gehouden met rabbijn Mordechai Greenberg van de Kerem B'Javnee jesjiewa en met docenten en studenten van de Bar-Ilan universiteit. Verder is gebruik gemaakt van de gepubliceerde aanklacht tegen Jigal en Chagai Amir en Dror Adani, en van de verklaringen die Amir in de rechtbank heeft afgelegd.

15 Het falen van de veiligheidsdienst

Over voorbeelden uit het verleden van onderling geweld tussen joden hebben de auteurs de volgende publicaties geraadpleegd: *A History of Israel, Volume II: From the Aftermath of the Yom Kippur War* van Howard M. Sacher (Oxford University Press, 1987), en de jaarboeken 1995 en 1996 van de American Jewish Committee. Verder hebben de auteurs zich gebaseerd op kranteartikelen en televisiereportages over de gebrekkige veiligheidsmaatregelen voorafgaande aan en tijdens de demonstratie, en op verklaringen die voor de commissie Sjamgar werden afgelegd. Hierover en over de complottheorieën werd informatie verstrekt door mensen die anoniem wensen te blijven.

16 Van man tot mythe

Dit hoofdstuk is grotendeels gebaseerd op de artikelen in *The Jerusa-*

lem Report (met name de artikelen in de nummers van 30 november en 14 december 1995) over de invloed van Rabins dood op de Israelische bevolking. De redactie van *The Report* maakte zelf verslagen van de begrafenis, van verschillende politieke bijeenkomsten en van de herdenkingsbijeenkomsten. Verder hebben de auteurs de rechts-activisten Ja'akov Novick en Nadia Matar geïnterviewd en materiaal uit de Hebreeuwse pers verzameld.

17 Een onvoltooide missie

De meeste informatie in dit hoofdstuk is gegeven door mensen die anoniem willen blijven. Verder hebben de auteurs Uri Dromi geïnterviewd, directeur van de persvoorlichting van Rabin. Ook is gebruik gemaakt van interviews door *The Report* met Rabin en van een hoofdartikel over de terugtrekking van de Westelijke Jordaanoever, *Trusting Arafat*, dat is verschenen in het nummer van 2 november 1995. Ten slotte is gebruik gemaakt van de speech van Rabin over het tweede Oslo-akkoord op 5 oktober in de Knesset.

Epiloog: Echo's uit het verleden, dromen over de toekomst

Zeer waardevolle bronnen waren onder meer *The Hanukkah Anthology*, samengesteld door Philip Goodman (Jewish Publication Society); *A History of the Jewish People*, samengesteld door H.H. Ben-Sasson (Harvard University Press); *A History of Jews* van Paul Johnson (Harper & Row); *A History of the Jews in Christian Spain, Volume I* van Jitschak Bar (Jewish Publication Society); 'An Everyday Affair, Killing the Informers', een artikel van Avi Katzman (*Ha'arets*, 7 december 1995); *Mystics and Missionaries: The Jews in Palestine, 1799-1840* van Sherman Lieber, (University of Utah Press); *Eliëzer Ben-Jehoeda in Prison*, samengesteld door Jehoshua Kaniel (Jad Jitschak Ben-Tsvi); *A History of Israel, Volume I: From the Rise of Zionism to Our Time* van

Howard M. Sachar; (Alfred A. Knopf); het artikel 'No Hero, But Also No Traitor' van Amos Elon (*Ha'arets* boekenbijlage, 8 november 1995); een lezing van David Hartman op het Shalom Institute in Jerusalem in december 1995; 'The Crusades Through Arab Eyes' van Amin Maloef (Schocken); 'Learning to Speak Jewish' van Gideon Elad (*Ha'arets*, 6 december 1995).

Over de auteurs

David Horovitz, samensteller en co-auteur van dit boek, is directeur-hoofdredacteur van *The Jerusalem Report*. Horovitz heeft een aantal hoofdartikelen geschreven over de moord op Rabin en de invloed die de moord op de Israelische maatschappij heeft gehad. Daarnaast heeft hij veel geschreven over de logistiek en de invloed van het vredesproces. In 1985 won hij de internationale Bnai Brith-prijs voor journalistiek (voor zijn artikel over de nasleep van de bomaanslag op het joodse gemeenschapscentrum in Buenos Aires). Horovitz schrijft veel hoofdartikelen van *The Jerusalem Post* en heeft voor allerlei kranten in de hele wereld over Israel geschreven. Hij is auteur van het hoofdstuk over Israel in het jaarboek 1996 van de American Jewish Committee.

Hirsh Goodman, hoofdredacteur van *The Jerusalem Report*, schreef het nawoord. Voordat hij *The Report* in 1990 oprichtte, was hij strateeg in het Washington Institute, defensiecorrespondent van *The Jerusalem Post*, journalist-redacteur van *U.S. News* en *World Report*, de Israelische correspondent voor de Londense *Sunday Times* en columnist van de *New Republic*. Hij heeft twee boeken geschreven over strategische onderwerpen (*The Future Battlefield*, *The Arab-Israel Conflict*, beide uitgegeven door Transaction) en ongeveer tien documentaires gemaakt. Hij geeft lezingen in de hele wereld, is op Nightline en de McNeil-Lehrer News Hour geweest en verschijnt regelmatig op CNN, CBS en de BBC.

Calev Ben-David, chef kunstredactie van *The Report*, is de Israelische correspondent van *Variety* geweest en kunst- en filmcriticus van *The Jerusalem Post*. Hij schreef frequent over de relatie tussen Israel en de Diaspora.

Gershom Gorenberg, eindredacteur van *The Report*, heeft veel geschreven over religie en de Israelische politiek, en over het rechtsradicalisme, onder meer voor *The Report* en voor Amerikaanse kranten en tijdschriften.

David B. Green is literair redacteur van *The Report*. Voordat hij naar Israel verhuisde, heeft hij jaren op de redactie van *The New Yorker* gewerkt. Daarnaast heeft hij voor *The New York Times* en andere kranten geschreven.

Peter Hirschberg is journalist van *The Report* en werkt al sinds de oprichting (vijf jaar geleden) bij het tijdschrift. Hij schrijft vooral over de oppositie van de rechtervleugel en de kolonisten tegen het vredesproces en over de logistiek van de zelfbeschikkingsakkoorden.

Avi Hoffmann, redacteur van *The Report*, is voormalig redacteur defensie van *The Jerusalem Post*. Rabin behoorde tot zijn voornaamste onderwerpen in de tweede helft van de jaren tachtig, toen deze minister van Defensie was.

Isabel Kershner, chef redactie Midden-Oosten van *The Report*, schrijft over Palestijnse kwesties, en heeft veel geschreven over de invloed van het vredesproces op de Westelijke Jordaanoever en in de Gazastrook. Kershner was de eerste journalist in Israel die Jasser Arafat en de Jordaanse kroonprins Hassan interviewde.

Margo Lipschitz-Sugarman, journalist van *The Report*, is gespecialiseerd in economie en heeft zich uitvoerig beziggehouden met de economische hervormingen in Israel onder Rabin.

Tom Sawicki, journalist van *The Report*, heeft veel geschreven over de binnenlandse aspecten van het premierschap van Rabin, over de spanningen in de Israelische maatschappij en over de relatie tussen Rabin en de diaspora.

Stuart Schoffman is redacteur van *The Report* en schrijft regelmatig een column in het tijdschrift. Hij schreef onder meer voor *Time*, de *Los Angeles Times* en *Fortune* en heeft televisiescripts geschreven voor Universal, Paramount en CBS.

Hanan Sher, redacteur van *The Report*, schrijft al dertig jaar over Israel en Israelische aangelegenheden. Voordat hij naar Israel verhuisde, schreef hij voor de *St. Petersburg Times*, de *Atlanta Journal* en de *National Tennessean*.

Eric Sliver, journalist van *The Report*, heeft in zijn lange loopbaan als journalist en auteur meerdere prijzen heeft gewonnen. Een biografie over ex-premier Menachem Begin van Israel (*Begin: The Haunted Prophet*, Random House, 1984) is van zij hand, en hij is auteur van *The Book of the Just: The Unsung Heroes Who Rescued Jews from Hitler* (Grove Press, 1992), waarmee hij in 1993 de Christopher Award won.

Leslie Susser, diplomatiek correspondent van *The Report*, heeft Rabin in de afgelopen twintig jaar regelmatig geïnterviewd en heeft Rabins politieke carrière op de voet gevolgd. Susser, die het vredesproces vanaf het begin voor *The Report* heeft verslagen, studeerde moderne geschiedenis in Oxford en geeft lezingen over politieke en historische onderwerpen.